Soziale Arbeit zwischen Generalisierung und Spezialisierung

Buchreihe
Theorie, Forschung und Praxis
der Sozialen Arbeit

herausgegeben von der
Deutschen Gesellschaft für Soziale Arbeit
(DGSA)

Band 3

Björn Kraus • Herbert Effinger •
Silke Birgitta Gahleitner • Ingrid Miethe •
Sabine Stövesand (Hrsg.)

Soziale Arbeit zwischen Generalisierung und Spezialisierung

Das Ganze und seine Teile

Verlag Barbara Budrich
Opladen • Berlin • Farmington Hills, MI 2011

Bibliografische Information der Deutschen Nationalbibliothek
Die Deutsche Nationalbibliothek verzeichnet diese Publikation in der Deutschen Nationalbibliografie; detaillierte bibliografische Daten sind im Internet über http://dnb.d-nb.de abrufbar.

Gedruckt auf säurefreiem und alterungsbeständigem Papier.

www.budrich-verlag.de

ISBN: 978-3-86649-434-3

Umschlaggestaltung: disegno visuelle kommunikation, Wuppertal – www.disenjo.de
Satz: Susanne Albrecht-Rosenkranz, Leverkusen – www.lektorat-albrecht.de
Druck: Paper & Tinta, Warschau
Printed in Europe

Vorwort

zur Schriftenreihe der Deutschen Gesellschaft für Soziale Arbeit

Professionelle, die sich in Wissenschaft und Praxis mit der Wahrnehmung, Analyse, Erklärung, Vermeidung und Minderung sozialer Probleme befassen, benötigen in der Ausbildung und für die Arbeit mit ihren AdressatInnen tragfähige Definitionen, empirisches Wissen sowie hilfreiche Analysen und Erklärungsangebote. Aber auch in Auseinandersetzung mit der politischen und fachlichen Öffentlichkeit bedarf es schlüssiger Argumente, die allzu einfachen Erklärungsmustern begegnen und helfen, diese Phänomene in ihrem sozialen Kontext zu verstehen und Anderen verständlich zu machen. PraktikerInnen und WissenschaftlerInnen benötigen daher Material und Ideen, die ihre professionelle Kompetenz bei der Erklärung und Bearbeitung sozialer Probleme und ihre Kreativität für die Bewältigung dieser oft schwierigen und komplexen Aufgaben unterstützen.

Die Gesellschaft und die professionelle Praxis sind reich an Erfahrungen im Umgang mit sozialen Problemen. In vielen Bereichen sind wir jedoch immer noch arm an empirisch und theoretisch fundierten Analysen und Erklärungen. In manchen Bereichen bleiben Erfahrungen sowie gelungene und misslungene Lösungs- und Interpretationsbemühungen undokumentiert, unausgewertet, unverstanden und vor allem unveröffentlicht. Die Deutsche Gesellschaft für Soziale Arbeit (DGSA) bemüht sich seit über 20 Jahren darum, diese Erfahrungen für den professionellen und disziplinären Diskurs aufzubereiten.

Als Förderer der Disziplin und Profession Sozialer Arbeit entfaltet die Fachgesellschaft dafür eine Reihe von Aktivitäten in Forschung, Theorie und Ausbildung. Neben dem Fachdiskurs innerhalb der Sektionen und Fachgruppen sowie der Anregung curricularer Weiterentwicklungen und der Förderung des wissenschaftlichen und professionellen Nachwuchses gehören dazu auch die Veröffentlichung und Verbreitung wissenschaftlicher Erkenntnisse. Die Fachbeiträge sollen dazu dienen, fundiert und aktiv fach- und gesellschaftspolitische Debatten mit zu gestalten, die sich mit der Lösung von den für die Soziale Arbeit relevanten sozialen Problemen befassen.

Die 2010 gestartete Schriftenreihe der DGSA versteht sich dabei als ein Forum, das sich aus den Beiträgen der Sektionen und Fachgruppen, den von ihnen veranstalteten Tagungen und Kongressen speist, jedoch darüber hinaus auch zentrale Themen und Fragestellungen des Fachdiskurses im Bereich der Sozialen Arbeit aufgreift. Die Reihe wendet sich an Lehrende, Forschende, PraktikerInnen und Studierende der Sozialen Arbeit sowie benachbarter Disziplinen und Professionen, die sich ebenfalls mit den Gegenständen der Sozialen Arbeit in Wort und Tat befassen. Wir verstehen diese Reihe als eine Einladung an alle Interessierten, sich am Diskurs über die aufgeworfenen Fragen zu beteiligen.

In diesem Sinne hoffen wir, dass die Reihe zur Mehrung der Erkenntnisse beiträgt und möglichst vielen einen Ansporn gibt, sich in diesen Prozess einzubringen.

Freiburg/Br., Dresden, Berlin, Gießen und Hamburg im September 2011

Die HerausgeberInnen

Björn Kraus
Herbert Effinger
Silke Birgitta Gahleitner
Ingrid Miethe
Sabine Stövesand

Inhalt

Generalisierung und Spezialisierung Sozialer Arbeit – Einleitung

Björn Kraus

Der dritte Band der Reihe „Theorie, Forschung und Praxis Sozialer Arbeit" greift das Thema der Jahrestagung der DGSA „Das Ganze und seine Teile – Generalisierung und Spezialisierung Sozialer Arbeit im internationalen Vergleich" auf, die 2010 in Freiburg stattgefunden hat, und reflektiert Prozesse der Spezialisierung und Generalisierung in der Sozialen Arbeit. Dies ist kein neues Thema, denn die Ausdifferenzierung und Spezialisierung der Sozialen Arbeit ist ein Prozess, der selbstverständlich schon begonnen hatte, bevor 1999 von den europäischen Bildungsministern im italienischen Bologna die Schaffung eines europäischen Hochschulraumes beschlossen wurde. Die Diskussion um das Verhältnis von Generalisierung oder Spezialisierung wurde schon fast ein halbes Jahrhundert strittig geführt. Angesichts der vielfältigen Praxisfelder der Sozialen Arbeit sollte die Ausbildung zum einen generalistisch sein, um auf die Breite Praxis Sozialer Arbeit vorzubereiten. Zum anderen sollte sie AbsolventInnen befähigen, den Bedarfen an Spezialwissen in einer sich ausdifferenzierenden Praxis zu begegnen. Bereits die Professionalisierungsdebatte der 1990er Jahre hat dabei gezeigt, dass Soziale Arbeit sich als Profession nur weiterentwickeln kann, wenn gleichermaßen die Entwicklung als Disziplin vorangetrieben wird und dass beides nicht ohne ein klar auszumachendes Profil der Sozialen Arbeit möglich sein wird.

Seit der Umstellung der Diplomstudiengänge auf Bachelor- und Master-Studiengänge stellt sich jedoch die Frage nach dem Profil der Sozialen Arbeit in erhöhter Dringlichkeit: Wie kann es gelingen, den Spezialisierungsbedarfen Rechnung zu tragen und dennoch die disziplinäre Identität beizubehalten oder – mehr noch – auszubauen? Zweifellos ist die Umstellung der Studiengänge so zu realisieren, dass ein Gewinn für die Ausbildung und die Professionalisierung der Sozialen Arbeit entsteht. So ging die Modularisierung mit curricularen Modifikationen einher, die mit der Chance verbunden waren, das bis dato übliche eher additive Nebeneinander von disziplinären Lehrangeboten so zu verändern, dass die Logiken der beteiligten Disziplinen zurückgestellt wurden zugunsten einer gemeinsamen Orientierung an den Fragen der Sozialen Arbeit. Darin besteht ein wichtiger Beitrag zur Transdisziplinarität von Ausbildung und Profession, der die alte Frage nach dem Verhältnis von generalistischer und spezialisierender Ausbildung unter neuen Bedingungen aufwirft. Die Antwort darauf fällt derzeit an den Hochschulstandorten durchaus unterschiedlich aus.

Die Herausforderung wird auf der Master-Ebene nochmals dringlicher. Die Masterstudiengänge, die auf einem Niveau qualifizieren, das bisher den Universitäten vorbehalten war und mit dem Master of Arts zur Promotion befähigen, sind eindeutig ein zentrales Instrument zur Weiterentwicklung der Profession. Denn damit erübrigt sich der bisher regelhafte Weg über Studium und Promotion in einer der Bezugsdisziplinen. Die Master-Studiengänge sind jedoch als Studiengänge, die auf den berufsqualifizierenden Bachelor-Studiengängen aufsatteln, per se spezialisierende Studiengänge. Mit ihnen stellt sich schärfer als bisher die Frage, wie mit einer Vielzahl an spezialisierenden Studiengängen die Identität der Disziplin noch gewahrt oder gerade profiliert werden kann. Oder anders gefragt: Welche Formen und Grenzen der Spezialisierungen muss es geben, damit die Qualifizierung auf Master-Niveau noch ein Beitrag zur Professionalisierung der Sozialen Arbeit sein kann.

Dies spricht nun keinesfalls generell gegen Spezialisierung. Die Praxis der Sozialen Arbeit fordert vielfach zu Recht gegenüber den Hochschulen spezialisiertes Wissen und Können der AbsolventInnen ein. Allerdings sind diese Forderungen von besonderer Brisanz, da hier neben fachlichen Erwägungen zusehends auch wirtschaftliche Interessen zum Tragen kommen. Gerade im Master-Bereich zeigt sich die zunehmende Ökonomisierung von Hochschulen und die damit verbundene Vorgabe, sich an den Bedarfen eines divergenten Marktes zu orientieren. Diese Entwicklung ist ambivalent: Einerseits ist die Auseinandersetzung mit den Bedarfen der Praxis fachlich geboten, andererseits mag es Bedarfe geben, die im Widerspruch zu akademischen wie auch berufspolitischen Perspektiven stehen.

In dieser Entwicklung stellt sich die Frage nach dem Verhältnis von Generalisierung und Spezialisierung zunächst einmal grundsätzlich, d.h. es stellt sich die Frage, wie aus dem Generellen heraus Spezialisierung entsteht und wie in allem Speziellen ein Generelles bewahrt bleibt bzw. wieder gefunden werden kann. Diese Frage nach der Beziehung zwischen dem Generellen und dem Speziellen geht wie ein roter Faden – quer zu den unterschiedlichen Thematiken der AutorInnen – durch die begrifflichen Dispute und wertenden Stellungnahmen in den Beiträgen dieses Buches hindurch.

Die ersten beiden Beiträge greifen das Thema des vorliegenden Bandes aus der Perspektive unserer deutschsprachigen Nachbarländer Schweiz und Österreich auf. Der Beitrag von *Daniel Gredig* und *Stefan Schnurr* skizziert in geraffter Form die wichtigsten Etappen in der Entwicklung der Ausbildungsangebote für die Soziale Arbeit in der Schweiz (1906-2011) und diskutiert den aktuellen Entwicklungsstand unter der Frage nach dem Verhältnis von Generalisierung und Spezialisierung. Die Autoren verdeutlichen, dass die Etablierungsbestrebungen der Sozialen Arbeit an Universitäten mehrfach scheiterten und Universitäten erst in den 1970er Jahren Studiengänge in Sozialer Arbeit etablierten. Der entscheidende Schub der Akademisierung erfolgte jedoch erst mit der Gründung der Fachhochschulen im Anschluss an das Fachhochschulgesetz von 1995. Seit 2008 bieten die Fachhochschulen der Schweiz einen generalistischen Abschluss in Sozialer Arbeit auf Bachelorstufe (ISCED 5a) und Masterstufe an. Aufgaben- und handlungsfeldbezogene Spezialisierungen hingegen finden in einem breit ausdifferenzierten Weiterbildungsangebot statt, das ebenfalls hauptsächlich von den Fachhochschulen getragen wird. Bezogen auf die Qualifizierung stellt sich das Verhältnis von Generalisierung und Spezialisierung in der Schweiz so dar: Generalisierung ist das leitende Prinzip auf Bachelor- und Masterstufe, Spezialisierung ist das leitende Prinzip in Weiterbildung und Promotionsstudien. Abschließend diskutieren die Autoren die Randbedingungen, sowie Vorteile und Risiken dieses Strukturmusters.

Besonderheiten der österreichischen Entwicklung der Sozialen Arbeit diskutiert *Peter Pantuček* in seinem Beitrag. Wie bei den Ausführungen zur Situation in der Schweiz wird auch hier zunächst ein Blick auf die Historie der Ausbildungen in der Sozialen Arbeit geworfen und dabei schließlich deren aktuelle Rahmenbedingungen umrissen. Ausgehend von einer Betrachtung über Spezialitäten der österreichischen Fach-Landschaft skizziert der Autor einige Grundfragen, die s.E. in allen Studiengängen der Sozialen Arbeit – nicht nur in den österreichischen – zur Verhandlung stehen. Pantuček konstatiert, dass die Ausdifferenzierung der Praxisfelder, die wachsende Komplexität der Gesellschaften und die gestiegenen Anforderungen an die Reflexivität der Akteure die Illusion hinfällig machen, man könne in einem Studiengang eine Disziplin, eine Profession „erlernen“. Das Verhältnis von Generalisierung und Spezialisierung im Studium sei damit neu zu denken: Ein generalistisches Studium erfordert exemplarische „Tiefenbohrungen“ und Vollständigkeit sei nicht zu erreichen. Der Beitrag endet, nach Ausführungen zu einem modernen Verständnis von Professionalität, mit einer Reflexion zur Frage nach der „Identität“ der Sozialen Arbeit und dem Ort der „Fachsozialarbeit“.

Beide Beiträge aus der Schweiz und Österreich nehmen mehrfach Bezug auf die Situation in Deutschland und geben gerade auch durch die unterschiedlichen Umsetzungen von Generalisierung und Spezialisierung Reflexionsanlässe.

Der zweite Teil des Bandes präsentiert Diskurse und Perspektiven in der deutschen Entwicklung der Sozialen Arbeit. Diesen Teil beginnt *Wolf Rainer Wendt* mit einem Beitrag zur Praxisvielfalt und professionellen Einheit Sozialer Arbeit in ihrer historischen Entfaltung. Wendt betrachtet zunächst die auf gesellschaftliche Reformimpulse gestützte Entstehungszeit beruflicher Sozialer Arbeit zu Beginn des 20. Jahrhunderts. Er verdeutlicht, dass dabei zwar verschiedene Tätigkeitsbereiche zusammengeführt wurden, dass aber die Einheit der Profession und der beruflichen Ausbildung keine einheitliche

Praxis nach sich zog. Statt eines Werkes im sozialen Leben ergaben sich Fürsorgefunktionen. Die Ausprägung der Wohlfahrtsregime mit ihren Ämtern, Einrichtungen und vielfältigen Diensten bedingte eine Spezialisierung, der international ab 1970 fachlich wie sozialpolitisch mit Integrationsbemühungen begegnet wurde. Die Figur, an der sich die sozialprofessionelle Identität und das Ziel der Ausbildung festmachen ließ, war der „spezialisierte Generalist". Zur Differenzierung im Nebeneinander von Einsatzgebieten ist in jüngerer Zeit die Notwendigkeit für die Profession gekommen, sich im Wohlfahrtmix der informellen und formellen Leistungserbringung zwischen sorgenden Personen und der Versorgung im Sozial- und Gesundheitswesen neu zu verorten.

Ulrich Bartosch führt den Qualifikationsrahmen Soziale Arbeit (QR SArb) als pragmatisches Instrument für eine Grenzbestimmung jener Fähigkeitsprofile ein, die BA, MA, und PhD AbsolventInnen auszeichnen. Die angewandte Soziale Arbeit – d.h. die Praxis – wird demnach nicht nur durch die Verwendung von aktuellem wissenschaftlichen Wissen bereichert, sondern ist selbst auch Bereich angewandten wissenschaftlichen Arbeitens. Die Soziale Arbeit ist eine Profession, deren VertreterInnen selbstverständlich über ein wissenschaftliches Qualifikationsprofil verfügen müssen. Wissenschaftliche Soziale Arbeit nutzt wissenschaftliche Methoden zur Bestimmung, Erhellung und Erledigung ihrer Aufgabenstellungen. Auch die vielzitierte Zielgröße „Employability" ist für den Autor im QR SArb als Befähigung zur Einmündung in einen Arbeitsmarkt auf der Grundlage eines wissenschaftlichen Q-Profils angesteuert. Die wissenschaftliche Bildung ist – vor dem Hintergrund eines kompetenztheoretischen Bildungsbegriffs – der Bezugspunkt auch der praktischen Ausbildungsanteile und damit die Orientierung von Employability. Bei all dem – so betont Bartosch – ist deshalb wissenschaftliche Disziplinbildung eine zentrale Aufgabe, da sie den Bezugspunkt für wissenschaftliche Bildung *und* für die unterschiedlichen Praxisfelder als spezifische angewandte Wissenschaft der Sozialen Arbeit erst herstellt.

Fabian Kessl greift in seinem Beitrag die Frage auf, ob im Rahmen des „Bologna-Prozesses" die Strukturreformen der akademischen Ausbildung für die Soziale Arbeit eher in Richtung Generalisierung oder in Richtung Spezialisierung ausgerichtet werden. Wenn zukünftige professionelle Fachkräfte in der Sozialen Arbeit eher mit dem Ziel der Ausbildung einer reflexiven Handlungskompetenz mit einem breiten, allgemeinen und möglicherweise auch unspezifischen Wissen ausgestattet werden, auf dessen Basis sich die Professionsnovizen dann nach erfolgreichem Abschluss das notwendige Spezialwissen erst aneignen (Modell der Generalisierung), ergibt sich ein anderes professionelles Selbstverständnis als im entgegengesetzten Fall, in dem die Curricula der Studiengänge Spezialwissen für die ausdifferenzierten professionellen Handlungsfelder vorsehen und dieses möglichst detailliert bestimmen (Modell der Spezialisierung). Daher stellt sich angesichts der s.E. zunehmenden Spezialisierungstendenzen in den konsekutiven Studiengängen mit Schwerpunkt Soziale Arbeit die Frage nach einer begründeten Einschätzung dieser Entwicklung. Dazu formuliert Fabian Kessl im ersten Schritt eine professionstheoretische Vergewisserung und im zweiten Schritt eine Problematisierung einflussreicher Mythen in der fachpolitischen Diskussion. Vor diesem Hintergrund kommt er dann zu der Einschätzung, dass eine generalistische Ausbildungsstruktur für den weiteren Professionalisierungsprozess und eine damit verbundene Profilierung Sozialer Arbeit von entscheidender Bedeutung ist.

Michael Leinenbach beschreibt die Haltung und die bestehenden Beschlusslagen des Deutschen Berufsverbandes für Soziale Arbeit e.V. (DBSH) zur Ausbildung sowie weiterführenden Qualitätssicherungsmaßnahmen in der Profession Soziale Arbeit. Anhand eines Modulsystems stellt der Autor den Beitrag des DBSH zur Entwicklung eines einheitlichen Professionsverständnisses im Bereich der Ausbildung und Qualitätssicherung innerhalb der Profession vor. Das erste Modul verdeutlicht, dass wesentliche Ziele der Ausbildung über Schlüsselkompetenzen der Sozialen Arbeit, die bereits im Bachelor-Studiengang zu erwerben sind, zu bestimmen seien. Einzelne Kompetenzen könnten dann im Rahmen von Zusatzstudiengängen (Master) sowie Weiterbildungen ausgebaut werden. Im Berufseinmündungsjahr werden die im Studium erworbenen Kenntnisse im Wege eines begleiteten Einstiegs in die Berufstätigkeit an die praktischen Erfordernisse der Profession vertieft; dieser zweite Ausbildungsabschnitt soll Grundlage für die Staatliche Anerkennung sein. Als zweites Modul sieht der DBSH das Berufsgesetz an, welches von einem Berufsregisters, als drittes Modul, flankiert werden soll. Leinenbach verdeutlicht, dass der Philosophie des DBSH ein generalistisches Grundstudium als Grundlage der Kompetenzorientierung der weiteren Professionsentwicklung zu Grunde liegt.

Peter Buttner stellt in seinem Beitrag „Generalistische Ausbildung, Spezialisierung und Patchwork“ zunächst fest, dass die meisten Bachelorstudiengänge der Sozialen Arbeit generalistisch angelegt, hingegen die meisten Masterstudiengänge der Sozialen Arbeit spezialisiert seien. Diese Aufteilung sei im Prinzip sinnvoll, berge aber auch Tücken: Die generalistische Ausbildung könne nicht vollständig halten, was sie verspricht, und der Spezialisierungstrend bedrohe den disziplinären Zusammenhalt und erschwere den Überblick über die Qualifizierungslandschaft. Die Spezialisierung ist s.E. aber nicht nur bedrohlich, denn sie bringt Fachkräfte hervor, die für bestimmte Probleme der Praxis besser ausgebildet sind als Generalisten. Das Hauptproblem der Spezialisierung liegt also, so Peter Buttner, nicht in mangelnder Passung zum Bedarf in der Praxis, sondern in der Intransparenz, die mit der Vervielfältigung der Abschlüsse einhergeht. Aus Sicht der Praxis und der Anstellungsträger sei nämlich die Spezialisierung nicht abzulehnen, solange sie nicht auf Kosten der allgemeinen Bildung und allgemeiner Kompetenzen gehe. Allerdings kommt das System der Praxis nicht ohne basale inhaltliche Ausbildungsstandards aus, die von den institutionellen Akteuren zu entwerfen und durchzusetzen seien.

Für *Herbert Effinger* stellt sich die Frage nach dem Verhältnis von Generalisierung und Spezialisierung zunächst aus der Perspektive der Bedeutung generalistischer und spezifischer Kompetenzen für die Bewältigung der Aufgaben durch die Praxis und dadurch auch für die Generierung des zur Aufgabenerfüllung erforderlichen Wissens. Damit verbunden sei für die Professionellen die Klärung ihrer beruflichen Identität. Für das Wissenschafts- und Ausbildungssystem geht es dabei vornehmlich um die Frage, wie die für das Praxissystem und das Wissenschaftssystem erforderlichen Kompetenzen effektiv und effizient vermittelt und angeeignet werden können. In dieser Arena geht es somit immer auch um die jeweilige Definitionsmacht und um geeignete Orte und Wege des Lernens und der Lehrbarkeit sowie der Statuszuweisung. Effinger vertritt in seinem Beitrag die These, dass sich diese Fragen nicht objektiv, sondern nur diskursiv beantworteten lassen, da sich hinter den Positionen immer auch unterschiedliche Interessen und Zielsetzungen der beteiligten Akteure und Instanzen verbergen. Mit Blick auf die jüngere Geschichte der Akademisierung der Sozialen Arbeit schildert er Versuche der verschiedenen Akteure, durch eine Priorisierung einer der Eckpunkte der Trias von Wissen, Können und Haltung das Profil der Sozialen Arbeit zu dominieren und zieht daraus schließlich seine Schlussfolgerungen für die Aus- und Weiterbildung.

Der dritte Teil des Bandes diskutiert die Frage nach dem Verhältnis von Generalisierung und Spezialisierung in der Sozialen Arbeit aus unterschiedlichen fachspezifischen Sachfragen heraus. Den Einstieg in diesen Teil stellt ein grundlegender Beitrag von *Wolfgang Krieger* zur Wissenschaft der Sozialen Arbeit dar. Dieser nähert sich der Frage nach dem Allgemeinen und Besonderen der Sozialen Arbeit aus einer wissenschaftstheoretischen Perspektive. Kriegers Ausgangsthese ist, dass zwar seit zwei Jahrzehnten „die Wissenschaft der Sozialen Arbeit“ ausgerufen, aber bislang sei noch immer nicht befriedigend bestimmt, was ihr als Wissenschaft eine abgrenzbare Identität und eine disziplinäre Perspektivität verleiht. Ein solcher Anspruch auf einen originären Gegenstand sei jedoch für eine „Leitdisziplin“ Soziale Arbeit unverzichtbar, die die wissenschaftliche Mitte einer interdisziplinär angelegten akademischen Sozialen Arbeit bilden möchte. Im Dienste dieser Aufgabe zielt der Beitrag darauf, die bisher verfolgten Wege zum Gegenstand einer Wissenschaft der Sozialen Arbeit systematisch zu rekonstruieren und Positionen zu einer materialobjektiven oder formalobjektiven Zugangsweise zum Wissenschaftsverständnis der SAW aufzuzeigen. Angesichts einer dilemmatischen Ausweglosigkeit in der bisherigen Debatte um den Gegenstand der SAW schlägt Krieger vor, das Verhältnis der Sozialen Arbeit als Wissenschaft (SAW) zu den Theorien und Wissensbeständen der Sozialen Arbeit grundsätzlich neu zu fassen. Es wird daher die Auffassung plausibel gemacht, dass SAW als eine „Leitdisziplin“ nicht in den Theorien und Konzepten der Sozialen Arbeit aufgehen kann, sondern sich zu ihnen in ein reflexives, metatheoretisches Verhältnis stellen muss.

In ihrem Beitrag betont *Silvia Staub-Bernasconi* zunächst, dass eine Profession nicht umhin komme, folgende Themen zu bearbeiten: Erstens eine allgemeine Definition ihres Zuständigkeitsbereiches, auch im Hinblick auf die Zusammenarbeit mit anderen Professionen – ergänzt durch Spezialisierungen, die sich auf historische, kontextuelle, praxisbezogene Kontexte beziehen; zweitens eine Festlegung der allgemeinsten, erkenntnis- wie handlungstheoretischen Fragestellungen und fachspezifischen Kompetenzen, die sie zu ihrer Ausübung braucht – ergänzt durch adressaten-, problem-, arbeitsfeld- und methodenspezifische Kompetenzen, die im Masterstudium oder zusätzlich durch Weiterbildungen erworben und vertieft werden, und drittens eine allgemein Antwort auf das „Theorie-Praxis-Problem“, als Problem der Verknüpfung des Beschreibungs-, Erklärungs- und Trendwissens mit dem handlungsbezogenen Veränderungswissen. Staub-Bernasconi bedauert, dass es dazu zumindest im „Qualifikationsrahmen Soziale Arbeit (QR SArb) Version 5.1 von 2010 keine Antworten gibt, was nicht ausschließt, dass sie debattiert werden und Gegenstand der fachhochschulspezifischen Curriculumentwicklung sind. Der vorliegende Beitrag befasst sich nun mit der dritten Thematik und ist von der Autorin Konrad Maier gewidmet, der in der Sektion „Theorie- und Wissenschaftsentwicklung der Sozialen Arbeit“ nicht müde wurde, diese Frage immer wieder neu zu stellen.

Forschung in der Sozialen Arbeit dient der Gewinnung von Erkenntnissen über den Einzelfall hinaus, so *Katy Dieckerhoff* und *Armin Schneider* in ihrem Beitrag. Nach der Darstellung der Notwendigkeit und spezifischen Bedeutung der Forschung für die Soziale Arbeit stellen sie Grundlagen sowohl der quantitativen und standardisierten als auch der qualitativen und rekonstruktiven Forschung in der Sozialen Arbeit vor und benennen Gütekriterien für beide Methodologien. Sie betonen, dass die Grundlagen und die jeweiligen Gütekriterien auch bei einer Verbindung von beiden Forschungssträngen etwa in Form einer Triangulation oder einer integrativen Forschung zu beachten seien. Dabei, so Dieckerhoff und Schneider, habe jeder Einzelfall zwar etwas „Eigenes“, verweise aber in seiner Eingebundenheit in gesellschaftliche Strukturen und Konstruktionen auch auf das Allgemeine. Aber auch Generalisierungen haben in Sozialwissenschaften eine begrenzte Reichweite, was kulturelle, zeitliche und örtliche Dimensionen angeht. Weiter arbeiten Dieckerhoff und Schneider heraus, dass die Bezeichnung „angewandte Forschung“ im Kontext Sozialer Arbeit zumindest irreführend sei, da es zum einen nicht um eine Beschränkung auf die Praxis gehe und zum anderen auch nicht ausschließlich um die Anwendung der Erkenntnisgewinne aus Bezugswissenschaften. Daher benötige Soziale Arbeit auch eine fundierte Grundlagenforschung. Professionalität in der Sozialen Arbeit bedeute das Besondere und den Einzelfall im Fokus zu haben, aber zugleich Generalisierungen im Blick zu behalten und damit das Spannungsfeld zwischen Allgemeinem und Besonderen nicht aufzulösen, sondern zu bearbeiten.

Elke Kruse thematisiert die Frage des Verhältnisses von Generalisierung und Spezialisierung im Studium der Sozialen Arbeit unter verschiedenen Gesichtspunkten. Ein historischer Rückblick verweist auf die in der Vergangenheit nahezu ausnahmslos getroffenen Entscheidungen zugunsten einer generalistischen Ausrichtung, daneben aber auch auf andere wichtige Facetten des Themas, wie kontroverse Positionen und deren VertreterInnen. Mit Blick auf die Curricula von Bachelorstudiengängen auf der einen und Master-Studiengängen auf der anderen Seite verdeutlicht die Autorin, wie unterschiedlich sich jeweils die Konzepte auf der Ebene grundständiger und weiterführender Studienangebote darstellen. Unter didaktischer Perspektive zeigt sich, welche Herausforderungen sich einerseits im Hinblick darauf stellen, was es heißt, ‚das Allgemeine besonders zu lehren und zu studieren‘ und andererseits, im Speziellen die Verbindung zum Allgemeinen, zur Basis, aufrechtzuerhalten und gleichzeitig angemessen besondere Qualifizierungserfordernisse zu berücksichtigen. Es gilt, so Elke Kruse, verstärkt die didaktischen Implikationen der Bologna-Reform auszuloten, um sie für das Studium der Sozialen Arbeit nutzbar zu machen.

Ulrich Mergner konstatiert in seinem Beitrag, dass angesichts der Differenzierungs-, Spezialisierungs- und Heterogenisierungstendenzen in Lehre und Praxis der Sozialen Arbeit die „Disziplinbildung“ (→Wissenschaft der Sozialen Arbeit) als Mittel zur Bändigung der zentrifugalen Kräfte benötigt würde. Neben Theoriebildung, insbesondere Verständigung über die gesellschaftliche Funktion der Sozialen Arbeit, Methodendiskurs und eigenständiger Forschung werde wissenschaftliche (Aus-)Bildung auf allen Niveaus als zentral für Disziplinbildung angesehen. Der Promotion – als Bindeglied zwischen Ausbildung und Forschung – komme in diesem Prozess zentrale Bedeutung zu. Problematisch sei – so Mergner – jedoch nicht nur das weitgehende Fehlen von Promotionsmöglichkeiten im eigenen Fach, sondern der geringe Entwicklungsstand von Fachkultur bzw., genereller, akademischer Kultur. Ausgehend von einer kursorischen Analyse des status quo und seiner Entstehung diskutiert der Autor deshalb unter wissenschafts- wie hochschulpolitischen Aspekten, auf welchen Wegen die Soziale Arbeit zum Recht der Promotion im eigenen Fach auch an Fachhochschulen kommen könnte und was die Entwicklung einer darauf bezogenen akademischen Kultur anzielen müsste.

Edi Martin stellt in seinem Beitrag fest, dass die ExponentInnen der Gemeinwesenarbeit (GWA) nicht selten einen Sonderstatus beanspruchen, dabei jedoch weitgehend unklar bliebe, worin dieser genau bestehe. Ist GWA innerhalb oder außerhalb der Sozialen Arbeit zu verorten? Wenn GWA ein Arbeitsprinzip sein soll und nicht eine Methode, was soll damit gemeint sein?

Ein 2010 von der Sektion GWA der DGSA produzierter Film zeigt und benennt Handlungsfelder, Problematiken und Verfahrensweisen der GWA. Gleichzeitig wird daran deutlich, wie auch an den zahlreichen, von Martin zusammen gestellten GWA-Definitionen, dass eine Vielzahl nicht näher bzw. sehr unterschiedlich gefüllter Begriffe kursieren. Die Ursache hierfür liege darin, dass es sich bei den speziell für die GWA reklamierten Charakteristika eher um allgemeine Merkmale Sozialer Arbeit handelt. Zentral für die GWA sei die Verknüpfung mehrerer Analyse- und Handlungsebenen bzw. „Niveaus" wie Martin es formuliert. Genau dies sei aber auch ein allgemeines Kennzeichen Sozialer Arbeit. Das Spezielle der GWA liegt eher im Bezugspunkt der konkreten Intervention, d.h. in der Arbeit mit Systemen mittlerer und größerer Reichweite. Bilanzierend betont Martin, dass eine eindeutigere Bestimmung von Gemeinwesenarbeit die Verständigung und damit die Kooperation mit andern Professionen überhaupt erst ermöglicht.

Für die Klinische Soziale Arbeit stellen *Albert Mühlum* und *Silke Birgitta Gahleitner* fest, dass die gesellschaftlichen Entwicklungen mit immer komplexeren Problemstellungen und steigenden Anforderungen an die psychosoziale Versorgung(slandschaft) einhergehen. Eine zeitgemäße Antwort darauf ist die Herausbildung spezialisierter Fachrichtungen innerhalb der Sozialen Arbeit („Fachsozialarbeit") – wie das Beispiel der Klinischen Sozialarbeit modellhaft zeigt. Aber diese weist ihrerseits schon wieder ‚interne' Ausdifferenzierungen auf. Der Autor und die Autorin rücken in ihrem Artikel ‚Schwerpunktbildung oder (Sub-)Spezialisierung? – Teil I – zur „doppelten Spezialisierungsdebatte" Klinischer Sozialarbeit' damit in den Blick, dass sich die Frage nach dem Allgemeinen und dem Besonderen nicht nur der Profession als Ganze stellt, sondern auch für ihre Untereinheiten. In Teil II des Artikels mit dem Titel ‚Klinisch ausgerichtete Studiengänge Sozialer Arbeit: Quo vadis?' wird deutlich, dass die Verständigung darüber umso drängender wird, als die Profil bildenden Auseinandersetzungsprozesse im Kontakt mit der Praxis und benachbarten Versorgungsprofessionen kontinuierlich fortschreiten (vgl. z.B. die Diskussion um das Psychotherapeutengesetz oder aktuelle Entwicklungen in der Beratungslandschaft). Damit muss sich auch die Ausbildung auseinander setzen, hier bzgl. der einschlägigen Masterstudiengänge mit klinisch-sozialem bzw. psychosozialem Profil. An ausgewählten Beispielen wird im zweiten Teil des Beitrags gezeigt, in welchen Spannungsfeldern sich die Planung und Ausgestaltung von Studiengängen bewegt – und wie bei aller Vielfalt kollegiale Diskussion und Kooperation gelingen kann.

Die Frage nach der Verortung von Querschnittsthemen in der Sozialarbeitslehre wird exemplarisch mit Blick auf Geschlechterdiskurse erörtert. *Monika Barz* und *Cornelia Giebeler* stellen zu Beginn ihres Beitrag fest, das der Geschlechterdiskurs von einer Paradoxie gezeichnet ist: Da stehen nämlich die Erkenntnisse über die Fluidität von Gender und Sex zeitgleich neben der faktischen Kategorisierung der sozialen Welt in zwei Geschlechter. Angesichts dessen stellen sie die Frage, wie diese scheinbaren Widersprüche in der Lehre Sozialer Arbeit angemessen vermittelt werden sollen und wie die intersektionale Neufokussierung einzubeziehen und die Verflechtungen von Gender mit anderen Strukturkategorien sozialer Machtverhältnisse darzustellen seien. Für die Institutionalisierung der Gender-Lehre in der Sozialen Arbeit, so die Autorinnen, entsteht die Herausforderung, dass in jedem Kontext sozialwissenschaftlicher Untersuchungen einerseits die Kategorie ‚Geschlecht' erforderlich ist, andererseits der wissenschaftliche Diskurs zum Thema längst die zweigeschlechtliche Konstruktion der Wirklichkeit überschreitet. Diese Paradoxie bearbeiten Barz und Gieblier in ihrem Beitrag in ihrem internationalen Kontext und verknüpfen sie mit einer Systematisierung des Genderdiskurses für die Frage einer generalisierten oder feldspezifisch spezialisierten Sozialen Arbeit.

Diesen Teil des Bandes und damit auch den Band insgesamt abschließend, erörtert der letzte Beitrag grundlegend die sich aus dem Bologna-Prozess ergebenden Gestaltungsaufgaben für die Fakultäten der Sozialen Arbeit im Rahmen der professionellen und disziplinären Weiterentwicklung der Sozialen Arbeit. *Veronika Hammer* geht dabei folgenden Fragen nach: Vor welchen institutionellen Herausforderungen steht die Soziale Arbeit? In welcher Form lässt sich ein Kerncurriculum für das Studium der Sozialen Arbeit auf Masterniveau aufbauen? Welche Morphologie hat das institutionelle Berufsfeld von Sozialarbeiterinnen und Sozialarbeitern, die in bereichsübergreifenden Funktionen und in Führungspositionen tätig werden? Die Autorin führt aus, dass sich in der Auseinandersetzung mit diesen Fragen für die praktisch, verbandlich und wissenschaftlich Tätigen in der Sozialen Arbeit eine institutionell reflektierte Sichtweise aufspannt. In deren Mitte steht i. E. ein Kerncurriculum, das den Schwerpunkt auf die Vertiefung und Stärkung der fachlichen Identität und Institutionalität der Professionellen in der Sozialen Arbeit legt.

Es lässt sich darüber streiten, ob Generalisierung und Spezialisierung einen Gegensatz bilden oder zwei Seiten einer Entwicklung darstellen. Die traditionellen horizontalen und vertikalen Grenzen zwischen den einzelnen Berufsgruppen und innerhalb dieser werden jedenfalls neu gezogen. Neue Formen der Generalisierung entstehen ebenso wie neue Formen der Spezialisierung. In dieser Entwicklung stellt sich die Frage nach dem Profil Sozialer Arbeit neu.

Die damit verbundenen Fragen formieren sich für die Anstellungsträger und die professionellen PraktikerInnen mit ihren jeweils spezifischen Interessen sowie für die Hochschulen und die Gestaltung ihrer gestuften Studiengänge und Weiterbildungen in ähnlicher Weise. Vor dem Hintergrund dieser Entwicklungen stellt sich für die wissenschaftliche Gemeinschaft die Aufgabe, nach geeigneten Konzepten und Profilen ihrer professionellen und disziplinären Weiterentwicklung zu suchen. Dieser Band soll einen Beitrag dazu leisten.

Perspektive der deutschsprachigen Nachbarländer

Generalisierung und Spezialisierung der Sozialen Arbeit in der Schweiz

Reflexionen zur Aufgabenteilung zwischen Ausbildung und Weiterbildung

Daniel Gredig und Stefan Schnurr

Einleitung

Wie das „Besondere" dem „Allgemeinen" ernsthaft nur im Wissen darum gegenübergestellt werden kann, dass sich beide Kategorien gegenseitig voraussetzen, so hat die „Spezialisierung" Sozialer Arbeit die Kategorie der „Generalisierung" notwendig zur Voraussetzung. Die Begriffe mögen die Pole eines – allenfalls spannungsvollen – Kontinuums von Differenzierungen innerhalb der Sozialen Arbeit kennzeichnen. Sie bleiben aber aufeinander verwiesen. Von „Spezialisierung" in der Sozialen Arbeit zu sprechen, impliziert die Vorstellung, dass Ausschnitte der Sozialen Arbeit in besonderer Weise fokussiert und gesondert, unter Ausblendung anderer Aspekte vertieft und besonders intensiv bearbeitet werden könnten, sei dies nun in der Praxis, der Wissenschaft oder der Ausbildung Sozialer Arbeit. Wer – fordernd oder bedauernd – von Spezialisierung spricht, hält also an der Existenz eines – mehr oder weniger klar umrissenen – „großen Ganzen" fest, vor dem sich der fokussierte Arbeitsbereich als Spezialisierung ausnimmt. Umgekehrt erfolgt die Rede von einer generalistischen Sozialen Arbeit stets vor dem Gegenhorizont einer – zumindest theoretisch – möglichen Spezialisierung. Das gegenseitige Verweisungsverhältnis von Spezialisierung und Generalisierung stellt uns vor die Aufgabe, zu klären, in welchen Kontexten, in welchen Hinsichten und zu welchen Zeitpunkten eher eine Fokussierung oder der Blick auf das Ganze angebracht ist und wie Spezialisierung und Generalisierung miteinander vermittelt werden können.

Im Folgenden wird das Bildungsangebot für Fachpersonen der Sozialen Arbeit in der Schweiz im Mittelpunkt stehen. Es soll aufgezeigt werden, wie sich Spezialisierung und Generalisierung in der Bildungslandschaft dieses Landes konkret konfigurieren. Dabei richtet sich der Blick insbesondere auf die berufsbefähigenden Studien auf hochschulischer Tertiärstufe und die Weiterbildungsangebote an Hochschulen und Universitäten. Es geht also weder darum, das Verhältnis und die Vermittlung von Spezialisierung und Generalisierung in der Sozialen Arbeit theoretisch abzuhandeln, noch darum, einen normativen Entwurf für eine wünschbare Ausgestaltung des Verhältnisses zu entwickeln. In unserem Verständnis soll dieser Einblick in das konkrete Arrangement von Spezialisierung und Generalisierung in der Sozialen Arbeit in der Schweiz vielmehr einen Beitrag dazu leisten, Material für eine vergleichende Analyse der Konfiguration von Spezialisierung und Generalisierung in den deutschsprachigen Ländern bereit zu stellen. Er soll dazu beitragen, den Blick über nationalstaatliche Grenzen hinaus zu weiten und die Diskussion um das Verhältnis und die Vermittlung von Spezialisierung und Generalisierung im Wissen um die bestehende Vielfalt zu führen.

Hierzu werden zunächst die historischen Entstehungslinien der Bildungsangebote für Fachleute der Sozialen Arbeit skizziert und die neuesten Entwicklungen im Rahmen des Bologna-Prozesses dargelegt. In einem nächsten Schritt wird die Weiterbildungslandschaft für Fachpersonen der Sozialen Arbeit umrissen. Die Reflexion der Aufgabenteilung, die sich in der Schweiz zwischen den Studien und Weiterbildungsangeboten in der Sozialen Arbeit hinsichtlich der Aspekte Spezialisierung und Generalisierung herauskristallisiert hat, schließt den Beitrag ab.

Entwicklung des Bildungssystems Soziale Arbeit in der Schweiz: Von der Fachausbildung zur Akademisierung

Im Jahre 1906 veranstaltete die Akademisch-Soziale Vereinigung der Hochschule Zürich einen ersten dreimonatigen Sommerkurs in moderner Armenpflege (Ruf, 1994). 1908 folgte ein zwei Wochen dauernder schweizerischer „Kurs in Jugendfürsorge“ (Feld, 1929). Im selben Jahr wurde in Zürich der erste „sechsmonatliche Lehrkurs“ in Kinderfürsorge zur Qualifikation von Sozialarbeiterinnen angeboten. Damit waren die Gründerjahre für Ausbildungen in Sozialarbeit und Sozialpädagogik in der Schweiz angebrochen. Der Zürcher Kurs in Kinderfürsorge wurde kontinuierlich ausgebaut und stellte die Basis für die Gründung der Sozialen Frauenschule Zürich im Jahr 1920 dar (von Meyenburg, 1933). 1914 wurden in Basel erstmals die „Kurse zur Einführung in soziale Tätigkeit“ angeboten. 1918 folgten die „Schweizerische sozial-caritative Frauenschule Luzern“, die „Ecole d’Etudes sociales pour Femmes“ in Genf und 1919 die „Ecole de formation aux oeuvres sociales pour femmes catholiques“ in Fribourg (Hofer, 1984).

Dieser Pionierphase folgte von 1920 bis 1960 eine Phase der gemäßigten Expansion, in der sieben weitere Ausbildungsstätten gegründet wurden. In der Phase nach 1960 ist eine intensivierte Einrichtung von Ausbildungsgängen für ErzieherInnen (HeimerzieherInnen/SozialpädagogInnen) zu verzeichnen, die z.T. an die bestehenden Ausbildungsstätten für Sozialarbeit angegliedert wurden. In den 1980er Jahren gab es in der Schweiz zehn Schulen für Soziale Arbeit sowie neun Tagesschulen und neun Anbieter von berufsbegleitend angelegten (Teilzeit-)Studiengängen für Heimerziehung/Sozialpädagogik auf derselben Bildungsstufe (Modena-Burkhardt, 1987).

Die ersten Schulen für Soziale Arbeit waren als Frauenschulen angelegt worden. Die Öffnung für Männer fand erst nach dem Zweiten Weltkrieg statt. An der Schule in Zürich z.B. wurden 1946 erstmals Schüler aufgenommen (Hanhart, 1968, S. 5). Ein weiteres Merkmal dieser Ausbildungsstätten war, dass sie sich unabhängig von den Universitäten entwickelten. In den 1990er Jahren waren sie auf der Stufe von Höheren Fachschulen und damit auf der außerhochschulischen Tertiärstufe (ISCED Level 5B (UNESCO, 1997)) angesiedelt.

Die Akademisierung der Ausbildung in Sozialer Arbeit setzte erst in den 1970er Jahren ein. Der Vorstoß von 1908, an der Universität Zürich „Vorlesungen über Armenpflege und Wohlfahrtspflege" anzubieten, scheiterte. Genauso blieben die später lancierten Initiativen der Schweizerischen Gemeinnützigen Gesellschaft von 1922 und jene der Caritas von 1949, an Schweizer Universitäten Studiengänge für Sozialarbeit einzurichten, ohne Erfolg. Erst 1961 schaffte es der Caritas-Verband, die Abteilung für „Caritas und Angewandte Sozialwissenschaften" an der Universität Fribourg aufzubauen, die ein erstes universitäres Studienangebot für SozialarbeiterInnen anbot. Im Jahre 1972 wurde von der Universität hierauf aufbauend ein ordentliches – in Deutsch und/oder Französisch zu absolvierendes – Lizentiatsstudium in Sozialarbeit geschaffen (Büchi, 1967; Fatke, 1991; Feld, 1925; Wild, 1924). 1971 richtete die Universität Zürich am Pädagogischen Institut den „Lehrstuhl für Pädagogik unter besonderer Berücksichtigung der Sozialpädagogik" ein und schuf so die Möglichkeit, das erziehungswissenschaftliche Studium mit dem Schwerpunkt Sozialpädagogik zu absolvieren. Diese Studiengänge, die zu einem Lizentiat der jeweiligen Philosophischen Fakultät führten, waren mit dem Magisterstudium in Deutschland vergleichbar und boten Anschluss an ein Promotionsstudium.

In dieser späten Akademisierung zeigt sich eine Parallele zur Entwicklung in Deutschland (Knobel, 1992; Kruse, 2009), die im Gegensatz etwa zur Entwicklung im angelsächsischen Raum steht, wo die Ausbildung in Sozialer Arbeit in enger Verbindung zum universitären Wissenschaftsbetrieb aufgebaut und früh in die Universitäten integriert wurde.

Der wohl entscheidende Akademisierungsschub ging schließlich von der Einrichtung von Fachhochschulen aus. Mit dem Fachhochschulgesetz von 1995[1] wurde die Einrichtung dieses für die Schweiz bis dahin unbekannten Hochschultyps auf hochschulischer Tertiärstufe (ISCED Level 5A) beschlossen. Die Schaffung von Fachhochschulen war zunächst für die technischen

1 Bundesgesetz über die Fachhochschulen vom 6. Oktober 1995 (Stand Januar 2007) (Fachhochschulgesetz).

und wirtschaftswissenschaftlichen Fächer vorgesehen worden. Die Ausbildungsstätten in Sozialer Arbeit wie auch jene in den Bereichen Gesundheit und Kunst vermochten aber an diese Bewegung anzuschließen. Die Mehrzahl der Ausbildungseinrichtungen in Sozialer Arbeit, die bis dahin Höhere Fachschulen waren, entschloss sich, die Entwicklung hin zu Hochschulen zu initiieren und den für eine Schweizer Fachhochschule bezeichnenden vierfachen Leistungsauftrag anzunehmen: Gesetzeskonform[2] entwickelten sie in kurzer Zeit *Studiengänge* auf Hochschulniveau,[3] bauten *Forschung und Entwicklung* auf, erweiterten ihre *Weiterbildungsangebote* im Nachdiplombereich und bauten die Erbringung von *Dienstleistungen* aus. Heute bestehen sieben Fachhochschulen mit Studiengängen in Sozialer Arbeit.

Die Transformation zu Fachhochschulen wurde durch gemeinsame Konzeptarbeiten unterstützt, bei denen die Schulen auf gewachsene korporatistische Strukturen und gemeinsame Traditionen zurückgreifen konnten. Die Ausbildungsstätten hatten sich schon früh in so genannten Arbeitsgemeinschaften, konkret der Arbeitsgemeinschaft der Schulen für Soziale Arbeit SASSA (gegründet 1948), der Arbeitsgemeinschaft der Heimerzieherschulen SAH (gegründet 1970) und der Konferenz der Höheren Fachschulen für Soziokulturelle Animation KOSSA (gegründet 1982) organisiert. Diese Organisationen dienten seit ihrer Gründung der Koordination der Ausbildungsgänge der ihnen angeschlossenen Schulen und erließen hierzu gemeinsam getragene Leitvorstellungen, Richtlinien und Minimalanforderungen oder Grundanforderungen an die Ausgestaltung der Ausbildungen und Studien (Gerber, 1988; Modena-Burkhardt, 1987). 1996 schlossen sich die drei Organisationen im Kontext der Einrichtung von Fachhochschulen zu einer „Koordinationsplattform“ unter der Bezeichnung SASSA zusammen (Schweizerische Arbeitsgemeinschaft der Schulen für Soziale Arbeit SASSA, 2002, S. 2). In dieser neuen Konfiguration erarbeitete die SASSA Grundlagendokumente, die für die Einrichtung von Fachhochschulen in Sozialer Arbeit von Bedeutung waren, wie z.B. das „Profil für Fachhochschulen in Sozialer Arbeit“ (EDK/FDK Schweizerischen Konferenz der kantonalen Erziehungsdirektoren und Schweizerische Konferenz der kantonalen Fürsorgedirektoren, 1996), das für die Einrichtung der Fachhochschulen ein Schlüsseldokument war.[4]

Ein Teil der Einrichtungen der außerhochschulischen Tertiärstufe entschieden sich in den 1990er Jahren hingegen, ihr Qualifikationsniveau zu halten. Die fünf Einrichtungen, die heute Ausbildungsabschlüsse auf der Ebene der Höheren Fachschule anbieten, konzentrieren sich auf Ausbildungsgänge, die für Tätigkeiten im Bereich der Sozialpädagogik und im heil- bzw. behindertenpädagogischen Kontext qualifizieren. Vier dieser fünf Einrichtungen

2 Vgl. Art. 3 Fachhochschulgesetz.

3 Diese Studiengänge mussten ein Anerkennungsverfahren durchlaufen.

4 Heute ist die SASSA die Fachkonferenz Soziale Arbeit in der Konferenz der Fachhochschulen KFH.

sind in der Deutschschweiz angesiedelt, eine davon wird vom Branchenverband „Curaviva Verband Heime und Institutionen Schweiz“ getragen.

In einer gewissen Gegenbewegung zur Akademisierung wurde – in Anschluss an ein Pilotprojekt einer „Sozialen Lehre“ – 2005 eine neue berufliche Grundausbildung auf Sekundarstufe II (ISCED 3) etabliert. Im – in der Schweiz gängigen – Modus der dualen Berufsausbildung können AbsolventInnen der obligatorischen Schule auf Sekundarstufe I (ISCED 2A) in einer engen Verschränkung von schulischer Bildung und Bildung in der Praxis in drei Jahren zum Berufsabschluss „Fachfrau Betreuung/Fachmann Betreuung“ gelangen. Im fachspezifischen Ausbildungsmodell führt die Lehre zur Befähigung der Arbeit entweder im Bereich der „Betreuung“ von Kindern, von Betagten oder von Menschen mit Behinderungen. Das generalistische Modell befähigt zur Arbeit in allen drei Bereichen.

Das Spektrum an Ausbildungen und Studiengängen in Sozialer Arbeit reicht heute nun von Lehrangeboten in der Grundausbildung bis hin zu Doktoratsprogrammen. Die Verortung der unterschiedlichen Bildungsabschlüsse für Fachpersonen der Sozialen Arbeit im Bildungssystem der Schweiz kann der Übersicht in Abbildung 1 entnommen werden.

Abbildung 1: Soziale Arbeit im schweizerischen Bildungssystem *

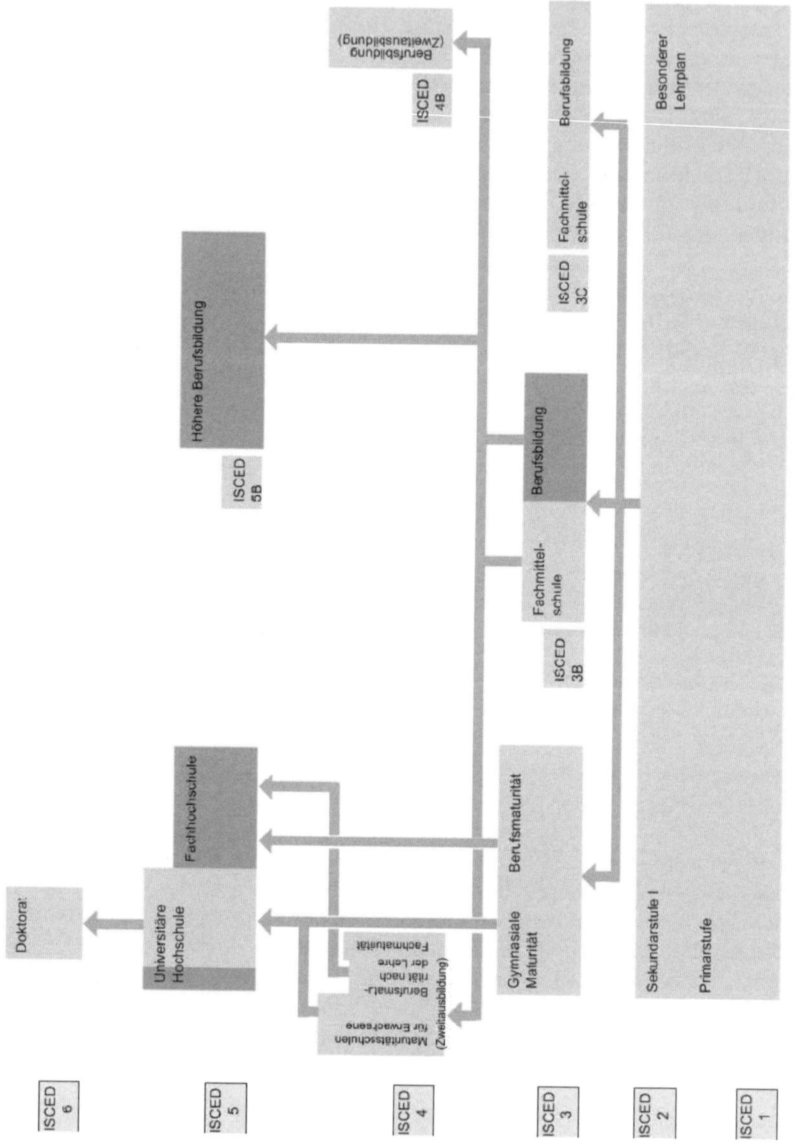

Legende: Die dunklen Felder stehen für Abschlüsse von Fachpersonen der Sozialen Arbeit

*Gemäß Erziehungsdirektorenkonferenz EDK 2010

Die zugänglichen Daten (Bundesamt für Statistik, 2009) lassen deutlich werden, dass die Einrichtung der Fachhochschulen das Bildungsangebot auf der hochschulischen Tertiärstufe verstärkte. Eine deutliche Mehrheit der frisch ausgebildeten Fachpersonen der Sozialen Arbeit verfügt heute über einen Abschluss einer (universitären oder Fach-)Hochschule.

Der Bologna-Prozess

Die Schweiz war 1999 unter den Erstunterzeichnerstaaten der Bologna-Konvention und setzt diese zügig um. Universitäten und Fachhochschulen bieten inzwischen durchgehend die zwei- bzw. dreistufigen Studiengänge an. Die Einführung der Bachelor-Studien erfolgte zwischen 2003 und 2005. Die Universitäten führten die Master-Studien ab dem Jahr 2006 ein. 2007 schuf eine Vereinbarung zwischen dem Bund und den Kantonen die Grundlage für die Entwicklung von Master-Studien an Fachhochschulen.[5] Diese werden seit 2008 angeboten. Zugleich rief das für die Fachhochschulen zuständige Bundesamt für Berufsbildung und Technologie (BBT) aber für die an den Fachhochschulen vertretenen Fachrichtungen (mit wenigen Ausnahmen) den Bachelor als „Regelabschluss" aus. Dies gilt auch für die Soziale Arbeit. Mit der Einrichtung von Master-Studien verbinden sich weitere Vorgaben: Das Studium soll zu einer Berufsbefähigung führen; das Angebot von Master-Studien in der Schweiz soll „beschränkt" bleiben; jeder Studiengang muss jährlich die Mindestanzahl von 30 neueintretenden Studierenden aufweisen und das Studium muss nachgewiesenermaßen in der Forschung der eigenen Hochschule verankert sein.[6] Die Universitäten, die zurzeit noch den Kantonen unterstehen, blieben u.W. in der Ausgestaltung ihrer Master-Studien bisher ohne vergleichbare Vorgaben inhaltlicher oder quantitativer Art.

Angesichts der Chance, eine neue Studienstufe gestalten zu können, und der Möglichkeit zur unterschiedlichen Profilierung und Spezialisierung dieser Studien, die sich den Hochschulen genauso bot, wie die Möglichkeit zur gegenseitigen Konkurrenz um Studierende, reagierten die in der SASSA organisierten Fachhochschulen der Tradition gemäß korporatistisch: Sie verabschiedeten ein gemeinsam getragenes Rahmenkonzept (SASSA Fachkonferenz Soziale Arbeit der Fachhochschulen Schweiz, 2007) und verpflichteten sich gegenseitig auf dessen Einhaltung. Dieses umfasst die Bestätigung des

5 Vereinbarung zwischen dem Bund und den Kantonen über den Aufbau von Masterstudiengängen an Fachhochschulen vom 24. August 2007 (Fachhochschulmastervereinbarung).

6 Vgl. „Anforderungen an die Führung von Masterstudiengängen" im Anhang zur Vereinbarung zwischen dem Bund und den Kantonen über den Aufbau von Masterstudiengängen an Fachhochschulen vom 24. August 2007.

ministeriellen Entscheids, dass der Bachelor als Regelabschluss (!) zu gelten habe, die Verabredung auf ein *generalistisches* Kompetenzprofil in den Master-Studien in Sozialer Arbeit in der Schweiz („weder feld- noch funktionenspezifisch" (SASSA Fachkonferenz Soziale Arbeit der Fachhochschulen Schweiz, 2007, S. 3)) und ein Commitment auf eine bestimmte Struktur: Jedes Master-Studium in Sozialer Arbeit in der Schweiz soll Module mit fünf gemeinsam festgelegten curricularen Kernthemen führen und darüber hinaus eine Vertiefungsrichtung anbieten, die dem Forschungsschwerpunkt der jeweiligen Fachhochschule entspricht. Funktionen-, handlungsfeld- und aufgabenspezifische Ausbildungen werden – im Sinne einer Bestätigung ex post – explizit der Weiterbildung zugewiesen.

Zeitgleich wurde auf die Differenzierung von Abschlüssen in „Sozialarbeit", „Sozialpädagogik", „Allgemeine Sozialarbeit" (Sozialarbeit/Sozialpädagogik) und „Soziokulturelle Animation" auf Bachelor- wie auch Master-Stufe verzichtet. Seit 2008 wird an den Fachhochschulen der Schweiz nur noch der Titel „Soziale Arbeit" vergeben, was den Anspruch, mit Bachelor- und Masterstudien einen generalistischen Kompetenzaufbau zu ermöglichen, nochmals hervorhebt. Sozialpädagogik, Sozialarbeit, Soziokulturelle Animation werden zu Studien- bzw. Vertiefungsrichtungen in einem generalistischen Studium der Sozialen Arbeit.

Die Universitäten Zürich und Fribourg haben die im Bolognaprozess angelegte Chance nicht dazu genutzt, Master-Studien in Sozialarbeit bzw. Sozialpädagogik aufzubauen. Vielmehr will scheinen, dass sich die beiden Universitäten im Zuge des Bolognaprozesses auf Master-Stufe eher zurückgehalten oder sich de facto gar aus der Sozialen Arbeit verabschiedet haben. Die Universität Zürich bietet ein Studium der Erziehungswissenschaft mit einem Schwerpunkt in Sozialpädagogik an. Die Universität Fribourg führt einen „Bachelor of Arts in Sozialwissenschaften: Sozialarbeit und Sozialpolitik" sowie einen „Master of Arts in Sozialwissenschaften" mit einem Vertiefungsprogramm „Soziale Probleme und Sozialpolitik" an. Beide Studiengänge sind dreistufig und beinhalten damit ein Promotionsstudium (vgl. Tabelle 1). Diese Doktoratsstudien führen an beiden Universitäten zu einer Promotion durch die Philosophische Fakultät (PhD) und bieten eine Möglichkeit, Dissertationen mit einem thematischen Bezug zur Sozialen Arbeit einzureichen. Eine eigentliche Promotion in der Sozialen Arbeit ist in dieser Konstellation allerdings nicht möglich. Das Promotionsrecht ist zurzeit immer noch ein Privileg der Universitäten, auch wenn angesichts des gravierenden Nachwuchsmangels im eigenen Fach die Forderung formuliert und damit die Diskussion darum eröffnet ist, Fachhochschulen in Sozialer Arbeit ein Promotionsrecht einzuräumen.

Tabelle 1: Die heutige Landschaft der Bildungsabschlüsse auf hochschulischer Tertiärstufe *

Universität	**Sprache**	**1. Studienstufe**	**2. Studienstufe**	**3. Studienstufe**
Universität Zürich Institut für Erziehungswissenschaft	Deutsch	Bachelor of Arts Erziehungswissenschaften	Master of Arts Erziehungswissenschaften	Ph.D.-Studium
Université Fribourg/ Universität Freiburg Departement für Sozialwissenschaften Soziologie, Sozialpolitik und Sozialarbeit Département des Sciences sociales Sociologie, Politique Sociale et Travail Social	Deutsch Französisch	Bachelor of Arts in Sozialwissenschaften: Sozialarbeit und Sozialpolitik	Master of Arts in Sozialwissenschaften: Soziale Probleme und Sozialpolitik	Ph.D.-Studium
Fachhochschule	**Sprache**	**1. Studienstufe**	**2. Studienstufe**	**Anschluss an Ph.D-Studium**
Berner Fachhochschule, Departement Wirtschaft und Verwaltung, Gesundheit, Soziale Arbeit/Fachbereich Soziale Arbeit	Deutsch	Bachelor of Science in Sozialer Arbeit	Master of Science in Sozialer Arbeit (in Kooperation erbracht)	Gewährleistet über ein von den Studierenden kostendeckend zu finanzierendes Aufbausemester
Hochschule Luzern, Departement Soziale Arbeit	Deutsch	Bachelor of Science in Sozialer Arbeit		
FHS St. Gallen Fachbereich Soziale Arbeit	Deutsch	Bachelor of Science in Sozialer Arbeit		
Zürcher Fachhochschule, Zürcher Hochschule für Angewandte Wissenschaften, Departement Soziale Arbeit	Deutsch	Bachelor of Science in Sozialer Arbeit		
Fachhochschule Nordwestschweiz, Hochschule für Soziale Arbeit	Deutsch	Bachelor of Arts in Sozialer Arbeit	Master of Arts in Sozialer Arbeit (in Kooperation mit der EH Freiburg i.Br. und der Universität Basel)	Gewährleistet über die Kooperation mit der EH und der PH Freiburg i.Br.
Haute Ecole Spécialisée de Suisse Occidentale	Französisch	Bachelor of Arts en travail social	Master of Arts en travail social (in Kooperation erbracht)	Unklar
Scuola Universitaria Professionale della Svizzera Italiana	Italienisch	Bachelor of Science in lavoro sociale		

* Angaben gemäß Stand der veröffentlichen Dokumente der Universitäten/Hochschulen

Die Weiterbildung: Eine florierende Landschaft von Angeboten zur feld- und funktionsspezifischen Weiterqualifikation

Das Fachhochschulgesetz weist den schweizerischen Fachhochschulen folgende Aufgaben zu: „(1) Die Fachhochschulen bereiten durch praxisorientierte Diplomstudien auf berufliche Tätigkeiten vor, welche die Anwendung wissenschaftlicher Erkenntnisse und Methoden sowie, je nach Fachbereich, gestalterische und künstlerische Fähigkeiten erfordern. (2) Sie ergänzen die Diplomstudien durch ein Angebot an Weiterbildungsveranstaltungen. (3) In ihrem Tätigkeitsbereich führen sie anwendungsorientierte Forschungs- und Entwicklungsarbeiten durch und erbringen Dienstleistungen für Dritte“.[7] Diese Aufgabenkomposition – in der Deutschschweiz spricht man vom „vierfachen Leistungsauftrag“ – steckt den Rahmen ab, innerhalb dessen die an den schweizerischen Fachhochschulen angesiedelten Hochschulen für Soziale Arbeit (bzw. die Organisationseinheiten, welche an den Fachhochschulen der Schweiz die Soziale Arbeit vertreten wie z.B. Departemente, Fachbereiche usw.), neben den grundständigen Studien (Bachelor-, Masterstudien) ein ausdifferenziertes Weiterbildungsangebot entwickelt haben. Die Fachhochschulverordnung (das ist die mehrfach angepasste Verordnung zur Ausführung des Fachhochschulgesetzes) bestimmt seit der Fassung vom September 2005 ergänzend, dass sich „Weiterbildungsveranstaltungen klar von Bachelor- und Masterstudiengängen unterscheiden [müssen]“.[8]

Gestützt auf das Fachhochschulgesetz haben sich die Fachhochschulen auf dem Weiterbildungsmarkt der Schweiz eine tonangebende Rolle erarbeitet. Die Weiterbildungszertifikate der Fachhochschulen genießen sowohl aus Sicht der Teilnehmenden als auch aus Sicht der Arbeitgeber bzw. Anstellungsträger eine hohe Reputation. Dies gilt auch in der Sozialen Arbeit. Die an den Fachhochschulen angesiedelten Hochschulen (Departemente, Fachbereiche o.ä.) für Soziale Arbeit haben der Weiterbildung von Anfang an eine hohe Bedeutung zugemessen und sind heute im Feld der Weiterbildung für die berufliche Praxis in der Sozialen Arbeit die dominierenden Akteure.[9] Nach uns vorliegenden Berechnungen des Bundesamtes für Bildung und Technologie (BBT) haben die Organisationseinheiten für Soziale Arbeit auf Fachhochschul-Ebene im Jahr 2009 im Weiterbildungsbereich 17,1 Millionen Franken erwirtschaftet.

---

7 Art. 3 Fachhochschulgesetz.

8 Art. 6 der Verordnung vom 11. September 1996 über Aufbau und Führung von Fachhochschulen, Stand 1. Mai 2009.

9 Dies impliziert, dass sie nicht die einzigen Anbieter sind. Zu nennen ist exemplarisch der Verband CURAVIVA, der ein breites – aber inhaltlich weitgehend auf berufliche Aufgaben im Heimbereich zugeschnittenes – Weiterbildungsprogramm führt.

Das Gesamtangebot umfasst Kurse in vier Kategorien, die sich hinsichtlich Zugangsbeschränkungen und Dauer unterscheiden und in denen die Teilnehmenden je unterschiedliche Zertifikate erwerben:

Tabelle 2: Weiterbildungsangebote nach Umfang und Zertifikat

Kategorie	Umfang	Zertifikat
Weiterbildungskurse, Fachseminare	Einzelne Tage	Teilnahmebestätigung
Zertifikatslehrgänge	Mindestens 10 ECTS-Punkte	Certificate of Advanced Studies (CAS)
Weiterbildungsdiplomlehrgänge	Mindestens 30 ECTS-Punkte	Diploma of Advanced Studies (DAS)
Weiterbildungsmaster-Studiengänge (bis 2007: Nachdiplomstudiengänge, NDS)	Mindestens 60 ECTS-Punkte, schriftliche Abschlussarbeit obligatorisch, teilweise Praktikum	Master of Advanced Studies (MAS)

Mit dieser Klassifikation ihrer Weiterbildungsangebote folgen die Anbieter den (fächerübergreifenden) Empfehlungen der Rektorenkonferenz der Fachhochschulen der Schweiz (KFH – Rektorenkonferenz der Fachhochschulen der Schweiz, 2006) sowie einer Verordnung des Eidgenössischen Volkswirtschaftsdepartements zum Fachhochschulgesetz.[10] Für die Weiterbildungsmaster-Studiengänge regelt diese Verordnung außerdem Zugangsbedingungen und Mindestumfang: Zulassungsbedingung ist ein Hochschulabschluss; liegt dieser nicht vor, können Teilnehmende zugelassen werden, „wenn sich die Befähigung zur Teilnahme aus einem anderen Nachweis ergibt";[11] der Mindestumfang ist auf 60 ECTS-Punkte festgelegt; der Studiengang ist durch eine Masterarbeit abzuschließen.[12] Für die Gruppe der Zertifikatslehrgänge (CAS) und Weiterbildungsdiplomlehrgänge (DAS) existieren entsprechend differenzierte und bundeseinheitliche Regelungen nicht. Formal liegt die Kompetenz zur Entscheidung über Zulassung und Konzept eines Zertifikatslehrganges (CAS) auf der Ebene der einzelnen Fachhochschule. Die Rahmensetzungen der Fachhochschulen bieten den durchführenden und konzeptverantwortlichen Organisationseinheiten gewisse Handlungs- und Entscheidungsspielräume. Vieles deutet darauf hin, dass die einzelnen Hochschulstandorte unterschiedliche Stile der Gewichtung von professionspolitischen und ökonomischen Kriterien und des Umgangs mit angebotsseitigen und nachfrageseitigen Präferenzen entwickelt haben.

---

10 Verordnung des EVD über Studiengänge, Nachdiplomstudien und Titel an Fachhochschulen vom 2. September 2005, Stand am 1. Februar 2011.

11 Art. 3 der Verordnung des EVD über Studiengänge, Nachdiplomstudien und Titel an Fachhochschulen vom 2. September 2005, Stand am 1. Februar 2011.

12 Art. 4 der Verordnung des EVD über Studiengänge, Nachdiplomstudien und Titel an Fachhochschulen vom 2. September 2005, Stand am 1. Februar 2011.

Die Kurse sind modular aufgebaut und sehen in der Regel begrenzte Wahlmöglichkeiten vor. Ein Weiterbildungs-Masterstudiengang besteht typischerweise aus 3 Zertifikatslehrgängen (CAS) mit je 15 ECTS und der Abschlussarbeit (MAS-Thesis) mit ebenfalls 15 ECTS. Häufig kann einer der Zertifikatslehrgänge als „Wahlpflichtkurs" aus einer Gruppe von 3-5 verschiedenen Zertifikatslehrgängen gewählt werden. Das Modell bietet beiden Seiten eine gewisse Flexibilität: Die Anbieter können verschiedene Zertifikatslehrgänge (CAS) zugleich einzeln und als Komponenten eines (oder mehrerer) Weiterbildungsmaster anbieten; die Teilnehmenden können den Erwerb eines MAS-Zertifikates über mehrere Jahre strecken und bei der Wahl der Kurse ihr jeweiliges Ausgangs- und Wunschprofil berücksichtigen. Die Anbieter stehen miteinander im Wettbewerb. Gleichwohl werden einige Weiterbildungsmaster-Studiengänge kooperativ von zwei verschiedenen FH-Standorten angeboten und durchgeführt. Darüber hinaus gibt es einige Weiterbildungsmaster-Studiengänge, bei deren Durchführung Hochschulen (bzw. Departemente, Fachbereiche) der Sozialen Arbeit mit Trägern von Diensten der Sozialen Arbeit kooperieren.

Die nachfolgende Übersicht[13] zeigt das Angebot an Weiterbildungsmaster-Studiengängen (MAS) und Zertifikatslehrgängen (CAS), die von den für die Soziale Arbeit zuständigen Organisationseinheiten der Schweizer Fachhochschulen angeboten werden.[14]

Tabelle 3: Weiterbildungsmaster-Studiengänge (MAS) und Zertifikatslehrgänge (CAS) in Sozialer Arbeit an Schweizer Fachhochschulen (Stand 2010)

Anbieter	MAS	CAS
Berner Fachhochschule(BFH) – Soziale Arbeit (d)	3	26
Fachhochschule Nordwestschweiz (FHNW) – Hochschule für Soziale Arbeit (d)	14	52
FHS St. Gallen (FHSG) – Fachbereich Soziale Arbeit (d)	3	18
Haute École Spécialisée de Suisse Occidentale (HÉS-SO) Travail social (Genève, Vaud, Valais) (f)	2	24
Hochschule Luzern (HSLU) – Departement Soziale Arbeit (d)	9	33
La Scuola Universitaria Professionale della Svizzera Italiana (SUPSI) - Lavoro Sociale (i)	–	3
Zürcher Fachhochschule – (ZFS) – Zürcher Hochschule für Angewandte Wissenschaften (ZHAW) – Departement Soziale Arbeit (d)	5	18
	36	174

13 Wir danken den Hochschulen für ihre Angaben.

14 Nicht aufgeführt sind zwei Weiterbildungsmaster-Studiengänge, bei denen eine Hochschule bzw. ein Departement für Soziale Arbeit lediglich Co-Veranstalterin ist und deren Themenfokus eher außerhalb der Sozialen Arbeit liegt.

Die Übersicht in Tabelle 3 zeigt, dass das Gesamtangebot deutlich über die Weiterbildungsmaster-Studiengänge hinausreicht – auch wenn davon auszugehen ist, dass jeder der aufgelisteten Weiterbildungsmaster-Studiengänge (MAS) bis zu drei der in der Liste der Zertifikatslehrgänge (CAS) mitgezählten Angebote einschließt. Die Bedeutung der Zertifikatslehrgänge wird durch die Teilnehmendenzahlen und die Anzahl der ausgestellten Zertifikate noch unterstrichen.

Tabelle 4: Neueintritte von Teilnehmenden – 2008/09

	MAS	DAS	CAS
Berner Fachhochschule (BFH) – Soziale Arbeit (d)	154	67	242
Fachhochschule Nordwestschweiz (FHNW) – Hochschule für Soziale Arbeit (d)	158	12	792
FHS St. Gallen (FHSG) – Fachbereich Soziale Arbeit (d)	21	-	125
Haute École Spécialisée de Suisse Occidentale (HÉS-SO) – Travail social (Genève, Vaud, Valais) (f)	23	112	259
Hochschule Luzern (HSLU) – Departement Soziale Arbeit	81	-	699
La Scuola Universitaria Professionale della Svizzera Italiana (SUPSI) – Lavoro Sociale (i)	-	8	47
Zürcher Fachhochschule – (ZFS) – Zürcher Hochschule für Angewandte Wissenschaften (ZHAW) – Departement Soziale Arbeit (d)	110	-	545
	547	199	2'709

Tabelle 5: Ausgestellte Zertifikate – 2008/09

	MAS	DAS	CAS
Berner Fachhochschule (BFH) – Soziale Arbeit (d)	45	16	92
Fachhochschule Nordwestschweiz (FHNW) – Hochschule für Soziale Arbeit (d)	112	-	680
FHS St. Gallen (FHSG) – Fachbereich Soziale Arbeit (d)	7	-	161
Haute École Spécialisée de Suisse Occidentale (HÉS-SO) Travail social (Genève, Vaud, Valais) (f)	4	-	77
Hochschule Luzern (HSLU)– Departement Soziale Arbeit	61	-	479
La Scuola Universitaria Professionale della Svizzera Italiana (SUPSI) – Lavoro Sociale (i)	-	8	30
Zürcher Fachhochschule – (ZFS) – Zürcher Hochschule für Angewandte Wissenschaften (ZHAW) – Departement Soziale Arbeit (d)	20	-	268
	249	24	1'787

In inhaltlicher Hinsicht bietet das Weiterbildungsangebot eine breite Palette an Themen der funktionen-, handlungsfeld- und aufgabenspezifischen Profilbildung. Betrachtet man die Liste der Themen der in der Sozialen Arbeit zurzeit angebotenen Weiterbildungsmaster-Studiengänge (MAS) (KFH - Rektorenkonferenz der Fachhochschulen der Schweiz 2011), so zeigen sich als thematische Schwerpunkte: Sozialmanagement (7 Angebote), Beratung (5 Angebote), Mediation, Coaching und Supervision (3 Angebote), Sozialrecht (2 Angebote) und Gerontologie (2 Angebote); weitere Themen sind: Behinderung und Partizipation; Klinische Sozialarbeit; Action et politiques sociale; Managing Diversity; Arbeitsintegration; Prävention und Gesundheitsförderung; Kinder- und Jugendhilfe; Dissozialiät, Delinquenz, Kriminalität und Integration; Soziokultur und Gemeinwesenentwicklung; Change und Organisationsdynamik. Auf eine Auflistung und thematische Gruppierung der insgesamt 174 Zertifikatslehrgänge (CAS) soll hier verzichtet werden. Ein Blick auf die Angebote zeigt, dass sie in der Regel recht klar auf bestimmte Handlungsfelder (z.B. Kinder- und Jugendhilfe, Behindertenhilfe, Altenhilfe, Arbeitsintegration), Methoden/Ansätze/Handlungsformate (z.B. Beratung, Coaching, Gemeinwesenarbeit, Stadtentwicklung, Gesundheitsförderung), Funktionen (z.B. Sozialmanagement, Case Management, Absenzenmanagement) oder Lebenslagen (z.B. Migration; Behinderung/Beeinträchtigung) zugeschnitten sind.

Das Zielpublikum, an das sich Zertifikatslehrgänge (CAS), Weiterbildungsdiplomlehrgänge (DAS) und Weiterbildungsmaster-Studiengänge (MAS) richten, sind – in erster Präferenz – Fachpersonen der Sozialen Arbeit, die einen Ausbildungsabschluss auf Tertiärstufe (oder anerkennungsfähige Äquivalente) besitzen. Häufig wird – neben einem Abschluss in der Sozialen Arbeit – vorausgesetzt, dass die Teilnehmenden im Thema des Kurses bereits Praxiserfahrungen erworben haben. Je mehr diese Kriterien berücksichtigt werden, desto eher dürfte sich gewährleisten lassen, dass Weiterbildungszertifikate (CAS, DAS, MAS) ihr Potenzial als entscheidungsbeeinflussende Signale auf dem Arbeitsmarkt ausschöpfen und langfristig bewahren können. Die Nachfrage nach Weiterbildung in der Sozialen Arbeit ist groß. Stellt man die an Fachhochschulen in Sozialer Arbeit erworbenen Abschlüsse in grundständigen Studien (seit 2000 Diplom in Sozialarbeit, Sozialpädagogik und Soziokultureller Animation, seit 2007 Bachelor) und Weiterbildungsmaster-Studiengängen (MAS) einander gegenüber, dann zeigt die grafische Darstellung (Abb. 2) zwei aufsteigende Kurven. Die Zahl der Abschlüsse in den grundständigen Studien steigt erwartungsgemäß steiler an als die Zahl der Abschlüsse in Weiterbildungsmaster-Studiengängen (MAS). Wie bereits erwähnt, sind die Abschlüsse in Zertifikatslehrgängen (CAS) und Weiterbildungsdiplomlehrgängen (DAS), die den größeren Teil des Gesamtvolumens ausmachen, in dieser Kurve nicht erfasst. Auch wenn dazu keine verlässlichen Zahlenreihen vorliegen, ist doch davon auszugehen, dass die Nachfrage nach Weiterbildung parallel mit der Nachfrage nach den grundständigen Studien deutlich gewachsen ist.

Abbildung 2: Abschlüsse in Sozialer Arbeit an Fachhochschulen.*

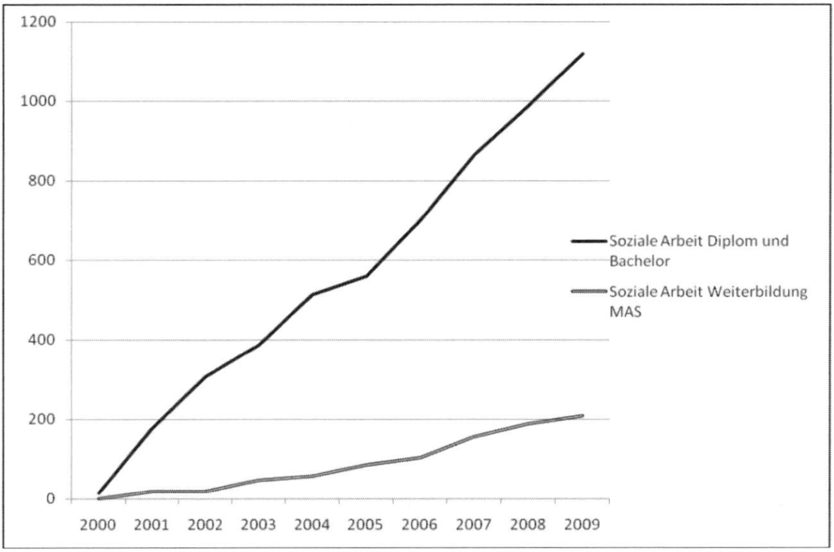

* Quelle: Bundesamt für Statistik (2009); eigene Berechnungen.

Konklusion: Generalisierung und Spezialisierung Sozialer Arbeit in der Schweiz

Die Prozesse der Professionalisierung und Disziplinbildung der Sozialen Arbeit haben in der Schweiz seit etwa 2000 eine starke Dynamisierung erfahren. Getragen werden diese Prozesse hauptsächlich durch die Fachhochschulen, die nicht nur ein grundständiges Studienangebot auf Bachelor- und Masterstufe und ein breites Weiterbildungsangebot führen, sondern gleichzeitig in großem Umfang und auf hohem Niveau Forschung betreiben und für Träger der Sozialen Arbeit sowie Fachverwaltungen wissenschaftsbasierte Dienstleistungen erbringen. In dieser Konfiguration, die nicht zuletzt durch die nationalstaatliche Gesetzgebung (insbesondere das Fachhochschulgesetz) geprägt ist, hat sich auf der Ebene der Qualifikation ein Verhältnis von Spezialisierung und Generalisierung herausgebildet, das sich auf folgende Formel bringen lässt: *Generalisierung* ist das leitende Prinzip auf der Bachelor- und Masterstufe – *Spezialisierung* ist das leitende Prinzip auf der Ebene der Weiterbildung und der Promotion.

Dabei lassen sich zwei Typen von Spezialisierung unterscheiden und recht eindeutig zuweisen: die funktionen-, handlungsfeld- und aufgabenspezifische Spezialisierung hat ihren Ort in der Weiterbildung. Sie dient den einzelnen Fachpersonen, sich im Feld zu positionieren und unterstützt den Prozess der Professionalisierung in einzelnen Feldern, Funktionen und Aufgaben. Die thematische wie auch die theorieschulen-, forschungsperspektiven- und forschungsmethodenspezifische Spezialisierung hat ihren Ort in der Promotion. Sie dient den einzelnen DoktorandInnen zur Positionierung in der wissenschaftlichen community, zur Professionalisierung als WissenschaftlerIn und unterstützt den Entwicklungsprozess der Disziplinbildung durch den Zuwachs und die Vernetzung von Wissen.

Die derzeit in Deutschland kontrovers diskutierte Frage, ob Ausdifferenzierung und Spezialisierung die „Einheit des Faches“ und die Identität der Sozialen Arbeit bedrohen, kann mit Blick auf die oben vorgestellte Entwicklung der Sozialen Arbeit in der Schweiz so beantwortet werden: Unter der Bedingung, dass die grundständigen Studien auf beiden Stufen sich an generalistischen Kompetenzprofilen orientieren und die Momente und Ausdrucksformen der Spezialisierung ihren primären Ort in den Bereichen Weiterbildung und Promotion finden, sind Spezialisierungstendenzen für die „Einheit des Faches“ keine Bedrohung, sondern eher eine Chance, insofern davon auszugehen ist, dass weder Professionalisierung noch Disziplinbildung auf Spezialisierung verzichten können.

Ein bedeutsamer Unterschied zwischen der deutschen und der schweizerischen Qualifikationslandschaft in der Sozialen Arbeit wird erkennbar, wenn man den bildungs- und fachpolitischen Umgang mit der Masterstufe unter dem Aspekt von Spezialisierung vs. Generalisierung betrachtet. Während sich in Deutschland die Masterstufe zu einer Domäne der Spezialisierung entwickelt hat, wird sie von den schweizerischen Fachhochschulen als zweite Stufe eines generalistischen Studiums in *Sozialer Arbeit* interpretiert. Dieser Unterschied ist nicht allein das Resultat von Entscheidungen einzelner Akteure. Er ist zu einem erheblichen Maß auf jene spezifische Form der Institutionalisierung der schweizerischen Fachhochschulen zurückzuführen, die auch den Hochschulen der Sozialen Arbeit einen „vierfachen Leistungsauftrag“ erteilt. Die generalistische Ausrichtung der Masterstufe und die Ausdifferenzierung des Faches lassen sich im Fall Schweiz deshalb miteinander vereinbaren, weil es erstens einen ausdifferenzierten Weiterbildungsmarkt gibt und weil zweitens die Fachhochschulen *zugleich* starke Akteure auf diesem Weiterbildungsmarkt *und* Träger der grundständigen Qualifikation auf beiden Stufen sind.

Weiter war bedeutsam, dass sich die Hochschulen im Rahmen der SASSA auf ein generalistisches Masterstudium und ein entsprechendes Rahmenkonzept verständigt und verpflichtet haben.

Als Randbedingungen kommen hinzu: Das Lohnniveau in der Sozialen Arbeit ermöglicht es den Fachkräften, ihre Weiterqualifikation zu finanzieren; die Arbeitgeberseite hat ein hinreichendes Interesse daran, in die Personalentwicklung zu investieren, d.h. sie trägt häufig einen Teil der Weiterbildungskosten mit; die Weiterbildungszertifikate werden auf dem Arbeitsmarkt anerkannt, d.h. sie sind einstellungs- und mobilitätsrelevant. Zudem sind die zu erwerbenden Zertifikate durch einheitliche Rahmenrichtlinien geschützt und hinsichtlich ihrer Wertigkeit transparent. Wichtig scheint hier insbesondere die eindeutige und verbindliche Unterscheidung zwischen dem konsekutiven Master und dem Weiterbildungsmaster.

Für eine vertiefende Diskussion der Vor- und Nachteile der hier skizzierten Konfiguration von Generalisierung und Spezialisierung der Ausbildungslandschaft der Sozialen Arbeit in der Schweiz fehlen hier der Raum und die empirische Basis. Es können dazu nur einige Thesen aufgestellt werden.

Die *Vorteile* eines Verhältnisses von Generalisierung und Spezialisierung, das entsteht, wenn die Masterstufe am Ziel der Generalisierung ausgerichtet wird und Spezialisierung primär im Bereich der Weiterbildung und der Promotion stattfindet, scheinen uns zu sein:

- Studierende erhalten Gelegenheit, sich mit dem Kern des Faches länger und intensiver auseinanderzusetzen. Dies trägt dazu bei, die Verankerung der Absolvierenden in Profession und Disziplin zu stärken.
- Eine generalistisch ausgerichtete Masterstufe dient der Kohäsion der Studienstufen und unterstützt den Übergang ins Promotionsstudium.
- Ein inhaltlich ausdifferenziertes und modular strukturiertes Weiterbildungsangebot unterstützt Möglichkeiten der individuellen Gestaltung von Berufsbiografien (Wechsel zwischen Handlungsfeldern und Funktionen) und erhöht die Wahrscheinlichkeit, dass die Praxis „bedarfsgerecht spezialisierter" Fachkräfte den Anliegen der Nutzerinnen und Nutzer der Sozialen Arbeit dient.

Die *Risiken und Nachteile* eines solchen Verhältnisses von Generalisierung und Spezialisierung scheinen uns:

- Die Delegation der Spezialisierung an die Weiterbildung beinhaltet das Risiko, dass Gelegenheiten für Spezialisierung unter Krisenbedingungen eingeschränkt werden.
- Das durchschnittliche Niveau der Weiterbildungsmaster-Studiengänge kann tiefer liegen als das durchschnittliche Niveau der konsekutiven Master.
- Der Professionalisierungsprozess kann unterminiert und beschädigt werden, wenn Weiterbildungsanbieter aus einseitiger Orientierung am Umsatz fachfremde Teilnehmende aufnehmen und das Angebot aus Rücksicht auf die Moden des Weiterbildungsmarkts von den Themen der Sozialen Arbeit entfremden.

Treffen diese Einschätzungen zu, dann liegt ein großer Teil der Verantwortung bei den Fachhochschulen selbst. In der Folge der jüngsten Wirtschaftskrise kam es zwar zu einer Reduktion der Nachfrage, nicht aber zu einer wahrnehmbaren Einschränkung des Weiterbildungsangebots. Für die Weiterentwicklung und Erhaltung der Qualität des Angebots und seine Verankerung im Fach sind die Fachhochschulen zuständig. Es liegt also in ihrer Hand, die Vorteile der Konfiguration von Generalisierung und Spezialisierung der Ausbildungslandschaft der Sozialen Arbeit gegen ihre Risiken abzusichern. Was sie nicht in eigener Regie leisten können, ist die Spezialisierung im Rahmen von Promotionsstudien. Solange den Fachhochschulen das Promotionsrecht vorenthalten bleibt, sind hier die Universitäten gefordert, Promotionsstudien in Sozialer Arbeit zu entwickeln.

Literatur

Büchi, W. (1967). Die Ausbildung von Sozialarbeitern auf akademisch-universitärer Ebene an der Universität Freiburg i.Ue. In: Heilpädagogisches Institut der Universität Freiburg (Hrsg.). Menschenbild und Menschenführung. Festschrift zum 60. Geburtstag von E. Montalta. Freiburg, S. 539-553.

Bundesamt für Statistik (2009). Abschlüsse der Fachhochschulen. Basistabellen: T2.2 FH-Diplome nach Fachbereich, Geschlecht und Staatsangehörigkeit, seit 2000. URL: http://www.bfs.admin.ch/bfs/portal/de/index/themen/15/06/data.Document.86142.xls [Zugriffsdatum: 15.6.2009].

EDK/FDK Schweizerischen Konferenz der kantonalen Erziehungsdirektoren und Schweizerische Konferenz der kantonalen Fürsorgedirektoren (1996). Profil der Fachhochschulen für Soziale Arbeit. Bern.

Fatke, R. (1991). Von der Caritaswissenschaft zur Sozialwissenschaft: Die Geschichte des Faches Sozialarbeit. In: Universität Freiburg (Hrsg.). Geschichte der Universität Freiburg Schweiz. 1889-1989. Institutionen, Lehre und Forschungsbereiche. Bd. 2. Die Fakultäten. Freiburg. S. 765-769.

Feld, W. (1925). Die Fürsorge im Hochschulunterricht und als Wissenschaft. In: Schweizerische Zeitschrift für Gemeinnützigkeit. 64. Jg. (11). S. 424-435.

Feld, W. (1929). Das Schweizerische Fürsorgewesen. Zürich.

Gerber, M. (1988). Die Ausbildung zum Erzieher. In: Panorama : Berufsberatung, Berufsbildung, Arbeitsmarkt. 2. Jg. (2). S. 19-24.

Hanhart, D. (1968). Woher sie kommen, wohin sie gehen. Eine statistische Analyse der Studierenden der Schule für Soziale Arbeit Zürich 1908-1967. Zürich: Schule für Soziale Arbeit.

Hofer, P. (1984). Skizzen zur Geschichte der Erzieherausbildung in der Schweiz seit 1900. In: Verein für Jugendfürsorge Basel (Hrsg.). Materialien zur Heimerziehung Jugendlicher aus den Jahren 1933-1984. Festschrift zum 80. Geburtstag von Ernst Müller. Zürich. S. 227-253.

KFH – Rektorenkonferenz der Fachhochschulen der Schweiz (2006). Empfehlungen - Weiterbildung an Fachhochschulen. S. 1-10. URL: http://www.kfh.ch/uploads/empf/doku/Empfehlungen_WB_D.pdf [Zugriffsdatum: 01.05.2011].

KFH – Rektorenkonferenz der Fachhochschulen der Schweiz (2011). Fachhochschulen und Angebote – Weiterbildungsmaster – Fachbereich Soziale Arbeit. [Zugriffsdatum: 02.05.2011].

Knobel, R. (1992). Der lange Weg zur akademischen Ausbildung in der sozialen Arbeit. Stationen von 1868 bis 1971. Frankfurt a.M.: Deutscher Verein für öffentliche und private Fürsorge.

Kruse, E. (2009). Towards a History of Social Work Training in Germany – Discourses and Struggle for Power at the Turning Points. In: Hauss, G./Schulte, D. (Hrsg.). Amid Social Contradictions. Towards a History of Social Work in Europe. Opladen/Farmington Hills: Barbara Budrich Publishers. S. 89-108.

Meyenburg, M. v. (1933). Soziale Frauenschule Zürich 1908-1933. Zürich.

Modena-Burkhardt, E. (1987). Ausbildungen zu sozialen Berufen. In: Fehlmann, M./Häfeli, Ch./Wagner, A. (Hrsg.). Handbuch Sozialwesen Schweiz. Zürich: Verlag Pro Juventute, S. 265-276.

Ruf, B. (1994). Zwischen Integration und Widerstand: der Einfluss der Frauenbewegung auf die Verberuflichung und Professionalisierung der Sozialen Arbeit in der Schweiz von der Jahrhundertwende bis 1935. Freiburg (Schweiz): Unveröffentlichte Lizentiatsarbeit am Lehrstuhl für Soziale Arbeit, Universität Freiburg.

SASSA Fachkonferenz Soziale Arbeit der Fachhochschulen Schweiz (2007). Master in Sozialer Arbeit. Rahmenkonzept. Bern.

Schweizerische Arbeitsgemeinschaft der Schulen für Soziale Arbeit SASSA (2002). Jahresbericht 2001. Lausanne. URL: http://www.sassa.ch/textes/Sassa_rap_annuel_01_all.pdf.

UNESCO (1997). International Standard Classification of Education. I S C E D 1997. URL: http://www.unesco.org/education/information/nfsunesco/doc/isced_1997.htm [Zugriffsdatum: 15.5.2009].

Wild, A. (1924). Die Wohlfahrtspflege oder Fürsorrge an den schweizerischen Hochschulen. In: Schweizerische Zeitschrift für Gemeinnützigkeit. 63. Jg. (4). S. 202-210.

Soziale Arbeit generell und speziell

Tiefenbohrungen in der österreichischen Landschaft[1]

Peter Pantuček

2007 hat Dirk Baecker einen irritierenden Beitrag zu unserem Thema geschrieben. Erschienen ist der im „Lettre International", betitelt war er „Kleine Universitäten. Dichte Vernetzungen im globalen Kampf um geistige Kapazitäten". Darin ging es unter anderem um einen Bachelor-Studiengang „Car-Dealership" und einen Master-Studiengang „Used-Car-Dealership". Nicht, dass Dirk Baecker die übliche Klage über den Niedergang der Universitäten durch die Bologna-Reformen geführt hätte. Im Gegenteil. So formulierte er das Lernziel:

> „Es geht immer um eine exemplarische Tiefenbohrung (...), an deren Ende eine Erkenntnis steht, die der Autohändler mit Paul Austers Privatdetektiv teilt, der feststellte, dass er es bei jedem Fall, mit dem er beauftragt wird, gleich mit zwei Fällen zu tun hat: Mit dem Fall, für dessen Aufklärung er bezahlt wird, und mit sich, mit seiner Person und mit deren Fähigkeit und Unfähigkeit in diesem Fall. Wer wüsste besser als der Gebrauchtwagenhändler, dass ein Deal, wenn überhaupt, nur an ihm, nicht am Kunden scheitert?" (Baecker, 2007, S. 84)

Das klingt nahe bei dem, was als eine Kernkompetenz sozialarbeiterischer Professionalität zu verstehen wäre – durchaus im Sinne des alten Casework: Die eigene Person ist als wirkmächtiges Werkzeug zu verstehen, Selbstbeobachtung und Selbstreflexivität sind Voraussetzungen von Professionalität.

Aber das ist nicht das irritierende an Dirk Baeckers Ausführungen, sondern dass er die Spezialisierung von Studienprogrammen als Mittel zur Erlangung einer allgemeinen, einer auf andere Felder übertragbaren Fähigkeit versteht. Dazu später mehr.

Dieser Beitrag handelt, wie schon im Titel angedeutet, von der österreichischen Situation. Im Sinne von Dirk Baecker werde ich das nutzen, um vom Besonderen auf ein anderes Besonderes zu schließen. Und zwar nicht direkt, in Form eines Analogieschlusses, sondern mit Hilfe einer Theoriefigur.

Dazu werde ich zuerst einige Charakteristika der österreichischen Sozial-Landschaft vorstellen. Es werden Überlegungen zum Verhältnis des Allge-

---

1 Dieser Beitrag ist eine geringfügige Überarbeitung des Referats auf der Jahrestagung der Deutschen Gesellschaft für Soziale Arbeit (DGSA), 27.11.2010, Freiburg im Breisgau.

meinen zum Besonderen folgen. Und abschließend werde ich ein kurzes Plädoyer für ein starkes Zentrum halten.

Die österreichische Sozialarbeits-Landschaft

Vorweg eine Bemerkung zur in Deutschland so lange dominanten und immer noch nachwirkenden Unterscheidung von Sozialarbeit und Sozialpädagogik. In Österreich hat das einen ganz anderen Weg genommen.

Es gab traditionell eine getrennte Entwicklung der Berufe ErzieherIn einerseits, SozialarbeiterIn andererseits. Die Sphären waren bis gegen Ende des 20. Jahrhunderts streng getrennt, dazu kamen noch eigene, außerhalb des regulären Systems von Berufsausbildung oder Hochschule situierte Ausbildungen, meist angeboten von potenten Trägern, die so ihr Personal heranbildeten. Solche Ausbildungsgänge gab und gibt es für die Behindertenarbeit, die Freizeitpädagogik, für diverse Soziale Dienste.

Für den Kernbereich der sozialpädagogischen Aufgaben erfolgte die Ausbildung in der Regel in ErzieherInnenschulen bzw. in 2-jährigen Kollegs nach dem Abitur. Kollegs sind Ausbildungseinrichtungen des sekundären Sektors, die AbsolventInnen sind FachmaturantInnen. Ein Fachabitur ist in Österreich ein ‚Abitur plus'. Neuerdings werden auf den neu gegründeten pädagogischen Hochschulen Bachelor-Studiengänge angeboten, bei einem Weiterbestehen der umbenannten Erzieher-Fachschulen. Deren AbsolventInnen nennen sich zur allgemeinen Verwirrung auch SozialpädagogInnen. Ein universitäres Studium der Pädagogik mit Schwerpunkt Sozialpädagogik ist zwar möglich, auf dem Arbeitsmarkt spielte das aber nie mehr als nur eine marginale Rolle.

Die Sozialarbeitsausbildung war bis zur Jahrtausendwende in Akademien, also zumindest im postsekundären Sektor angesiedelt. Die Akademien für Sozialarbeit bildeten in 6 Semestern künftige SozialarbeiterInnen aus, die in nahezu allen Bereichen der Sozialen Arbeit eingesetzt wurden, am wenigsten noch in den sozialpädagogischen Kernbereichen erzieherischer Tätigkeit, zunehmend aber auch in den verschiedenen Formen der offenen Jugendarbeit. Die Akademien waren Bildungs-Sackgassen. Den AbsolventInnen blieb ein aufbauender Einstieg in weitere Studien im Hochschulsystem verwehrt. Trotzdem waren sie in der Statushierarchie der Berufe im Sozialwesen recht hoch angesiedelt, jedenfalls höher als die so genannten SozialpädagogInnen. Bis in die späten 1980er Jahre blieben aber Leitungspositionen für SozialarbeiterInnen im Sozialwesen eine überaus seltene Ausnahme. Diese wurden in der Regel von JuristInnen oder PsychologInnen besetzt.

Erst beginnend mit 2001 wurden die Studiengänge Sozialarbeit in die in Österreich noch jungen Fachhochschulen eingegliedert. Damit ging eine beachtliche Aufwertung einher. 2011 feiern wir das 10-jährige Jubiläum des Ankommens der Sozialarbeit im Hochschulwesen ausführlich und werden dies zu einer Standortbestimmung nutzen. Nur ein Jahr später, 2012, werden wir den 100. Jahrestag der Gründung der Vereinigten Fachkurse für Volkspflege durch Ilse Arlt zu einem umfangreicheren Rückblick nutzen.

Noch eine wichtige Vorbemerkung zum Verständnis der Situation: In Österreich gibt es Studienplatzbeschränkungen bei der Sozialen Arbeit. In ganz Österreich erhalten bei einer Gesamtbevölkerung von 8,4 Millionen jährlich ca. 550 Personen einen ersten Abschluss in Sozialer Arbeit. In der Schweiz gibt es jährlich doppelt so viele AbsolventInnen von Sozialarbeits-Bachelor-Studiengängen. Die Schweiz hat 7,8 Millionen Einwohner, also etwas weniger als Österreich. Thematisch benachbarte und an den Universitäten situierte Studien wie Psychologie, Pädagogik, Soziologie etc. sind hingegen offen und unbeschränkt zugänglich. Das führt zur seltsamen Situation, dass jene, die wegen schlechter Ergebnisse im Auswahlverfahren an den Sozialarbeits-Studiengängen der Fachhochschulen nicht aufgenommen werden, dann an die Uni gehen, um dann eindeutig statushöhere Studiengänge, wie z.B. Psychologie zu belegen. Die Auswahlverfahren an den Studiengängen Soziale Arbeit sind von Standort zu Standort unterschiedlich konstruiert, enthalten aber i.d.R. auch Tests zur sozialen und Kommunikations-Kompetenz sowie zur Fähigkeit der Selbstreflexion. Die Studiengänge Soziale Arbeit sind an attraktiven Standorten wie Wien 10-fach überbucht, an relativ unattraktiven Standorten wie St. Pölten bewerben sich immer noch drei- bis viermal so viele Personen um einen Studienplatz, wie Plätze vorhanden sind. Auf den Unis geschieht die Selektion i.d.R. durch die hohe Dropout-Rate. Jährlich schließen z.B. 800 Studierende ein Psychologie-Studium ab. Im Vergleich zu den StudienanfängerInnen ist der Überhang der Psychologie bei den AbsolventInnenzahlen also nicht mehr so groß.

Auf dem Arbeitsmarkt herrscht seit langen Jahren einen Mangel an ausgebildeten SozialarbeiterInnen. Es gibt einige geschützte Bereiche, in denen ein bestimmter Abschluss verlangt wird, z.B. ein Sozialarbeitsstudium in der behördlichen Sozialarbeit. Dort war zuletzt zu beobachten, dass die Löhne steigen. Aber in den meisten Feldern wird nur irgendeine Qualifikation verlangt – aus gutem Grund. Es kann passieren, dass sich auf eine Sozialarbeitsstelle kaum SozialarbeiterInnen, aber viele Nicht-SozialarbeiterInnen bewerben. Die Trägerorganisationen haben sich mit diesem Mangel arrangiert. Sie greifen einerseits auf die AbsolventInnen von weniger niveauvollen Ausbildungsgängen zurück: ErzieherInnen, Behindertenbetreuer, JugendarbeiterInnen. Andererseits drängen PsychologInnen, SozialanthropologInnen, SoziologInnen und AbsolventInnen anderer universitärer Studiengänge auf den Arbeitsmarkt und werden für Aufgaben eingesetzt, die ein klares Sozialarbeitsprofil haben.

Eine österreichische Besonderheit sind die sogenannten Lebens- und Sozialberater. Das ist ein geregeltes Gewerbe. Ursprünglich wurde es geschaffen, um beim boomenden esoterisch getönten Beratergeschäft gewisse Mindeststandards zu etablieren. Für den Erhalt der Gewerbeberechtigung ist ein Kurs zu absolvieren. Rasch etablierte sich dafür ein privater Ausbildungsmarkt. Der Kurs umfasst imposante 5 Semester. Das relativiert sich etwas, wenn man weiß, dass sich insgesamt nur 36,5 Semesterwochenstunden auf diese 2 ½ Jahre verteilen. Das sind weniger, als in Studiengängen Soziale Arbeit in den ersten beiden Semestern zu belegen sind. In grotesker Umkehrung der Ausgangsüberlegungen wird inzwischen von vielen Trägern dieser Kurs für eine Gewerbeberechtigung als Qualifikation für die Arbeit im Sozialwesen akzeptiert, und das durchaus auf Posten mit einem klaren Sozialarbeitsprofil. Die einzige Zugangsbeschränkung zu den Kursen ist das Geld. Man muss sie selber zahlen.[2]

Die im internationalen Vergleich niedrige Zahl von Sozialarbeits-Studienplätzen führt einerseits dazu, dass die AbsolventInnen keine besonderen Probleme haben, auf dem Arbeitsmarkt unterzukommen. Andererseits wird es zur Normalität, dass Sozialarbeitsaufgaben von Nicht-SozialarbeiterInnen wahrgenommen werden. Das senkt das Niveau, und es senkt die Löhne.

Als kleiner Vorgriff auf die Frage von Spezialisierung: Auf einem Arbeitsmarkt, der vorrangig nur irgendeine Qualifikation nachfragt, egal welche, und egal auf welchem Niveau, steht für die SozialarbeiterInnen die Frage der professionellen Identität, die Abgrenzung zu all den anderen Ausbildungsprofilen an erster Stelle.

Ein weiterer Effekt dieser Lage ist, dass angesichts der großen Zahl an Stellen mit sozialarbeiterischem Aufgabenprofil die benachbarten Berufe sich massiv beim Wording der Sozialen Arbeit bedienen. Die Konzepte, Methoden und Wissensbestände spielen zwar in deren Ausbildungsgängen kaum eine Rolle, sehr wohl aber bei der Selbstvermarktung. So preisen sich zum Beispiel die Sozial- und Lebensberater als der große dritte Gesundheitsberuf neben Medizin und Pflege an. Und beschreiben ihr Aufgabenprofil, als wär's Klinische Sozialarbeit.

Der künstlich generierte Mangel an graduierten SozialarbeiterInnen und das nahezu völlige Fehlen von dem, was in Deutschland unter SozialpädagogInnen verstanden wird, sind also der Ausgangspunkt für das Verständnis der Lage der Profession und der einschlägigen Studiengänge in Österreich.

Einerseits könnten die Studienplatzbeschränkungen und die Berechtigung zur Auswahl der Studierenden die Basis für ein hohes Niveau der Studien und der AbsolventInnen sein. Gleichzeitig konstituieren die tendenzielle Unterbewertung von Sozialarbeitsdienstposten und deren Belegung auch durch Personen mit niedrigerem Qualifikationsniveau eine Situation im Praxisfeld, die ein professionelles Klima vor Ort zu einer Ausnahme werden lässt.

2 Zum Selbstverständnis der Lebens- und SozialberaterInnen s. deren Internetauftritt www.lebensberater.at

Eine weitere unerfreuliche Nebenwirkung der politisch generierten Verknappung von Studienplätzen ist, dass die Hochschul-Fachbereiche klein sind. St. Pölten als Standort mittlerer Größe in Österreich hat derzeit jährlich 75 Studienplätze im Bachelor und 28 im Master zu vergeben. Das wird mit 10 ProfessorInnenstellen bewältigt, ein großer Teil der Lehre wird von nebenberuflichem Personal abgewickelt. Österreichs größter Standort, Wien, kann gerade einmal 120 Studierende pro Jahr in den Bachelor aufnehmen. Keiner der Standorte erreicht eine Größe, die kontinuierliche Arbeit an mehreren Forschungsschwerpunkten ermöglichen würde. Die Erlangung von Drittmitteln für größere Forschungsprojekte ist mangels hinreichender Personalausstattung fast unmöglich. Wegen der Kleinheit der meisten Studiengänge können Studierenden auch kaum nennenswerte Wahlmöglichkeiten in ihrem Studium angeboten werden.

Das langfristig wirksame Manko der Akademie-Ausbildung war die Isolation vom Hochschulsystem, ihre Existenz als Bildungssackgasse. Im Anschluss konnte es kein aufbauendes Hochschulstudium geben. Das führte dazu, dass die FH-Studiengänge 2001 bis 2005 aufgebaut werden mussten, ohne dass geeignetes akademisch qualifiziertes Lehrpersonal zur Verfügung stand. Die Standorte begegneten dem mit sehr unterschiedlichen Strategien. An meinem Standort setzten wir im Wesentlichen auf den alten Personalbestand und konzentrierten uns auf dessen forcierte Höherqualifizierung, die gut vorangeht, aber noch nicht abgeschlossen ist. Die Hochschule ist so nicht nur eine Stätte der Qualifizierung der Studierenden, sondern auch des Lehrpersonals bis hinauf zu den DozentInnen.

An anderen Standorten wurde mehr der deutsche Weg gegangen, nämlich die Besetzung von DozentInnenstellen mit Personal aus den Bezugswissenschaften, wobei in Österreich die Sozialpädagogik ausfällt, oder es wurde Personal aus Deutschland importiert. Wegen des im Vergleich niedrigen Lohnniveaus an den österreichischen Fachhochschulen sind dieser Strategie allerdings Grenzen gesetzt.

Bedenkt man diese Ausgangslage und die kurze Zeit seit der Eingliederung der Sozialen Arbeit in das Hochschulwesen, ist ohnehin beachtlich, was bisher erreicht wurde. Es gelang trotz fehlender Basisfinanzierung und harzigem Zugang zu den Fördermitteln aus den Wissenschaftsfonds, hochschulbasierte sozialarbeitswissenschaftliche Forschung hochzuziehen. Diese bleibt zwar vorerst überschaubar, durch das erfreuliche Interesse der Studierenden und der DozentInnen aber lebendig. An den meisten Standorten stieg das Anspruchsniveau beträchtlich. Während noch bis in die späten 1990er Jahre die Publikationstätigkeit zur Sozialen Arbeit äußerst dürftig war, stieg die Zahl der Publikationen im letzten Jahrzehnt deutlich. Quantität und Qualität müssen noch erhöht werden, aber ein guter Anfang ist gemacht.

Die Soziale Arbeit als Profession hatte in Österreich also eine wenig erfreuliche Ausgangslage und hat immer noch Probleme, aber es ist ein Aufwärtstrend sichtbar, eine langsame Annäherung an den internationalen Standard.

Die meisten Master-Studiengänge sind offen für QuereinsteigerInnen. AbsolventInnen von thematisch benachbarten Studiengängen werden aufgenommen, und sie kommen tatsächlich. Die meisten der QuereinsteigerInnen sind im Sozialwesen tätig. Sie gehören zu jenen, die bereits oben erwähnt wurden: eigentlich das falsche Studium, aber im Feld als SozialarbeiterInnen eingesetzt. Die sogenannten SozialpädagogInnen können nicht in Master-Studiengänge aufgenommen werden. Ihnen fehlt ein erster Hochschulabschluss.

Die Bachelor-AbsolventInnen der Sozialen Arbeit drängen nicht in großer Zahl in den Master. Sie finden schnell einen Job, arbeiten meist schon in der letzten Phase des Studiums. Ohne die QuereinsteigerInnen hätten viele Standorte Probleme, die Masterprogramme voll zu kriegen.

Die Curricula der Master-Studiengänge weisen eine gemäßigte Spezialisierungstendenz auf. An allen Standorten werden Schwerpunkte angeboten. Wien liegt mit den Angeboten Klinische Sozialarbeit, Sozialraumbezogene Soziale Arbeit und Sozial-Management noch am ehesten auf dem Kurs Richtung möglicher Fach-Sozialarbeit. Die anderen Standorte mit Schwerpunktsetzungen z.B. in Richtung interkulturelle Kompetenz, Innovation, SA mit Erwachsenen und alten Menschen, Sozialmanagement, Forschung: Sozialpolitik und -Management etc. markieren eher eine Schlagseite der Konzeption, weniger eine echte Fachausrichtung. Eine Ausnahmestellung hat St. Pölten, das den einzigen deklariert generalistischen Master anbietet.

Einige Standorte bieten sowohl Vollzeit-, als auch berufsbegleitende Studiengänge auf beiden Stufen an. Diese sind in Österreich gleich lang und man erwirbt die gleiche ECTS-Punkte-Zahl. Daraus ergibt sich eine besondere Herausforderung für die Didaktik der berufsbegleitenden Formen. Der Weiterbildungsmarkt ist für die Fachhochschulen besonders schwierig zu bewirtschaften. Sie haben grundsätzlich die Möglichkeit, auf zwei Niveaus Abschlüsse anzubieten: Als Hochschul-Lehrgang mit dem Abschluss „akademische …“, in St. Pölten z.B. „akademische Suchtberaterin“. Diese Lehrgänge müssen mindestens 60 ECTS-Punkte aufweisen. Ein Weiterbildungs-Master kann auch angeboten werden, er muss mindestens 90 ECTS-Punkte umfassen. Allerdings müssen die Angebote zu 100% über Studierendenbeiträge (oder Subventionen) finanziert werden. Das schafft eine schlechte Ausgangsposition auf dem Markt, weil hier gleichzeitig staatlich subventionierte Anbieter agieren, wie z.B. die Donau-Universität Krems. Diese können günstiger anbieten. Eine Sonderstellung nimmt auch Schloss Hofen ein, die Weiterbildungstochter der FH Vorarlberg. Sie ist mit Landesmitteln subventioniert und daher die einzige wirklich konkurrenzfähige Akteurin von FH-Seite auf dem Weiterbildungsmarkt. Spezialisierungstendenzen durch hochschulbasierte Weiterbildung zu unterstützen, wie dies in der Schweiz gelingt, ist daher in Österreich aus Marktgründen kaum möglich.

Inzwischen sind Sozialarbeits-AbsolventInnen, die eine Promotion anstreben, keine seltenen Ausnahmen mehr. Es gibt allerdings noch keine vertragsbasierten Kooperationen mit Universitäten. In der Regel müssen die AbsolventInnen von Diplomstudiengängen noch zusätzlich zum Doktoratsprogramm bis zu 30 SWS an den Unis nachmachen. Gravierender ist allerdings das Problem, dass sozialarbeitswissenschaftliche Fragestellungen in der Regel nicht akzeptiert werden bzw. so zurechtgestutzt werden, dass ihre Relevanz für die Sozialarbeitswissenschaft verloren geht. Es wird eine der großen Aufgaben der nächsten Jahre sein, hier zu befriedigenderen Lösungen zu kommen.

Das Allgemeine und das Besondere

Man kann die österreichische Situation wie ein Laborexperiment behandeln, mit dessen Hilfe einige neue Blickwinkel auf die Soziale Arbeit, auf Generalisierung und Spezialisierung gewonnen werden könnten. Dies sei in der Folge versucht.

Ich werde weiterhin den schon einmal zitierten Baeckerschen Beitrag als Leitschnur für die Analyse verwenden. Das stellt gleich einmal den Abschnittstitel in Frage. Das Allgemeine erscheint bei ihm als „eine Theoriefigur, die das Allgemeine vertritt, ohne selbst etwas anderes zu sein als ein Besonderes" (Baecker, 2007, S. 84).

Nun denn, das entlastet etwas. Ich kann mir Aussagen über den vermeintlichen Wesenskern der Sozialen Arbeit ersparen. Ich kann die geschilderte österreichische Situation vorerst einmal anders betrachten und interpretieren. Nicht als bedrohlich für die Identität der Sozialen Arbeit und als für die Erfolgsaussichten der SozialarbeiterInnen im Konkurrenzkampf mit anderen Berufen stehend, sondern als ein Besonderes, aus dem sich hypothetische Aussagen über anderes Besonderes gewinnen lassen, zum Beispiel über unser Professionskonzept.

Wenn die meisten Personen, die eine Arbeit machen, die wir in unsere Definition von Sozialer Arbeit einschließen würden, keine einschlägigen Studiengänge absolviert haben, dann lässt sich ein exklusives Professionsverständnis kaum aufrecht erhalten. Das ist eine schlechte Nachricht für den Berufsverband, der in Österreich Nachbarberufe nicht einschließt, sondern auf Exklusivität pocht. Zuletzt quälte er sich mit der Entscheidung ab, ob quer eingestiegene AbsolventInnen von Sozialarbeits-Master-Studiengängen Mitglieder des Berufsverbandes werden dürfen. Sie dürfen, aber selbstverständlich war das nicht. Ein solches Verständnis legt das Hauptaugenmerk auf das Dichthalten von längst durchlöcherten Grenzen.

Gleichzeitig beobachten wir, dass die Sozialarbeits-Identität eine gewisse Anziehungskraft auf das anders qualifizierte Personal im Sozialwesen ausübt.

Das ist auch nicht verwunderlich. Kein anderer Zugang verspricht, so punktgenau jenes Wissen und jene Fähigkeiten zu bilden, die im Arbeitsfeld benötigt werden. Insofern sind viele auch sehr bereit, zu lernen. An einer weiteren Erhöhung dieser Attraktivität der Sozialen Arbeit wäre es wohl lohnend, zu arbeiten.

Unter den österreichischen Bedingungen, und möglicherweise nicht nur dort, bietet sich eine offensive Strategie an. Sozialarbeiterisches Wissen ist wertvoll, und es ist unentbehrlich für das Sozial- und Gesundheitswesen. Wir sind an einer Verbreitung dieses Wissens interessiert. Wenn das nicht durch die Bildung einer hinreichenden Zahl von SozialarbeiterInnen möglich ist, dann sollen wenigstens die Nachbarberufe, die im Feld arbeiten, möglichst viel einschlägiges Know-How erwerben – am besten geht das an den Hochschulen.

Konsequenz einer offensiven Strategie ist z.B. die oben beschriebene Öffnung der konsekutiven Sozialarbeits-Master für QuereinsteigerInnen. Die ersten Erfahrungen damit sind zumindest in St. Pölten nicht schlecht. Anfänglich herrscht gegenseitiges Misstrauen, vor allem unserer Bachelor-AbsolventInnen gegenüber den QuereinsteigerInnen, ab dem 2. Semester und der Etablierung des intensiven Forschungsprogramms, lernen sie jedoch, zu kooperieren und lernen, voneinander zu lernen.

Spezialisierung im generalistischen Curriculum?

In den alten Curricula sollten die Bezugswissenschaften das Orientierungswissen bereitstellen, für den Identitätskern sorgten die Methoden-Lehrveranstaltungen, und die Vielfalt der Betätigungsfelder wurde über sogenannte Handlungsfeld-Lehrveranstaltungen hereingeholt. Man könnte sagen, dass die „Handlungsfelder" bereits eine Reaktion auf Spezialisierungen im Praxisfeld waren.

Noch im inzwischen ausgelaufenen Diplomstudiengang sind wir dem alten Konzept gefolgt und haben versucht, zu den sogenannten Handlungsfeldern spezielle Lehrveranstaltungen anzubieten. Zuletzt sind wir auf 32 solche Handlungsfelder gekommen, wobei die Studierenden zu wählen hatten. Es gab Beschwerden, weil immer noch eine Reihe von Praxisfeldern im Angebot fehlten, und es gab Proteste der Studierenden gegen die Parallelführung von Wahllehrveranstaltungen, denn sie hätten sich ohne Einschränkungen ihren persönlichen Mix zusammenstellen wollen. Unzufrieden waren auch die Lehrenden, die (nicht ganz zu Unrecht) anmerkten, dass eine ein- bis zweistündige Lehrveranstaltung kaum ausreiche, die spezifischen rechtlichen, medizinischen, psychologischen, geschichtlichen, soziologischen, sozialpolitischen Aspekte eines Handlungsfelds darzustellen, einen Einblick in die Organisationslandschaft, in typische Fallverläufe, gängige Bearbeitungskonzepte und die wesentlichen Linien der internationalen Fachdiskussion zu geben. Ein Großteil der LektorInnen löste dieses Dilemma dann so, dass sie einfach von ihrer Organisation ausgingen und deren Arbeit genauer schilderten. Eine pragmatische Lösung, allerdings überdeutlich unterhalb dessen angesiedelt, was man als Hochschulniveau durchgehen lassen könnte.

Damit war ein Konzept an sein Ende gekommen, hatte sich selbst ad absurdum geführt. Man musste darauf verzichten, die ganze Breite sozialarbeiterischen Handelns in allen empirisch vorkommenden Ausprägungen und Kontexten abzubilden. Die Aneignung der kontextabhängigen Wissensbestände muss hinfort auch offiziell on the Job erfolgen.

Das ist nicht wenig. Ich habe versucht, eine kleine und unvollständige Auflistung dieses kontextspezifischen Wissens zu machen:

Kontextabhängige Wissensbestände (definiert durch geografischen, organisatorischen und „Zuständigkeits"-Ort):

- rechtlicher Kontext
  - relevante Gesetzestexte
  - Verordnungen
  - Spruchpraxis
- Organisationslandschaft
  - vorhandene Hilfsprogramme
  - deren Spezialisierungen
  - deren Stärken/Schwächen
  - Stärken/Schwächen der Organisationen
- zielgruppenspezifisches Wissen
  - Funktionseinschränkungen und Potenzialitäten
  - subkulturelle Sprache/Deutungsmuster
  - charakteristische Krankheitsmuster und Krankheitsverläufe (z.B. Charakteristika von Suchtprozessen, Wahrnehmungscharakteristika bei psychischen Erkrankungen etc.)
- Methodik/Konzepte
  - zielgruppenspezifische methodische Zugänge, Konzepte, Techniken
- Sozialraum
  - Kommunikations-, Macht- und Entscheidungsstrukturen
  - Schlüsselpersonen
  - räumliche und soziale Aufschichtung
  - Diskriminierungswahrscheinlichkeiten
  - institutionelle und zivilgesellschaftliche Akteure

und so weiter …

Kontextunabhängige Wissensbestände:

- Recht: Grundzüge des Verfassungs-, Sozial-, Zivil-, Straf- und Verwaltungsrechts, ausgewählte sozialarbeitsrelevante Rechtsmaterien inklusive Wissen über Aufbau und Funktionieren der Legislative und Exekutive
- Organisation
- allgemeines Wissen über Inklusion/Exklusion, Diskriminierung, belastende Lebenslagen etc.
- Logik der Lebensführung unter erschwerten Bedingungen
  - Lebensweltkonzept/Subjektivität
  - Mechanismen wie Entwicklung, Sucht, Konflikt, Sozialisation etc.
- Methodik
  - grundlegendes Wissen über die Logik von Unterstützungsprozessen
  - das methodische Vokabular der Sozialen Arbeit
  - basale Fertigkeiten zur Gesprächsführung und zur Gestaltung von Beziehungen
  - Soziale Diagnostik
  - Selbstbeobachtung und Selbststeuerung, angeleitete Reflexion und Selbstreflexion
- Sozialraum
  - Fähigkeiten zur Erkundung von sozialen Räumen und Netzwerken
  - Wissen über die Mechanismen der

etc.

Auch diese Liste ist unheilbar unvollständig, so wie es jedes Curriculum wird sein müssen. Selbst bei den kontextunabhängigen Wissensbeständen sind die Hochschulen daher darauf angewiesen, exemplarisch vorzugehen. Im Sinne von Dirk Baecker wären exemplarische Tiefenbohrungen vorzunehmen.

Er schreibt:

> „Dazu braucht man den Dreischritt von Methode, Theorie und Praxis, nämlich a) die Fähigkeit, zwischen Situationen, in denen man sich festgefahren hat, von Situationen zu unterscheiden, in denen man noch weiterkommt („Methode"), b) die Fähigkeit, ein Problem nicht nur zu erkennen und gegebenenfalls zu lösen, sondern erst einmal als solches zu formulieren, darzustellen und einer möglichen Lösung zuzuführen („Theorie"), und c) die Fähigkeit, mit der Erfahrung umzugehen, dass Situationen von Teilnehmern unterschiedlich definiert werden und noch lange nicht jede gelungene Problemdefinition auch begrüßt wird („Praxis"). (Baecker, 2007, S. 84)

Ich möchte das noch ergänzen. Möglicherweise erwähnt es Baecker nicht, weil er es für selbstverständlich hält, aber als viertes Element halte ich Technik für unverzichtbar. Unter Technik verstehe ich das Handwerkszeug, das erst praktisches Handeln auf professionellem Niveau ermöglicht. In unserem Fall sind das z.B. Techniken der Gesprächs- und Verhandlungsführung, der sozialen Diagnostik, der Sozialraumanalyse, der Gruppenleitung, der Öffentlichkeitsarbeit, der Projektorganisation. Und natürlich Techniken des forschenden Wissenserwerbs, des Lesens und Schreibens, der Beobachtung und Selbstbeobachtung.

Die nun 4 Elemente einer exemplarisch generalistischen Bildung zur Sozialen Arbeit können nicht fein säuberlich in getrennten Modulen situiert werden. Sie bilden eine widersprüchliche Einheit, und diese sollte sich didaktisch und organisatorisch abbilden.

An dieser Herausforderung sind wir allerdings in St. Pölten in unserer ersten Bachelor-Variante – auf hohem Niveau – gescheitert. Gescheitert daran, dass die meisten Lehrenden doch ihre alten Konzepte weiter durchzogen. Gescheitert daran, dass eine Kultur selbstbestimmten Lernens nicht von heute auf morgen zu entwickeln ist. Gescheitert daran, dass Soziale Arbeit als selbstreflexive Profession mehr ein Desiderat als eine gelebte Praxis ist.

Das Scheitern zwingt uns nun, einen Schritt zurück zu machen. Das Ziel bleibt aber das gleiche. Wir versuchen, uns als Fall zu begreifen. Wo wir mit dem Kopf durch die Wand wollten, suchen wir nun Türen und hoffen, dass wir sie finden werden und dann auch öffnen können.

Trotzdem: Schon jedes funktionierende Bachelor-Curriculum wird entweder spezialisiert oder oberflächlich sein. Oberflächlich, weil es im Versuch, das Ganze vollständig abzubilden, auf Tiefenbohrungen verzichtet. Oder spezialisiert, weil es eine Auswahl zu treffen hat, wo es seine Tiefenbohrungen ansetzt. Es kann aber auch generalistisch sein, wenn es die Auswahl als exemplarische begreift und das deutlich zu machen versucht. Wenn also im Besonderen das Allgemeine entdeckt wird.

Die Zukunft der Bachelor-Studiengänge wird also exemplarisch-generalistisch sein müssen. Für die Studierenden heißt das, dass die ihnen sichtbare Menge des Nicht-Wissens rasant ansteigt. In einem oberflächlich pseudogeneralistischen Studium mit Vollständigkeitsanspruch, wie es die früheren Akademien noch anzubieten versuchten, blieb viel Nichtwissen verborgen, bzw. neigten die Studierenden noch dazu, sich selbst für ihr Nicht-Wissen verantwortlich zu machen. Da haben sie halt in einer Lehrveranstaltung nicht genau aufgepasst bzw. die Skripten nicht sorgfältig genug studiert.

Das generalistische Curriculum, das auf exemplarische Tiefenbohrung setzt, ist anspruchsvoller und setzt sich vehementer Kritik der Studierenden und der PraktikerInnen aus. Es ist das Curriculum, das bereits sichtbar die Lücken aufweist. An den vielen Leerstellen ist die Hochschule schuld.

Wir produzieren Ent-Täuschung. Und wir sind mit dieser Ent-Täuschung massiv konfrontiert, auch durch die Präsenz der Praxis.

Oder noch einmal andersrum und möglicherweise ketzerisch gedacht: Die Soziale Arbeit als anwendungsbezogene Disziplin findet ihren generalistischen Kern möglicherweise in einem Set von Techniken (also in ihrem Werkzeug) und in einer neu zu denkenden Methodenlehre (also im Sinne von Baecker in der Unterscheidung zwischen festgefahrenen Situationen und solchen, in denen man noch weiterkommt).

Sich systematisch auf eine Praxis zu beziehen, ist dabei das Mittel, um die ganze Gesellschaft in die Seminare zu holen. Einer Bemerkung von Karl Marx in einer Fußnote zur „Deutschen Ideologie“ folgend, weist das Konkrete die höchste Komplexität auf, während das Abstrakte immer vereinfachend ist, Komplexitätsreduktion, reduktionistisch. Reduktionistisch ist allerdings auch das, was meist gemeint ist, wenn von der „Praxis“ die Rede ist: Sie genügt sich selbst, „indem sie ihre eigenen Motive, Werte und Ziele hat und selbst dann auf Kontinuität hinauswill, wenn sie dauernden Wandel predigt.“ (Baecker, 2007, S. 84). Praxis, das ist nicht nur das nach außen getragene Selbstbild von sogenannten PraktikerInnen. Den Praxisbezug stellen wir also nicht her, indem wir einfach mehr LektorInnen aus dem Berufsfeld anstellen. Wir stellen ihn her, indem wir an den Realsituationen der Praxis arbeiten: analysierend, sie befragend, begleitend, ihre Komplexität erkundend. Man darf die Praxis nicht den PraktikerInnen überlassen, ihnen so ein Reservat der Volkstümlichkeit an der Hochschule bereitstellen.

Die Übergangsphase zu einer selbstreflexiven und wissenschaftlich informierten Sozialen Arbeit wird wohl ein bis zwei Jahrzehnte dauern. So lange wird es brauchen, bis die Mehrzahl der Lehrenden an den Studiengängen in der eigenen Disziplin ein Doktorat erreicht haben, und bis ein Großteil der PraktikerInnen auf Basis einer Hochschulbildung ihren Beruf ausüben. Doch dann wird der Beruf nicht mehr der gleiche sein. Die Wissensbestände der Sozialen Arbeit werden mit denen der Nachbarwissenschaften und Nachbarprofessionen noch stärker vermischt sein, im günstigen Fall wird das disziplinspezifische Wissen über die Ambivalenz von organisierten Unterstützungsprozessen auch von anderen Disziplinen und Berufen breit aufgegriffen werden.

Chancenreich werden die AbsolventInnen von Sozialarbeitsstudiengängen auf dem Arbeitsmarkt dann sein, wenn sie nicht ihren Wissens-Schrebergarten sorgfältig umzäunen, sondern sich offensiv und lernbereit in die Gestaltung der demokratischen Gesellschaft einmischen. Darin hat die Soziale Arbeit durchaus eine herzeigbare Tradition, an die es anzuknüpfen gilt.

Moderne Professionalität erweist sich nicht in der bloßen Beherrschung berufstypischer Abläufe und eines Kanons berufsspezifischen Wissens, sondern auch und immer mehr in der Fähigkeit, das eigene Wissen als fragwürdig zu erkennen.

> „Die Kompetenzen, zu denen die Universitäten jetzt zu befähigen beginnen, ... sind Kompetenzen und Talente, die ihre Expertise daraus beziehen, dass sie es methodisch, theoretisch und praktisch gelernt haben, mit Nichtwissen umzugehen. Wer das nicht kann, kann gar nichts. Doch wer das kann, kann darauf aufbauend jedes denkbare Wissen erwerben, ohne dieses mit Gewissheit zu verwechseln und so Kompetenz und Talent wieder aufs Spiel zu setzen." (Baecker, 2007, S. 84)

Professionalität im 21. Jahrhundert ist eine Professionalität des Zweifels und der Grenzüberschreitung. Studierende, die in den Gymnasien manches gelernt haben, kaum jemals aber den (selbst-)kritischen Umgang mit Wissen und Nichtwissen, werden damit Probleme haben müssen. Die Bewältigung dieser Ent-Täuschung eröffnet ihnen aber eine gute Ausgangsposition auf einem Arbeitsmarkt, in dem immer weniger zählt, was jemand ursprünglich gelernt hat, und umso mehr, was der Person gelingt, daraus zu machen.

Identität?

Letztlich wird die Identität der Sozialen Arbeit prekär bleiben. Die Profession, das Studium und die Wissenschaft wollen sehr viel, sie wollen mehr, als realistischerweise zu erwarten und zu erreichen ist. Die Wünsche an SozialarbeiterInnen sind vielfältig: Sie sollen fit sein in der Beziehungsarbeit, in der wissenschaftlichen Reflexion und in ihrem Berufsethos, ihrer „Haltung". Und sie sollen ExpertInnen und TechnikerInnen der Sozialen Innovation sein. Diese Ansprüche erlauben es nicht, Sozialarbeits-Studiengänge bescheiden anzulegen. Im Gegenteil: Tendenziell benötigen sie ausgezeichnete, wissensdurstige und ehrgeizige Studierende, die im Studium auch gefordert werden, und zwar bereits im Bachelor-Studium, wo die Grundlage für das Berufsverständnis gelegt wird.

Spezialisierung ergibt sich von selbst im Praxisfeld. Sie ist dort allerdings eine Spezialisierung, die Finanzierungs- und Programmlogiken sowie Organisationszuständigkeiten folgt. Oft besteht sie im Abschneiden von Möglichkeiten, im Aufteilen dessen, was zusammengehört. Im Fragmentieren der Unterstützungen.

Und wo ist der fachliche Ort der Fachsozialarbeiten? Am ehesten macht „Fachsozialarbeit" einen Sinn dort, wo sie außerhalb des angestammten Platzes, außerhalb des Sozialwesens, agiert: Klinische Sozialarbeit, die den Gesundheitsdiskurs aufnimmt, verarbeitet und so einen Beitrag leistet, der auch für die Soziale Arbeit generell Zuarbeit leistet. Die Sozialpädagogik mit ihrem Bildungsfokus könnte so übrigens auch als Fachsozialarbeit verstanden werden.

Kern bleibt jedenfalls der generelle Bestand des beruflichen Wissens, anderes ist die „Übersetzung" in spezifische Kontexte, sozusagen der Slang, der Soziolekt.

Und wo ist der Ort der Fachsozialarbeit im Studium? Was punktuell in Österreich geschieht, nämlich die Fachsozialarbeit als Schwerpunktsetzung in einem generalistischen Master anzubieten, könnte ein Weg sein. Die Schweizer Variante der Platzierung von Spezialisierung ausschließlich in der Weiterbildung ist eine andere, durchaus logische Möglichkeit.

So könnten SozialarbeiterInnen in jene Position kommen, die lange die JuristInnen einnahmen: Man traute ihnen aufgrund ihres Studiums zu, dass sie sich in jedem beliebigen Feld orientieren können, sich die spezifische Landschaft an Gesetzen, Vorschriften, organisatorischen Aufschichtungen aneignen können, darauf reagieren und den anderen den Weg durch den Dschungel weisen können. Die den JuristInnen unterstellte Genauigkeit gehört ja, wie ich gehört habe, zu den begehrtesten Fertigkeiten auf dem Arbeitsmarkt. Nun, die brauchen wir auch, wie auch die beängstigende Fähigkeit von JuristInnen, Einfaches nicht einfach sein zu lassen, sondern eine den Laien verborgene Komplexität aufzuspüren und dann trotzdem einen Weg zu finden.

Literatur

Baecker, D. (2007): Kleine Universitäten. Dichte Vernetzungen im globalen Kampf um geistige Kapazitäten. In: Lettre International Sommer 2007, S. 82-85.

Brandstetter, M./Vyslouzil, M. (Hrsg.) (2010): Soziale Arbeit im Wissenschaftssystem. Von der Fürsorgeschule zum Lehrstuhl. Wiesbaden: VS Verlag für Sozialwissenschaften.

Pantuček, P. (2008): Das Projekt Soziale Arbeit und das Team St. Pölten. Zwischenbilanz einer langfristigen Strategie. In: Pantuček, P./Schmid, T./Vyslouzil, M. (Hrsg.): Recht. SO – Menschenrechte und Probleme der Sozialarbeit. Festschrift für Karl Dvorak. St. Pölten: sozaktiv S. 190-209.

Diskurse und Perspektiven in der deutschen Entwicklung

Praxisvielfalt und professionelle Einheit Sozialer Arbeit in ihrer historischen Entfaltung

Wolf Rainer Wendt

Berufliche Soziale Arbeit hat in ihrer Entstehungszeit verschiedene Tätigkeitsbereiche zusammengeführt und sich schwer damit getan, sie zu vereinheitlichen. Der Profession sind seitdem die Differenzierungs- und Eingrenzungsprobleme eigen, die heute im Studienprogramm an Hochschulen bestehen und hierzulande zuvor in der Unterscheidung von Sozialarbeit und Sozialpädagogik diskutiert wurden. Es gab die Arbeit, die wir als soziale bezeichnen, schon bevor sie ihren Namen erhielt und sich beruflich ausprägte. Über ihren Charakter verständigten sich die daran Beteiligten vor hundert Jahren in einem längeren Prozess. Hinreichende Klarheit über Profil, Ausdehnung und inneren Zusammenhang Sozialer Arbeit, mithin ein abschließendes Einvernehmen über ihre Identität „im Ganzen und in Teilen", ist im Zeitverlauf bis heute aber nicht erreicht worden.

1. Ein soziales Werk in Zeiten der Reform

Soziale Arbeit wurde zu einem Begriff, als sie in ihrer gesellschaftlichen Funktion, als ein soziales „Werk" und Reformprojekt, wahrgenommen wurde. Das geschah nach 1890. Damals tauchten der Begriff „social work" in den USA und zeitgleich der Ausdruck „soziale Arbeit" in Deutschland auf. Hier wie dort hatte man eine gesellschaftliche Reform im Blick. Eine Wiederholung gab es ab den 1960er Jahren, als Sozialprofessionelle für „change agents" gehalten und gebraucht wurden. Wieder war es eine gesellschaftliche Aufgabenstellung, in der sich die Profession verstehen konnte, in der sie sich zumindest im Theoriediskurs einig schien. In der beruflichen Praxis schreitet seitdem die Ausdifferenzierung von Arbeitsbereichen fort, die ein Jahrhundert zuvor begonnen hatte. Ob das Projekt „social work" unvollendet bleibt, in einer generellen Praxis weitergeführt werden kann oder gar als einheitliches Format hinfällig ist, dürfte offen sein.

Als mit dem Projekt angefangen wurde, suchten Ende des 19. Jahrhunderts insbesondere bürgerliche Frauen in sozialen Besserungsbemühungen

Gelegenheiten für die Entfaltung weiblicher und mütterlicher Talente. Von Sozialarbeit war dabei zunächst nicht die Rede. Zu nennen sind in Deutschland die Ausbildung der Kindergärtnerin und Hortnerin. Zweifellos ein sozialer Beruf, verband sich seine Entfaltung durchaus nicht mit dem Weg, den die Soziale Arbeit von der Armenpflege her nahm. Auch die aus der weiblichen Diakonie stammende berufliche Krankenpflege blieb der gesellschaftsbezogenen sozialen Betätigung fern, besetzte indes in der Folgezeit manchen sozialen Dienst. Krankenschwestern wurden als „district nurses" in England und als „visiting nurses" in den USA seit den1880er Jahren in der nicht nur gesundheitlichen Armenversorgung aktiv (Brainard, 2010); sie betrieben „school nursing" ab 1902 in New York, und sie wurden um 1900 als Fabrikpflegerinnen angestellt, die der betrieblichen Sozialarbeit vorangingen (Stoll, 2001, S. 26). In den USA hießen sie ab 1890 bezeichnenderweise *welfare managers* (s. Mandell, 2002) – und waren ebenso wenig Sozialarbeiterinnen wie die zu jener Zeit mit Jugendfürsorge oder Nichtsesshaften- und Gefährdetenhilfe armenpflegerisch Beschäftigten.

Das Auftreten des Begriffs „social work" bzw. „soziale Arbeit", ziemlich zeitgleich ab 1890 in den USA, in England und in Deutschland, bezog sich dort wie hier auf *organisierte* Bestrebungen, soll heißen: nicht auf das Handeln einzelner wohltätiger Personen. Geschätzt wurde ein *Werk* im Bezugsrahmen sozialer Reform. Stanton Coit, der Gründer der *Neighborhood Guild* in New York pries das Wirken der Settlements als ein „social work" in der Gesellschaft (vgl. Wendt, 2008, 1, S. 378f.). Für sie wurde nach einer Ausbildung der daran Mitarbeitenden gerufen, und in Qualifizierungsabsicht betrieben die Vertreterinnen der COS und der Settlement-Bewegung die Anfänge einer akademischen Ausbildung, wenngleich mit unterschiedlichen Akzenten in der Ausrichtung der ersten Studiengänge an Universitäten. „Social work" als eine Einheit war ein Integral – und so in der Praxis der damaligen Einrichtungen nicht vorgegeben.

In der Reformzeit nach 1900, der *Progressive Era* in den USA, begegnete man mit zivilem Engagement den Missständen in Wirtschaft, Politik und Verwaltung. Auf lokaler Ebene war das zivile mit einem sozialen Engagement identisch. Was politisch als Reform im Bildungs-, Gesundheits- und Rechtswesen gewollt war, prägte sich in Spezifikationen der Sozialarbeit aus. Aus solchen Impulsen entstanden gleichzeitig die Schulsozialarbeit, die Krankenhaussozialarbeit, die Arbeit im Kinderschutz, die Bewährungshilfe für Straffällige und die Soziale Arbeit in der Psychiatrie (vgl. Wendt, 2008, 2, S. 72ff.). Es waren vor allem Frauen aus den Settlements, voran Jane Addams und ihre Freundinnen in Hull House, die in der allgemeinen Aufgeschlossenheit jener Jahre die Chance nutzten, in der politischen Arena wie auch auf fachlicher Ebene jene Neuerungen einzuführen und durchzusetzen. Beispielsweise ergab sich die Schulsozialarbeit im Kontext der politischen Bemühung um Beschulung der Kinder von Immigranten und aus den Slums der großen Städte, während der Krankenhaussozialdienst den politischen wie den professionellen Bemühungen um gesündere Lebensverhältnisse der Arbeiterschaft und der Armen geschuldet war. Nicht von ungefähr entfaltete sich in den gleichen Jahren, in denen in den USA wie in Deutschland und Großbritannien die Krankenhausfürsorge begann (Reinicke, 1998), die Sozialmedizin („soziale Hygiene") als Wissenschaftszweig (Rosen, 1977). Im Bildungsbereich ist auf die Parallelität von Reformpädagogik und praktischer Sozialreform zu verweisen (exemplarisch in der Person John Deweys).

Indes bildete sich die auf Soziale Arbeit bezogene Wissenschaft im Professionalisierungsprozess nicht als eine „Querschnittswissenschaft" dergestalt aus, dass sie aus Elementen der Soziologie, der Psychologie, der Pädagogik oder der Sozialmedizin erwachsen wäre. Diese einzelnen Sozial- und Humanwissenschaften waren je für sich am Anfang des 20. Jahrhunderts dabei, eine eigene Domäne wissenschaftlich einzurichten. Für die von Frauenseite betriebene Verberuflichung der Sozialarbeit bot sich die „scientific charity" der COS an. In den Fallberichten ihrer (weiblichen) *friendly visitors* waren Lebenszusammenhänge ersichtlich ohne Sortierung nach psychologischen, medizinischen oder pädagogischen Gesichtspunkten. Die Details des Einzelfalls ließen sich in einer erzählenden Weise zusammenhalten und gleichwohl wissenschaftlich akzeptabel konfigurieren. Mit den Fallberichten (case records) konnten Frauen in der Armenpflege ihren Anspruch auf Professionalität gegenüber männlich dominierter Wissenschaft betonen (Tice, 1998, S. 52).

2. Zwischen Bildung und Gesundheit

Als Mary Richmond 1911 den Auftrag annahm, die Arbeitsweise in der sozialen Berufstätigkeit überall in den USA zu untersuchen und auf einen Nenner zu bringen, gab es bereits die Spezialisierung sozialer und helfender Betätigung in der Krankenhaussozialarbeit, Schulsozialarbeit, psychiatrischer Sozialarbeit, familienbezogenen Sozialarbeit und Bewährungshilfe. Mit dem Einsatz in „clinic, court, school and community" (Levine & Levine, 1970) entstanden die Berufsbilder von „health visitors" (vgl. Kelsey, 2000), von „visiting teachers" (vgl. Oppenheimer, 1924) und Bewährungshelfern (vgl. Vanstone, 2008) gleichzeitig im ersten Jahrzehnt des 20. Jahrhunderts. Die Spannweite des Einsatzes der HelferInnen zwischen Gesundheitsbelangen und Bildungsbelangen war zur gleichen Zeit in Deutschland ein Thema und wurde von Alice Salomon in ihrer Verortung der jungen Berufstätigkeit ausgemessen. Sie betonte im Übrigen, es handele sich dabei nicht um „eine unbedeutende *Hilfsarbeit* bei großen sozialen Reformen, sondern um die *Mitarbeit* an diesen selbst" (Salomon, 1997, S. 204).

Im amerikanischen Diskurs bestand Richmond den vorhandenen Spezialisierungen gegenüber auf der Allgemeingültigkeit der in der COS eingeübten Prinzipien einer methodischen Einzelhilfe. In „Social Diagnosis“ 1917 wusste sie den roten Faden von Case Work durch jede Besonderung der Sozialarbeit zu ziehen. Sie fand heraus,

„that, in essential, the methods and aims of social case work were or should be the same in every type of service, whether the subject were a homeless paralytic, the neglected boy of drunken parents, or the widowed mother of small children. Some procedures, of course, were peculiar to one group of cases and some to another, according to the special social disability under treatment. But the things that most be needed to be said about case work were the things that were common to all." (Richmond, 1917, S. 5)

Die Konzentration auf die Methode bedeutete allerdings auch, einzelne Momente der Methode mit anderen Berufen und sozial Tätigen zu teilen. Das hatte bereits Abraham Flexner 1915 in seiner kritischen Erörterung der Frage, ob Soziale Arbeit eine Profession sei, bemerkt und zu ihrem Nachteil ausgelegt: Es mangele ihr an einem klar abgegrenzten spezifischen Zweck. Einesteils erscheine Soziale Arbeit „not so much a definite field as an aspect of work in many fields“ (Flexner, 1915, S. 585). Andernteils behindere die vielfältige Praxis von Sozialarbeitern die Ausprägung einer eigenständigen Disziplin, wie sie eine Profession nötig habe. „The occupations of social workers are so numerous and diverse that no compact, purposefully organized educational discipline is possible“ (ebd., S. 588). So wie Journalisten ausschnitthaft auch Sozialarbeit leisteten und sich dazu recherchierter Informationen bedienten, träte die Soziale Arbeit in der Öffentlichkeit mit aus anderen Disziplinen entliehenem Wissen auf.

3. In Sozialer Arbeit etwas bewegen oder nur funktionieren?

Im Zuge der Ausfütterung von case work mit Psychologie in den 1920er Jahren wurde das Verhältnis einer generalistischen Sozialarbeit zu speziellen Handlungsgebieten erstmals ausdrücklich in der *Milford Conference* 1929 thematisiert. Man wollte die Einzelfallhilfe unabhängig vom Setting ihres Einsatzes einheitlich gestaltet sehen. Bei aller Spezialisierung in der praktischen Ausformung hänge am *generic social case work* die Identität der Profession. Die Diskussion begann damit aber erst richtig (Bartlett, 1959, S. 159ff.; Leighninger 1980, S. 1ff.), zumal die Konzentration auf die Methode ein größeres Dilemma verdeckte: Auf der *National Conference of Social Work* 1929 in San Francisco stellte deren Präsident Porter Lee die Frage „Social Work: Cause or Function“. Bringt sie mit ihren Impulsen, ihren Vorhaben und ihren Einrichtungen die Gesellschaft voran oder nimmt sie in der Administration sozialer Hilfen und Dienstleistungen nur eine Funktion wahr, die sie methodisch gut zu erfüllen vermag? Die gewachsenen Anforderungen an die Profession nötigten sie zu einem guten Funktionieren in Anwendung von Techniken und zu einem effizienten Handeln nach Standards. Ihre Reformabsichten müsse die Sozialarbeit deshalb nicht aufgeben; es bleibe bei „social work as cause and function“ (Lee, 1930). Über diesen doppelten Fokus wird bis heute gestritten (Abramowitz 1998; Haynes 1998).

Die der Profession anvertraute individuelle Problembearbeitung in Diensten der Beratung und Behandlung verführte zu einer psychosozial akzentuierten Arbeitsweise – verbunden mit der Erwartung, im psychotherapeutischen Einsatz an beruflicher Anerkennung zu gewinnen. Diese Bewegung ins subjektive Innenleben lief dem Interesse an gesellschaftlichen Veränderungen entgegen. 1994 beklagten Specht und Courtney, der Sozialen Arbeit sei ihre Mission über den Drang zur Psychotherapie abhanden gekommen: „the popular psychotherapies have directed social work from its original mission and vision of perfectability of society“(Specht & Courtney, 1994, S. 27).

Von dieser Entwicklung war die professionelle Einzelhilfe betroffen, teils auch die Methodik der sozialen Gruppenarbeit in ihren Ausformungen der Gruppentherapie und der Gruppendynamik. Kaum berührt hingegen blieb die *Gemeinwesenarbeit*. Ihre Unabhängigkeit geht soweit, dass sie oft gar nicht der Sozialarbeit beruflich zugerechnet, sondern als eigenständige Berufstätigkeit betrachtet wird. Sehen wir auf die Ursprünge von *community work*, so finden wir sie zeitlich parallel zur Entwicklung von *case work* in den USA in der Progressive Era verwurzelt. Politisch motiviert, sollte mit *community organization* das zivile Leben auf Gemeindeebene gestärkt werden. Die Akteure nannten sich nach 1920 auch Sozialarbeiter, hatten aber Schwierigkeiten, diese Arbeitsform mit der sich auf Einzelhilfe konzentrierenden Sozialarbeit zu verbinden.

Jahrzehnte später wurde die Gemeinwesenarbeit als Methode im Sinne eines generellen Arbeitsprinzips vor und über jede Art und Verfahrensweise Sozialer Arbeit erhoben: Aus der Annahme, dass der Mensch in seinem Wesen ein „Ensemble gesellschaftlicher Verhältnisse“ ist, ergibt sich ein Arbeitsprinzip im Umgang mit diesem „Gemeinwesen“ als „allgemeiner Grundsatz, der das professionelle Handeln des Sozialarbeiters in den unterschiedlichsten Arbeitsfeldern leiten sollte“ (Boulet et al., 1980, S. 146). Soziale Arbeit ist danach in dialektischer Beziehung zuständig für das „äußere“ Gemeinwesen und für das „innere“ Gemeinwesen (a.a.O., S. 156). Der Zuschnitt im Begriff änderte indes nichts an den Divergenzen der Praxis.

4. Parzellisierung in Dienstleistungen

Die Instrumentalisierung Sozialer Arbeit für psychosoziale Dienstleistungen vollzog sich mit der Entwicklung des Wohlfahrtsstaates. Er schuf neue Strukturen sozialberuflicher Beschäftigung, zog in seinen Ämtern die Sozialarbeiterinnen als Wohlfahrtspflegerinnen und Fürsorgerinnen heran und schied damit die Verantwortung für die Gestaltung der Arbeit von ihrer Ausführung. Seither hängt das Auf und Ab der Entfaltung professioneller Betätigung vom sozialpolitischen Kontext ab: Soziale Arbeit stellt sich als eine kontingente Aktivität heraus (Harris, 2008), deren Mandat von Umständen abhängt, über die sie nicht verfügt.

Standen die Gründermütter und -väter der Profession noch selber für ihr Werk ein, bestimmten nun die Logik der Verwaltung und bürokratische Prozeduren die Berufsarbeit. Im Wohlfahrtsamt und im Jugendamt lag die Zuständigkeit für die Organisation bei Verwaltungsbeamten. Sie führten Regie im Innendienst, während die Fürsorgerinnen einzeln im Außendienst unterwegs waren. Mit gesetzlichen Regelungen und administrativen Vorkehrungen wurden nach 1920 die Strukturen geschaffen, in denen sich die Soziale Arbeit wohl oder wehe einrichten musste. Es gab (in Deutschland ausgeprägt in der Weimarer Republik) einerseits die *jugendamtlichen* Gliederungen der

- Jugendfürsorge
- Jugendpflege
- Jugendgerichtshilfe und des
- Jugendschutzes.

Diese Handlungsfelder hatten sich unabhängig vom Diskurs und von den Professionalisierungsbestrebungen der Sozialen Arbeit aus Anfängen in der Heimerziehung, im Pflegekinderschutz und, nach 1900, beeinflusst von der deutschen Jugendbewegung entwickelt.

Andererseits gab es nach Ende des 1. Weltkrieges die *wohlfahrtsamtliche* Zuständigkeit für

- Armenfürsorge (auch: Wirtschaftsfürsorge)
- Familienfürsorge
- Wohnungsfürsorge
- Erwerbslosenfürsorge
- Gefährdetenfürsorge
- Fürsorge für Kriegsbeschädigte und Hinterbliebene,

wobei bekanntlich die Familienfürsorge im Außendienst das hauptsächliche Einsatzgebiet der Wohlfahrtspflegerinnen war.

Zu den genannten Handlungsbereichen kam noch die *gesundheitsamtliche* Zuständigkeit für

- Gesundheitsfürsorge mit Heilfürsorge, Trinkerfürsorge, Geschlechtskrankenfürsorge sowie Säuglingsfürsorge und Mütterberatung
- Gesundheitspflege u.a. mit Schulgesundheitspflege und Erholungsfürsorge.

Insoweit alles „Fürsorge“ sein sollte, stellte diese feldspezifische Differenzierung die Einheit des Sozialberufes nicht in Frage. Dass in Deutschland die erziehungswissenschaftlich begründete Sozialpädagogik die Jugendfürsorge und Jugendpflege besetzte und ihr gegenüber die weibliche Wohlfahrtspflege die Familienfürsorge und Aufgaben in der Gesundheitsfürsorge übernahm, ist eine eigene Geschichte, für das Verhältnis des „Ganzen zu den Teilen“ und der „Teile im Ganzen“ aber nicht entscheidend. Vielmehr bestimmt die nach dem 2. Weltkrieg international vollzogene Ausdifferenzierung von für die Bürger vorgesehenen Sozialdienstleistungen darüber, wo und in welchem Umfang professionelle Kräfte gebraucht werden.

5. Soziale Generalisten

Die Vielfalt der wohlfahrtsstaatlich etablierten Dienste führte in mehreren Ländern Ende der 1960er Jahre und im folgenden Jahrzehnt zu einer neuen Positionierung der sozialen Administration. Statt einzelne Aufgaben isoliert voneinander und fragmentarisch an verschiedenen Stellen zu erfüllen, sollte personen- und familienbezogen einheitlich gehandelt werden. Die Richtung gab der Seebohm-Report 1968 in England vor, der auf lokaler Ebene 1970 die Einführung eines universellen Sozialdienstes mit breiter Zuständigkeit an einer Stelle (*unified social service department*) nach sich zog. Parallel wurden in Schottland 1969 *Social Work Departments* eingerichtet. Auch in anderen Ländern setzte man nun auf eine „polyvalente“ Soziale Arbeit. Die breite Aufgabenzuweisung an sie stärkte ihre berufliche Position.

Akademisch ließ sich über Rolle und Funktion Sozialer Arbeit in den ab 1970 in Deutschland konstituierten Hochschulstudiengängen diskutieren. Professionalisierung wurde als wissenschaftliche Aufgabe wahrgenommen. Auch international waren die 70er Jahre die hohe Zeit des Anspruchs auf eine eigenständige und einheitliche Soziale Arbeit. Mit gewachsenem Selbstbewusstsein wollten die ProtagonistInnen der Profession ihr Handlungsverständnis nicht länger „von außen“, nämlich von den Organisationen und Einrichtungen bestimmen lassen, in denen Soziale Arbeit geleistet wird (Bartlett, 1970). Erforderlich wäre für die Profession nun „ein konzeptioneller Ansatz, der auf den wesentlichen Elementen *innerhalb* ihrer Praxis beruht, ganz unabhängig davon, wo der einzelne Sozialarbeiter tätig ist“ (Bartlett, 1975, S. 27). Weise die Geschichte der Sozialarbeit eine starke Tendenz auf, „die Praxis der Sozialarbeit mit der Praxis der Organisation, in deren Rahmen sie geleistet wird, gleichzusetzen“ (Bartlett, 1975, S. 29), müsse man den administrativen Zuordnungen gegenüber in der Profession *integrativ* denken. Mit dem Interventionsrepertoire der Sozialen Arbeit habe man professionell in der Interaktion zwischen individuellen Bewältigungsbemühungen und Umweltanforderungen die „soziale Funktionsfähigkeit des Menschen“ (Bartlett, 1975, S. 89) im Fokus. Zur Hilfe für Menschen in Auseinandersetzung mit Lebenssituationen interveniere man beruflich bei Individuen, in Gruppen und in sozialen Organisationen „direkt und durch kollaborative Aktion“ (Bartlett, 1975, S. 136). Unterstellt wurde somit ein und derselbe Typus professionellen Handelns in diversen Diensten (Baker, 1975). Ob nun im Einzelfall, mit Gruppen oder auf der Ebene des Gemeinwesens gearbeitet werde, im „unitary approach“ (Goldstein, 1973) schien jede Art und Weise Sozialer Arbeit systemtheoretisch in einen einzigen Bezugsrahmen integrierbar.

In Deutschland fand der professionelle Generalist in den1970er und 1980er Jahren seine Verankerung im Allgemeinen Sozialdienst. Dem ASD wurden Besondere Sozialdienste der Ämter an die Seite gestellt, im Jugendamt zum Beispiel die Jugendgerichtshilfe, der Adoptions- und Pflegekinderdienst oder die Amtsvormundschaften und der Kinderschutz. Es war eine Gliederung nach Sachgebieten, ohne dass sich damit für die Profession eine fachliche Besonderung ergab. Sozialleistungsrechtlich wurde vorgegeben, was SozialarbeiterInnen in dem einen oder anderen Dienst zu tun hatten. Sie sollten nur fähig sein, sich diesen strukturellen Gegebenheiten anzupassen.

Fachlich schloss die Neustrukturierung die Diskussion über das Verhältnis von Generalisten und Spezialisten nicht ab (Challis & Ferlie 1988; Fuller & Tulle-Winton 1996). Als wohlfeil wurde der Begriff des „spezialisierten Generalisten“ gehandelt. Für die Ausbildung blieb man auf der Bachelor-Ebene bei der Intention einer vielseitigen Berufsbefähigung. Die grundständig qualifizierte Sozialarbeiterin sollte in allen Methoden bewandert und auf allen Einsatzgebieten brauchbar sein. Die in den USA gängigen Textbücher für das Studium auf diesem Niveau favorisieren bis heute eine generalistische Praxis in der Arbeit

> „with client systems at all levels, connecting clients to available resources, intervening with organizations to enhance the responsiveness of resources systems, advocating just social policies to ensure the equitable distribution of resources, and researching all aspects of social work practice" (Miley et al., 1998, S. 9).

Die beanspruchte breite Zuständigkeit hindert aber nicht am Auseinanderdriften der Gebiete praktischen Handelns.

6. Verschiedene Basen des Wissens und Könnens

Die Zwangsläufigkeit der Diversifikation Sozialer Arbeit wird daran deutlich, dass sie sich international übereinstimmend vollzieht. In England heben sich Jugendarbeiter, Gemeinwesenarbeiter, Bewährungshelfer beruflich von Sozialarbeit im engeren Sinne ab. In Frankreich bildeten sich je besondere professionelle Identitäten von „Beratern", Mediatoren", „Spezialerziehern", „Animateuren" aus (Ward, 2006, S. 257). In Deutschland hat sich die *Supervision* erst parasitär an ihrem „Wirt" Sozialarbeit gestärkt und dann in die lukrativere privatwirtschaftliche Organisationsberatung begeben (Kühl, 2006, S. 5ff.).Wie die Supervision will sich die *Schuldnerberatung* als eigenständige Profession verstehen (Schwarze, 1998; Thomsen, 2008). Und neuerdings ist *Coaching* international dabei, sich als Profession zu etablieren und ihren Zuständigkeitsbereich im „life coaching" auszudehnen (Hawkins, 2008; Deutscher Bundesverband Coaching, 2010). *Beratung* in verschiedenster Form entledigt sich ihrer Bindung an Sozialarbeit.

Einzelne Handlungsfelder durchlaufen ihre eigene Entwicklung und bilden dabei eine je besondere Wissensbasis aus. Für die Klinische Sozialarbeit ist auf die daraus resultierende Eigenständigkeit als eine *Fachsozialarbeit* von mir bereits 1995 hingewiesen worden (Wendt, 1995). Sie durchläuft seitdem eine eigenständige Entwicklung und schließt mehrere Aufgabenbereiche unter dem Gesichtspunkt gesundheitlicher Wohlfahrt ein. – Ich habe bei einem Symposium der DGSA im Februar 2002 eine Reihe von Thesen zur Fachsozialarbeit vertreten und dabei neben der Klinischen Sozialarbeit den Bereich der Rehabilitation behinderter Menschen und das Sozialmanagement genannt (Wendt, 2003). Aus heutiger Sicht kommen zumindest die Schulsozialarbeit, die Schuldnerberatung, der Kinderschutz, die Arbeit mit Straffälligen und das Case Management hinzu. Diese Aufgliederung anerkennen heißt, eine *professionelle Einheit in Vielfalt* zu behaupten und dem Tendenz zur Ausgliederung Einhalt zu gebieten.

7. Soziale Arbeit im Wohlfahrtsmix

Zur Binnendifferenzierung kommt Konkurrenz von außen. Das berufliche Alleinstellungsmerkmal Sozialer Arbeit in der Fürsorge endete bereits in den 1980er Jahren, als auch andere Berufe sich humandienstlich breit aufzustellen begannen. Sie beteiligten sich an der sektorübergreifenden Neustrukturierung sozialer und gesundheitlicher Versorgung. Ein Stichwort für diesen Wandel ist „care in the community". Statt sich professionell und disziplinär in eigenen Institutionen abzugrenzen, wird von Diensten am Menschen eine partnerschaftliche Zusammenarbeit untereinander und mit informell Beteiligten und Betroffenen erwartet. Angestrebt wird eine „gemischte Wohlfahrt", an der verschiedene Leistungserbringer mitwirken und in die nicht zuletzt die Nutzer von Hilfen aktiv einbezogen werden.

Die berufliche Soziale Arbeit findet sich bezogen auf diesen Wohlfahrtsmix in einem Orientierungsrahmen wieder, in dem in kollektiven und partnerschaftlichen Aktivitäten sozial gearbeitet wird, ohne dass es sich um sozialprofessionelle Arbeit handeln muss. Vielmehr ist nach wirksamen Beiträgen und effizienter Ressourcennutzung zum Wohlergehen im individuellen und gemeinsamen Leben gefragt. Soziale Arbeit muss sich *sozialwirtschaftlich* im Leistungsgeschehen positionieren (vgl. Wendt, 2011). Dazu wird eine *manageriale* Kompetenz gebraucht. Sie bezieht sich einerseits auf den Betrieb in Einrichtungen und Diensten und andererseits auf die Wegleitung aus belastenden Lebenslagen und generell auf die Lebensführung von Menschen, die ihre Probleme bewältigen wollen.

Ideologische Einseitigkeit wie einst in der „Randgruppenstrategie" ist nicht länger gefragt. Die Profession kann ihre Identität und ihr berufliches Alleinstellungsmerkmal nicht aus ihrem Einsatz für Arme und Benachteiligte ableiten. Hans Thiersch hat für die lebensweltorientierte Soziale Arbeit konstatiert, sie sei

> „gefordert ebenso an den von Überforderung und Ausgrenzung bedrohten Rändern der Gesellschaft wie in normalen Belastungen heutiger schwieriger Normalität; sie gewinnt damit – der Sozialpädagogik ebenso wie der Sozialarbeit gegenüber, die in Problemen von Armut, Randständigkeit und vorenthaltener Partizipation engagiert waren – ein neues, erweitertes Profil; sie rückt in die Mitte der Gesellschaft." (Thiersch. 2002, S. 35)

Hier kann sie ihre Prozesskompetenz beweisen. Wir finden eine gleiche Einsicht im amerikanischen Diskurs, wenn auf einen allgemeinen Unterstützungsbedarf im modernen Leben verwiesen wird.

> „Thus, social work has not and, indeed, could not have survived as 'profession of the poor'. Its future must clearly rest on some other raison d'etre. This is, after all, what the profession of social work has clearly wanted: a professional identity that does not rest on a specific problem, or a category of people, but a 'method' or process of professional service applicable to the broad range of human experience." (Popple & Nelson Reid,1999, S. 27)

8. Neuverortung in *Care* und in sozialer Prozesskompetenz

Das Versorgungssystem, in dem Soziale Arbeit professionell wirkt, wandelt sich. Die Berufstätigkeit muss sich den veränderten Kontexten anpassen. Die umfassende Definition, welche sich die Profession global in der Formulierung durch die *International Association of Schools of Social Work* (IASSW) und die *International Federation of Social Workers* (IFSW) 2001 gegeben hat, ignoriert die Vielfalt der Rollen und Funktionen nicht, die von SozialarbeiterInnen wahrgenommen werden, sondern akzeptiert eine „diversity in practice“ ohne feste Grenzen (Dominelli, 2004, S. 12).

Die Vielfalt hat einen Rahmen auch unabhängig von der professionellen Eingrenzung. Das System der Sozialdienstleistungen strebt aus wirtschaftlichen und aus politischen Gründen nach einer Integration und Kooperation, die verschiedene berufliche Tätigkeiten wie auch freies Engagement und die Mitwirkung und Selbsthilfe betroffener Menschen einschließt. Dieser Zusammenführung von organisierter Versorgung und sorgendem Handeln kommt das Verständnis von *social care (work)* entgegen, das insbesondere in Großbritannien seinen Niederschlag in gesetzlichen Regelungen gefunden hat. Es bildet sich ein humandienstlicher Komplex aus, in dem professionelle Sozialarbeit sich eingeordnet in *social care* wiederfindet, worunter nun unabhängig von der spezifischen Beruflichkeit das personenbezogene helfende Handeln mitsamt dem Einsatz von Freiwilligen und von Betroffenen verstanden wird.

Care prägt sich in der informellen Sorgearbeit in breiter Zuständigkeit für individuelle und gemeinsame Lebensführung und Lebensbewältigung wie im System der öffentlichen Daseinsvorsorge und sozialen und gesundheitlichen Wohlfahrtspflege aus. An der Vielfalt der Aufgaben und der zu erfüllenden Funktionen ändert sich nichts für die Profession, aber sie kann sich mit ihrer Prozesskompetenz neu in einer Sorge verankern, die gleichermaßen personenbezogen und in gemeinschaftlicher Teilhabe begründet ist. Das Aufgabenfeld lässt sich wieder (wie in den Geburtsjahren der Profession) unter den Anspruch eines sozialen Werkes bringen, an dem eine Menge Akteure mitwirken, die beruflich und zivil unterschiedlich verortet sind. Wenn sie die Spannung in dieser Differenz aushält, kann die Profession der Sozialen Arbeit sich über sie erheben in dem ihr eigenen Werkverständnis, statt als nur eine unter anderen Bemühungen in Diensten am Menschen unkenntlich zu werden. Vorausgesetzt, die Profession beharrt darin nicht auf ein Alleinstellungsmerkmal ihrer Praxis, sondern hält sie offen für eine vielseitige Kooperation.

Literatur

Abramowitz, M. (1998): Social Work and Social Reform: An Arena of Struggle. In: Social Work, 43, 6, S. 512-526.

Baker, R. (1975): Toward Generic Social Work Practice – A review and some innovations. In: British Journal of Social Work, 5, 2, S. 193-215.

Bartlett, H. M. (1959): The Generic-Specific in Social Work Education and Practice. In: Kahn, A. J. (Hrsg.): Issues in American Social Work. New York: Columbia University Press, S. 159-167.

Bartlett, H. M. (1970): The Common Base of Social Work Practice. New York: National Association of Social Workers.

Bartlett, H. M. (1975): Grundlagen beruflicher Sozialarbeit. Integrative Elemente einer Handlungstheorie für Sozialarbeiter/Sozialpädagogen. Freiburg i. Br.: Lambertus.

Boulet, J. J./Kraus, E. J./Oelschlägel, D.(1980): Gemeinwesenarbeit als Arbeitsprinzip – eine Grundlegung. Bielefeld: AJZ.

Brainard, A. M. (2010): The Evolution of Public Health Nursing [1922].) Charleston/SC: Nabu Press.

Challis, D./Ferlie, E. (1988): The Myth of Generic Practice: Specialisation in Social Work. In: Journal of Social Policy, 17, 1, S. 1-22.

Deutscher Bundesverband Coaching e. V. (Hrsg.) (2010): Leitlinien und Empfehlungen für die Entwicklung von Coaching als Profession. 3. Aufl. Osnabrück: DBVC.

Dominelli, L. (2004): Social Work. Theory and Practice for a Changing Profession. Cambridge: Polity Press.

Flexner, A. (1915): Is Social Work a Profession ? In: Proceedings of the National Conference of Charities and Correction. Chicago: Hildmann, S. 576-590.

Fuller, R./Tulle-Winton, E. (1996): Specialism, Genericism and Others: Does It Make a Difference ? In: British Journal of Social Work, 26, 6, S. 679-698.

Goldstein, H. (1973): Social Work Practice. A Unitary Approach. Columbia/SC: University of South Carolina Press.

Harris, J. (2008): State Social Work: Constructing the Present from Moments in the Past. In: British Journal of Social Work, 38, 4, S. 662-679.

Hawkins, P. (2008): The Coaching Profession: Some of the Key Challenges. In: Coaching. An International Journal of Theory, Research and Practice, 1, 1, S. 28-38.

Haynes, K. S. (1998): The One Hundred-Year Debate: Social Reform versus Individual Treatment. In: Social Work, 43, 6, S. 501-509.

Kelsey, A. (2000): The Making of Health Visitors. An Historical Perspective Part 1. In: International History of Nursing Journal, 5, 3, S. 44-50.

Kühl, S. (2006): Die Supervision auf dem Weg zur Profession ? Professionalisierung im Spannungsfeld zwischen Expansionsbestrebung und Selbstbescheidung. In: OSC Organisationsberatung, Supervision, Coaching, 13, 1, S. 5-18.

Lee, P. R. (1930): Social Work as Cause and Function. In: Social Work: Cause and Function. Proceedings of the 56th National Conference on Social Work. San Francisco 1929. Chicago: University of Chicago Press, S. 3-20.

Leighninger, L. (1980): The Generalist-Specialist Debate in Social Work. In: Social Service Review, 54, 1, S. 1-12.

Levine, M./Levine, A. (1970): A Social History of Helping Services: Clinic, Court, School and Community. New York: Appleton Century Crofts.

Mandell, N. (2002): The Corporation as Family. The Gendering of Corporate Welfare, 1890-1930. Chapel Hill, NC: University of North Carolina Press.

Miley, K. K./O'Melia, M./DuBois, B. (1998): Generalist Social Work Practice. An Empowering Approach. Boston: Allyn & Bacon.

Oppenheimer, J.J. (1924): The Visiting Teacher Movement with Special Reference to Administrative Relationships. New York: Public Education Association.

Popple, P./Nelson Reid, P. (1999): A Profession for the Poor ? A History of Social Work in the United States. In: Lowe, G. R./Nelson Reid, P (Hrsg.): The Professionalization of Poverty. Social Work and the Poor in the Twentieth Century. New York: Aldine de Gruyter, S. 9-28.

Reinicke, P. (1998): Soziale Krankenhausfürsorge in Deutschland. Von den Anfängen bis zum Ende des Zweiten Weltkriegs. Opladen: Leske + Budrich.

Richmond, M.E. (1917): Social Diagnosis. New York: Russell Sage.

Rosen, G. (1977): Was ist Sozialmedizin? Analyse der Entstehung einer Idee. (1947) In: Lesky, E. (Hrsg.): Sozialmedizin. Entwicklung und Selbstverständnis. Darmstadt: Wissenschaftliche Buchgesellschaft, S. 283-354.

Salomon, Alice (1997): Ausgewählte Schriften, Band 1. Neuwied: Luchterhand.

Salomon, Alice (2000): Der Beruf der Fabrikpflegerin (1917). In: Salomon, Alice: Ausgewählte Schriften, Band 2. Neuwied: Luchterhand. S. 480-483

Schwarze, U. (1998): Schuldnerberatung – Profession zwischen Armenfürsorge und Insolvenzmanagement. In: Archiv für Wissenschaft und Praxis der sozialen Arbeit, 1/1998, S. 32-52.

Specht, H./Courtney, M. (1994): Unfaithful Angels. How Social Work Has Abandoned Its Mission. New York: Free Press.

Stoesz, D. (1997): The End of Social Work. In: Reisch, M./Gambrill, E. (Hrsg.): Social Work in the 21st Century. Thousand Oaks, CA: Sage, S. 368-374.

Stoll, B. (2001): Betriebliche Sozialarbeit. Aufgaben, Bedeutung, praktische Umsetzung. Regensburg: Walhalla.

Thiersch, H. (2002): Positionsbestimmungen Sozialer Arbeit. Gesellschaftspolitik, Theorie und Ausbildung. Weinheim: Juventa.

Thomsen, M. (2008): Professionalität in der Schuldnerberatung. Handlungstypen im Vergleich. Wiesbaden: VS Verlag für Sozialwissenschaften.

Tice, K. W. (1998): Tales of Wayward Girls and Immoral Women. Case Records and the Professionalization of Social Work. Urbana: University of Illinois Press.

Vanstone, M. (2008): The International Origins and Initial Development of Probation. In: British Journal of Criminology, 48, 6, S. 735-755.

Ward, J. (2006): Three Decades of Social Work in France. In: Social Work & Society, 4, 2, S. 256-268.

Wendt, W. R. (1995): Klinische Sozialarbeit braucht ein Profil. In: Blätter der Wohlfahrtspflege, 142, 10, S. 256-257.

Wendt, W.R. (2003): Fachsozialarbeit als notwendige professionelle Spezialisierung. Auffächerung beruflicher Tätigkeit und Ganzheitlichkeit Sozialer Arbeit. In: Blätter der Wohlfahrtspflege, 150, 4, S. 124-128.

Wendt, W.R. (2008): Geschichte der Sozialen Arbeit. (Bd. 1 u. 2). 5. Aufl. Stuttgart: Lucius & Lucius.

Wendt, W. R. (Hrsg.) (2011): Sozialwirtschaftliche Leistungen. Versorgungsgestaltung und Produktivität. Augsburg: Ziel.

Vielfalt in der Einheit

Hochschulische Bildung zwischen Spezialisierung und Generalisierung. Überlegungen zur Qualifikationsbeschreibung in der Sozialen Arbeit

Ulrich Bartosch

Der Teil und das Ganze

Das Verhältnis von Teil und Ganzem steht für eine Grundsituation von wissenschaftlichen Disziplinen. Was einerseits die Gesamtheit ausmacht, was andererseits sich ‚nur' als Anteil verstehen darf und was gar nicht dazu gehören darf, ist nicht marginal und nicht einfach zu bestimmen, da es vielfach von Entscheidungen für oder wider einzelne, konkurrierende fachliche Positionen abhängig ist (vgl. Pollak, 2001; 2002; 2003).

Unterschiedliche Vorgehensweisen können für den Weg der Disziplinbestimmung vorgenommen werden. Sie werden grundsätzlich zwei Fragen berühren: Was macht den unbestreitbaren Kern der Disziplin aus und was kennzeichnet die disziplinäre Grenze negativ. Letzteres meint: Wodurch ist erkennbar, dass eine gegebene Fachlichkeit nicht zur Disziplin gehört. Die einfachste Bestimmung wird wohl durch eine einwandfreie (Selbst-)Zuordnung zu einer anderen Disziplin geleistet. Oder es herrscht das Ausschlussverfahren: Was zurückbleibt, also nicht an anderer Stelle zugeordnet werden kann, gehört dann zu einem selbst. Eine andere Möglichkeit bestehen darin, einen gemeinsamen Untersuchungsgegenstand auszumachen, auf den hin die wissenschaftlichen Fragen ausgerichtet werden können. Oder es ist auch eine professionelle Perspektive denkbar, die durch die spätere Zuweisung von Zugehörigkeit zu einer Profession die Disziplin als Ausbildung formiert. Für die Soziale Arbeit ist der Prozess der Disziplinbildung unabgeschlossen und vielleicht konstitutiv unabschließbar. Darüber soll auch mit dem vorliegenden Text nicht entschieden werden. Vielmehr geht es im Folgenden um die Diskussion eines Werkzeuges, das für den Fachbereichstag Soziale Arbeit entwickelt wurde und das die Frage des Verhältnisses von Teil und Ganzem mit pragmatischer Absicht behandelt.

Der Qualifikationsrahmen Soziale Arbeit (QR SArb) ist eine Grenzbestimmung für jene Fähigkeitsprofile, die AbsolventInnen von Studiengängen der Sozialen Arbeit auf verschiedenen akademischen Level auszeichnet (Bartosch et al., 2010). Wie sich dies mit Blick auf unterschiedliche Spezialisierungen innerhalb der Sozialen Arbeit verhält, wird jetzt zu behandeln sein. Dabei soll die Funktionalität des QR SArb insbesondere bezüglich einer aktuellen hochschulpolitischen Entwicklung herausgearbeitet werden, die sich als Ausbreitung beruflicher Bildungsaufgaben im Aufgabenspektrum von Hochschulen bemerkbar macht (Bartosch, 2010a). Es geht dabei ebenfalls um das Thema „Teil und Ganzes“. Allerdings ist dann die Grenzziehung zwischen beruflicher Ausbildung und hochschulischer Bildung angesprochen. In dieser Frage, was hochschulische Bildung ausmacht, könnte der QR SArb hilfreich genutzt werden. Im Hintergrund steht ein kompetenztheoretischer Bildungsbegriff, der abschließend skizziert wird.

Der Qualifikationsrahmen Soziale Arbeit: Entscheidung für ein wissenschaftliches Profil

Der QR SArb ist ein Bologna-Tool, das grundsätzlich geeignet wäre, die wissenschaftliche Position und Autonomie der Sozialen Arbeit zu stärken.[1] Er stellt für die hochschulischen Abschlusslevel BA, MA und PhD Qualifikationsprofile zur Verfügung, die zwischen den Fachbereichen Soziale Arbeit abgestimmt wurden. Damit hatte die Soziale Arbeit als erste bundesdeutsche hochschulische Disziplin – in freier Vereinbarung – das Rahmenwerk des europäischen Hochschulraumes und den Rahmen für das bundesdeutsche Hochschulwesen konstruktiv den eigenen fachlichen Bedürfnissen angepasst, kompatibel – aber eigenständig – umgesetzt und als bundesweite Vereinbarung etabliert. Zugleich ist damit eine Basis für die Weiterentwicklung von Studienprogrammen geschaffen, die sich in Lernergebnissen ausdrücken und damit kompetenzorientiert angelegt sind.

Der Qualifikationsrahmen wäre prinzipiell ein Argument dafür, dass die wissenschaftliche Ausbildung für eine „Wissenschaft Soziale Arbeit“ selbstverständlich in allen hochschulischen Studientypen zentral berücksichtigt werden muss. Ein wesentliches Merkmal des QR SArb ist, dass er das hochschulische Studium, von Beginn des BA an, als wissenschaftliche Ausbildung festlegt.

Ein wissenschaftliches Qualifikationsprofil zeichnet sich konstitutiv aus durch

- die Befähigung, neues, wissenschaftliches Wissen durch Einsatz wissenschaftlicher Methoden zu generieren,
- die unbedingte kritische Reflexion, Überprüfung und Wertung bestehender wissenschaftlicher Wissensbestände,
- die notwendige Unterscheidung von wissenschaftlichem Wissen und anderen Wissensbeständen,
- die selbstverständliche Lauterkeit und Öffentlichkeit in der wissenschaftlichen Kommunikation.

1 Der folgende Absatz ist eine leicht überarbeitete Fassung aus Bartosch, 2010b, S. 184-197.

Für den wissenschaftlichen Qualifikations- und Bildungsweg leiten sich daraus positive Beschreibungen ab:

Ein wissenschaftliches Qualifikationsprofil wird durch Lehr- und Lernprozesse gewonnen, die eine Befähigung zur und Beteiligung an der Erzeugung wissenschaftlichen Wissens durch Einsatz wissenschaftlicher Methoden und die gleichzeitige kritische Reflexion, Überprüfung und Wertung von wissenschaftlichen Wissensbeständen zwingend ermöglicht.

Man könnte die erste Beschreibung auch für „wissenschaftliche Kompetenz" und die zweite Beschreibung für „wissenschaftliches Studium" verwenden. Es bleibt aber Vorsicht gegenüber dem Kompetenzbegriff geboten, was unten noch weitergehend verhandelt wird.

Aus dem Gesagten ergeben sich konkrete Forderungen: Die Studierenden werden „vom ersten Tag an *für den kritischen Umgang mit* und *die Erzeugung von wissenschaftlichem Wissen mit wissenschaftlichen Methoden* ausgebildet. Dies setzt voraus, dass die Erzeugung von wissenschaftlichem Wissen durch wissenschaftliche Methoden am Ausbildungsstandort stattfindet *und Lehre sowie Lernen mit dieser Wissenserzeugung direkt verbunden sind.* Das Studium der Sozialen Arbeit unterscheidet sich damit fundamental und *nicht nur graduell* von einer beruflichen oder schulischen Ausbildung. Und das Qualifikationsprofil, das durch ein entsprechendes Studium der Sozialen Arbeit erworben wird, unterscheidet sich ebenso grundsätzlich von dem einer beruflichen oder schulischen Ausbildung. Es zeichnet sich durch die Befähigung zur wissenschaftlichen Analyse und Vorgehensweise aus. Die angewandte Soziale Arbeit – d.h. die Praxis – wird demnach nicht nur durch die Verwendung von aktuellem wissenschaftlichem Wissen bereichert, sondern ist selbst auch der Bereich angewandten wissenschaftlichen Arbeitens. Nimmt man sich an dieser Stelle beim Wort, bedeutet dies, dass wir unsere Arbeitsplätze in der Sozialen Arbeit nicht anders charakterisieren als die der Schule, der Psychologie oder des Rechtswesens oder gar der Medizin. *Die Soziale Arbeit ist dann eine Profession, deren VertreterInnen selbstverständlich über ein wissenschaftliches Qualifikationsprofil verfügen müssen, da ihre beruflichen Anforderungen nicht weniger komplex, anspruchsvoll und wechselhaft sind und nicht weniger auf wissenschaftlichem Wissen und wissenschaftlicher Analyse basieren, als die der erwähnten Disziplinen.* In diesem Sinne bildet der QR SArb also die Abschlüsse BA, MA und Dr. auf die Wissenschaft Soziale Arbeit ab und illustriert damit den formalen Gleichstand der Sozialen Arbeit im Konzert des wissenschaftlichen Studierens (zumindest bis MA-Niveau). Das hat vor Bologna noch ganz anders ausgesehen und sollte – wenn es nach einigen Ministerien gegangen wäre – in manchen Bundesländern auch prinzipiell gar nicht anders werden. Doch grundsätzlich können heute alle Studienstandorte die Ebenen BA und MA auch als generalistisches Studienmodell anbieten.

Das Allgemeine

Wie wird das Verhältnis von Speziellem zum Allgemeinen in einem QR und besonders im QR SArb abgebildet? Ein QR ist keine inhaltliche Festlegung von Wissensbeständen oder Auflistung von Methoden oder Techniken. Er trifft auch keine Entscheidungen über Gültigkeit fachlicher Blickwinkel oder zwischen widerstreitenden Schulen. Somit ist er von Kernkurrikula oder Lehrbüchern ebenso zu unterscheiden wie von Mission Statements oder Codes of Ethics. Vielmehr ist ein QR mit einer Glasscheibe zu vergleichen, auf die von der einen Seite Qualifikationsversprechen projiziert werden, die von der anderen Seite als Qualifikationsanforderungen gelesen werden und vice versa. Als Ausdrucksweise wird eine beschreibende Sprache verwendet, die anzeigen soll, was jemand erfolgreich zu tun in der Lage ist (oder sein sollte); man spricht hier von ‚Deskriptoren'. Im Ergebnis kann das auch bedeuten, dass zu dieser allgemeinen Befähigung auch definierte Wissensbestände oder festgelegte Methoden u.v.m. als Voraussetzung gerechnet werden können, wenn sie denn unbedingte Voraussetzung für die beschriebene Befähigung sein müssen. Andernfalls können sie *eine der möglichen* Begründungen bzw. Fundamente für die Befähigung darstellen.

Für QR sind zwischenzeitlich verschiedene Modelle geläufig. So können sie als Kategorientafeln für Kompetenzbestimmungen konstruiert sein. Auch als handlungsorientierte Prozessmodelle sind sie vorstellbar oder als Mischformen, die auch auf die Verortung und Zeitdauer der Lernwege rekurriert. Sie unterscheiden sich darüber hinaus auch durch den Anspruch ihrer Reichweite. Im europäischen Raum sind vor allem die hochschulischen Rahmen von den Rahmenwerken zum Lebenslangen Lernen zu unterscheiden. Außerdem etablieren sich Rahmen für die berufliche und schulische Bildung. Die hochschulischen Rahmen sind als ineinander verschachtelte Gruppe aufgebaut. Sie sind mit einer ‚Russischen Puppe' vergleichbar. Ihre Gemeinsamkeit ist dabei – implizit – dass sie die Beschreibung selbstverständlich auf hochschulisches Lehren und Lernen beziehen. Sie beschreiben also, was hochschulisch erworbene Qualifikationsprofile intern voneinander unterscheidet und was sie verbindet. Allerdings beantworten sie nicht oder kaum, was hochschulische Qualifikationsprofile von anderen, nicht hochschulischen Profilen trennt. Dieser systematische Webfehler der hochschulischen QR bleibt folgenlos, solange die unterschiedlichen Größenversionen der gleichen Puppe ineinander gesteckt werden. Sollen aber unterschiedliche Qualifikationen verglichen und verbunden werden, stellt sich dies als Defizit heraus. Um dieses Problem zu präzisieren, muss man sich die Genealogie der hochschulischen QR vergegenwärtigen.

Grundsätzlich ist die Entwicklung in diesem Bereich bis auf den heutigen Tag anachronistisch und asynchron. Während einige – vor allem angloamerikanische – Länder bereits mit QR umgegangen sind, waren andere völlig unberührt von einer kompetenzorientierten Beschreibung. Mit der Absicht, den europäischen Hochschulraum durch gemeinsame Regeln und Strukturen zu ‚harmonisieren', war daher notgedrungen die Aufgabe verbunden, die unterschiedlichsten Abschlüsse, Studienstrukturen und Bewertungsformen miteinander vergleichbar und ineinander übersetzbar zu machen. Durch zwei Vorstöße wurde dies in Angriff genommen: a) Die zeitlichen Aufwände von Studierenden sollten über ein European Credit Transfer System (ECTS) verrechenbar werden und damit zur Anerkennung bei Ortswechseln kommen; b) Die Wertigkeit der Abschlüsse sollte über eine Einordnung in eine gemeinsame Matrix vergleichbar werden und damit ebenfalls zur gegenseitigen Anerkennung kommen. Hierzu wurden positiven Zuschreibungen für die unterschiedlichen Level nötig. Die Dublin Descriptors sollten dies leisten.[2]

Eine Erweiterung des Vorhabens der Harmonisierung und zugleich eine Verbindung der beiden genannten Ansätze stellt der European Qualifications Framework for the European Higher Education Area (QF_EHEA) dar (Ministry of Science, Technology and Innovation, 2005). Er versammelt Deskriptoren für die Akademischen Level BA, MA und PhD, die mit einem Korridor für die Kreditvergabe versehen sind. Zu gleicher Zeit entstand der Qualifikationsrahmen Deutscher Hochschulabschlüsse (QR_DH), der auf die Arbeiten am QF_EHEA Bezug nimmt (HRK, 2007).[3]

Das Spezielle

Mit dem europäischen und dem deutschen Hochschulrahmen waren also allgemeine Grenzziehungen für das Ganze der Hochschulbildung vorgenommen. Wie aber könnte von dieser Abstraktionsebene aus die Kluft bis zu einem konkreten Studienprogramm überbrückt werden? Dies sollte durch disziplinäre, fachliche Rahmen ermöglicht werden, die als Sektorale Qualifikationsrahmen die Systematik des Ganzen in seine Teilbereiche spiegeln. Es liegt demnach in der ‚Natur' der Sektoralen QR, dass sie generalistische Aussagen bezüglich der disziplinären Qualifikationen machen, hinsichtlich der akademischen Qualifikationen aber hinreichend spezialistisch formuliert werden müssen, sollen sie nicht einfach nur das Ganze der Academia repräsentieren, sondern eben einen spezifischen, disziplinären Teil.

---

2 Shared 'Dublin' descriptors for Short Cycle, First Cycle, Second Cycle and Third Cycle Awards. A report from a Joint Quality Initiative informal group (contributors to the document are provided in the Annex), 18 October 2004.

3 Qualifikationsrahmen für deutsche Hochschulabschlüsse (BMBF, KMK, HRK 2005), in: HRK (Hrsg.): Bologna Reader II. Neue Texte und Hilfestellungen zur Umsetzung der Ziele des Bologna-Prozesses an deutschen Hochschulen. Bonn, 2007, S. 239-250.

Für die Soziale Arbeit war diese Aufgabenstellung mit vielfachen eigentümlichen Herausforderungen verbunden, an die hier nur erinnert werden soll: Erstens war eine Differenzierung in BA- und MA-Ebene in der bisherigen Studiensystematik nicht vorgesehen; zweitens lag und liegt eine hinreichende Einigung über die Konstitution der Disziplin nicht vor; drittens bietet die Profession keine etablierten Orientierungspunkte für eine Level-Bestimmung auf BA- und MA-Ebene; viertens ist eine PhD-Ebene nur schwer formulierbar, wenn die Zugänge zum Promotionsrecht innerhalb der Disziplin sehr schmal sind (und zudem aus Nachbardisziplinen entlehnt werden); fünftens war (und ist) die Formulierung von kompetenzorientierten Lehr-/Lernprozessen nicht geläufig.

Es gab allerdings bereits umfassende Veränderungen in der Studienorganisation. So war die Modularisierung vorangeschritten.[4] Spezialisierende Master-Programme waren etabliert und die Zielgröße „Employability" war für die Programmreformen eingesetzt worden. Ein Vorschlag, nunmehr die vorgenommenen Änderungen durch ein neues Instrument, den QR, nochmals über den Haufen zu werfen, konnte wenig Begeisterung hervorrufen. So war eine sechste Herausforderung, die bereits gemachten Reformschritte konstruktiv einzubauen. Gerade die beiden zuletzt genannten Punkte bedeuten bis heute eine nachhaltige Bremswirkung für die Reform insgesamt und fundieren z.T. auch die Abgrenzungsschwierigkeiten zwischen beruflicher und hochschulischer Bildung.

Systematisch gesehen stehen die Sachverhalte der Punkte 5 und 6 im Zentrum der Bologna-Logik. Sie hätten daher eigentlich vor den Arbeitsschritten der Modularisierung etc. vorgenommen werden müssen. Ein Qualifikationsrahmen ist, wie oben beschrieben, die allgemeine Beschreibung einer zugehörigen Gruppe von transdisziplinären (Hochschulebene), disziplinären (z.B. QR SArb) und ggf. spezifisch disziplinären Qualifikationsprofilen (z.B. Q-Profil Sozialmanagement, Q-Profil Schulsozialarbeit).[5] In der höheren Hierarchieebene stellt er jeweils das Allgemeine der darunterliegenden Speziellen Formulierungen dar. Die Bestimmung des Allgemeinen kann so gesehen eine disziplinierende Wirkung entfalten.

Wie verhält sich nun der QR SArb hinsichtlich der Frage von Spezialisierung und Generalisierung? Der QR SArb folgt zunächst der Logik einer Sozialen Arbeit, die sich als Diplom-FH in einer breiten hochschulischen Ausbildung organisiert hatte und dabei sehr wohl inhaltliche Spezialisierungen zuließ, ohne damit eine gemeinsame Qualifikationsbasis aufzukündigen. In der Diskussion zur Formulierung war die generalisierende, grundständige Studienanlage und das damit verbundene, anzustrebende Profil unangefochtener Konsens. Der QR SArb steht somit grundsätzlich als ‚Bollwerk' gegen

---

4 Zu den Modulüberlegungen des FBTS siehe: http://www.fbts.de/dokumente.html.

5 Siehe: http://www.fbts.de/dokumente.html.

eine Zersplitterung der Sozialen Arbeit in viele Spezialqualifikationen. Allerdings hat diese Funktion des QR systematische Schwächen. Als Konsenspapier ist der QR SArb (und jeder QR) von der gemeinsamen Lesart abhängig. Die Idee dabei war und ist, das Gemeinsame in der Form von Befähigungen auszudrücken, die jedem sozialarbeiterischen Qualifikationsprofil zu eigen ist, ohne die internen Differenzierungen zwischen unterschiedlichsten Professionsfeldern einzuschränken. Die Spanne der Sozialen Arbeit ist sehr breit, und es liegen ‚Welten' zwischen z.B. dem Sozialarbeiter in der Personalabteilung eines Industrieunternehmens und einem Streetworker. Auch die Anforderungen der klinischen Sozialarbeit lassen sich nicht ohne weiteres im professionellen Setting von Sozialmanagern wiederfinden. Gleichwohl waren und sind alle diese – und weitere professionelle Bereiche – von einem generalistischen Sozialarbeitsstudium aus erreichbar. Dies gilt zumindest seit der Zusammenlegung der Fachbereiche Sozialarbeit und Sozialpädagogik und schließt interne Spezialisierungen nicht aus, im Gegenteil, es fordert diese heraus. Der QR SArb hat die Gemeinsamkeiten aller Differenzierungen vom Selbstverständnis als wissenschaftliche Disziplin abgeleitet. Über alle Anforderungen sozialarbeiterischer Praxis hinweg zeichnet sich das Q-Profil Soziale Arbeit – auf drei verschiedenen akademischen Levels – durch eine komplexe Befähigung zur wissenschaftlichen Behandlung allgemeiner und spezifischer Aufgabenstellungen der Sozialen Arbeit aus. Wissenschaftliche Soziale Arbeit nutzt also wissenschaftliche Methoden zur Bestimmung, Erhellung und Erledigung dieser Aufgabenstellungen. Auch die vielzitierte Zielgröße „Employability" wird im QR SArb als Befähigung zur Einmündung in einen Arbeitsmarkt auf der Grundlage eines wissenschaftlichen Q-Profils angesteuert. Den großen Rahmen bietet also das wissenschaftliche, disziplinäre Selbstverständnis. Von hier aus werden Spezialisierungen der Praxis vorbereitet und verortet.

Eine gegensätzliche Orientierung ist aber denkbar und wurde ebenfalls – gleichsam konkurrierend – etabliert. Danach hätte sich die Soziale Arbeit eher an der Einteilung professioneller Arbeitsfelder auszurichten. Employability wird hierbei nicht so sehr als wissenschaftliche Befähigung, sondern als Basis zur erfolgreichen Eingliederung in den Arbeitsmarkt, gemäß dessen aktuellen Bedürfnissen, verstanden (vgl. die DBSH-Schrift von Maus et al., 2008). Wissenschaftliche Ausbildung muss sich dann am Kriterium der Nützlichkeit messen lassen. Zweifellos hatte die Soziale Arbeit durch die Einrichtung weiterbildender Masterstudiengänge z.B. für Sozialmanagement – deutlich vor der Entwicklung von Qualifikationsrahmen – die neuen Chancen der Bologna-Systematik sehr erfolgreich für sich genutzt. Ebenfalls auf der Basis einer ausgeprägten Fähigkeit und Bereitschaft der Fachbereiche Soziale Arbeit, sich an den Anforderungen der Praxis auszurichten, entstanden die politisch und gesellschaftlich nachgefragten Studiengänge für frühkindliche Bildung zunächst und vor allem innerhalb ihrer Reihen. Und bis heute hält die

Diskussion um spezialisierende BA-Studiengänge an, die sich – ungeachtet des Bekenntnisses des FBTS zu generalistischen Bachelor-Abschlüssen – in entsprechenden Angeboten ausdrückt. Auch in der leidenschaftlichen Diskussion um die Rahmenbedingungen zur Erteilung der Staatlichen Anerkennung sprachen sich vielfach Vertreter für eine starke Betonung der Praxisanforderungen aus, die der breit angelegten Konsenslösung des FBTS heftigen Widerstand angesagt haben (siehe Bartosch, 2010c zur Diskussion in Hessen und allgemein zur Entwicklung der staatlichen Anerkennung Speth & Bartosch, 2007) Allen diesen Zugängen ist gemeinsam, dass sie die Entwicklung einer (sozialarbeits)wissenschaftlichen Befähigung *nicht systematisch* als allgemeine, disziplinäre, verbindende zentrale Aufgabe für und Erwartung an Bachelor-Profile in den Mittelpunkt stellen. Eher wird die wissenschaftliche Ausbildung als Ergänzung zur Praxisvorbereitung berücksichtigt. Bei der Entwicklung der frühpädagogischen Studiengänge schien diese Vorstellung einer wissenschaftlich fundierten Berufsausbildung lange Zeit eine besonders relevante Stellung einzunehmen. Eine allgemeine Folge dieser Ausrichtung ist, dass die Chance einer gemeinsamen wissenschaftlichen Disziplinbildung für die Soziale Arbeit nicht genutzt wird. Verbindender Focus bleibt bzw. wird die Profession. Und die professionelle Zuständigkeitsverteilung spiegelt sich in der hochschulischen Organisation. So entstehen keine internen Differenzierungen einer Disziplin, sondern gegeneinander abgegrenzte professionsorientierte Disziplinen. Was mit den Pflegewissenschaften, der Heilpädagogik und bei der Physiotherapie vorgenommen wurde – eine scharfe Abgrenzung –, vollzieht sich wahrscheinlich auch im Feld der frühkindlichen Bildung. Es ist interessant, dass zeitgleich von spezialisierten Feldern aus das Gemeinsame dann wieder entdeckt und gestärkt werden soll, wie das bei den Gesundheitswissenschaften zu beobachten ist. Dass die allenthalben vorgenommenen Arbeiten an sektoralen Qualifikationsrahmen nicht zur Stärkung des Gemeinsamen genutzt werden, sondern wiederum als Chance zur gegenseitigen Abgrenzung gesehen werden, ist ‚taktisch' verstehbar, aber wissenschaftspolitisch bedauerlich (siehe dazu Mergner, 2009, S. 12). Letzteres gilt vor allem deshalb, weil die Differenzierung professionsorientiert geschieht, employability also an den Anforderungen der Praxis gemessen wird und damit die eigentlich nötige Unterscheidbarkeit von beruflicher Ausbildung und wissenschaftlichem Studium nicht verbessert wird.

Abschließend soll deshalb erörtert werden, welche Chance in einer gemeinsamen Positionsbestimmung liegen könnte. Dazu müssen die Begriffe Lernergebnis und Kompetenz bestimmt und die Idee eines kompetenzorientierten Bildungsbegriffs präzisiert werden. Damit wird gleichzeitig der Hintergrund des QR SArb beleuchtet.

Auf dem Weg zu einem kompetenztheoretischen Bildungsbegriff

Zu Beginn des dritten Abschnitts wurde bereits die Stellung eines QR zwischen spezieller und allgemeiner Beschreibung diskutiert. Grundsätzlich ist zu sagen, dass ein QR kompetenzorientiert formuliert wird und dass für den QR SArb in Anspruch genommen werden soll, dass das darin enthaltene Kompetenzprofil wissenschaftlichen Charakter haben soll. Das bedeutet, dass die Kompetenzen sich vorwiegend als Ergebnis wissenschaftlicher Befähigung konstituieren. Im Gegensatz zum QR_DH und zum DQR versucht der QR SArb eine Beschränkung seiner Beschreibung auf die Performanz von Kompetenz. Dies bedeutet, dass die Kompetenztafeln der anderen Rahmenwerke, z.B. auch des DQR, nicht direkt abgebildet werden. Die Zuordnung der Deskriptoren ist zwar möglich und wurde während der Erarbeitung auch geprüft, allerdings steht ein explizites ‚Matching' für die Schlussfassungen von EQR und DQR noch aus. Der QR SArb sortiert die formulierten Lernergebnisse in der Ordnung eines Prozessmodells von professionellem Handeln. Die insgesamt abgebildete Handlungskompetenz wird über die zentrale Kategorie „Recherche und Forschung" umfassend als wissenschaftliches Qualifikationsprofil charakterisiert. Die Beschränkung auf die Performanzebene erlaubt eine Beschreibung in Lernergebnissen (DAAD, 2008). Sie werden als beobachtbare und prüfbare, komplexe Befähigungen aufgefasst, die als Folge des Lernens in einem arrangierten Lernprozesses angenommen werden. Es wurde im dritten Abschnitt bereits erwähnt, dass die Inhalte und auch die Methoden des Lernens auf diesem Weg nicht festgelegt sind. Aber – und dies ist entscheidend – die Ergebnisse sind in jedem Fall als wissenschaftliche Befähigung definiert. Es geht also um ein wissenschaftliches Kompetenzprofil.

Zur Bestimmung von Kompetenz wird das „Referenzzitat" (Klieme, 2004) von Weinert herangezogen. Nach Weinert sind Kompetenzen „die bei Individuen verfügbaren oder durch sie erlernbaren kognitiven Fähigkeiten und Fertigkeiten, um bestimmte Probleme zu lösen, sowie die damit verbundenen motivationalen, volitionalen … und sozialen Bereitschaften und Fähigkeiten, um die Problemlösungen in variablen Situationen erfolgreich und verantwortungsvoll nutzen zu können"(Klieme, 2004; Weinert 2001). Mit der Zielgröße „Kompetenz" ist für die Organisation von Lehr- und Lehrprozessen eine grundsätzliche Änderung zu einem „lernerzentrierten Ansatz" verbunden, der outputorientiert gestaltet wird. Einem wissenschaftlichen Lernprozess kommt dies aber eigentlich entgegen. Es entlastet die Lehrprogramme von der Idee, verbindliche Wissensbestände weiterzugeben, und erlaubt es, den Focus auf die Befähigung zum Umgang mit Unbekanntem zu richten. Dies lässt sich durch eine variierte Definition noch besser fassen: *Kompetenzen seien Befähigungen genannt, zu einem späteren konkreten, jetzt aber un-*

bekannten Zeitpunkt, unter dann konkreten, jetzt aber nur allgemein beschreibbaren Bedingungen, eine dann konkrete, jetzt weitgehend unbekannte Aufgabenstellung, durch planvolles, zielgerichtetes Denken und Handeln erfolgreich zu meistern (Bartosch, 2010d). Hierin drückt sich die Differenz zwischen erfahrungsgeleitetem Lernen, das sich am konkreten Ereignis beispielhaft für andere Situationen entfaltet und einem wissenschaftlichen Herangehen, das die allgemeine Befähigung zur Wissenserschließung und -bewertung zum Zwecke späterer konkreter Lösungsmöglichkeiten aufbaut. Mit Rückgriff auf Pollak kann dies mit einem kompetenztheoretischen Bildungsbegriff verbunden werden (Pollak, 2000). Danach ist „Bildung als Kompetenz zum Umgang mit Unsicherheit" auszudrücken. Vor dem Hintergrund einer komplexen Anforderung in der ‚Risikogesellschaft' und vielfachen anderen Grundgestalten sozialer Organisation (Freizeitgesellschaft, Multikulti-Gesellschaft, Konsumgesellschaft u.v.m.) muss Bildung als Vermittlungs- und Aneignungsprozess von Befähigungen verstanden werden, mit einer konstitutiv unsicheren Ausgangslage ständig neu erfolgreich umzugehen. Weil die tatsächlichen Anforderungen unbestimmt und unbestimmbar sind, kann Bildung sich nur als angelegte, potenzielle Möglichkeit zu erfolgreichem, tatsächlichem Handeln entwickeln.

Nimmt man ein solches Verständnis von Bildung ernst und wendet es in besonderer Weise auf wissenschaftliche Bildung an, dann wird eine generalistische Grundbildung den Vorzug vor der Spezialisierung erhalten. Für die Soziale Arbeit könnte dies bedeuten: Die wissenschaftliche Bildung ist der Bezugspunkt auch der praktischen Ausbildungsanteile und damit die Orientierung von Employability. Die wissenschaftliche Disziplinbildung ist deshalb die zentrale Aufgabe, da sie den Bezugspunkt für wissenschaftliche Bildung *und* für die unterschiedlichen Praxisfelder als spezifische angewandte Wissenschaft der Sozialen Arbeit erst herstellt. Sie stellt die Generalisierung, innerhalb der dann *wissenschaftliche* Spezialisierung stattfinden kann. Dann aber ist eine Differenzierung zwischen beruflicher und hochschulischer Bildung erst möglich. Der QR SArb wollte zu diesem Projekt einen Beitrag leisten.

Literatur

Bartosch, U. (2010a): Die Europäisierung der Hochschullandschaft und die Einführung von Qualifikationsrahmen. In: Erziehungswissenschaft. Mitteilungen der Deutschen Gesellschaft für Erziehungswissenschaft (DGfE), Jg. 21, H. 41, S. 73-91.

Bartosch, U. (2010b): Warum und zu welchem Ende betreiben wir einen Fachbereichstag Soziale Arbeit? Versuch einer Selbstbestimmung. In: Wilken, U./Thole,

W. (Hrsg.): Kulturen Sozialer Arbeit. Profession und Disziplin im gesellschaftlichen Wandel, Wiesbaden: VS Verlag für Sozialwissenschaften, S. 184-197.

Bartosch, U. (2010c): Schriftliche Stellungnahme an den Hessischen Landtag zum Gesetzentwurf der Landesregierung für ein Gesetz über die staatliche Anerkennung von Sozialarbeiterinnen und -arbeitern, Sozialpädagoginnen und –pädagogen sowie Heilpädagoginnen und -pädagogen/Eilausfertigung vom 15.06.2010, 30. September 2010, MS, S. 8. (http://www.hessischer-landtag.de/icc/Internet/med/ce1/ce12b1dc-aca0-b21e-3fc6-d62184e37345,11111111-1111-1111-1111-111111111111.pdf)

Bartosch, U. (2010d): Fachliche Qualifikationsrahmen, Beispielhafte Funktions- und Nutzungsmöglichkeiten. In: Benz, W./Kohler, J./Landfried, K. (Hrsg.): Handbuch Qualität in Studium und Lehre, HQSL, 2 27 10 02. Berlin: Raabe Verlag, S. 1-44.

Bartosch, U./Knauer, R./Knösel, P./Ludwig, H./Mergner, U. (Hrsg.) (2010): Qualifikationsrahmen Soziale Arbeit (QR SArb) Version 5.1/Qualificationsframework Social Work (QF SWork) Version 5.1. Mit einem Geleitwort des Vizepräsidenten der HRK Prof. Dr. Wilfried Müller (dt./en.). Eichstätt: Katholische Universität.

DAAD (Hrsg.): Lernergebnisse (Learning Outcomes in der Praxis). Ein Leitfaden. [Originaltext: Dr. Declan Kennedy. Deutsche Version: Prof. Dr. Terence Mitchell, Prof. Volker Gehmlich, Marina Steinmann M.A.]. Bonn: DAAD.

Klieme, E. (2004): Was sind Kompetenzen und wie lassen sie sich messen? In: Pädagogik 6, S. 10-13.

Maus, F./Nodes, W./Röh, D. (2008): Schlüsselkompetenzen der Sozialen Arbeit für die Tätigkeitsfelder Sozialarbeit und Sozialpädagogik. Schwalbach/Ts: Wochenschau Verlag

Mergner, U. (2009): SAGEnhafte Fächer! Soziale Arbeit, Gesundheit und Erziehung in einer gemeinsamen Interessenlage? Oder: SAGE – wir sind MINTestens genauso systemrelevant! Referat für den Fachbereichstag in Mainz, 1.-3. Dezember 2009, MS.

Ministry of Science, Technology and Innovation(2005): A Framework for Qualifications of the Higher Education Higher Education Aera (QF EHEA). Bologna Working Group on Qualifications Frameworks. Copenhagen: Ministry of Science, Technology and Innovation. (Siehe die entsprechenden Dokumente der nationalen QR: http://www.ehea.info/article-details.aspx?ArticleId=69). Pollak, G. (2001): Das Allgemeine und das Besondere – An-merkungen zum Verhältnis von Allgemeiner Pädagogik und Grundschuldidaktik. In: Hauzenberger, F. (Hrsg.): Festschrift anläßlich des 60. Geburtstages von Herrn Prof. Prof. h.c. Dr. phil. Hubert Buchinger. Passau..

Pollak, G. (2000): Bemerkungen zu einem zeitgemäßen Bildungsbegriff – aus der Sicht des nicht unproblematischen Bildungsbegriffes der Erziehungswissenschaft. In: Politische Studien. Zweimonatsschrift für Politik und Zeitgeschehen, Jg. 51, H. 369, S. 92-100.

Pollak, G. (2002): Wissenschaftsforschung und Wissenschaftstheorie (in) der Erziehungswissenschaft: empirische und/oder normative Grundlagenforschung? In: Zeitschrift für Erziehungswissenschaft, Beiheft 1

Pollak, G. (2003): Irritiert über Antworten auf die Frage „Was ist Pädagogik?“ In: Erwägen Wissen Ethik, Jg. 14, H. 3 (Sonderdruck).

Qualifikationsrahmen für deutsche Hochschulabschlüsse (BMBF, KMK, HRK) (2005). In: HRK (Hrsg.) (2007): Bologna Reader II. Neue Texte und Hilfestellungen zur Umsetzung der Ziele des Bologna-Prozesses an deutschen Hochschulen. Bonn: HRK, S. 239-250.

Speth, Ch./Bartosch, U. (2007): Was wird aus der staatlichen Anerkennung für Sozialarbeiter/innen? Ein Antrag auf Ende der Debatte. In: Buttner, P. (Hrsg.): Das Studium des Sozialen, Aktuelle Entwicklungen in Hochschule und sozialen Berufen, [Hand- und Arbeitsbücher des Deutschen Vereins 15], Berlin: VS Verlag für Sozialwissenschaften, S. 134-149.

Weinert, F. E. (2001): Concept of Competence: A Conceptual Clarification. In: Rychen, D. S./Salganik, D. S. (Hrsg.): Defining and Selecting Key Competences. Seattle/Toronto/Bern/Göttingen: Hogrefe & Huber Publishers, S. 45-65.

„Spezialisierung oder Generalisierung?"

Gedankensplitter zum angemessenen Umgang mit einem grundlegenden Verweisungszusammenhang in der Sozialen Arbeit

Fabian Kessl

Die Frage nach einer generellen oder verstärkten „Spezialisierung" oder einer „Generalisierung" der akademischen Ausbildungsprofile im Bereich Soziale Arbeit ist eine der zentralen, wenn auch häufig unausgesprochenen Gestaltungsmaximen innerhalb der gegenwärtigen Studienstrukturreformen unter der Überschrift „Bologna-Prozess" (vgl. dazu ausführlicher Kessl, 2006). Die unterschwellige Frage der lokalen Strukturreformverantwortlichen lautet zumeist: Wie ist das Profil unserer Studiengänge mit Schwerpunkt Soziale Arbeit und damit des Studienstandorts markierbar? Motiviert ist diese Frage von der neuen Rationalität einer marktförmigen Standortkonkurrenz unter den Hochschulen (*„Alleinstellungsmerkmal"*), wie sie der Bologna-Erklärung im Rahmen der Lissabon-Strategie unterlegt ist (vgl. Münch, 2010).

Allerdings wird diese Frage keineswegs einheitlich beantwortet: Während die eine Gruppe nämlich für eine möglichst spezialistische Profilierung zur Identifizierung des einzelnen Studiengangs im Vergleich zu anderen argumentiert, plädieren die VertreterInnen der anderen Gruppe für eine generalistische Orientierung, um den Studiengang als einen mit Schwerpunkt Soziale Arbeit erkennbar zu machen. Insofern könnte man also alle vorhandenen Studiengänge mit Schwerpunkt Soziale Arbeit an bundesdeutschen Universitäten, Fachhochschulen, Pädagogischen Hochschulen wie Berufsakademien entlang der Unterscheidung von Spezialisierung oder Generalisierung sortieren: In der Gruppe der spezialistischen Studiengänge müssten sich die Masterstudiengänge und in der Gruppe der generalistischen die Bachelorstudiengänge wiederfinden, denn die steuerungspolitische Strukturvorgabe, wie sie bereits in der Bologna-Erklärung angelegt ist, lautet: Bachelorabschlüsse sind als erster Studienabschluss berufsqualifizierend, und damit eher generalistisch auszugestalten, während konsekutive Masterabschlüsse auf diesen mit einer inhaltlichen Fokussierung aufbauen und auch den Übergang in die Promotion (*third cycle*) eröffnen sollen. In diesem Sinne formuliert beispielsweise die Hochschulrektorenkonferenz (HRK) für die Masterstudiengänge, diese seien „spezialisierend oder vertiefend" auszurichten.

Doch auf den zweiten Blick verweist die konkrete Ausgestaltung der vorliegenden Studiengänge darauf, dass diese auf Basis der politisch-administrativen Strukturvorgaben naheliegende Einteilung der Studiengänge in Generalisierung (BA) und Spezialisierung (MA) keineswegs so eindeutig vorzunehmen ist, wie vermutet: Längst finden sich auch Bachelorstudiengänge mit spezialistischem Profil. Angesichts dieser Ausgangslage – die fachpolitisch auch keineswegs unwidersprochen geblieben ist (vgl. AGJ-Diskussionspapier, 2009) – stellt sich die Frage nach einer analytisch informierten Einschätzung dieser Entwicklung. Dazu sollen die vorliegenden Gedankensplitter einen Beitrag leisten, indem im Folgenden im ersten Schritt eine professionstheoretische Kontextualisierung dieser Entwicklung und vor diesem Hintergrund im zweiten Schritt eine Problematisierung von drei fachpolitischen Mythen und Fehlschlüssen in diesem Zusammenhang angeboten wird.

1. Professionstheoretische Skizzen zur Reflexion der Frage von „Spezialisierung oder Generalisierung"

Wenn zukünftige Professionelle eher mit dem Ziel der Ausbildung einer reflexiven Handlungskompetenz mit einem breiten allgemeinen und möglicherweise auch unspezifischen Wissen ausgestattet werden, auf dessen Basis sich die ProfessionsnovizInnen dann nach erfolgreichem Abschluss das notwendige Spezialwissen erst aneignen (*Modell der Generalisierung*), ergibt sich ein anderes professionelles Selbstverständnis als im entgegengesetzten Fall, in dem die Curricula der Studiengänge Spezialwissen für die ausdifferenzierten professionellen Handlungsfelder vorsehen und dieses möglichst detailliert bestimmen (*Modell der Spezialisierung*). Dies kann als grundlegende Erkenntnis aller professionalisierten Berufsgruppen formuliert werden.

Daher lässt sich diese Differenz von Generalisierung *oder* Spezialisierung auch entlang der drei Haupteigenschaften professioneller Berufsgruppen insgesamt illustrieren: Professionen lassen sich bekanntlich in Bezug auf ihre Zuständigkeit für ein distinktes Tätigkeitsfeld (*exklusive Zuständigkeit*), ihre Deutungsmacht über die spezifischen eigenen Kompetenzen und ihre spezifische Expertise (*Deutungs- und Diagnosehoheit*), das Verfügen über ihr damit korrespondierendes disziplinäres und professionelles Spezialwissen (*Geheimwissen*) und schließlich ihre professionelle Ethik definieren (vgl. Heite & Kessl, 2009).

Im Modell der Generalisierung wird das distinkte Tätigkeitsfeld für die gesamte Berufsgruppe in der Figur einer einheitlichen Zuständigkeit konzipiert – im hier interessierenden Fall hieße das also für die gesamte Soziale Arbeit. Diese Struktur ist prägend für das Modell vieler konsekutiver Studiengänge mit dem allgemeinen Studienschwerpunkt „Soziale Arbeit" oder für die Mehrheit der erziehungswissenschaftlichen bzw. pädagogischen Studiengänge mit dem Schwerpunkt „Soziale Arbeit“. Dagegen stellen VertreterInnen spezialisierter Studiengänge mit einem spezifischen Studienschwerpunkt aus der Sozialen Arbeit (z.B. Kinder- und Jugendhilfe oder MA „Sozialmanagement“) die Annahme konstitutiv fragmentierter Zuständigkeiten an den Ausgangspunkt ihrer Strukturentscheidungen, beispielsweise mit Verweis auf eine ihres Erachtens sinnvolle und gegebene funktionale Arbeitsteilung zwischen unterschiedlichen professionellen Arbeitsbereichen. Ein derartiges Modell der Spezialisierung wird auch von fürsorgetheoretischen VertreterInnen immer wieder gegenüber einer erziehungs- und sozialwissenschaftlich ausgerichteten Sozialen Arbeit markiert (vgl. Wendt, 2003). Hier lautet das Argument allerdings nicht funktionale Arbeitsteilung, sondern es wird auf die distinkten historischen Entwicklungslinien in der Implementierungs- und Professionalisierungsgeschichte der Sozialen Arbeit seit dem 19. Jahrhundert verwiesen, die diese Spezialisierung nahe legten.

Entsprechend der Entscheidung für das eine oder das andere Modell, wie sie hier idealtypisch voneinander differenziert werden, ergibt sich dann auch für die weiteren Haupteigenschaften einer Profession ein generalistisches *oder* ein spezialistisches curriculares Arrangement des einzelnen Studiengangs und eine damit verbundene Annahme, disziplinäre wie professionelle VertreterInnen verfügten über eine prinzipielle Deutungs- und Diagnosehoheit *oder* eben eine entlang der fragmentierten Zuständigkeit konstitutiv differenzierte Zuständigkeit. Schließlich wird die Frage nach einer professionellen Berufsethik entweder für die gesamte Berufsgruppe beantwortet – wie im Fall des Arztberufes (Humanmedizin) am so genannten hippokratischen Eid exemplifiziert werden kann – *oder* für differente professionelle Subeinheiten auf Basis einer gemeinsamen Verpflichtung unterschiedlich, wie die professionsethischen Unterschiede in den Rechtsberufen, beispielsweise zwischen FachanwältInnen und AmtsrichterInnen auf Basis der gemeinsamen Verpflichtung zur Rechtsverwirklichung verdeutlichen können.

Bleibt man für einen Moment bei der damit eingenommenen vergleichenden Betrachtung der Studiengänge mit Studienschwerpunkt Soziale Arbeit mit den akademischen Ausbildungsstrukturen der so genannten klassischen Professionen, dann zeigt sich, dass die letztgenannten die Frage der Gestaltung mit einem eindeutigen „Spezialisierung folgt auf Generalisierung“ beantwortet haben: Dem generalistischen Hochschulstudium der (Human-) Medizin, der Rechtswissenschaften oder dann auch dem schulischen Lehrberuf schließt sich traditionellerweise in der nachfolgenden Novizenphase – dem „Arzt im Praktikum“ (seit 2004: der Assistenzart bzw. die Assistenzärztin), dem „Rechtsreferendariat“ und dem „Vorbereitungsdienst/Referendariat“ an Schulen – ein Einblick in einen oder alle als zentral kategorisierten Spezialbereiche an.

Allerdings wird an dieser Stelle bereits deutlich, dass der detailgenaue Blick auch massive Binnendifferenzen zwischen den Strukturierungsmustern des jeweiligen akademischen Ausbildungsgangs aufweist – vor allem zwischen den medizinischen und den Rechtsberufen auf der einen Seite und den Lehrberufen auf der anderen. Denn während die akademische Erstausbildung für den medizinischen Arztberuf (Humanmedizin) und in den Rechtsberufen durchgehend generalistisch gestaltet ist, lässt sich im Fall der Lehramtsausbildung eine Differenzierung entlang der späteren schulischen Berufsfelder von Beginn des Studiums an feststellen – wenn auch in der sehr unterschiedlichen, bundeslandspezifischen Ausprägung (z.B. in Form des baden-württembergischen Modells der Trennung von universitärer Lehramtsausbildung für den Bereich der Sekundarstufe II und der Lehramtsausbildung an Pädagogischen Hochschulen für die Bereiche Primar- und Sekundarstufe I). Insofern lässt sich formulieren, dass Lehramtsstudierende ihre Spezialisierungsentscheidung bereits mit Studienbeginn treffen, während die Medizinstudierenden ihre Entscheidung formal erst mit der Wahl des Praktikumsplatzes – bzw. inzwischen des Arbeitsplatzes als Assistenzarzt – treffen, also am Ende der generalistisch-akademischen Erstausbildung. Jurastudierende realisieren die Spezialisierungsentscheidung sogar noch später – am Ende der gesamten Ausbildungszeit, da sie innerhalb der Novizenphase durch die eingebaute Arbeitsfeldrotation noch alle als entscheidend angesehenen Spezialbereiche kennenlernen.

Doch trotz dieser deutlichen Differenzen lässt sich für alle drei professionellen Berufsgruppen das Modell einer „Spezialisierung folgt auf Generalisierung“ zumindest formal diagnostizieren, da akademische Erstaubildungs- und berufsfeldbezogene zweite Ausbildungsphase konstitutiv getrennt gehalten werden. Das zeigt auch die Konzeption der Lehramtsausbildung, die zwar studiengangsdifferenziert strukturiert ist, wie am deutlichsten an Fällen, wie dem baden-württembergischen zu sehen ist, wo dies sogar (noch immer) eine institutionelle Differenzierung mit sich bringt – aber zugleich weisen die pädagogisch-erziehungswissenschaftlichen Studienanteile in allen Bundesländern darauf hin, dass eine Polyvalenz für legitim gehalten wird, was sich in der Öffnung von erziehungswissenschaftlichen Lehramtsausbildungsanteilen für unterschiedliche Gruppen von Lehramtsstudierenden zeigt – unabhängig von ihrem angestrebten schulischen Berufsfeld (Primarstufe, Sek I oder Sek II).

Schließt man sich somit an dieses bis Ende des 20. Jahrhunderts bestimmende Modell der „Spezialisierung folgt auf Generalisierung“ an, dann könnte die These naheliegen, dass die Frage nach dem Pro und Contra von Generalisierung oder Spezialisierung entweder falsch gestellt ist, weil dieses in der akademischen Ausbildung des Nachwuchses in den so genannten klassischen Professionen eine Frage der Vor- und Nachrangigkeit ist, oder dass diese Frage auf ein Spezifikum der Studiengänge mit Schwerpunkt Soziale Arbeit verweist, da im Vergleichsfall der so genannten klassischen Professionen gar nicht nach dem Grad von Generalisierung oder Spezialisierung im Kontext der akademischen Erstausbildung gefragt wird, sondern diese beiden Dimensionen schlicht entlang der Unterscheidung der beiden Ausbildungsphasen getrennt behandelt, also aufgeteilt werden. Doch nicht nur das. Noch eine weitere These ist denkbar: Vergewissert man sich nämlich historisch, dann wird deutlich, dass die in der akademischen Ausbildung der klassischen Professionen vorherrschende Phasen-Modellierung auch den Studiengängen mit Schwerpunkt Soziale Arbeit keineswegs fremd ist. In „Vor-Bologna-Zeiten", das heißt bis zum Ende des 20. Jahrhunderts, waren schließlich auch die fachhochschulischen Studiengänge mit dem Schwerpunkt Soziale Arbeit an das Stufenmodell „Spezialisierung folgt auf Generalisierung" zumindest angelehnt. So ließe sich sagen: Das „Anerkennungsjahr" hatte hier und auch in einzelnen universitären bzw. an Universitäten verorteten Studiengängen die Funktion einer den klassisch-professionellen Ausbildungsgängen ähnlichen zweiten Ausbildungsphase übernommen. Selbst die Mehrheit der universitären Diplomstudiengänge mit Schwerpunkt Soziale Arbeit (Abschlüsse: Diplom-Pädagogik, MA Pädagogik oder MA Erziehungswissenschaft oder Diplom-Sozialpädagogik), als zweiter zentraler institutioneller Ort der hochschulischen Ausbildung neben den Fachhochschulen, wiesen eine strukturanaloge Form auf: Zwar sahen sie keine strukturierte Novizenphase in der Form eines Anerkennungsjahres vor, aber auch ihre curriculare Gestalt war generalistisch ausgerichtet. Die Ergebnisse der großen AbsolventInnenstudien um die Jahrtausendwende könnten durchaus die Hypothese nahelegen, dass auch hier von einer, wenn auch nicht-institutionalisierten nach-hochschulischen Novizenphase gesprochen werden kann: Krüger & Rauschenbach et al. (2003) weisen nämlich darauf hin, dass in ihren empirischen Ergebnissen der Sachverhalt ins Auge falle, dass sich die DiplompädagogInnen in den ersten beiden Jahren nach ihrem Studienabschluss häufig in einem eher prekären Beschäftigungsverhältnis bewegen. Diese Phase der Prekarität scheint immer wieder vollzogen zu werden, in Form von Zeitverträgen oder Honorarbeschäftigungen – wie eine zwar unstrukturierte und nicht explizit vorgesehene, aber „De-facto-Novizenphase" der BerufseinsteigerInnen.

Spätestens mit Beginn des 21. Jahrhunderts und der fundamentalsten Transformation des bundesdeutschen Hochschulwesens seit den bildungs- und hochschulpolitischen Reformen Anfang des 18. Jahrhunderts ist diese Diagnose aber weder für die so genannten klassischen Professionen noch für die Soziale Arbeit weiterhin haltbar. Zwar ist in den professionellen medizinischen und den Rechtsberufen die Zweiphasen-Struktur der Vor- und Nachrangigkeit von Generalisierung und Spezialisierung weiterhin gültig – und der Widerstand gegen den generellen Umbau der bisherigen Studiengänge in ein konsekutives System groß. Dennoch zeigen sich an einigen Stellen auch hier merkliche Veränderungsbewegungen: In Bezug auf die rechtswissenschaftlichen Studiengänge wird beispielsweise in jüngerer Zeit wieder an ältere Diskussionen angeknüpft, die generalistische Studiengangsgestaltung zugunsten einer spezialistischen aufzulösen – erste Studiengänge, wie der BA „Wirtschaftsrecht" an der Universität Mannheim können als Symbol für damit fokussierte mögliche Spezialisierungstendenzen gelesen werden. Am deutlichsten zeigt sich aber die Veränderung, die mit der Implementierung der gestuften Studiengänge (BA/MA) dynamisiert wurde, in großen Teilen der bundesdeutschen Lehramtsausbildung. Diese werden am Beginn der 10er Jahre in einem grundlegend veränderten Gewand präsentiert. In Nordrhein-Westfalen wird beispielsweise 2011 und 2012 in zwei Phasen der schulische Vorbereitungsdienst auf 12 Monate, und damit um die Hälfte, gekürzt und dafür die „Praxiszeiten" im Rahmen des Studiums erhöht. Eine strukturanaloge, wenn auch bisher weniger einflussreiche Diskussion ist – auch im Fahrwasser der Abschaffung des bisherigen AIP-Modells – für die medizinische Ausbildung zu beobachten.

Diese nur exemplarischen Marker zeigen bereits an, dass das lange Zeit gültige Modell einer „Spezialisierung folgt auf Generalisierung" massiv an Einfluss verloren hat – und weiterhin zu verlieren scheint. Und diese Entwicklung gilt auch für die Soziale Arbeit – vor allem im fachhochschulischen Bereich: Zum einen ist mit der weitgehenden Abschaffung des Anerkennungsjahrs ein radikaler Einschnitt in das bisherige hier bestimmende Zwei-Phasen-Modell zu beobachten – und zum anderen wird mit der Implementation von Studiengängen mit einem spezifischen inhaltlichen Fokus, beispielsweise einem Abschluss BA „Internationale Soziale Arbeit" oder einem „Bachelor Kinder- und Jugendhilfe" eine klare Spezialisierung markiert – und somit auch inhaltlich das generalistische Modell untergraben. Dieser Spezialisierungsprozess spitzt sich auf Masterniveau weiter zu. Für diesen *second cycle*, das mögliche zweite Studium, ist eine solche Entwicklung zwar politisch-administrativ auch gewollt, wie eingangs skizziert wurde, sie stellt sich aber für professionsbezogene Studiengänge anders dar als für nicht-professionsbezogene, beispielsweise soziologische, literaturwissenschaftliche oder mathematische Studiengänge. Wie das Beispiel der Auseinandersetzungen um die Implementation von konsekutiven Studiengängen in der medizinischen und juristischen Ausbildung klar macht, ist für professionsbezogene Studiengänge immer die Frage damit verbunden: Auf welchem Niveau sollen die zukünftigen ProfessionsnovizInnen ihre akademische Ausbildung abschließen? Geschieht dies „nur" mit einem Bachelorabschluss, so ist die Studienzeit im Vergleich zu den vormaligen Diplom- oder Staatsexamen-Studiengängen reduziert und Kritiker diagnostizieren eine damit verbundene tendenzielle Deprofessionalisierung (vgl. Rauschenbach & Krüger, 2004). In der Lehramtsausbildung wird diese Diskussion damit beantwortet, dass der Bachelorabschluss noch nicht als ein dem früheren Staatsexamen gleichwertiger Abschluss anerkannt wird, und somit die akademische Ausbildung faktisch ein Bachelor- *und* ein Masterstudium umfasst. Die Berufsqualifikationsanforderung an den Bachelorstudiengang wird teilweise mit dem Polyvalenz-Argument beantwortet, das heißt den BachelorabsolventInnen wird eine de jure-Berufsbefähigung zertifiziert, die aber nicht für den Schuldienst gilt.

Die konsekutive Lehramtsausbildung sucht damit das Modell „Spezialisierung folgt auf Generalisierung“ unter den veränderten strukturellen Bedingungen weiter zu tragen.

Vor dem Hintergrund dieser Entwicklungen in den so genannten klassischen Professionen sind an die gegenwärtigen Profilierungsversuche – in Form einer Spezialisierung der Studiengänge – im Feld der Sozialen Arbeit skeptische Rückfragen zu stellen: Wohin führt eine solche Entwicklung, schließlich ist bisher kein Beleg für einen mit diesen Spezialisierungen verbundenen grundlegenden Statutsgewinn vorgelegt worden – und zwar auf Ebene der Fachkräfte und einer damit verbundenen selbstverständlichen Anerkennung Sozialer Arbeit als professionalisierter Berufsgruppe? Außerdem: Wohin führt eine solche Entwicklung in Vergewisserung der Ausgangssituation? Während mit der Einführung der Diplomstudiengänge und damit der ersten Akademisierung der Ausbildung in den 1960er Jahren zumindest eine, wenn auch im Vergleich zu den so genannten klassischen Professionen keineswegs befriedigende, Anerkennung auf der Ebene der Besoldungsstufen erreicht wurde, ist in den vergangenen Jahren parallel zur Umstrukturierung der bisherigen Studiengänge in vielen Bereichen der Sozialen Arbeit das Gegenteil zu beobachten: Mechthild Seithe (2010) macht diese Entwicklung in ihrem *Schwarzbuch Soziale Arbeit* im Anschluss an die Arbeiten von Wohlfahrt und anderen an vier Punkten fest:

- einer zunehmenden Reduzierung der Vollzeitstellen, häufig verbunden mit einer Stundenreduzierung bestehender Verträge;
- einer verstärkten Flexibilisierung bestehender Verträge;
- einer wachsenden Befristung von Beschäftigungsverhältnissen, insbesondere bei Trägern in den so genannten neuen Bundesländern, und in einzelnen Berufsfeldern, wie der Kinder- und Jugendarbeit;
- und schließlich dem deutlichen Anwachsen „tarif-freier“ Zonen, u.a. aufgrund der Abkopplung von bisherigen BAT- bzw. TVöD-Analogien bzw. einer generell fehlenden Tarifbindung freigemeinütziger oder privater Träger, der Auslagerung ganzer Organisationseinheiten zu ihrem Umbau in Leiharbeitsfirmen oder der Vergabe von Leistungen an EinzelunternehmerInnen.

Könnte die Etablierung von berufsqualifizierenden Studienabschlüssen mit einer spezialistischen Ausdifferenzierung hier nicht zu einer verheerenden Amalgamierung führen? Der insgesamt prekäre Status der Sozialen Arbeit als anerkannte professionelle Problemlösungsinstanz – trotz der Etablierung der akademischen Ausbildungsgänge in der zweiten Hälfte des 20. Jahrhunderts und der damit verbundenen Nachahmung des „Spezialisierung folgt auf Generalisierung“-Modells (vgl. Nadai et al., 2005, S. 17ff.) – trifft nun auf eine gesellschaftspolitische Situation, in der professionalisierte Berufsgruppen insgesamt um ihre Legitimation kämpfen. Eine Entwicklung, die mit der

Etablierung des berufsqualifizierenden Bachelorniveaus an sich schon dynamisiert wird, da dieser im Besoldungsstatus ja formal geringer eingestuft wird als die vorherigen Diplomabschlüsse.

Für eine angemessene zukünftige Diskussion und Gestaltung der Studiengänge mit Schwerpunkt Soziale Arbeit entlang der Frage von Spezialisierung und/oder Generalisierung sollten darüber hinaus drei fachpolitische Mythen und Fehlschlüsse endlich fokussiert und überwunden werden: der Fehlschluss einer erreichten Professionalisierung durch eine erfolgte Akademisierung, die Behauptung einer Verwissenschaftlichung, die aber nur eine Chiffre darstellt, und die, wenn auch inzwischen meist nur noch subkutanen, Grabenkämpfe um eine eigenständige Sozialarbeitswissenschaft.

2. Professionalisierung durch Akademisierung. Von einem konzeptionellen Fehlschluss

Professionstheoretische Überlegungen sind sich weitgehend einig, dass es um ein *Drittes* geht im Professionalisierungsprozess: Von der Ausbildung einer professionellen Intuition spricht Ulrich Oevermann in seiner strukturalistischen Professionstheorie, Bernd Dewe und Hans-Uwe Otto argumentieren wissenssoziologisch und sprechen von dem professionellen Wissen als Emergenz aus wissenschaftlichem und Routinewissen. Ziel eines erfolgten und damit erfolgreichen Professionalisierungsprozesses ist damit ein vorher nicht vorhandenes Moment: eine reflexive, analytische (Dewe & Otto), oder eben hermeneutische Kompetenz (Oevermann) der beruflichen Aktion.

Insofern geht es um die der jeweiligen Situation angemessene Spezialisierung, die aber nur auf Basis einer breiten generalistischen Perspektive realisierbar ist: Eine Schuldnerberaterin kann nur adäquat agieren, wenn sie über Spezialwissen, beispielsweise um die Möglichkeit und den Vollzug einer Privatinsolvenz, aber auch über das Erfahrungswissen über die Kreditvergabepraktiken der lokalen Banken verfügt. All diese spezialistischen Wissens- und Erfahrungspotenziale werden aber nur dann zu der angestrebten Unterstützung des Nutzers führen, wenn die Schuldnerberaterin dieses Wissen auf Basis ihrer erworbenen und routinisierten generalistischen kommunikativen Beratungsfähigkeiten zur Durchführung des Beratungsgesprächs dem Nutzer verfügbar machen kann und zugleich dieses Beratungsgespräch auf Basis ihres ebenso generalistischen analytischen Reflexionswissens situationsangemessen, das heißt je nach Lebenssituation des Nutzers unterschiedlich mit diesem gemeinsam durchführen kann. Insofern sind professionstheoretisch Spezialisierung und Generalisierung nicht als Gegensatzpaare, sondern als die beiden Bestandteile eines Verweisungszusammenhangs zu verstehen.

Darüber herrscht professionstheoretisch auch weitgehende Einigkeit. Doch trotz dieser Übereinkunft scheint innerhalb der fachpolitischen Studiengangsdiskussionen der Mythos immer wieder neu aufgelegt zu werden, dass die ausreichende Basis für die Gewährleistung einer derartigen Professionalisierung in der Sozialen Arbeit mit der Akademisierung der Studiengänge bereits vollzogen wäre. Das zeigt gegenwärtig auch das Bemühen um die Akademisierung der ErzieherInnenausbildung. So nachvollziehbar und strukturell notwendig eine derartige Akademisierung der Ausbildungsstrukturen und -inhalte für die Anerkennung einer professionalisierten oder sich professionalisierenden Berufsgruppe als ein Teil ist – wie der Prozess der Akademisierung der Studiengänge mit Schwerpunkt Sozialer Arbeit seit den 1960er Jahren im bundesdeutschen Kontext ja zeigt (vgl. Kruse, 2004) – so wenig kann dieser Prozess die Professionalisierung dieser Berufsgruppen garantieren. Christian Lüders (1989, S. 147ff.) hat in diesem Zusammenhang auf ein zentrales Problem am Beispiel der Studiengänge mit Schwerpunkt Sozialer Arbeit in seiner professionstheoretischen Studie hingewiesen: Die erfolgreiche Etablierung der Diplomstudiengänge wurde ohne eine eigenständige Basis der wissenschaftlichen Wissensproduktion vollzogen, was die Soziale Arbeit vor ein zweifaches Problem stellte: Einerseits nach außen mit den Nachbarwissenschaften und -forschungsfeldern zu konkurrieren bzw. von diesen anerkannt zu werden und andererseits nach innen klären zu müssen, auf welche akademische Tradition zurückgegriffen werden kann. Insofern stellen die unterschiedlichen, bis heute andauernden Versuche der Etablierung einer Wissenschaft der Sozialen Arbeit bzw. eines Forschungsfeldes, das die Entwicklungen in den Feldern der professionellen Sozialen Arbeit fokussiert, noch immer nachholende Stabilisierungsversuche der Profession Sozialer Arbeit dar.

3. Verwissenschaftlichung als Chiffre. Zum Gehalt eines wohl gepflegten Mythos

Der professionstheoretisch markierbare Verweisungszusammenhang von Generalisierung und Spezialisierung wird also letztlich nur dann angemessen zu bearbeiten sein, wenn die akademische Ausbildung als entscheidende Stufe der Professionalisierung späterer Fachkräfte auf eine etablierte und anerkannte Wissenschaftslandschaft zurückgreifen kann. Ob dies eine eigenständige Disziplin der Sozialen Arbeit sein muss, steht auf einem anderen Blatt, denn auch andere Wissenschaftsfelder, wie die Sozialpolitik oder die Geschlechterforschung, haben es zu einer Anerkennung gebracht, ohne in den klassischen Korpus einer identifizierbaren Wissenschaftsdisziplin gegossen worden zu sein. Dazu ist auch die herrschaftskritische Frage zu berücksichtigen, ob die epistemische Schließungslogik (vgl. Kuhn, 1981; Foucualt, 1974) und damit auch die Erkenntnisbegrenzungslogik wissenschaftlicher Disziplinen (vgl. Feyerabend, 1975) tatsächlich ein erstrebenswertes Ziel darstellen. Entscheidender ist, dass diese Wissenschaft, dieses Forschungsfeld, gesellschaftswissenschaftlich arrangiert wird, das heißt als eine Wissenschaft, die sich ihres gesellschaftlichen Gebrauchswerts (Zeuner, 2007, S. 349) kontinuierlich bewusst ist und sich daher darüber legitimiert, dass sie diesen erbringt. Damit sind sowohl esoterische Theoriemodelle (z.B. postmodernistische Glasperlenspiele), neo-positivistische Forschungszugänge (z.B. experimentale Wirkungsforschung) ebenso ausgeschlossen wie rein normative Programmatiken (z.B. Theoriesuggestion durch Fachkonzepte). Ein entsprechendes Selbstverständnis ist aber in der Wissenschafts- und Forschungslandschaft zur Sozialen Arbeit bisher nicht sehr weit verbreitet. Denn andernfalls würde es schärfere Diskussionen um die Geltung und Gültigkeit theoriesystematischer Beiträge, die methodologische Angemessenheit von empirischen Zugängen und die Verwischung von Programmatik und analytischer Reflexion geben.

4. Disziplinäre Dynamiken jenseits der Grabenkämpfe um eine Sozialarbeitswissenschaft? Die Nachwirkungen einer unerquicklichen Debatte

An sich wäre die unerquickliche Debatte um die Notwendigkeit einer Sozialarbeitswissenschaft längst von der Agenda zu nehmen, schließlich waren sich einige der zentralen Diskutanten sehr schnell einig, dass die Etablierung eines Wissenschafts- und Forschungsfeldes zur Sozialen Arbeit vonnöten ist (vgl. Thiersch, 1997) – ganz im Sinne der zitierten Einschätzung von Christian Lüders: Im Sinne des Verweisungszusammenhangs von Spezialisierung und Generalisierung ist eine erfolgreiche Gewährleistung der Professionalisierung im Rahmen der akademischen Ausbildung nur auf Basis einer eigenständigen Basis wissenschaftlicher Wissensproduktion realisierbar. Und das völlig unabhängig davon, ob dies im Rahmen eines Korpus der Sozialarbeitswissenschaften, der erziehungswissenschaftlichen Forschungstraditionen oder/und anderer sozial- und kulturwissenschaftlicher Kontexte geschieht.

In diesem Sinne hat sich Anfang des 21. Jahrhunderts die Auseinandersetzung um die Notwendigkeit einer eigenständigen disziplinären Einheit der „Sozialarbeitswissenschaft" auch tatsächlich etwas entspannt und ist einem vermehrt konkreten Forschungs- und Theorieentwicklungsengagement (vgl. u.a. Mührel & Birgmeier, 2011/i.E.) und damit neuen Auseinandersetzungen um die Sache gewichen. Gleichzeitig ist im Nachgang der Auseinandersetzungen aus den 1990er Jahren immer noch eine vor allem hochschul- und verbandspolitische Engführung der eigenen Wahrnehmung zu beobachten – politisch könnte man durchaus auch von einer strategisch äußerst ungeschickten Haltung sprechen: Aufgrund der Fokussierung des Blicks auf die eigene institutionelle Verortung werden beispielsweise vorliegende Forschungsergebnisse und Theoriebildungsprozesse nicht wahrgenommen und stattdessen immer wieder Paralleldebatten zu ähnlichen Forschungsfeldern geführt, ohne explizit aufeinander Bezug zu nehmen. Nun kann man dagegen einwenden, dass dieses Phänomen ist allerdings in anderen Wissenschafts- und Forschungsfeldern auch zu beobachten. Viel dramatischer ist daher auch eine andere Entwicklung: Die programmatische Substitution von forschungs- und theoriebasierten Vergewisserungen. Immer wieder werden in den Fachdebatten um Soziale Arbeit Positionen formuliert, die fast jeder Grundierung in analytischen Bezügen entbehren. Verheerenderweise werden solche Positionen dann noch gerne mit dem Verweis versehen, das relevante sozialarbeiterische/sozialpädagogische Wissen müsse immer praxiskompatibel sein, was für die wissenschaftlichen Beiträge zur Sozialen Arbeit häufig nicht gelte. Damit wird nicht nur ein anachronistischer Theorie-Praxis-Gap reproduziert (vgl. Adorno, 1969), sondern auch eine manifeste Theoriefeindlichkeit vertreteten.[1] Damit ist eine Professionalisierung Sozialer Arbeit im Sinne des Verweisungszusammenhangs von Spezialisierung und Generalisierung nicht zu befördern, ganz im Gegenteil: Hier wird die weitere Entwicklung massiv blockiert und desavouiert.

Eine Untersuchung dieser neuen Wissensmanager (vgl. Pfeiffle, 2006) in den Feldern der Sozialen Arbeit, das heißt derjenigen, die das symbolische Kapital ihrer Position als HochschullehrerIn oder als HochschulmitarbeiterIn im Rahmen von – häufig gut dotierten – Organisations- und Entwicklungsberatungsprozessen einsetzen und dabei de facto vorliegende theoriesystematische und empirische Erkenntnisse ausblenden, wäre selbst eine dringend erforderliches Forschungsprojekt.

Außerdem werden noch immer Mythen gepflegt, wie der Unmöglichkeit von Promotionen in der deutschsprachigen Sozialen Arbeit, obwohl in den vergangenen Dekaden nicht nur unzählige NachwuchswissenschaftlerInnen mit Dissertationen, die einen eindeutigen Schwerpunkt in der Sozialen Arbeit hat-

---

1 Diese Theoriefeindlichkeit ist keineswegs nur ein Phänomen der Fachdebatten um Soziale Arbeit. Das symbolisiert nicht nur ein Aufkleber einer universitätseigenen Serviceagentur auf dem Campus einer bundesdeutschen Hochschule, an der auch Hauptfachstudiengänge mit Schwerpunkt Soziale Arbeit angeboten werden. Der Aufkleber prangt mit den Worten „Diese Scheibe trennt die Theorie von der Praxis" auf der Scheibe des Agenturbüros und unterstellt damit, innerhalb der Hochschulräume werde praxis- ja weltferne Theorie vermittelt. Eine analoge anti-intellektualistische Haltung symbolisiert das Werbebanner einer studentischen Unternehmensberatung an einer Nachbaruniversität, an der ebenfalls Studiengänge mit Schwerpunkt Soziale Arbeit angeboten werden: Dieses lädt InteressentInnen mit den Worten „Schnauze voll von Theorie?" zu Infotagen ein.

ten, erfolgreich promoviert wurden,[2] sondern auch bereits vier Graduierten- und Promotionskollegs mit explizit sozialpädagogischer Beteiligung im bundesdeutschen Raum eingeworben oder bereits erfolgreich zu Ende gebracht wurden – (teil)strukturierte Promotionsprogramme sind also längst etabliert (vgl. http://egora.uni-muenster.de/dgfe-sozialpaedagogik/kollegs.shtml; Stand: 1. Mai 2011).

Ein weiterer Mythos ist die Darstellung, Fachhochschulen seien forschungsfreie Orte, obwohl hier in den vergangenen Jahren aufgrund einer veränderten Berufungspolitik und einer beginnenden institutionellen Transformation teilweise hochrangige Forschungszusammenhänge etabliert worden sind, wie die Durchführung von DFG, BMBF und EU-Projekten an unterschiedlichen Stellen belegt.

Doch auch diese Mythenbildungen können als Hinweis gelesen werden, dass die Selbstverständlichkeit einer wissenschaftlichen Auseinandersetzung noch nicht in dem Maße festgelegt ist, wie das für ein etabliertes Forschungs- und Wissenschaftsfeld wünschenswert wäre und für die Stabilisierung des Professionalisierungsprozesses der Sozialen Arbeit vonnöten ist.

Zwar findet sich inzwischen eine wachsende Zahl von Forschungsprojekten und -verbünden auf höchstem formalen Anerkennungsniveau, wie das Beispiel des siebten Rahmenprogramms der Europäischen Union zeigen kann, wo sich gegenwärtig drei internationale Forschungsverbünde (*Familyplatform*; *Governance of Educational Trajectories in Europe (GOETE)*; *Workable – Making Capabilities Work*) unter der Leitung eines deutschsprachigen Fachkollegen finden.

Dennoch ist die Gesamtzahl von Beteiligungen auf den höchsten formalen Anerkennungsniveaus, beispielsweise auch in Form der Vergabe von renommierten Wissenschaftspreisen an Mitglieder der *Scientific Community*, noch nicht in dem Maße zu verzeichnen, wie dies angesichts der großen Zahl von HochschullehrerInnen an Fachbereichen und Fakultäten mit einem Schwerpunkt Soziale Arbeit im bundesdeutschen Kontext erwartbar sein könnte. Um die süffisante Formulierung von Thomas Rauschenbach in diesem Zusammenhang aufzunehmen: Die Eröffnung des ersten Max-Plack-Instituts für soziale Dienstleistungen und Soziale Arbeit steht noch bevor. Eine solche Forderung entbehrt, ebenso wie diejenige nach renommierten Wissenschaftspreisen, natürlich nicht eines deutlichen ironischen Untertons. Denn ob der unbedingte Einsatz für die Positionierung Sozialer Arbeit auf diesem formalen Anerkennungsniveau notwendig ist, sollte – wenn auch an anderer Stelle – ausführlich diskutiert werden. Er kann sicherlich nur dann sinnvoll sein, wenn dabei relevante inhaltliche Forschungsthemen für die kritische Weiterentwicklung von Profession und Wissenschaft/Forschung bear-

2 Das Nachwuchsnetzwerk Soziale Arbeit umfasst im Jahr 2011 alleine mehr als 100 PromovendInnen im deutschsprachigen Raum (http://egora.uni-muenster.de/dgfe-sozialpaedagogik/netzwerk.shtml; Stand: 1. Mai 2011).

beitet werden. Der hier angedeutete Entwicklungsstand kann aber zumindest als Symbol für die gesellschaftliche Anerkennung des Wissenschafts- und Forschungsfeldes Sozialer Arbeit entlang der vorherrschenden Maßstabskriterien gelesen werden, und daher müssen sich die verantwortlichen Akteure zu diesen vorherrschenden Anerkennungsstrukturen verhalten – auch eine erkennbare kritische Distanz wäre eine Positionierung

Vor dem Hintergrund der angestellten Vergewisserungen zum Entwicklungsstand und Anerkennungsgrad des Wissenschafts- und Forschungsfelds Soziale Arbeit erscheint die beobachtbare Tendenz zu einer deutlicheren Spezialisierung von Studiengängen mit Schwerpunkt Soziale Arbeit jedenfalls eher wie der Versuch einer stellvertretenden Profilierung: Statt die wissenschaftliche und forscherische Etablierung weiter voranzutreiben und damit einen tragfähigen Korrespondenz- und Aufklärungsboden für die akademische Ausbildung im Bereich Soziale Arbeit auszulegen, werden hier kleine Fürstentümer der spezialisierten Studiengänge ausgeflaggt, in der Hoffnung, damit ein „Alleinstellungsmerkmal“ im Kampf um Studierende setzen zu können.

Für die weitere Entwicklung der Sozialen Arbeit erscheint allerdings eher der umgekehrte Weg vonnöten: Eine Profilierung der Studiengänge in generalistischer Weise, in Korrespondenz und auf Basis einer gesellschaftswissenschaftlich ausgerichteten und in diesem Sinne etablierten Wissenschaft und Forschung in – einem auch grundlagenforscherischen – Bezug auf die Fragen und Entwicklungen der professionellen Sozialen Arbeit. Das würde auch die Etablierung einer offenen, streitbaren und dabei analytisch abgesicherten Diskussionskultur und -struktur einschließen – gerade auch hinsichtlich der Studiengangsentwicklungen der vergangenen Jahre. Eine wissenschaftliche Auseinandersetzung darüber, also deren systematische Inblicknahme anstatt ihrer taktischen Verschattung – um den Studiengängen am eigenen Hochschulstandort oder dem einen oder dem anderen institutionellen Format (z.B. Universität oder Fachhochschule) einen Wettbewerbsvorteil zu verschaffen – wäre ein Ausgangspunkt, von dem aus die Ausgestaltung des Verweisungszusammenhangs von Spezialisierung und Generalisierung angemessen realisierbar wäre.

Literatur

Adorno, T. W. (1969): Marginalien zu Theorie und Praxis. In: Ders.: Stichworte. Kritische Modelle 2. Frankfurt a. M.: Suhrkamp, S. 169-191.

AGJ-Diskussionspapier (2009): Soziale Arbeit in Bachelor-/Master-Studiengängen: Kompetenzen von Fachkräften – Erwartungen von Anstellungsträgern. Berlin: Arbeitsgemeinschaft für Kinder- und Jugendhilfe.
(Quelle: www.agj.de/pdf/5/BA_MA_Studiengaenge.pdf; Stand: 12. April 2011).

Dewe, B./Otto, H.-U. (2010): Reflexive Sozialpädagogik. In: Thole, W. (Hrsg.): Grundriss Soziale Arbeit. Wiesbaden: VS Verlag für Sozialwissenschaften, S. 197-218.

Feyerabend, P. (1975): Wider den Methodenzwang. Frankfurt a. M.: Suhrkamp.

Foucault, M. (1974) Die Ordnung der Dinge. Eine Archäologie der Humanwissenschaften (Les mots et les choses). Aus dem Französischen von Ulrich Köppen. Frankfurt a. M.: Suhrkamp.

Heite, C,/Kessl, F. (2009): Professionalisierung – Professionalität. In: Oelkers, J. et al. (Hrsg): Handworterbuch der Padagogik der Gegenwart. Weinheim, S. 682-697

Kessl, F. (2006): Soziale Arbeit trotz(t) Bologna. Drei Szenarien zur Zukunft der Studiengänge im Feld Sozialer Arbeit. In: Schweppe, C./Sting, St. (Hrsg.): Sozialpädagogik im Übergang: Neue Herausforderungen für Disziplin und Profession. Weinheim/München: Juventa, S. 71-87.

Kuhn, Th. S. (1981): Die Struktur wissenschaftlicher Revolutionen. Frankfurt a. M.: Suhrkamp.

Kruse, E. (2004): Stufen zur Akademisierung. Wege der Ausbildung für Soziale Arbeit von der Wohlfahrtsschule zum Bachelor-/Mastermodell. Wiesbaden: VS Verlag für Sozialwissenschaften.

Lüders, Ch. (1989): Entstehung und Auswirkung des. Theorie-Praxis-Konzeptes des Diplomstudienganges Sozialpädagogik. Weinheim: Deutscher Studien Verlag.

Mührel, Eric/Birgmeier, Bernd (Hrsg.) (2011): Theoriebildung in der Sozialen Arbeit: Entwicklungen in der Sozialpädagogik und der Sozialarbeitswissenschaft. Wiesbaden: VS Verlag für Sozialwissenschaften.

Münch, R. (2010): Bologna oder Die Kapitalisierung der Bildung. In: Blätter für deutsche und internationale Politik, 55. Jg., H. 1, S. 47-54.

Nadai, E./Sommerfeld, P./Bühlmann, F./Krattiger, B. (2005): Fürsorgliche Verstrickung: Soziale Arbeit zwischen Profession und Freiwilligenarbeit. Wiesbaden: VS Verlag für Sozialwissenschaften.

Krüger, H.-H./Rauschenbach, Th. u.a. (2003): Diplom-Pädagogen in Deutschland. Survey 2001. Weinheim/München: Juventa.

Oevermann, U. (1996): Theoretische Skizze einer revidierten Theorie professionalisierten Handelns. In: Combe, A./Helsper, W.: Pädagogische Professionalität. Frankfurt a. M.: Suhrkamp, S. 70-183.

Pfeiffle, H. (2006): Wissensmanagement. In: Dzierzbicka, A./Schirlbauer, Al. (Hrsg.): Pädagogisches Glossar der Gegenwart. Von Autonomie bis Wissensmanagement. Wien: Löcker.

Rauschenbach, Th./Krüger, H.-H. (2004): Diplomiert in die Zukunft? Einige empirische Argumente für die Beibehaltung einer reformierten universitären Sozialpädagogik. In: Sozialextra, 28. Jg., H. 28, S. 28-31.

Seithe, M. (2010): Schwarzbuch Soziale Arbeit. Wiesbaden: VS Verlag für Sozialwissenschaften.

Wendt, W.-R. (2003): Fachsozialarbeit als notwendige professionelle Spezialisierung. Auffächerung beruflicher Tätigkeit und Ganzheitlichkeit Sozialer Arbeit. In: Blätter der Wohlfahrtspflege, 150. Jg., H. 4, S. 124-128.

Zeuner, B. (2007): Die Freie Universität Berlin vor dem Börsengang? Bemerkungen zur Ökonomisierung der Wissenschaft. Abschiedsvorlesung, gehalten am 11. Juli 2007 im Otto Suhr Institut. In: Prokla, 37. Jg., H. 3, S. 325-350 (Quelle: http://www.prokla.de/Volltexte/148Zeuner.pdf; Stand: 23. April 2011).

„Generalistisches Grundstudium als Grundlage der Kompetenzorientierung der weiteren Professionsentwicklung"

Politik der Profession als Stärkung des Sozialen

Michael Leinenbach

Professionspolitik ist Gesellschaftspolitik

Aus dem Verständnis heraus, dass Professionspolitik gleichzeitig Gesellschaftspolitik ist, hat der Deutsche Berufsverband für Soziale Arbeit e.V. (DBSH) für den Bereich der Ausbildung innerhalb der Profession Soziale Arbeit eine eigene Haltung aus Sicht der Praxis entwickelt. Im Folgenden werde ich die Haltung und bestehenden Beschlusslagen des DBSH zur Ausbildung sowie weiterführenden Qualitätssicherungsmaßnahmen in der Profession Soziale Arbeit darstellen. Die Profession Soziale Arbeit entwickelt sich aus Sicht des DBSH einerseits in der wechselseitigen Beeinflussung von Wissenschaft, Praxis und Forschung, andererseits positioniert sie sich im Spannungsfeld zwischen Lebenswelt, System und Politik. Lebenswelt und System (also staatliche, ökonomische, bürokratische Strukturen) haben sich immer weiter auseinander entwickelt. In diesem Sinn wird soziale Arbeit als „intermediäre Instanz" verstanden, die zwischen Lebenswelt und System vermittelt. Sie bewegt sich dabei auf beiden Ebenen. Auf der Systemebene folgt sie dem Sozialstaatsgebot und anderen Ordnungsvorstellungen und wird entsprechend vom Staat beauftragt. Auf der anderen Seite ist sie verständigungsorientiert in der Lebenswelt der jeweiligen Zielgruppe. Neben den klassischen sozialpolitischen Maßnahmen (Versorgung, Fürsorge) umfasst der Begriff der „Sozialen Arbeit" auch gesundheitliche, therapeutische, seelsorgerische, erzieherische, schulische und kulturelle Maßnahmen. Die Vermittlung zwischen Lebenswelt und System lässt sich als *Integrationsauftrag* der Sozialen Arbeit beschreiben.

Die besondere Qualität gelingender sozialer Praxis und Theorie liegt in der

- analytischen und handlungsorientierten Durchdringung von „System und Lebenswelt",
- Berücksichtigung der Mensch-Umwelt Komponente,
- Integration verschiedener Wissenschaften.

Damit verbunden geht es um die „Erforschung von Ursachen sozialer Probleme, die empirische Begleitung des Prozesses sozialer Arbeit und die Einschätzung von Wirkungen sozialarbeiterischer Interventionen (Müller, 1988))".[1]

Diesem Verständnis von Sozialer Arbeit ist letztlich auch das Bundesarbeitsgericht in zwei Urteilen gefolgt:

1995: „... Die Tätigkeit eines Sozialarbeiters/Sozialpädagogen hat ihren Schwerpunkt in der Bekämpfung von Fehlentwicklungen durch Veränderung von Menschen, ihren Lebenslagen und Lebensqualität sowie der sie bedingenden gesellschaftlichen Strukturen (.)

... Dazu gehört die Veränderung des Menschen, seiner Lebenslage und Lebensqualität und der sie bedingenden gesellschaftlichen Strukturen als Ziel des beruflichen Handelns (.)"[2]

1997: „Knapp definiert besteht die Aufgabe des Sozialpädagogen in der Hilfe zur besseren Lebensbewältigung, was sich je nach der Problemsituation und auslösender Lebenslage als Entwicklungs-, Erziehungs-, Reifungs- oder Bildungshilfe verstehen lässt. Durch psychosoziale Mittel und Methoden sollen die als Bedürftigkeit, Abhängigkeit und Not bezeichneten Lebensumstände geändert werden. Die Tätigkeit des Sozialarbeiters hat die Veränderung des Menschen, seiner Lebenslage und Lebensqualität und der sie bedingenden gesellschaftlichen Strukturen als Ziel beruflichen Handelns zur Aufgabe."[3]

Internationale Ebene

Auch auf internationaler Ebene hat sich ein Verständnis von Sozialer Arbeit durchgesetzt, das ihren strukturellen Auftrag bestätigt. Auf seinem Delegates Meeting in Montreal 2000 hat die International Federation of Social Workers IFSW folgende Definition Sozialer Arbeit beschlossen:

Definition: The social work profession promotes social change, problem solving in human relationships and the empowerment and liberation of people to enhance well-being. Utilising theories of human behaviour and social systems, social work intervenes at the points where people interact with their environments. Principles of human rights and social justice are fundamental to social work. (Iws, 2000)

Derzeit liegen im deutschsprachigen Raum verschiedene Definitionen vor. Für die weiteren Ausführungen lege ich folgende Übersetzung zu Grund:

„Die Profession Soziale Arbeit fördert den sozialen Wandel und die Lösung von Problemen in zwischenmenschlichen Beziehungen, und sie befähigt die Menschen, in freier Entscheidung ihr Leben besser zu gestalten. Gestützt auf wissenschaftliche Erkenntnisse über menschliches Verhalten und soziale Systeme greift Soziale Arbeit dort ein, wo Menschen

1 Qualitätskriterien des DBSH, vgl.: http://www.dbsh.de/html/kontext.html

2 Bundesarbeitsgericht zur Definition von Sozialarbeit 1995, vgl.: http://www.dbsh.de/grundlagenheft_-PDF-klein.pdf

3 Bundesarbeitsgericht z. B Senat 18. Juni 1997 – 4 AZR 764/ 95 – AP BAT §§ 22, 23 Sozialarbeiter Nr. 38 mwN; 26. Juli 1995 – 4 AZR 318/ 94 – AP AVR Caritasverband § 12 Nr. 8, vgl. http://www.dbsh.de/grundlagenheft_-PDF-klein.pdf

mit ihrer Umwelt in Interaktion treten. Grundlagen der Sozialen Arbeit sind die Prinzipien der Menschenrechte und der sozialen Gerechtigkeit." Quelle: Übersetzung DBSH

Definition Sozialer Arbeit des DBSH

Ausgehend von dem eher komprimierten Text der internationalen Definition, hat eine Kommission des DBSH den Versuch einer verständlicheren Übertragung auf die Situation in Deutschland unternommen:

„Soziale Arbeit versteht sich als Menschenrechts-Profession. Sie handelt auf der Basis wissenschaftlicher Erkenntnisse und entsprechend begründbarer Methoden. Sie hilft Menschen, eine befriedigende Teilhabe am Leben zu erreichen. Sie unterstützt die Gesellschaft in ihrer sozialen und demokratischen Verpflichtung. Sie handelt auf der Basis besonderer berufsethischer Verpflichtungen.

Die Profession Soziale Arbeit hilft Einzelnen, Gruppen und dem Gemeinwesen bei der Lösung von Problemen, die nicht über pflegerische, gesundheitliche und privatrechtliche Dienste zu lösen sind.

Die Profession Soziale Arbeit hilft der Politik, indem sie mögliche Ursachen für Problemlagen benennt (Handlungsforschung) und zugleich über neu entstehende Problemlagen informiert (Frühwarnsystem).

Die Profession Soziale Arbeit hilft der Gesellschaft, indem sie unmittelbar den sozialen Zusammenhalt fördert, darüber hinaus gesellschaftliche Veränderungsbedarfe anmahnt, zu deren Umsetzung beiträgt und Teilhabe aller Bürger/innen ermöglicht und unterstützt. Die Profession Soziale Arbeit handelt auf der Grundlage von Schlüsselkompetenzen, die wiederum Grundlage für die Anwendung besonderer Methoden sind." (DBSH, 2005)

Damit verbindet die Profession Soziale Arbeit ein wissenschaftlich begründetes, von Lebenswelt und Gesellschaft beauftragtes und methodisch-kompetentes Handeln.

Aktuelle Aufgaben

In dem genannten umfassenden Verständnis in der Beauftragung der Profession Soziale Arbeit muss diese auch Umfang, Qualität und Leistungen sozialer, gesundheitlicher, erzieherischer und gesellschaftlicher Funktionssysteme in den Blick nehmen.

Ziel muss es sein, eine Bildungs-, Jugend-, Familien- und Sozialpolitik mit präventiver und gerechtigkeitsfördernder Funktion für die Entwicklung unserer Gesellschaft zu erreichen. Zu dieser Entwicklung gehört neben einer armutsvermeidenden materiellen Sicherung auch die bedarfsgerechte Bereitstellung qualifizierter Dienstleistungen der Sozialen Arbeit.

Zugleich ist die Soziale Arbeit gefragt, ihre eigenen Interessen – die deckungsgleich mit denen des „Klientel“ sein können – zu vertreten. Damit sind nicht nur Fragen der eigenen Bezahlung gemeint, sondern vor allem nach der Qualität sozialer Dienstleistungen und den Bedingungen, unter denen diese erbracht werden (müssen).

Angesichts sinkender Gehälter, zunehmender Prekarisierung, befristeter Beschäftigungen, zunehmender Inhaltsbestimmung Sozialer Arbeit durch Dritte, wachsender Bürokratisierung, „Ver-Vorschriftung“ der Sozialen Arbeit usw. muss die Profession stärker als bisher auf die eigenen „Produktionsbedingungen“ Einfluss nehmen, um den Kern der eigenen professionellen Identität bewahren zu können.

Während die Definition Sozialer Arbeit, ihre Beauftragung und die gesellschaftlichen Entwicklungen ein geschlossenes Verständnis von Auftrag und Praxis der Profession beinhalten und ein „politischeres“ Verständnis erfordern, entwickeln sich Ausbildung und Praxis immer weiter auseinander.

Nach wie vor fehlt es auf nationaler Ebene an einer gemeinsamen Übertragung des internationalen Ethik-Codes durch Träger, Wissenschaft und Berufsverbände auf nationale Ebene. Dies wäre eine der Grundvoraussetzungen für ein einheitliches Professionsverständnis.

Beitrag zur Entwicklung eines einheitlichen Professionsverständnisses

Als Beitrag zur Entwicklung eines einheitlichen Professionsverständnisses im Bereich der Ausbildung und Qualitätssicherung innerhalb der Profession, kann entsprechend der Haltung sowie der Berücksichtigung der Beschlusslagen des DBSH das folgende Modulsystem herangezogen werden.

1. Modul: Entwurf eines Ausbildungskonzepts für die Soziale Arbeit

Wo immer soziale Leistungen wie Betreuung, Beratung, Bildung, Erziehung oder Pflege erforderlich werden, braucht es gut ausgebildete, verantwortungsbewusste und engagierte Fachkräfte.

Dennoch wird, trotz absolut steigender Zahl der Beschäftigten und einem sich abzeichnenden Fachkräftemangel, an Personalentwicklung und Bezahlung des Fachpersonals gespart. Neben Versuchen der Minderzahlung und des Abbaus von tariflichen und arbeitsvertraglichen Bindungen mehren sich die Versuche, sozialpädagogische Angebote zu standardisieren und mit geringer qualifizierten Kräften zu besetzen. Die Tätigkeitsfelder der Sozialen

Arbeit selbst beschränken sich in diesem Szenario auf abrechnende, personalwirtschaftlich-anleitende und auf Fallmanagement-Aufgaben.

Um den sich abzeichnenden Qualitätsverlust Sozialer Dienste zu verhindern, bedarf es wieder einer Praxisgestaltung, die den Ansprüchen einer ganzheitlich orientierten Sozialen Arbeit in ihrer komplexen Auftragsgestaltung gerecht werden kann.

Zum Wohl der Nutzer Sozialer Dienste setzt sich der DBSH daher für verbindliche Qualitätsstandards der Profession in Erziehung, Bildung, Pflege und Gesundheit ein. Grundlage für jegliche Qualitätsstandards ist zunächst die grundständige Ausbildung der Profession.

Aufbau der Ausbildung

Bis zum Jahr 2001 galt für die bisherigen Studiengänge eine von der Kultusministerkonferenz beschlossene „Rahmen- und Prüfungsordnung für den Diplomstudiengang für die Fachwissenschaft Soziale Arbeit". Diese wurde im Zuge des Bologna-Prozesses und seiner neuen Studienstruktur mit der Folge aufgegeben, dass es mittlerweile einen Wildwuchs an Studieninhalten, -strukturen, -anforderungen und Praxiserfordernissen gibt.[4]

Die neben der Ausbildung zur „Sozialen Arbeit (BA)" existierenden Studienabschlüsse und -inhalte entfernen sich vom ethischen und fachlichen Kern der Profession und zielen auf bestimmte Tätigkeitsfelder oder sogar nur einzelne Segmente ab, von denen eine besondere Nachfrage bei Einstellungsträgern vermutet wird (darunter fallen auch Hochschulgründungen durch Einstellungsträger selbst). Abseits der inhaltlichen Kritik dieser Angebote widersprechen diese Spezialisierungen auch der sich ständig verändernden „Beauftragungslandschaft" im Sozialen Bereich.

Gerade diese Situation, verbunden mit der zu erwartenden Europäisierung von sozialer Politik, verlangt von der Profession generalisierende, kommunikative und solche Kompetenzen, die es ermöglichen, gegenüber neuen Anforderungen im Wandel der Gesellschaft zu bestehen.

Statt europaweiter Transparenz der Studieninhalte und Einigkeit im Kern der Studienziele aber ist ein System entstanden, das vielfach bereits den Wechsel der Hochschule innerhalb eines Bundeslandes erschwert. Zwar wurde vom Fachbereich Soziale Arbeit ein Qualifikationsrahmen Soziale Arbeit (QR Sarb)[5] entwickelt, jedoch zwingt dieser die Hochschulen nicht zu einer verpflichtenden Kompetenzvermittlung in der Vorgabe entsprechender Module. Vielmehr ermöglicht der Qualifikationsrahmen sowohl diverse Spezialisierungen, als auch einen Fortbestand der bezugswissenschaftlichen Ausbil-

---

4 Branchenbuch grundständige Studiengänge Soziale Arbeit, vgl.: http://www.dbsh.de/branchenbuch-soziale-arbeit-ba.pdf

5 Qualifikationsrahmen Soziale Arbeit des FBTS, vgl.: http://www.fbts.de/fileadmin/fbts/Aktuelles/QRSArb_Version_5.1.pdf

dungstradition an vielen Fachhochschulen, deren Studienangebote zu suggerieren scheinen, dass allein der Mix unterschiedlicher Lehrfächer in der Übertragung auf das spätere Handeln der SozialarbeiterInnen eine Profession entstehen lassen. Kennzeichnend für dieses – alte – Verständnis in der Ausbildung der Sozialen Arbeit ist auch die Geringschätzung von studienbegleitender Praxis, die mit 100 Tagen genügen soll.

Daher fordert der DBSH verpflichtende Ausbildungsstandards, die eine Kompetenzorientierung des Studiums als eine Grundlage der Professionsentwicklung sowie eine stärkere Praxisorientierung ermöglichen. Mit dieser Forderung soll auch der zu beobachtenden Tendenz, immer „kleinteiligere" Bachelor-Studiengänge anzubieten, entgegengewirkt werden.

Ziele der Ausbildung

Die wesentlichen Ziele der Ausbildung sind über Schlüsselkompetenzen der Sozialen Arbeit, die bereits im Bachelor-Studiengang zu erwerben sind, zu bestimmen. Einzelne Kompetenzen können dann im Rahmen von Zusatzstudiengängen (Master) sowie Weiterbildungen ausgebaut werden.

Ein so zu veränderndes Ausbildungskonzept würde die Stellung der Fachkräfte im Bereich der Sozialen Arbeit absichern.

Eine Darstellung der im Studium zu vermittelnden Kompetenzen erfolgt im Anschluss der Darstellung der vom DBSH geforderten Ausbildungsstruktur.

Die Ausbildung in der Sozialen Arbeit soll zukünftig wieder auf zwei Säulen fußen: zunächst das Studium, anschließend das Berufseinmündungsjahr.

1. Säule: Studium

Im Rahmen der Säule Studium ist mindestens das Bachelor-Studium zu absolvieren, optional kann das Master-Studium bis hin zur Promotion folgen:

Bachelor-Studium

- Das Bachelor-Studium muss sich generalisiert auf die Soziale Arbeit beziehen. Es soll eine Dauer von mindestens sieben Semestern haben. Der Bachelorstudiengang soll 210 ECTS Credits beinhalten.
- Die Dualität der Abschlüsse an den Fachhochschulen (BA Soziale Arbeit) und Universitäten (BA Sozialpädagogik) ist aufzuheben, beide Hochschulorte sind auf die gleichen Inhaltsbereiche zu verpflichten.
- Angesichts der Breite der sozialarbeiterischen/-pädagogischen Studieninhalte hat sich an den kleinen Lehrstühlen der Universitäten die Tendenz entwickelt, das Studienangebot über neue Spezialisierungen zu „retten" – etwa über Studiengänge wie „Weiterbildung" oder „frühkindliche Bildung" an den Pädagogischen Hochschulen. Bei diesen Studienangeboten ist zumindest deutlich zu machen, dass diese sich *nicht innerhalb* der Professionsausbildung bewegen.

Master-Studium

- Die Masterstudiengänge in der Sozialen Arbeit sollten neben einem generalisierten Masterstudium auch Weiterbildungsmaster, Master der Praxis (LeiterInnen von Ämtern und Einrichtungen der Jugend- und Sozialhilfe) oder forschungsorientierte Master mit entsprechenden Schwerpunkten bilden können (z.B. Frühkindliche Pädagogik, Kinder- und Jugendpsychotherapeut, Evaluation, Menschenrechte, Sozialmanagement, Supervision, Jugendhilfe usw.). Das Masterstudium sollte mit Abschlussarbeit einen zeitlichen Rahmen von drei Semestern umfassen. Der Masterstudiengang soll 90 ECTS Credits beinhalten.
- Das Erfordernis von insg. 300 ECTS zum Erwerb des MA ist auch auf die universitären Studiengänge zu übertragen.

Promotion

- Die Möglichkeiten, im Bereich der Sozialen Arbeit zu promovieren, sollen ausgebaut werden, um die Situation der Forschung zu verbessern, aber auch um gezielter eigenen Nachwuchs für die Praxis und Lehre gewinnen zu können.
- Den Fachhochschulen ist ein eigenständiges Promotionsrecht einzuräumen.

Vereinfachung der Studienstruktur

- Die Studienstruktur ist bundesweit zumindest so weit zu vereinfachen (etwa über kompetenzorientierte Modulbeschreibungen), dass ein Wechsel der Studienorte und Auslandssemester bei Anerkennung der bereits erworbenen Studienleistungen möglich sind.
- Eine so gestaltete einheitliche Studienstruktur (Kompetenzorientierung, Umsetzung in Module, Angleichung der Studiendauer, usw.) ermöglicht zugleich einen Wettbewerb sowie eine inhaltliche Zentrierung der Ausbildungsstätten.

Welche Kompetenzen vermittelt werden sollten, verdeutlichen die vom DBSH als Beitrag für die Profession entwickelten und vorgestellten Schlüsselkompetenzen:

Schlüsselkompetenzen der Sozialen Arbeit

Als eigenen Beitrag zur weiteren Entwicklung und zur Sicherung der Profession hat der DBSH Schlüsselkompetenzen für die Soziale Arbeit (ausführlich hierzu Maus et al., 2010) erarbeitet. Mit diesen Schlüsselkompetenzen definiert der DBSH grundlegende Kompetenzen.

Die Schlüsselkompetenzen sind ein Beitrag zur Verbesserung der beruflichen Identität als SozialarbeiteIn – SozialpädagogIn u.a. Sie sind ein Beitrag zur Beschreibung des Kerns professioneller Sozialer Arbeit und damit zur Definition dessen, was ein Berufsgesetz schützen soll. Sie beschreiben

Grundkompetenzen und den Rahmen für Spezialisierung in Zusatzstudiengängen oder Weiterbildungsmaßnahmen. Diese Grundkompetenzen sind in einem Bachelorstudiengang zu erwerben. Einzelne Kompetenzen können im Rahmen von Weiterbildung oder Zusatzstudien ausgebaut werden.

Im Einzelnen sind während des Bachelor-Studiums folgende Schlüsselkompetenzen zu erwerben:

Strategische Kompetenz
„Strategische administrative Kompetenz" umfasst die Fähigkeit, überlegt, geplant auf klare Ziele bzw. Wirkungen hin zu handeln – unter Einbeziehung sozialarbeiterischen Wissens, der Ressourcen des Klienten oder der Klientin (der Gruppe oder des Gemeinwesens) und der Berücksichtigen der unterschiedlichen Interessen (auch im Sozialraum). Strategisches Handeln bedeutet auch, systematisch und gezielt zu handeln, unter Nutzung der vorhandenen Rechte und Strukturen als Mitglied oder MitarbeiterIn einer Organisation.

Methodenkompetenz
Methodenkompetenz setzt die Fähigkeit voraus, planmäßig vorgehen zu können und Verfahren bzw. Vorgehensweisen der Sozialen Arbeit zu kennen und anzuwenden. Dies beinhaltet sowohl die Gegenstands-/Problembestimmung als auch die Handlungsziele. Diese Methoden beinhalten eine Vielzahl von „Techniken" auf der Grundlage verschiedenster sozialarbeiterischer oder psychologischer Konzepte und Schulen. Der Methodenbegriff in der Sozialen Arbeit ist umstritten. In der Sozialen Arbeit hierzulande werden Einzelhilfe, Gruppenarbeit, Familienberatung und Gemeinwesenarbeit als Methoden der Sozialen Arbeit bezeichnet.

Sozialpädagogische Kompetenz
SozialarbeiterInnen und SozialpädagogInnen arbeiten mit Kindern und Jugendlichen.

Auch die Bildungsarbeit mit Erwachsenen ist dieser Kompetenz zugeordnet. Es geht um:

- Pädagogische Wissens- und Handlungsgrundlagen für die Arbeit mit Kindern und Jugendlichen,
- Theorie der Jugendhilfe,
- Pädagogische Praxis der Jugendhilfe und der Jugendfürsorge,
- Methoden für die Elternarbeit,
- Umgang mit Medien.

Sozialrechtliche Kompetenz
Wenn Fachkräfte der Profession Hilfsbedürftige/KlientInnen „vertreten" oder von Amts wegen „intervenieren", „betreuen" oder in der Stadtteilarbeit tätig sind, so müssen sie häufig die Ressourcen auszuschöpfen, die das „Recht" für die KlientInnen gewährt (z.B. Leistungen des SGB II, V, VIII, XII).

Das Recht stellt die Schranke und auch den Rahmen dar und dient „auch als spezifische Grundlage der eigenen Tätigkeit“ (z.B. Garantenpflicht, Schweigepflicht, Datenschutz, Zeugnisverweigerungsrecht, Arbeitsrecht etc.).

Sozialadministrative Kompetenz
Sie umfasst die Fähigkeit, mit der öffentlichen Verwaltung zu kommunizieren, den Sprachstil und das Handeln von öffentlicher Verwaltung und der rechtlichen Grundlagen zu verstehen, um so dem Klientel zu seinem Recht zu verhelfen und öffentliches Verwaltungshandeln für das Klientel nutzbar zu machen.

Dazu gehören u.a. entsprechende Kenntnisse des Verwaltungs- und Grundlagenrechts der öffentlichen Verwaltung.

Personale Kompetenz und kommunikative Kompetenz
Personale Kompetenz ist die Fähigkeit der Arbeit mit und an der eigenen Person in Bezug auf die Interaktion mit anderen Menschen, hier insbesondere im Bezug auf die professionelle Tätigkeit als SozialarbeiterIn und als SozialpädagogIn (soziale Kompetenz, Reflexionskompetenz, Erkennen eigener Grenzen u.a.m.).

Kommunikative Kompetenz beschreibt die Beherrschung und Beachtung von mit der nonverbalen, verbalen und symbolischen Kommunikation einhergehenden Regeln sowie von Strukturen und Prozessen. Sie umfasst auch die Diskurs- und Diskussionsfähigkeit im fachlichen Zusammenhang, Respekt und Achtung Anderer und deren Autonomie.

Professionsethische Kompetenz
Die traditionelle Ethik beschäftigt sich überwiegend mit folgenden drei Problemfeldern, nämlich „mit den Fragen

- nach dem höchsten Gut,
- nach dem richtigen Handeln und
- nach der Freiheit des Willens.

„Sozialethik“ ist umfassender, d.h. sie bezieht sich auf ethische Verhältnisse und Pflichten, die aus dem Gemeinschaftsleben erwachsen und ihren Niederschlag u.a. in den Menschenrechten finden. Die Berufsethik setzt sich mit den sie leitenden Handlungsregeln für das professionelle Handeln, den grundlegenden Wertehaltungen und dem Wertekanon der Berufsgruppe und Verhaltensnormen, die für alle Fachkräfte der Profession gelten, auseinander.

Sozialprofessionelle Beratungskompetenz
Professionelle Beratung in der Sozialen Arbeit ist eine

- typische (häufig wiederkehrende, aufgaben-/auftragsbezogene),
- wertorientierte (auf professionseigene Normen bezogene),
- theoretisch fundierte (fachtheoretische Beiträge, Konzepte, Begründungen),

- eigenständige (sowohl von anderen beruflichen Handlungen als auch von anderen Beratungsprofessionen [wie bspw. der Psychologie, Jurisprudenz, Medizin] unterscheidbare) und
- somit eine an den professionellen Prinzipien orientierte Praxis.

Kompetenz zur Praxisforschung/Evaluation
Damit ist nicht vornehmlich eine auf die akademische Ausbildung von SozialarbeiterInnen/SozialpädagogInnen reduzierte Forschungsmethodik gemeint, vielmehr die alltägliche sozialarbeiterische Hilfepraxis im Sozial-, Gesundheits- und Bildungssystem selbst Gegenstand der Forschung.

Praxisforschung dient damit zwei Zielsetzungen:

- Zum einen kann mit ihren Erkenntnissen die Sozialarbeitswissenschaft fortgeschrieben und
- zum anderen auch die Hilfepraxis selbst verbessert werden. Im Unterschied zur Grundlagenforschung soll die anwendungsorientierte Forschung Erkenntnisse, die bei konkreten Ereignissen im Praxisalltag herangezogen werden können, liefern.

2. Säule: Berufseinmündungsjahr (Referendariat, Staatliche Anerkennung usw.)

In der Säule Berufseinmündungsjahr werden die im Studium erworbenen Kenntnisse im Wege eines begleiteten Einstiegs in die Berufstätigkeit an die praktischen Erfordernisse der Profession vertieft. Dieser zweite Ausbildungsabschnitt ist Grundlage für die staatliche Anerkennung. Eine solche Prüfung muss einmalig nach einem Studienabschluss absolviert werden.

Im Folgenden dokumentiere ich die vom DBSH bereits im Jahr 2006 beschlossenen Mindeststandards für die Staatliche Anerkennung.

Grundsatz
Der DBSH beschließt, sich *grundsätzlich* für den Erhalt der Staatlichen Anerkennung für die Soziale Arbeit einzusetzen.

1. Eigenständigkeit der Staatlichen Anerkennung
Die Staatliche Anerkennung ist ein eigener Qualifikationsbereich. Neben den theoretischen Inhalten müssen Praxisanteile nachgewiesen werden. Der Nachweis ist in einer eigenständigen Prüfung nach mindestens einjähriger Praxis in der Sozialen Arbeit während und/oder nach dem Studium der Sozialen Arbeit unter Beteiligung der zuständigen Stelle zu erbringen. Diese Stelle muss per Gesetz oder Verordnung auf der jeweiligen Landesebene von den zuständigen Landesministerien definiert werden.

Der Zugang zur Erreichung der Staatlichen Anerkennung muss jeder Bewerberin/jedem Bewerber nach dem Studium der Sozialen Arbeit ermöglicht werden.

2. Zielsetzung
Der Ausbildungsbereich zur Staatlichen Anerkennung soll dazu befähigen, Aufgaben der Sozialen Arbeit in der Praxis öffentlicher und freier Träger selbständig und eigenverantwortlich unter Berücksichtigung der methodischen, rechtlichen, organisatorischen und finanziellen Rahmenbedingungen wahrzunehmen. *(vgl.: Rheinland-Pfalz, Landesgesetz über die staatliche Anerkennung von Sozialarbeiterinnen und Sozialarbeitern sowie Sozialpädagoginnen und Sozialpädagogen, § 6 Abs. 2 vom 07.11.2000)*

3. Der DBSH fordert folgende bundesweite Standards:
- Während der berufspraktischen Tätigkeit soll sich die Bewerberin/der Bewerber in die praktische Soziale Arbeit und in die damit verbundenen Verwaltungstätigkeiten sachgerecht einarbeiten und ihre/seine Fachkenntnisse vertiefen, um die theoretisch erworbenen Fachkenntnisse in die Praxis umzusetzen.
- Für die Qualifizierung ist ein Ausbildungsplan unter Berücksichtigung der Ausbildungsziele zu erstellen.
- Während der Qualifizierung müssen extern begleitende Lehrveranstaltungen nach Maßgabe des Ausbildungsplanes absolviert werden.
- Mit der Ausbildungsleitung sind erfahrene Fachkräfte der Sozialen Arbeit mit staatlicher Anerkennung zu beauftragen.
- Die Bewerberin/der Bewerber hat am Ende ihrer/seiner berufspraktischen Tätigkeit eine schriftliche Hausarbeit/Praxisbericht anzufertigen, in der der Transfer aus der Theorie in die Praxis nachgewiesen wird.
- Die Ausbildungsstätte berichtet der zuständigen Stelle über die berufliche Entwicklung und Eignung der Bewerberin/des Bewerbers und stellt fest, ob sie oder er den besonderen Anforderungen der staatlichen Anerkennung gewachsen ist und ob die Ausbildungsziele entsprechend des Ausbildungsplanes erreicht wurden.
- Die Bewerberin/der Bewerber hat in einem Prüfungsgespräch (Kolloquium) nachzuweisen, dass die Ziele gemäß Punkt 3 der Forderungen des DBSH erreicht worden sind.
- Nach erfolgreichem Abschluss des Kolloquiums wird die Staatliche Anerkennung durch das zuständige Landesministerium erteilt.

4. Aberkennung der staatlichen Anerkennung
Die staatliche Anerkennung ist abzuerkennen, wenn schwerwiegende strafrechtlich relevante Verstöße vorliegen und ein entsprechender Eintrag im polizeilichen Führungszeugnis vorliegt.

5. Tarifliche Forderungen des DBSH
Aufgrund der Forderung des DBSH zur Staatlichen Anerkennung ergibt sich die Forderung im Rahmen des TVöD (Tarifvertrag für den Sozial- und Erzie-

hungsdienst), dass Abschlüsse (Diplom und Bachelor) mit Staatlicher Anerkennung entsprechend eingruppiert werden.[6]

2. Modul: Berufsgesetz für die Soziale Arbeit[7]

Die Beschäftigen in der Sozialen Arbeit genießen in der Öffentlichkeit ein hohes Ansehen. Sie, und nicht Kostenträger und Wohlfahrtsverbände, stehen im Mittelpunkt, wenn es um ernsthafte Bemühungen geht, soziale Probleme zu lösen und Menschenwürde zu bewahren. Oft wird gerade dort, wo Politik und Gesellschaft nicht mehr weiter wissen, Soziale Arbeit beauftragt. Umgekehrt aber wird Soziale Arbeit und ihre besondere Qualität und Qualifikation immer dann in Frage gestellt, wenn ihre Arbeitsansätze (z.B. in der Schwangerenkonfliktberatung, der Migrationssozialarbeit oder der Beratung von SozialhilfeempfängerInnen) politisch nicht gewollt erscheinen oder wenn es gilt, die Finanzprobleme der öffentlichen Hand zu lösen.

Hintergründe der Initiative für ein Berufsgesetz
Aufgrund dieser Entwicklungen ist es unvermeidbar, dass sich die Soziale Arbeit verstärkt um die Einrichtung eines Systems der personalen Qualitätssicherung bemüht, das auf den Ebenen der Berufszulassung, der Weiterbildungserfordernisse und des Personaleinsatzes in den Praxisfeldern wirksam ist.

Zwar gibt es (bislang) das Erfordernis eines akademischen Studiums und einer staatliche Anerkennung, es ist jedoch nur in sehr eng begrenzten Ausnahmen zur Einstellung (zumeist in der öffentlichen Verwaltung) erforderlich.

Nur in sehr wenigen Büchern des SGB wird der Einsatz von „Fachkräften" vorgegeben. Die Berufsbezeichnung taucht bestenfalls in einigen Ausführungsbestimmungen der Länder oder in Leistungsvereinbarungen auf, wobei die Erfordernisse der Staatlichen Anerkennung hier auch wieder eine Ausnahme bleiben. Im Ergebnis bedeutet die bisherige Situation eine Diskriminierung der Tätigkeitsfelder der Sozialen Arbeit gegenüber anderen Professionen, deren Wirken in besonderer Verantwortung durch berufsrechtliche oder andere Vorgaben gesichert wird.

Damit ist nicht nur eine weitere Dequalifizierung in den Tätigkeitsfeldern der Sozialen Arbeit und der Einsatz berufsfremden Personals möglich, sondern es entsteht darüber hinaus eine Situation, in der sich die Klientel nicht darauf verlassen kann, dass sie entsprechend verantwortlich unterstützt wird.

Wenn der DBSH ein Berufsgesetz fordert, bedeutet das nicht, dass einzelne Tätigkeiten (beraten, begleiten, betreuen, usw.) nur noch von der Profession Soziale Arbeit ausgeführt werden dürfen. Vielmehr geht es zunächst darum, dass die Beauftragung *innerhalb der pädagogischen* respektive *sozi-*

6 Mindeststandards zur staatlichen Anerkennung, vgl.: http://www.dbsh.de/html/ausford.html.
7 Berufsgesetz, vgl.: http://www.dbsh.de/html/berufsgesetz.html

alarbeiterischen Handlungsbereiche des Sozialgesetzbuches (hier also in Abgrenzung zu den Pflege- und Heilberufen) nur mit Berufsangehörigen der Sozialen Arbeit realisiert werden dürfen. Oder noch einfacher: Wo Soziale Arbeit draufsteht, muss auch Soziale Arbeit drin sein.

Ein Berufsgesetz muss zwei Ebenen gleichzeitig verfolgen:

1. Es muss einheitliche Standards zur Professionszulassung geben, die durchaus verschiedene Ausbildungsniveaus (z.B. ErzieherInnen, SozialarbeiterInnen, SozialpädagogInnen (BA) – näheres sollte über entsprechende Berufsbilder[8] geregelt werden) beinhalten und letztendlich mit einer Staatlichen Anerkennung (Berufseinmündungsjahr) das Recht zur Berufsausübung verbinden. Die Staatliche Anerkennung und das damit verbundene Verfahren müssen der besonderen Garantenrolle der Sozialen Arbeit entsprechen.
2. Das bisher nur in einzelnen Gesetzen des SGB verankerte Fachkräftegebot ist auf alle Handlungsbereiche des SGB zu übertragen und entsprechend so zu präzisieren, das staatliche Anerkennung und das jeweils erforderliche Ausbildungsniveau benannt werden.

Wir sind uns dabei bewusst, dass ein Berufsgesetz nur ein Anfang in dem Bemühen sein darf, die Qualität Sozialer Arbeit zu festigen und auszubauen. Vielmehr bedarf es auch qualitätssichernder Rahmensetzungen, wie etwa der Festschreibung von Betreuungsquoten, wie sie in einigen Landesgesetzen zurzeit schon zu finden sind. Eine solche Festschreibung kann jedoch nur bedingt auf Bundesebene erfolgen. Was auf Bundesebene erfolgen könnte, wäre eine Erweiterung der Garantenverpflichtung.

3. Die Notwendigkeit des Berufsabschlusses und des Nachweises verantwortlichen Handelns in staatlicher Beauftragung ist darüber hinaus mit der Verpflichtung regelmäßiger Weiterbildung und reflektierter Berufspraxis als Instrument personaler Qualitätssicherung zu verbinden, wie dies in anderen Ländern bereits Praxis ist (in Deutschland gibt es diese Erfordernis nur für die Heilberufe).

3. Modul: Berufsregister[9]

Abseits einer denkbaren – aber im europäischen Kontext kaum realisierbaren und durchaus diskussionswürdigen Verkammerung des Berufes – bietet sich die Schaffung eines Berufsregisters zur Qualitätssicherung an, wie es in Großbritannien bereits realisiert wurde.

---

8 Berufsbild, vgl. http://www.dbsh.de/html/berufsbild.html
9 Berufsregister für Soziale Arbeit, vgl. http://www.berufsregister.de/

Die Vision für ein Berufsregister ist, mit Kompetenzen einen Rahmen für Ausbildung, Beschäftigte und Träger verbindlich zu beschreiben, der die Qualität und die Basis einer Identität Sozialer Arbeit festigt.

Ziel des Berufsregisters ist es, der besonderen Verantwortung in den Tätigkeitsfeldern gerecht zu werden und eine Dequalifizierung, etwa durch den Einsatz nicht ausreichend ausgebildeter MitarbeiterInnen, zu verhindern und die kontinuierliche Fortbildung der Fachkräfte zu sichern. Das Berufsregister des DBSH will *als politisches Projekt* die Basis für das Durchsetzen solcher berufsrechtlicher Regeln schaffen. Zugleich ist es bereits jetzt ein Beitrag des DBSH zur Qualitätssicherung in der Sozialen Arbeit. So bilden die Grundlagen der Registrierung im Berufsregister derzeit die Qualitätskriterien der Sozialen Arbeit, wie sie exemplarisch vom DBSH erarbeitet wurden.[10]

Eine Sicherung und auch Verbesserung der Leistungsstandards kann letztlich nur dann ermöglicht werden, wenn es einerseits qualitätssichernde Rahmensetzungen (z.B. Berufsgesetz und/oder Berufsregister, Mindeststandards für diverse Arbeitsfelder, usw.) gibt und andererseits die Finanzsituation insbesondere der armen Kommunen und Regionen verbessert wird. Dies erfordert eine breitere Beteiligung auch der hohen Einkommen an den Sozialversicherungskosten, höhere Steuersätze für sehr hohe Einkommen und andere Mittel einer gerechteren Verteilung von Einkommen und Vermögen. Der DBSH hat sich in seiner *Saarbrücker Erklärung*[11] genau mit diesen Fragestellungen beschäftigt.

So gesehen muss die Soziale Arbeit viel stärker als bisher auf die fiskalische Dimension eingehen und das Thema der sozialen Gerechtigkeit thematisieren.

Literatur

Maus, F./Nodes, W./Röh, D. (2010): Schlüsselkompetenzen der Sozialen Arbeit für die Tätigkeitsfelder Sozialarbeit und Sozialpädagogik. 2. Aufl. Schwalbach/Ts.: Wochenschau Verlag.

Müller, C.W. (1988). Achtbare Versuche. Zur Geschichte von Praxisforschung in der sozialen Arbeit. In: Heiner, M. (Hrsg.): Praxisforschung in der sozialen Arbeit, S. 17-33 Freiburg i. Br.: Lambertus.

10 Qualitätskriterien der Sozialen Arbeit, vgl.: http://www.dbsh.de/html/qualitaetskriterien.html.

11 Saarbrücker Erklärung, vgl.: http://www.dbsh.de/html/saarbruecker.html.

Internetquellen

Berufsgesetz, vgl.: http://www.dbsh.de/html/berufsgesetz.html
Berufsbild, vgl. http://www.dbsh.de/html/berufsbild.html
Berufsregister für Soziale Arbeit, vgl. http://www.berufsregister.de/
Branchenbuch grundständige Studiengänge Soziale Arbeit, vgl.: http://www.dbsh.de/branchenbuch-soziale-arbeit-ba.pdf
Bundesarbeitsgericht zur Definition von Sozialarbeit 1995, vgl.: http://www.dbsh.de/grundlagenheft_-PDF-klein.pdf
Bundesarbeitsgericht z. B Senat 18. Juni 1997 – 4 AZR 764/ 95 – AP BAT §§ 22, 23 Sozialarbeiter Nr. 38 mwN; 26. Juli 1995 – 4 AZR 318/ 94 – AP AVR Caritasverband § 12 Nr. 8, vgl. http://www.dbsh.de/grundlagenheft_-PDF-klein.pdf
DBSH (2005): Definition Soziale Arbeit. http://www.dbsh.de/html/wasistsozialarbeit.html.
IFSW Delegates Meeting Montreal 2000, http://www.ifsw.org/p38000208.html, Version 04.10.2005.
Mindeststandards zur staatlichen Anerkennung, vgl.: http://www.dbsh.de/html/ausford.html
Qualitätskriterien des DBSH, vgl.: http://www.dbsh.de/html/kontext.html.
Qualifikationsrahmen Soziale Arbeit des FBTS, vgl.: http://www.fbts.de/fileadmin/fbts/Aktuelles/QRSArb_Version_5.1.pdf
Qualitätskriterien der Sozialen Arbeit, vgl.: http://www.dbsh.de/html/qualitaetskriterien.html
Saarbrücker Erklärung, vgl.: http://www.dbsh.de/html/saarbruecker.html

Generalistische Ausbildung, Spezialisierung und Patchwork[1]

Peter Buttner

Die Ausbildung zur Sozialen Arbeit an den deutschen Hochschulen ist durch einen Gegensatz geprägt: Auf der einen Seite die Überzeugung, dass die Ausbildung generalistisch sein muss, auf der anderen Seite die Einsicht, dass Expertise nur über eine gewisse Spezialisierung zu haben ist und daher die Professionalisierung der Spezialisierung bedarf. Weil Spezialisierung aber auch zur beruflichen Abspaltung führen kann, gilt sie als bedrohlich. Andererseits haftet dem strikt generalistischen Ausbildungsansatz der Makel mangelnder Tiefe an. Dieses Problem des generalistischen Ansatzes gibt es in vielen akademischen Fächern bzw. Berufen, aber es ist in der Sozialen Arbeit besonders virulent, weil hier das berufliche Feld besonders breit gefächert ist. Deswegen ist es in der Sozialen Arbeit auch besonders schwierig, durch ein generalistisches Studium für das ganze berufliche Feld angemessen zu qualifizieren.

Generalisierung als Ideal und Fiktion

Die längste Zeit wurde das Problem der generalistischen Ausbildung durch die Illusion der Exemplarität verdeckt. Die Idee, dass man durch exemplarische Darstellung und punktuelle Vertiefung die fundamentalen Einsichten und wiederkehrenden Muster eines Lerngebietes vermitteln kann (zu Klafki vgl. Meyer & Meyer, 2007), ist ein wichtiger didaktischer Ansatz – nur ist er in der Sozialen Arbeit kaum befriedigend zu verwirklichen, was die Expertise für Handlungsfelder betrifft. Zu verschieden sind sie und zu verschieden das jeweils benötigte Wissen, als dass das Vermittlungsproblem „mit einem Streich" gelöst werden könnte. Vor der Bologna-Reform standen vor allem

---

1 Dieser Buchbeitrag geht auf meine Teilnahme an der Podiumsdiskussion der Jahrestagung 2010 der DGSA „Das Ganze und seine Teile – Generalisierung und Spezialisierung Sozialer Arbeit im internationalen Maßstab" zurück und entwickelt das dort Gesagte eigenständig weiter.

die Studienschwerpunkte für die exemplarische Aneignung praxisrelevanten Wissens und Könnens in den Handlungsfeldern, indem sie die Handlungslogik, das Hintergrund- und Anwendungswissen und die einschlägigen Fertigkeiten für ein Handlungsfeld vermittelten. Mit dieser Schwerpunktsetzung als integralem Bestandteil des Studiums war aber immer auch gemeint, dass dadurch eine allgemeine Qualifizierung für das berufliche Handeln in der Sozialen Arbeit zu erreichen ist. Es wurde also unterstellt, dass das Durchlaufen eines Studienschwerpunktes im Verbund mit dem restlichen Studium zu einer generellen beruflichen Kompetenz für die Soziale Arbeit führt. Gerade weil die Soziale Arbeit „allzuständig“ und mithin so vielgestaltig ist, muss aber bezweifelt werden, dass es *eine generelle*, für alle Handlungsfelder gültige, durch das Studium erzeugte professionelle Handlungskompetenz gibt. Realistischer ist es, davon auszugehen, dass das Studium der Sozialen Arbeit durch Praktikum und Studienschwerpunkt verschiedene, vor allem handlungsfeldbezogene Kompetenzen vermittelt, die AbsolventInnen mithin also nicht für alle Handlungsfelder gleich gut ausgebildet sind. Mit dieser Asymmetrie kann man durchaus leben, und die Soziale Arbeit hat dies ja auch die längste Zeit getan. Solange die Absolventin X als Berufsanfängerin in dem Handlungsfeld einsteigt, in dem sie auch vermehrt Kompetenzen erworben hat, stellt sich weder für sie noch für Klienten oder Arbeitgeber ein Problem, ganz im Gegenteil – und wo ein Absolvent Y in einem Arbeitsfeld einsteigt, für das er durch das Studium nicht speziell qualifiziert ist, muss er eben im Sinne des „training on the job“ nachqualifiziert werden. Das System der Ausbildung in der Sozialen Arbeit hat ja auch, alles in allem und mitsamt der im Studium vollzogenen Teil-Spezialisierungen, gut funktioniert – nur eben sollte auch gesehen werden, dass sich der Anspruch des generalistischen Studiums teilweise als Fiktion entpuppt. Somit stellt sich auch die Denkfigur des exemplarischen Ausbildens als illusionär heraus, zumindest sofern sie sich auf die Gesamtheit der Handlungsfelder der Sozialen Arbeit bezieht, denn zu weit sind die Abstände zwischen Schulsozialarbeit und Schuldnerberatung, zwischen Sozialer Arbeit in der Psychiatrie und Jugendarbeit, zwischen Streetwork und Kliniksozialarbeit, zwischen Gemeinwesenarbeit und Kindertagesstätte.

Die Einführung der Bachelorstudiengänge hat den immer wieder bekräftigten Anspruch, generalistisch auszubilden, nicht gemindert. Im Gegenteil: Bachelorstudiengänge der Sozialen Arbeit sind in der Regel sogar etwas allgemeiner gehalten als ihre Vorläuferstudiengänge mit Diplomabschluss, oftmals auch verschulter. Sie weisen häufig weniger Vertiefungsmöglichkeiten auf als ihre Vorgänger und wenden trotz reduziertem Präsenzstundenvolumen mehr Zeit für Fächer von allgemeiner Bedeutung auf. Die Bachelorstudiengänge bleiben also nicht nur vom Anspruch her generalistisch, sondern rücken auch tatsächlich das Allgemeine mehr in den Fokus. Der Bezug auf einzelne Handlungsfelder und spezialisierte Praxis rückt damit tendenziell in den

Hintergrund. Damit lassen die Bachelorstudiengänge das Problem der generalistischen Ausbildung etwas offener zu Tage treten als die früheren Diplomstudiengänge.

In vielen Bachelorstudiengängen wurden Vertiefungsmöglichkeiten durch Einschränkung von Wahlmöglichkeiten vermindert.[2] Zugleich wurde die wissenschaftliche Methodenlehre in aller Regel mit mehr Stunden als in der vorhergehenden Diplomstudiengängen ausgestattet (Buttner, 2007, S. 324ff.). Auf diese Weise sind viele Bachelorstudiengänge der Sozialen Arbeit tatsächlich allgemeiner geworden. Ob sie damit aber auch besser qualifizieren, bleibt offen. Jedenfalls folgt aus der Betonung des generalistischen Ansatzes nicht zwangsläufig, dass die Bachelorstudiengänge das Ziel der *in der Breite* angelegten Qualifikation auch tatsächlich besser erreichen als die Vorläuferstudiengänge, denn wie sollten weniger Vertiefungsangebote und -möglichkeiten, weniger Praxis im Studium, weniger Präsenzlehre insgesamt und zugleich mehr wissenschaftliche Methodenlehre eine ausreichend gute *generelle*, für das Gesamtfeld der Sozialen Arbeit ausreichende professionelle Handlungsfähigkeit garantieren können?

Was die Grundqualifikation angeht, lassen sich also schon bei den Diplomstudiengängen und wohl noch mehr bei den Bachelorstudiengängen Zweifel am Gelingen der Umsetzung des generalistischen Ansatzes begründen. Dies mag in vielen anderen akademischen Fächern ähnlich sein. Nach meinem Dafürhalten ist aber die Schwierigkeit, dem generalistischen Ansatz gerecht zu werden, in der Sozialen Arbeit durch die enorme Breite des Spektrums an Handlungsfeldern besonders ausgeprägt.

Spezialisierung, Patchwork und Crossover

Im Gegensatz zu den Bachelorstudiengängen waren und sind die Masterstudiengänge an den Fachbereichen und Fakultäten der Sozialen Arbeit von Beginn an fast alle spezialisiert. Der Großteil der Masterstudiengänge in der Sozialen Arbeit und in ihrem thematischen Umfeld sind auf einen bestimmten Feldzugang, einen Ansatz oder eine Methodik fokussiert, teils eng, teils ohne eindeutigen Bezug zur Sozialen Arbeit. Diese Fokussierung bildet jedoch keineswegs die thematische „Landschaft“ der alten Studienschwerpunkte nach, sondern folgt bis heute einer eigenen Logik, die durch Zeitgeist, marktpolitische Überlegungen und den artikulierten Bedarf am Arbeitsmarkt beeinflusst zu sein

2 Diese Veränderungen haben in erster Linie (aber nicht nur) jene Studiengänge betroffen, die als Nachfolger der sogenannt einphasigen Studiengänge fungierten. Als einphasig wurden die Studiengänge bezeichnet, bei denen eine einjährige Praxisphase in das Studium integriert war – wie beispielsweise in Bayern und Baden-Württemberg.

scheint. Jedenfalls sind die Methoden der Sozialen Arbeit und die Handlungsfelder als Kernthemen und Titel bei den Masterstudiengängen deutlich unterrepräsentiert. Ein großer Teil der Masterstudiengänge ist im Bereich des Sozialmanagements angesiedelt, und dies war von Anfang an so. Klassische Themen der Sozialen Arbeit wie Jugendhilfe, Familienhilfe, Altenhilfe, justiznahe Sozialarbeit u.a. bleiben bei den Masterstudiengängen unterrepräsentiert. Lange Zeit zum Beispiel gab es in Deutschland keinen einzigen Masterstudiengang, der speziell für den Bereich der Arbeit mit Kindern und Jugendlichen qualifiziert hätte. Zentrale Themen und Handlungsfelder der Sozialen Arbeit haben sich also anfangs nur marginal und bis heute auch nur vergleichsweise spärlich im Spektrum der Masterstudiengänge abgebildet.

An den Sozialwesen-Fakultäten bzw. -fachbereichen hat sich eine bunte Mischung an Masterstudiengängen etabliert, die weitaus meisten als spezialisierte Studienangebote. Die alte sozialpädagogische oder sozialarbeiterische Monokultur gibt es an diesen Fachbereichen nicht mehr. Mit der Etablierung verschiedener anderer grundständiger Fächer hat sich dort eine disziplinäre Vielfalt entwickelt. Erziehung, Gesundheit und Pflege sowie das Management sind die wesentlichen, aber nicht die einzigen Stichworte für die thematische Erweiterung des Studienangebotes an diesen Fakultäten. In diesem Klima haben sich auch Masterstudiengänge entwickelt, die fachfremd zur Sozialen Arbeit sind wie z.B. Musiktherapie (FH Frankfurt) oder „Angewandte Sexualwissenschaft (FH Merseburg) oder die einen anderen disziplinären Hauptbezug haben, wie z.B. „Sozialrecht“ (FH Fulda).

Neben diesen neuen, zwar affinen, aber nicht im engeren Sinn zur Sozialen Arbeit gehörigen Studiengängen gibt es einen Reigen von spezialisierten Master-Studienangeboten, die sich thematisch mehr oder weniger an die Soziale Arbeit anlehnen, sich mit ihr überlappen, aber auch darüber hinaus weisen. Studiengänge wie beispielsweise „Counselling – Beratung in verschiedenen professionellen Handlungsfeldern“ (FH Nürnberg), „Dienstleistungsentwicklung – Development of social and health services (KH Freiburg), „Mental Health “ (HS München) haben ihren Ursprung in der Sozialen Arbeit, lassen aber schon in der Namensgebung offen, wie eng oder lose der Bezug zur Sozialen Arbeit (noch) ist, und greifen auch inhaltlich teils weit über die Soziale Arbeit hinaus. Eine eindeutige disziplinäre Zuordnung ist kaum mehr zu leisten, vielmehr etabliert sich mit solchen Studienangeboten ein schwer bestimmbares Zwischenreich. Damit sind diese Studiengänge auch nur schwerlich als Spezialisierungen innerhalb der Sozialen Arbeit zu charakterisieren. Ehrlicher wäre es, solche Studiengänge als interdisziplinär und ggf. transdisziplinär zu charakterisieren, denn sie setzen auf theoretische Multiperspektivität und ordnen sich selbst nicht erkennbar einer akademischen Disziplin zu. Sie stellen gewissermaßen ein Patchwork dar und entsprechen in manchem dem, was in der Musik mit „Crossover“, bezeichnet wird: eine Verschmelzung verschiedener „Genres“. Sie stellen Mischungen von Ansätzen, theoretischen Bezügen und Handlungsansätzen dar, die auf eine Handlungslogik hin ausgerichtet sind, aber sich gerade nicht aus einem theoretischen Paradigma ableiten lassen. Das schadet der praktischen Sache und auch dem Denken-Lernen nicht, nur bricht es eben die etablierten, teils auch mühsam errichteten Grenzzäune zwischen den Fächern bzw. Disziplinen auf, ohne bisher zu neuen Clustern zusammenzuwachsen. Viele dieser Studiengänge stellen Solitäre dar.

Prinzipiell ähnliches ist mit dem Sozialmanagement passiert, nur dass sich in diesem Fall über die Jahre sehr wohl ein eigenes Cluster, eine eigene akademische und professionelle Identität etabliert hat. Gelegentlich wird unterstellt, dass das Sozialmanagement ein Ast am Baum der Sozialen Arbeit sei. Dies ist aber immer schon eine einseitige Sicht gewesen, denn die betriebswirtschaftliche Wurzel war von Anfang an auch da. Mittlerweilen jedenfalls hat sich das Sozialmanagement, wie vormals die Heilpädagogik, von der Sozialen Arbeit weitgehend emanzipiert und ist zum eigenen akademischen Fach geworden. Zwar bestehen nach wie vor enge Verbindungen zur Sozialen Arbeit, aber das ändert nichts daran, dass das Sozialmanagement schon seit längerem akademisch auf eigenen Beinen steht. Dies zeigt sich unter anderem am hohen Grad an Binnenorganisation der Ausbildungsgänge, der Lehrpersonen sowie der wissenschaftlichen bzw. wissenschaftsorientierten Produktion von Publikationen.

Neben den „fremden" Studiengängen, den „Patchwork-" oder „Crossover-Studiengängen" und dem mittlerweile eigenständigen Sozialmanagement gibt es natürlich auch eine Reihe von Masterstudiengängen, die tatsächlich Spezialisierungen innerhalb der Sozialen Arbeit darstellen, wie beispielsweise: „Klinische Sozialarbeit" (KH Berlin, ASH Berlin/HS Coburg), „Soziale Arbeit und Gesundheit im Kontext Sozialer Kohäsion" (HS Emden), „Soziale Arbeit – Inklusion und Exklusion" (HS Regensburg), „Jugend in Theorie und Praxis der Sozialen Arbeit" (FH Dortmund), „Soziale Arbeit, Schwerpunkt Familie" (FH Potsdam). Diese im engeren Sinne spezialisierten Studiengänge entsprechen auch in ihrem thematischen Umfang mehr den Handlungsfeldern der Sozialen Arbeit und damit auch den ehemaligen Studienschwerpunkten. Diese spezialisierten Studiengänge der Sozialen Arbeit sind an den Sozialwesen-Fachbereichen in der Minderzahl, auch wenn man die wenigen halbwegs generalistischen Masterstudiengänge hinzunimmt.

Grundständige Spezialisierungen und Neubildungen

Spezialisierung findet aber nicht nur auf der Ebene der Masterstudiengänge statt. Schon seit vielen Jahren gibt es an den Fachbereichen und Hochschulen der Sozialen Arbeit auch einzelne grundständige Studiengänge (früher mit

Diplom-, heute mit Bachelorabschluss), die zum Teil als fachlich eher eigenständige Studiengänge (Heilpädagogik, Sozialwirtschaft), zum Teil aber auch als Hybride zwischen Sozialer Arbeit und anderen Fächern (z.B. Kultur- und Medienpädagogik) bestehen und so zur Diversifikation der Studienlandschaft des Sozialen beitragen.

Eine auch zahlenmäßig bedeutende Neuerung in der Studienwelt des Sozialwesens sind die vielen kindheitspädagogischen Bachelor-Studiengänge („Bildung und Erziehung im Kindesalter", „Bildung und Erziehung in der Kindheit", „Elementar- und Hortpädagogik", „Elementare Pädagogik", „Pädagogik der frühen Kindheit", Frühpädagogik" u.v.a.). Ähnlich wie beim Sozialmanagement darf aber davon ausgegangen werden, dass hier *in nuce* bereits ein eigenes akademisches Fach entsteht. Zwar sind die disziplinären und inhaltlichen Bezüge zur Sozial-*pädagogik* sehr ausgeprägt, jedoch scheint die Eigendynamik dieser Studiengänge, auch wegen der fachlichen Bezüge zur Pädagogik stark genug zu sein, um bald als eigenes Fach *neben* der Sozialen Arbeit zu stehen.

Schließlich gibt es seit kurzem auch spezialisierte Bachelor-Studiengänge der Sozialen Arbeit, wie zum Beispiel „Soziale Arbeit – Soziale Dienste an Schulen (HS Regensburg) oder „Soziale Arbeit in der Kinder- und Jugendhilfe" (HS Landshut). Bei diesen Studiengängen ist die Spezialisierung auf ein gesondertes Handlungsfeld der Sozialen Arbeit explizites Ziel: „Studierende werden für die Handlungsfelder stationärer, ambulanter und teilstationärer Hilfen für Kinder, Jugendliche und ihre Familien sowie den Bereich der offenen Jugendarbeit qualifiziert" (Internetseite der Fakultät Soziale Arbeit der Hochschule Landshut, o.J.). Solche Spezialisierung in der grundständigen Ausbildung gab es vorher nur an den Berufsakademien. Mit der Umwandlung der baden-württembergischen Berufsakademien in die Duale Hochschule Baden-Württemberg im März 2009 gibt es mit den dort ausgewiesenen „Studienrichtungen" wieder eine Spezialisierung, ähnlich wie in den Studienschwerpunkten der Diplomstudiengänge („Soziale Dienste in der Justiz", „Soziale Arbeit in Pflege und Rehabilitation", „Erziehungshilfen/Kinder- und Jugendhilfe" etc.).

Wo liegt das Problem?

Aus disziplinärer Sicht liegt das Post-Bologna-Problem in der Zersplitterung. Der disziplinäre Zusammenhalt ist gefährdet, Abspaltungen drohen, das Gemeinsame geht verloren. Aus Sicht der Fachbereiche bzw. Fakultäten dagegen hat sich eine Multi-Kultur entwickelt, die nicht immer einfach ist, die aber durch ihre Vielfältigkeit auch Vorteile und vor allem die Chance zur Profilierung, zum Eigenen und Besonderen bietet, die Chancen für Forschung und andere Projekte ggf. vermehrt und schließlich auch die Hochschulwelt bunter und damit attraktiver macht. Was den Einen Angstszenario war, ist unter der Hand den Anderen schon zur Normalität und Selbstverständlichkeit im akademischen Alltagsgeschäft geworden. Wo, so muss also gefragt werden, liegt das eigentliche Problem bei der aktuellen Entwicklung? Können etwa die AbsolventInnen von Studiengängen der Sozialwirtschaft oder des „Managements Sozialer Innovationen“ (HS München) nicht mindestens genauso gut wie SozialarbeiterInnen die Probleme lösen, die sich bei sozialen Innovationsvorhaben stellen? Kann eine Absolventin eines kindheitspädagogischen Studienganges den Anforderungen in den Kindertagesstätten und in den anderen Erziehungskontexten nicht mindestens genauso gut gerecht werden wie Absolventen der Studiengänge der Sozialen Arbeit?

Wahrscheinlich muss die Antwort lauten, dass die AbsolventInnen der spezialisierten Studiengänge den in der spezialisierten Ausbildung behandelten Problemlagen und Anforderungen tatsächlich besser gerecht werden können als die generalistisch Ausgebildeten – gerade dies ist ja das Ziel spezialisierter Studiengänge. Niemand würde erwarten, dass eine Person, die einen Studiengang zu Bildung und Erziehung im Kindesalter abgeschlossen hat, besonders gut für Altenarbeit oder Kliniksozialarbeit qualifiziert wäre – für die Arbeit mit Kindern aber eben schon. Ähnlich bei den Masterstudiengängen: Wer einen Masterabschluss in klinischer Sozialarbeit hat, von dem ist zu erwarten, dass er für im weiteren Sinne gesundheits- oder behandlungsbezogene Tätigkeiten im Rahmen der Sozialen Arbeit besonders gut qualifiziert ist, nicht aber unbedingt in der Sozialrechtsberatung. Wenn also die spezialisierten Studiengänge (inklusive der „Crossover-“ oder „Patchwork-Studiengänge“) AbsolventInnen hervorbringen, die für spezielle Anforderungen und Probleme auch besonders gut gerüstet sind – was kann daran schlecht sein, solange wenigstens genügend Arbeitsplätze da sind? Das aktuelle Problem in der Ausbildungslandschaft des Sozialwesens scheint also weniger auf der Ebene der in der Praxis zu lösenden Probleme zu liegen, als vielmehr auf der akademischen Ebene und vielleicht auch in der mangelnden Transparenz des Systems.

Zum Mangel an Transparenz in unserem Bildungs- bzw. Ausbildungssystem tragen verschiedene Faktoren bei. Ein offensichtlicher Faktor ist die Verwischung disziplinärer Grenzen, wie sie durch die Liberalisierung der Studiengangsbezeichnungen und die darauffolgende (oben skizzierte) Vervielfältigung von Studiengangsprofilen in Gang gekommen ist. Was können AbsolventInnen von Studiengängen, von denen vorher noch nie jemand etwas gehört hat, oder von Studiengängen, die ungewohnte partikulare Bezeichnungen tragen? Durch die Einführung der Bachelorstudiengänge ist ja schon selbst genug Verunsicherung in die Welt gekommen: Schon alleine durch den Wegfall bundeseinheitlicher (Rahmenprüfungsordnung) und landeseinheitlicher (Rahmenstudienordnungen) Regeln für Studiengänge der Sozialen Arbeit haben die Unterschiede zwischen den Studiengängen der Sozialen Arbeit zugenommen.

Erst recht unklar ist aber, was die AbsolventInnen der vielen neuen inter- und transdisziplinären Studiengänge eigentlich können.

Ein zweiter Faktor für Intransparenz ist dem Paradigmenwechsel von der input-orientierten Lehre hin zur outcome- oder kompetenzorientierten Lehre geschuldet – obwohl es eigentlich gerade umgekehrt sein sollte. Die neuen Bachelorstudiengänge sind nämlich sämtlich modularisiert und durch Modulhandbücher beschrieben. Diese sind in aller Regel viel genauer in der Darlegung der Studienziele, -inhalte und -methoden, als es die Studienordnungen der Diplomstudiengänge waren. Dennoch, so wage ich zu behaupten, hat die Transparenz de facto nicht zugenommen – vielleicht hat die Orientierung sogar abgenommen. Alleine die Fülle des Materials in den Modulhandbüchern schreckt schon die meisten potenziellen Leser vom Lesen ab. Wer sich aber die Lektüre eines Modulhandbuches zumutet, entdeckt oft genug, dass die dort niedergelegten Studieninhalte floskelhaft aufgezählt und mit übersteigerten Kompetenzerwartungen verknüpft sind. Damit sinkt der Informationswert dieser Studienbeschreibungen, und es bleibt häufig unklar, was die Absolventinnen und Absolventen tatsächlich können (sollen). Schließlich liegt auch in der Kompetenzorientierung selbst ein Grund für Intransparenz, denn es ist leicht zu sagen, dass Studierende nach der Absolvierung eines Moduls dieses oder jenes können, bzw. können sollen – aber was ist das, das sich hinter diesen Kompetenzbegriffen versteckt? Was ist kommunikative Kompetenz, was gar ist soziale Kompetenz (vgl. Kanning, 2003)? Schon der Begriff der Kompetenz selbst (wie auch der der Schlüsselkompetenz) trägt letztlich zu Intransparenz bei, denn er ist alles andere als klar (Weinert, 2001).

Mangelnde Durchsichtigkeit, Unklarheit in der disziplinären Verortung, Verwischung der Fächer- und Disziplingrenzen – das sind Probleme, die auf der akademischen Ebene durch die neue Vielfalt an Studiengängen entstehen. Und entsprechende Probleme lassen sich auch auf berufspolitischer Ebene ausmachen: Wer vertritt die Counsellor, Inklusions- und Innovationsmanager, welche berufsethischen Grundsätze außer den allgemeinen Professionalitätserwartungen binden die Dienstleistungsentwickler und Bildungsmanager? Welche akademischen Standards, außer den allgemeinen Regeln einer guten wissenschaftlichen Praxis, sollen für Gemeinwesenentwickler und Sozialinformatiker gelten? Die Vielfalt der Namen und Profile sowie die pure Menge an Informationen führen *in praxi* zu einem informatorischen Rauschen, das die Orientierung erschwert. Auch wenn durch das Internet die potenzielle Transparenz ganz enorm angestiegen ist – ob das „Sich-Auskennen“ in der Welt der Studienangebote damit zugenommen hat, bleibt fraglich, denn parallel zur Entwicklung des Internet haben sich auch die Dinge vervielfältigt, über die es etwas zu wissen gibt. Das eigentliche Problem liegt also in der mangelnden Orientierung.

Die Spezialisierung im engeren Sinne dagegen ist weit weniger problematisch, als es zunächst den Anschein hat. Die Studiengänge, die explizit

Teilgebiete der Sozialen Arbeit vertiefen, oder auch eine besondere Qualifikation in einem Handlungsfeld vermitteln, treffen häufig auf entsprechende Spezialisierungsanforderungen in der Praxis – sie sind in der Regel genau darauf abgestimmt. Sie stellen zugleich – gerade an den Fachhochschulen – Anreize und Impulse für den Ausbau der Forschung dar und erhöhen in der Regel auch den empirischen Bezug im Studium selbst. Die AbsolventInnen können sich in der Konkurrenz mit anderen sozialen Berufen in der Regel gut behaupten und auch eine vertiefte professionelle Identität erwerben. Diese im disziplinären Gefüge der Sozialen Arbeit verorteten Studiengänge dürften auch in der Praxis auf Anerkennung stoßen und akzeptiert werden. Spezialisierung ist zudem der quasi-natürliche Weg der Wissenschaft: Auf diese Weise sind alle unsere modernen Wissenschaften entstanden.

Aus Sicht der Praxis muss es immer darum gehen, Probleme zu lösen. Im Prinzip ist es gleich, welche akademische Bezeichnung jemand führt und welchem Beruf er oder sie zuzurechnen ist, solange man die Probleme löst. Insofern ist die Spezialisierung – wenigstens solange sie nicht auf Kosten der allgemeinen Bildung und allgemeiner Kompetenzen geht – auch aus Sicht der Praxis und der Anstellungsträger nicht abzulehnen. Nur kommt das System der Praxis nicht ohne Ausbildungsstandards aus, und nicht jede Absolventin und jeder Berufsanfänger kann individuell auf das ganz persönliche Kompetenzprofil hin getestet werden. Es liegt daher nahe, dass institutionelle Akteure wie die Fachgesellschaften, die Berufsverbände, der Fachbereichstag Soziale Arbeit und der Deutsche Verein sowie ggf. andere den Versuch unternehmen, ein gemeinsames Konzept für Binnendifferenzierungen in der Sozialen Arbeit und ggf. Anschlussqualifikationen zu anderen Professionen hin zu entwerfen. Die Spezialisierung lässt sich nicht aufhalten – aber vielleicht doch ein kein wenig mitgestalten.

Literatur

Buttner, P. (2007): Die Fachbereiche Sozialwesen und die Soziale Arbeit – Diversifizierung und Strukturwandel. In: Buttner, P. (Hrsg.): Das Studium des Sozialen. Berlin: Deutscher Verein.

Hochschule Landshut (o.J): Internetseite der Fakultät Soziale Arbeit (http://www.fh-landshut.de/fb/sa/studium/bachelor/kinder-und-jugendhilfe).

Kanning, U. P. (2003): Diagnostik sozialer Kompetenzen. Göttingen: Hogrefe.

Meyer, M. A./Meyer, H. (2007): Wolfgang Klafki. Eine Didaktik für das 21. Jahrhundert? Weinheim/Basel: Beltz.

Weinert, F. E. (2001): Concept of Competence: A Conceptual Clarification. In: Rychen, D./Salganik, L. (Hrsg.): Defining and Selecting Key Competencies. Seattle: Hogrefe.

Zwischen Funktionalität und Reflexivität – Plädoyer für ein generalistisches Bachelorstudium der Sozialen Arbeit

Herbert Effinger

1. Einleitung

Mit der Umsetzung des Bolognaprozesses und den nachfolgenden Diskursen über Qualifikationsrahmen für ein lebenslanges Lernen wurde die alte Frage nach der Ausrichtung der Bildungs-, Ausbildungs- und Weiterbildungssysteme für die Soziale Arbeit neu gestellt. Bei dem Ziel, gestufte und durchlässige Qualifizierungswege zu beschreiben, geht es nicht mehr nur um die horizontale Ausdifferenzierung der unterschiedlichen (Aus-)Bildungssysteme und um deren curriculare Orientierung an grundlegenden Kompetenzzielen (Kenntnisse, Fähigkeiten und Fertigkeiten), sondern auch um die Abgrenzung generalistischer und spezieller Kompetenzen auf den jeweiligen Stufen eines vertikal gegliederten Systems sowie um formelle und informelle Ausbildungs- und Qualifizierungswege.

In diesem Zusammenhang werden oft Gefahren thematisiert, die teilweise darin gesehen werden, dass Bildung zunehmend funktionalisiert und zugunsten von Ausbildung für unmittelbar ökonomische Verwertungszwecke instrumentalisiert würde. Insbesondere bei hoch spezialisierten Bachelorstudienangeboten würden statt wissenschaftlich-akademischer Kompetenzen eher kurzfristige ökonomische Interessen im Vordergrund stehen. Dem stehen aber auch Hoffnungen auf eine Neuordnung der Ausbildungssysteme und eine weitere Professionalisierung gegenüber. Zugespitzt wird diese Debatte vor allem in jenen Handlungsfeldern geführt, in denen sich der Anteil akademisch qualifizierter Fachkräfte noch deutlich in der Minderheit befindet, wie beispielsweise in der Elementarpädagogik, der Pflege und anderen gesundheits- und justiznahen Handlungsfeldern (vgl. DBSH, 2011).

Hierbei geht es auch um Frage, ob man überhaupt noch an den traditionellen Zuschnitten für diese Handlungsfelder festhalten sollte oder ob sich nicht gänzlich neue Schnittmengen mit anderen Handlungsfeldern und darauf bezogene Disziplinen und Professionen ergeben (Gahleitner et al., 2010; DBSH 2011; Effinger 2009). Diskutiert werden auch Fragen wie jene, ob es sich bei der Sozialen Arbeit um einen klar eingrenzbaren Objektbereich handelt oder ob man es vielmehr mit einem amorphen Funktionssystem zu tun hat. Wird die Soziale Arbeit als ein Handlungsfeld gesehen, in dem sich verschiedene Professionen die Aufgaben teilen oder ist dies eine Domäne der Sozialen Arbeit als Beruf bzw. Profession bzw. soll es sein?[1]

In diesem Beitrag werden zunächst diese Diskurse aus der Perspektive unterschiedlicher Interessenslagen und Handlungsmaximen der beteiligten Akteursgruppen beleuchtet. Im Ergebnis dieser Betrachtung steht das Fazit, dass sich diese Fragen nicht objektiv, sondern nur aus den unterschiedlichen Perspektiven schlüssig beantworteten lassen. Lösungen sind so gesehen allenfalls diskursiv und politisch, aber nicht wissenschaftstheoretisch herbeizuführen. Ausgehend davon, dass Generalisierung und Spezialisierung nicht als gegenläufige Prozesse verstanden werden, sondern als sich wechselseitig bedingende Phänomene, die auf gesellschaftlichen Wandel und eine zunehmende Ausdifferenzierung moderner Funktionssysteme verweisen, sollte der Sozialen Arbeit als Disziplin und Profession ein höherer Stellenwert bei der Bestimmung ihrer Aufgaben in Forschung, Lehre und Praxis beigemessen werden. Mehr professionelle und disziplinäre Autonomie erhöht in allen Bereichen den Bedarf nach Spezialisten und Generalisten, welche die Kompetenz besitzen, mit zunehmender Komplexität sozialer Problemlagen kritisch und effizient umzugehen.

Dafür ist es notwendig zu klären, in welcher Weise und auf welchen Ebenen ein Kompetenz förderndes Verhältnis von Generalisierung und Spezialisierung zur Stärkung der Sozialen Arbeit als Profession und Disziplin beitragen kann. Eine solche Perspektive lässt sich nur gewinnen, wenn bei den Ausbildungszielen nicht nur von außen definierte Funktionalitätserfordernisse berücksichtigt werden, sondern vor allem professionelle Reflexivität als Schlüsselkompetenz in den Vordergrund gerückt wird.

2. Die Akteure ihre Interessen und Handlungsmaximen

Zunächst stellt sich die Frage, ob der zu beobachtende Prozess der Ausdifferenzierung auch etwas mit der zunehmenden Komplexität und Ausdifferenzierung des Handlungsfeldes und mit der Zunahme der in diesem Feld Tätigen und Beschäftigten selbst zu tun hat (Effinger, 2011). Hierbei handelt es sich ja nicht um einen naturwüchsigen Prozess, sondern um ein politisches Geschehen innerhalb eines spezifischen kulturellen Kontextes und zwischen allen Funktionssystemen, die an der Wohlfahrtsproduktion beteiligt sind. Die Profile der einzelnen Subsysteme hängen hochgradig davon ab, wer hier über

1 Diese Fragen können hier nicht ausführlich behandelt werden. Es sei nur darauf hingewiesen, dass die bis jetzt anerkannten Berufsbezeichnungen SozialarbeiterIn oder SozialpädagogIn lauten und bisher niemand eine staatliche Anerkennung als „Sozial ArbeiterIn" erhält. Wenn hier von der Sozialen Arbeit als Profession die Rede ist, dann sind zunächst einmal alle in diesem Feld akademisch qualifizierten Berufsgruppen gemeint, die einen sozialarbeiterischen oder sozialpädagogischen Auftrag erfüllen.

welche Definitionsmacht verfügt und was beispielsweise als ein für die Soziale Arbeit relevantes, soziales Problem angesehen werden soll. Von nicht unerheblicher Bedeutung ist dabei die Frage, ob diese Macht eher innerhalb oder außerhalb des jeweiligen Funktionssystems liegt und welche Rolle die unmittelbar Beteiligten in Disziplin und Profession sowie die Adressaten als BürgerInnen, KlientInnen oder KundInnen dabei spielen.

Die Schwierigkeit, den realen Grad der Ausdifferenzierung in diesem Handlungsfeld empirisch zu erfassen, zeigt sich beispielsweise darin, dass es bis heute nicht gelungen ist, exakte Daten über das quantitative Ausmaß und die Qualität der Beschäftigungsverhältnisse und Abschlüsse in diesem Bereich zu erheben (Züchner & Schilling, 2010; DBSH, 2011). Damit verbunden sind sicher auch Prozesse der Ausdifferenzierung, im positiven wie wohl auch im negativen Sinne (Maier & Spatscheck, 2010 a, b; Wohlfahrt, 2010). Hinweise gibt es auch auf die mit diesen Prozessen einhergehende qualitative Ausdifferenzierung, die auf eine zunehmende Hierarchisierung innerhalb des Handlungsfeldes hinweisen (vgl. Lutz, 2008).

Die Frage nach dem Verhältnis von Generalisierung und Spezialisierung ist für die Soziale Arbeit mit ihren sozialpädagogischen und sozialarbeiterischen Traditionslinien nicht neu und war vor allem durch die enge Verschränkung mit dem sozialen Engagement (Ehrenamt und Emanzipationsbewegungen von Frauen und Jugendlichen) immer mit einer Professionalisierungsperspektive zwischen Berufung und Beruf verbunden. So stellte und stellt sich Frage nach der Bedeutung von generalistischen und spezifischen Kompetenzen für die Produktion und Konsumtion der Leistungen für die beteiligten Akteure zunächst vor dem Hintergrund der von ihnen zu bewältigenden Aufgaben bzw. den mit ihrem Engagement und ihrer Arbeit tatsächlich hervorgebrachten sowie den erwünschten Wirkungen. Die Träger dürften die Aufgaben und damit das Verhältnis von Generalisierung und Spezialisierung wohl prinzipiell anders definieren als die Vertreter der Forschung an den Hochschulen. Die Erwartungen der Politik an die Soziale Arbeit sind vielfach andere als jene, welche die Adressaten formulieren. Auszubildende und Studierende betrachten die Qualifikations- und Kompetenzerwerbsphase nicht nur als Statuspassage zwischen Ausbildung und Beruf, sondern auch als Bildungsphase, welche ihrer persönlichen Entwicklung dienen soll. Für die PraktikerInnen stehen Fragen der fachlichen Autonomie und ihres Ansehens und ihrer beruflich-professionellen Identität im Vordergrund. Die Frage nach dem Verhältnis von Generalisierung und Spezialisierung ist daher immer an das jeweilige Mandat gebunden, das der Sozialen Arbeit im Rahmen gesellschaftlicher Arbeitsteilung bzw. im Funktionssystem moderner Gesellschaften zugewiesen wird. Nicht unerheblich ist dabei, wie sich hier Profession und Disziplin selbst verorten und ihren Auftrag selbst definieren.[2]

---

2 Dazu gehört sicher auch die Frage, ob es sich bei Disziplin und Profession um zwei unterschiedliche Funktionssysteme handelt oder aber um einheitliches Funktionssystem, in dem die Disziplin als Forschung sowie Praxis und Ausbildung Teil des Professionssystems ist

Im Folgenden sollen die relevanten Akteursgruppen und ihre Interessen stichwortartig beschrieben werden:

Politik und Öffentlichkeit

Hierbei handelt es sich vornehmlich um die jeweils dominierenden Interessensgruppen und deren strategische Repräsentanten in den Parteien und den Medien (veröffentlichte Öffentlichkeit). Deren Interessenslagen werden neben der eigenen Stellung in der Gesellschaft und der Beauftragung von bestimmten Interessensgruppen auch von strategischen Moden, Gesellschaftsbildern und sozialen Utopien oder spezifischen Vorstellungen über soziale Gerechtigkeit geprägt. Unabhängig von parteipolitischer Ausrichtung agieren und reagieren Politik und Öffentlichkeit häufig auf kurzfristige Stimmungen, die oft nur sehr bedingt mit einer nachhaltigen Strategie zur Bearbeitung sozialer Probleme in Verbindung stehen.

Träger und Sozialwirtschaft

Bei den Anbietern Sozialer Arbeit handelt es sich entweder um öffentlich-rechtlich verfasste, staatliche oder kommunale Körperschaften oder um gemeinnützig (sozialwirtschaftlich) oder kommerziell (privatwirtschaftlich) verfasste Einrichtungen von Wohlfahrtsverbänden, Kirchen, selbstständige Unternehmen und Freiberufler. Ihre Interessenlagen sind durch einen Mix partikularer und universaler Interessen und Orientierungen gekennzeichnet (Knobloch, 2011; Wendt 2010).

Adressaten (Konsumenten und Koproduzenten)

Diese Gruppe verfügt je nach Problemlage und Abhängigkeit über unterschiedliche Grade von Bestimmungsmacht und Wahlfreiheit innerhalb des Wohlfahrtsdreieckes von gemeinschaftlich, öffentlich-rechtlich und marktwirtschaftlich verfassten Trägern. Im Rahmen persönlicher Budgets treten die AdressatInnen zunehmend auch als ArbeitgeberInnen auf. Ihnen geht es um größtmöglichen Nutzen für die Bewältigung ihrer jeweiligen Lebenslage. Dabei handelt sich i.d.R. um gesellschaftlich akzeptierte, partikulare Interessenslagen. In allen Bereichen sind die Adressaten jedoch nicht nur Konsumenten von Leistungen und Dienstleistungen, sondern auch Koproduzenten einer personenbezogenen Dienstleistung.

(Engelke et al., 2009). Diese Frage soll und kann hier aber nicht weiter vertieft werden. Empirisch lässt sich allerdings feststellen, dass Forschung, Ausbildung und Praxis (auch) nach jeweils eigenen Logiken funktionieren.

Wissenschaft

Hier handelt es sich um jene Gruppe, die in Forschung und Lehre an der Produktion und Vermittlung wissenschaftlicher Erkenntnis bzw. wissenschaftlichem Wissen sowie am Kompetenzerwerb in Aus- und Weiterbildung beteiligt ist. Dieser Bereich wird marktunabhängig durch öffentliche Finanzierung abgesichert. Eine Ausnahme bildet die Weiterbildung und hier auch Weiterbildungsstudiengänge, welche mit dem Konzept des lebenslangen Lernens an Bedeutung zunehmen. Neben Erkenntnis- und Vermittlungsinteressen wird das Handeln der Akteure in diesem Bereich traditionell durch öffentliche Reputation, Statuszuweisung und Gewährung von Autonomierechten in Forschung und Lehre gesteuert. Mit der Einführung von Marktelementen in tertiären und quartären Bildungssystem nimmt allerdings die Bedeutung betriebs- und erwerbswirtschaftlicher Steuerungsfaktoren zu. Dies spiegelt sich in zunehmender Konkurrenz um gesellschaftliche Ressourcen wider.

Studierende

Studierende haben meist eine noch wenig konturierte Vorstellung über ihre spezifischen oder generalistischen Qualifikationsziele. Die Wahl ihres Qualifizierungsweges wird von den jüngeren StudienbewerberInnen meist mit eher unspezifischen Motiven, wie beispielsweise „mit Menschen arbeiten wollen" oder mit der „Überzeugung, dass ich mit meinen persönlichen Fähigkeiten für diesen Beruf besonders gut geeignet bin" begründet (Effinger & Popp, 2004, S. 33). Instrumentelle und pragmatische Orientierungen scheinen bei den StudienbewerberInnen der Sozialen Arbeit eher eine untergeordnete Rolle zu spielen. Personenbezogene Bildungsinteressen stehen meist vor den auf konkrete Handlungsfelder bezogenen Ausbildungsinteressen. Ein anderes Bild ergibt sich allerdings in den weiterbildenden und berufsbegleitenden Studiengängen.

Produzenten (Beschäftige, Selbstständige und Freiwillige)

Hier handelt es sich um abhängig Beschäftigte, Selbstständige und freiwillig Tätige. Davon verfügen einige über eine akademische Qualifikation oder eine berufliche Ausbildung (mit und ohne unmittelbaren Handlungsfeldbezug) und andere nicht.[3] Das Handeln dieser Akteure wird einerseits durch öffentliche Gratifikationssysteme und soziale Anerkennung, aber auch durch persönliche Sinnkonstruktionen (insbesondere beim Ehrenamt oder dem sozialen, freiwilligen Engagement) oder durch Autonomierechte beeinflusst. Allge-

3 Nur jenc, die über eine akademische Qualifikation verfügen, sollen hier als Professionelle bezeichnet werden.

mein gilt, je mehr Autonomie im Beurteilen, Entscheiden und Handeln, desto mehr Ansehen und Arbeitszufriedenheit sind zu verzeichnen.

Diese Gemengelage unterschiedlicher Interessen und Perspektiven bestimmt nun weitgehend die Debatte um die Ausrichtung des Aus- und Weiterbildungssystems. Dabei bedienen sich die unterschiedlichen Akteure teilweise recht unterschiedlicher Konstruktionen, mit denen versucht wird, die oft recht widersprüchlichen Anforderungen und Positionen zu regulieren. Im Folgenden werden nun jene institutionellen und professionellen und manchmal auch paradoxen Handlungsmaximen skizziert, die für das Handlungsfeld weithin als typisch oder sogar als konstitutiv gelten.

Subsidiarität und Allmende[4]

Mit dem in der Verfassung verankerten Subsidiaritätsprinzip ist ein prinzipieller Vorrang von an Werte gebundenen Gemeinschaften, wie beispielsweise konfessionell bzw. weltanschaulich gebundene Träger oder Selbsthilfeinitiativen, gegenüber Staat und Kommunen als Anbieter Sozialer Dienste festgelegt. Grundlage dieses Prinzips ist eine für Deutschland historisch gewachsene Skepsis gegenüber einem „gleichmacherischen" und bürgerliche Freiheiten einschränkenden, kontrollierenden Staat. Damit ist ein rechts- und sozialstaatliches Konstrukt geschaffen, das von einer eher partikularen statt von einer universalen Perspektive in der Daseinsvorsorge und Gemeinwohlorientierung gekennzeichnet ist. Die partikularen Interessen dieser Wertegemeinschaften gelten für das Gemeinwohl aller als förderlich, obwohl sie faktisch oft gesellschaftlicher Kontrolle entzogen bleiben. In den Auseinandersetzungen zwischen einzelnen Trägermilieus werden außerdem – im Zusammenspiel mit der Politik – die Domänen der einen gegen die Domänen der anderen zu Lasten von Gruppen ausgespielt, die weder Mitglieder dieser noch jener Wertegemeinschaft sind.

Dienst und Dienstleistung

Soziale Berufe und Professionen entstanden durch soziales Engagement in Gemeinschaften (vor allem von Frauen) und waren zunächst als (Liebes-)

---

4 Allmende ist ein aus dem mittelhochdeutschen stammende Begriff und bezeichnet das von allen Mitgliedern einer Gemeinschaft ohne Ansehen von Person, Geschlecht und sonstiger Zugehörigkeit gleich zu nutzende Eigentum. Als ein sozialpolitisches Prinzip ist es bis heute stark in den skandinavischen Ländern verbreitet.
Nicht gemeint sind hier Grundsätze wie Selbsthilfe vor Fremdhilfe (Hilfe zur Selbsthilfe) oder ambulant vor stationär. Dabei handelt es sich auch um eine Art Subsidiarität, die allerdings der persönlichen Autonomie und Verantwortung des (hilfebedürftigen) Einzelnen einen Vorrang gegenüber der Verantwortung seines formellen und informellen Umfeldes für sein Leben einräumt.

Dienst am Nächsten (das Modell Barmherziger Samariter) konstruiert. Der Erwerbscharakter des Dienstes als Dienstleistungsarbeit wurde im Laufe der Verberuflichung und Professionalisierung jedoch nur verschämt anerkannt und entgolten. Typisch sind dagegen eine starke Vermischung von sozialem Engagement als Dienst und bezahlte Soziale Arbeit als Dienstleistung. Diese Konstruktion begünstigt offenbar unerfüllbare Allzuständigkeitserwartungen und indirekte Formen der Anerkennung (Helfer-Syndrom) sowie prekäre Beschäftigung, schlechte Bezahlung und eingeschränkte Arbeitnehmerrechte, wie beispielsweise durch das Konstrukt der Dienstgemeinschaft bei den kirchlichen Trägern (Wohlfahrt, 2010; DBSH, 2011).

Die Vermischung von Dienst und Dienstleistung findet sich sowohl in einer auf Individuen zentrierten, als auch in einer eher auf Sozialstrukturen zentrierten Ausprägung als Selbstanspruch an die eigene Arbeit. Während die Problemdefinitionen der AdressatInnen im ersten Fall vor allem im Kontext ungünstiger Familienverhältnisse und unangepasster Bewältigungsmuster erscheinen und fürsorgliches Handeln dominiert, werden sie bei den anderen eher als Folge bzw. „Opfer" ungerechter gesellschaftlicher Verhältnisse und Strukturen gesehen. Hier dominieren dann Parteilichkeitskonstrukte und Ideale von sozialer Gerechtigkeit.

Gemeinsam ist beiden Strömungen eine Skepsis gegenüber Spezialistentum und technologischer Verkürzung ihres Arbeitsauftrages. Gegenwärtig taucht diese Positionierung vor allem als Kritik am sog. Managerismus gegenüber Professions- und Berufsgrenzen überschreitenden Handlungskonzepten wie Case Management, Betreuungsmanagement oder Sozialmanagement auf. Diese Kritik wird auch gegenüber Bestrebungen zur Etablierung von „Fachsozialarbeiten", wie es sie auch innerhalb der DGSA gibt, vorgetragen (vgl. DBSH, 2011).

Fürsorglichkeit und Parteilichkeit

Eng verbunden mit der Orientierung der Sozialen Arbeit an partikularen und/oder universalen Interessen sind die Diskurse über das Mandat oder die Mandate Sozialer Arbeit.[5] Um die Komplexität bei der Analyse und Bewältigung der für die Soziale Arbeit relevanten Problemlagen zu reduzieren, werden teilweise vereinseitigende Problemdiagnosen erstellt und daraus parteiliche Mandate abgeleitet. Komplexere Wirkungszusammenhänge und die Selbstverantwortung der Adressaten werden zugunsten anwaltlicher Positionierungen ausgeblendet. Zu solchen Komplexitätsreduktionen kommt es allerdings auch, wenn die Autonomie von AdressatInnen als selbstverantwortliche Subjekte in Kontexten, wo diese in ihrer Autonomie und Handlungsfä-

5 Wir finden das als ein Mandat (Lutz, 2011), als Doppelmandat (Böhnisch & Lösch, 1973), als Trippel-Mandat (Staub-Bernasconi, 2007) oder gar als Vierfachmandat (Röh, 2006).

higkeit beträchtlich eingeschränkt sind (beispielsweise Empfänger von Arbeitslosengeld II), überbewertet wird.

Wissenschaftlichkeit und Wirksamkeit

Die Professionalisierung von Berufen wird im Allgemeinen mit ihrer Verwissenschaftlichung gleichgesetzt. Als das leitende Handlungsprinzip der Wissenschaft gilt das Prinzip Wahrheit und objektive, verallgemeinerbare Erkenntnis. Für die Praxis gilt dagegen das Prinzip der Wirksamkeit. Die Professionellen müssen oft relativ einmalige, problematische Situationen analysieren und darauf bezogene Handlungsentscheidungen treffen, die möglichst – trotz der besonderen Situation – verallgemeinerbaren (wissenschaftlichen) Maßstäben genügen sollen. Das ist aber oft nicht der Fall, und ihre Entscheidungen entziehen sich einer wissenschaftlich-analytischen Begründung und Verallgemeinerbarkeit – auch wenn sie ethisch verantwortbar sind und durchaus zur gewünschten Wirkung geführt haben. So haben wir es dann eher mit Intuition und Kunstfertigkeit als mit Wissenschaftlichkeit zu tun.

In der deutschen Tradition finden wir eine ausgesprochen starke Hierarchie zwischen einem als höherwertig angesehenen Wissenschaftsprinzip und einem vermeintlich minderwertigen Prinzip der Kunstfertigkeit und handwerklichen Könnens. Vielfach, wenn auch nicht logisch eindeutig, spiegelt sich dies dann auch in unterschiedlichen Hochschultypen wider. Von unten nach oben gibt es da Berufsakademien, Fachhochschulen, Pädagogische Hochschulen und Kunsthochschulen und ganz oben die Universitäten. In diesem Bild erzeugen Letztere das eigentliche Grundlagenwissen, während wir es darunter nur noch mit „Anwendern" wissenschaftlichen Wissens zu tun haben, die sich vor allem mit dem Problem der Übersetzung von Erkenntnis in wirksame Handlung herumschlagen sollen (Wissenschaftsrat, 2010).

Bildung und Ausbildung

Die Trennung von Grundlagen- und Angewandten Wissenschaften geht auf eine in der europäischen Kultur tief verwurzelte Höherbewertung von Bildung gegenüber Ausbildung zurück. Vor allem im deutschen Bildungsbegriff verbirgt sich diese aus dem antiken Humanismus abgeleitete und mit Humboldt zum Leitprinzip „höherer" Bildung erhobene Differenz. Bildung, als das höherwertige, personengebundene und zweckfreie Prinzip, orientiert sich seitens der Lernenden an einem aufgeklärten, individualistischen Persönlichkeitsideal und „reiner" Erkenntnis und seitens der Lehrenden am Prinzip der „Freiheit von Forschung und Lehre", welche dem „Wahren, Guten und Schönen" verpflichtet ist. Im Idealfall soll sich diese Bildung von partikularen Interessen und unmittelbaren Verwertungsabsichten frei halten.

Ausbildung, auch auf hochschulischem Niveau, wie beispielsweise im Bereich von Technik, Wirtschaft/Handel, Pädagogik und Sozialer Arbeit, durfte und sollte dagegen auch unmittelbar für die Verwertungsinteressen relevanter gesellschaftlicher Akteure oder Systeme verzweckt werden. In der Sozialen Arbeit, der Pflege und zunehmend wieder in Wirtschaft und Handel zeigt sich dies insbesondere bei den auf spezifische Trägerinteressen ausgerichteten Hoch- und Fachschulen. Versteht man „Wissen" als fachliche Kompetenz zum Verstehen und Erklären, „Haltung" als soziale und ethische Kompetenz zum korrekten Umgang mit fachlich und moralisch dilemmatischen Situationen sowie „Können" als methodische Kompetenz zur angemessenen Anwendung von Wissen, dann ergeben sich je nach Handlungsfeld und Bildungs- bzw. Ausbildungsniveau ganz unterschiedliche Bedarfe und Anforderungen nach spezialisiertem und generalistischem Wissen und Können auf allen Qualifizierungsstufen.

3. Die Diskurse um Qualitätsrahmen und Kerncurricula

Im Rahmen der Vereinheitlichung der Bildungs- und Ausbildungssysteme in Europa hat nun die europäische Bildungs- und Wissenschaftspolitik die Frage nach dem Verhältnis von Generalisierung und Spezialisierung auf eine neue Ebene gehoben. Der Impuls dafür kam nur bedingt von veränderten Anforderungen in einer komplexer gewordenen Praxis. Es war vor allem die Politik, welche vor dem Hintergrund von Globalisierungstendenzen einen Bedarf nach mehr Mobilität, Transparenz und Austauschbarkeit zwischen und innerhalb der Ausbildungs- und Beschäftigungssysteme Europas konstatierte. Die Ausbildungssysteme, wie auch die Beschäftigten, sind von diesem Prozess eher überrascht worden. Deswegen ist es auch nicht verwunderlich, dass bei diesen Akteuren zunächst große Widerstände mobilisiert wurden.

Das zentrale Instrument für die Umgestaltung bzw. Angleichung und Herstellung von Vergleichbarkeit von Kompetenzen sollen in Zukunft so genannte Qualifizierungsrahmen darstellen. Diese wurden zunächst für Europa und dann auch für die einzelnen Länder und für die Hochschulen sowie einzelne Disziplinen entwickelt (HRK/KMK/BMBF, 2005; Europäische Kommission Bildung und Kultur 2008; FBTS, 2010, DQR, 2011).[6]

Die Qualifikationsrahmen sind vertikal mit in der Regel acht Stufen gegliedert. Auf eine horizontale Gliederung nach Berufs- und Professionsgrup-

6 Interessant ist dabei, das es zwar einen europäischen und nationale Qualifikationsrahmen gibt, dass die Qualifikationsrahmen für die Berufe und Professionen aber national und nicht europäisch ausgerichtet sind. Wenn es um die Erhöhung der Mobilität und der Transparenz auf den Arbeitsmarkt gehen soll, müssten ja eigentlich die berufs- und professionsbezogenen Qualifikationsrahmen transnational ausgerichtet sein.

pen wird verzichtet. Die zentralen Kategorien sind die Begriffe „Kompetenz“ und „Berufsbefähigung“, welche sozusagen unabhängig von horizontal abzubildenden Zuständigkeiten unterschiedlicher Berufe und Professionen, von einer Generalisierung und Spezialisierung auf vertikal unterschiedlichen Niveaus ausgehen. Dem Anspruch nach ist das Qualifikationssystem Hochschule auf den höchsten drei Stufen von BA, MA und Dr. bzw. Phd nicht (mehr) primär für die berufliche Sozialisation zuständig, sondern nur dafür, dass diese vor dem Hintergrund akademischer Sozialisation auf den unterschiedlichen Niveaus außerhalb des Qualifikationssystems im Beschäftigungssystem beginnen kann.[7] Das bedeutet aber auch, dass die Studiengänge sich an den Erfordernissen des Beschäftigungssystems und nicht allein an wissenschaftlicher Erkenntnis orientieren sollen. Wissenschaft (Forschung und Lehre) wird hier praktisch als ein Beschäftigungsfeld unter anderen gesehen.

Vor dem Hintergrund der mit dem Umbau der Studiengänge verbundenen enormen Ausdifferenzierung von Studiengängen im Sozial-, Gesundheits- und Bildungswesen, die kaum noch in die klassischen Profile von Profession und Disziplin Sozialer Arbeit passten, wurde von einigen Fachgesellschaften, Gewerkschaften, Berufsverbänden und Dachverbänden der Sozialwirtschaft relativ früh der Versuch unternommen, der zunehmenden Entgrenzung und „Beliebigkeit“ entgegenzuwirken. Damit sollte unter anderem die disziplinäre und professionelle Identität einzelner Studienrichtungen und Berufsfelder – auch im Handlungsfeld der Sozialen Arbeit – gewahrt werden (vgl. AGJ, DBSH, DV, FBTS, GEW). Dies geschah zunächst über die Beschreibung von für Ausbildung und Praxis als unverzichtbar angesehenen Studieninhalten (Kerncurricula) oder Schlüsselkompetenzen (DGfE, 2004; DGSA, 2005). Faktisch fanden diese Bemühungen jedoch kaum Beachtung und konnten sich bei der Konzeptualisierung neuer Studiengangsprofile in der Sozialen Arbeit und Pädagogik bisher kaum durchsetzen.

Dennoch ist wohl davon auszugehen, dass Qualifikationsrahmen zukünftig immer stärker die Strukturierung des Kompetenzerwerbs in den Systemen der dualen und akademischen Ausbildung sowie der Weiterbildung bestimmen und zunehmend zum Bezugspunkt der Qualitätsentwicklungsinstrumente im Hochschulwesen (Akkreditierungen und Evaluationen) werden.

Nicht verwunderlich scheint, dass die Vertreter von Wirtschaft und Sozialwirtschaft die Verwertbarkeit der Hochschulausbildung für ihr jeweiliges Handlungsfeld in den Vordergrund rücken. Verkürzt formuliert, könnte man sagen, sie haben eher ein Interesse an Ausbildung als an Bildung. Ihnen liegt auch die Anerkennung von informellen, außerhalb der formellen Qualifizierungsinstitutionen erworbenen Kompetenzen am Herzen. Gewerkschaften und Berufsverbände bewegen sich dabei auf widersprüchlichem Gelände. Ei-

7 Das nach wie vor über die Begriffe „Kompetenz“ und „Berufsbefähigung“, ihre Bedeutung und Ausdifferenzierung gerungen wird, soll hier nur kurz erwähnt, aber nicht weiter vertieft werden.

nerseits bemühen sie sich darum, die klassische Trennung von Bildung und Ausbildung und die damit verbundene Hierarchie in der Statuszuweisung und Bezahlung zu überwinden und sehen sich andererseits gezwungen, sich gegenüber „Seiteneinsteigern“ und Personen, die ihre Kompetenzen eher informell erworben haben, deutlicher abzugrenzen (vgl. GEW 2006, S. 2).

Die Kerncurricula von DGfE (2004) und DGSA (2005) unterscheiden sich vor allem darin, dass in dem DGfE-Papier generalistische Kompetenzen im Bereich von Forschung und allgemeiner Theorie herausgestrichen werden. Kompetenzprofile für einzelne professionelle Handlungsfelder der (Sozial-) Pädagogik sind kaum noch erkennbar (DGfE, 2004). Der Vorschlag einer Arbeitsgruppe in der DGSA orientiert sich dagegen, wie bei den „Global Standards of Social Work“ (vgl. www.ifsw.org), an gesellschaftlichen Problemlagen und normativen Orientierungen des Objekt- und Handlungsbereiches der Sozialen Arbeit.

Im letzten Entwurf des Deutschen Qualitätsrahmen (2011) wird das Verhältnis von Generalisierung und Spezialisierung in der Aufteilung von Wissen und Fertigkeiten beschrieben. Dabei sollen sich beide Dimensionen auf den unterschiedlichen Niveaus sowohl durch Tiefe als auch Breite auszeichnen (DQR, 2011, S. 5ff.). Hier wird der Ball offenbar wieder an die Akteure im Handlungsfeld zurückgeworfen und ihnen in gewisser Weise selbst die schwierige Aufgabe der Relationierung von generalistischen Schlüsselkompetenzen und Spezialkompetenzen zugewiesen. Für Disziplin und Profession scheint mir das durchaus ein Vorteil zu sein, der im Sinne reflexiver Professionalisierung genutzt werden kann und sollte.

4. Schlussfolgerungen für die Aus- und Weiterbildung

Innerhalb von Profession und Disziplin, auf der Basis laufender Evaluation von Forschung und Praxis, sollte es eine möglichst weitgehende Verständigung über die in diesem Feld und auf der ersten akademischen Stufe gewünschten Schlüssel- oder Kernkompetenzen geben. Dies sollte im Rahmen eines generalistisch ausgerichteten, ersten Studiums in Form exemplarischen Lernens in ausgewählten Handlungsfeldern mit besonderen Problemstellungen erfolgen. Eine zentrale Bedeutung haben dabei insbesondere kommunikative und reflexive Kompetenzen, die gleichermaßen auf innerpsychische und zwischenmenschliche, kognitive und emotionale Prozesse ausgerichtet sind. Als eine personenbezogene, soziale Dienstleistung und vernetzende Profession arbeitet die Soziale Arbeit immer mit der Person als Werkzeug. AbsolventInnen müssen nicht nur in der Lage sein mit den AdressatInnen, sondern auch mit angrenzenden Professionen und Funktionssystemen zu kommunizieren. Zur akademischen Ausbildung gehört immer auch Kritikfähigkeit, verstanden als Kunst der Beurteilung von Situationen, die sowohl durch Personen als auch durch Strukturen geprägt werden. Vor dem Hintergrund begrenzter Erkenntnis- und Einflussmöglichkeiten gehört die Fähigkeit zur Reflexion subjektiver und objektiver Prämissen über diesen Zusammenhang und den Umgang mit Ungewissheit und Mehrdeutigkeit zur zentralen Schlüsselkompetenz in diesem Feld (Bartosch, 2010).

Zur Kommunikationskompetenz und Dialogfähigkeit in diesem Feld gehört also nicht nur die Fähigkeit zum Verstehen und zum Verständnis, sondern auch zur Übersetzung verschiedener Sprachen und Codes der unterschiedlichen Kommunikationssysteme. Die Interventionskompetenz auf der unmittelbaren Fall- und Systemebene beruht neben sozialwissenschaftlichem Wissen auf der Struktur- und Makroebene vor allem auf kommunikations- und organisationswissenschaftlichem Wissen, das prinzipiell und zunehmend auch in anderen personenbezogenen Dienstleistungsberufen die Grundlage professioneller Kompetenz bildet.

Hilfreich wäre es, wenn diese Kompetenzen in einem Rahmen erworben werden können, welcher die eigenen Professionsgrenzen überschreitet. Die Aneignung entsprechender Kompetenzen ist mehr als die Anwendung spezifischer Techniken. Sie beruht vor allem auf der Fähigkeit zur emotional-rationalen Reflexion über die spezifische Wirkung der eigenen Person in spezifischen Kontexten. Das ist weit mehr als nur die Fähigkeit, die Funktion und Widersprüchlichkeit Sozialer Arbeit im gesellschaftlichen Kontext beschreiben und erklären zu können. Professionelle Kompetenz darf eben weder bei rein analytisch-kognitiven Fähigkeiten noch bei bloßen Fertigkeiten im Einsatz spezifischer Methoden, Techniken und Verfahren stehen bleiben. Einseitig reduzierte Kompetenzportfolios für ganz spezielle Handlungsfelder oder Institutionen verdienen noch nicht das Attest „berufsfähig“. Im Rahmen von Bachelorstudiengängen erscheint es mir daher wichtig, zunächst einen akademischen Habitus auszubilden, der von wissenschaftlicher Neugier und gesundem Zweifel gegenüber der Reichweite und Gültigkeit von Theorien, aber auch der Wirksamkeit von Methoden und der eigenen Person geprägt ist. Dies kann durchaus gemeinsam mit Studierenden geschehen, die einen Abschluss in benachbarten Handlungsfeldern anstreben. Darauf kann die Vermittlung und Aneignung spezifischer wissenschaftlicher Erkenntnisse und Fertigkeiten aufbauen.

Die Beschreibung und Festlegung von für alle Hochschulen allgemeinverbindlichen Standards für die Ausbildung spezieller Kompetenzen im Rahmen von Bachelorstudiengängen erscheint mir aus Sicht von Disziplin und Profession weder besonders sinnvoll, noch kann man erwarten, dass sich eine solche Strukturierung zum gegenwärtigen Zeitpunkt durchsetzt.

Anders sieht dies auf der Masterebene aus. Hier braucht es wohl eine Verständigung darüber, was als der Kern oder das Gemeinsame konsekutiver Masterstudiengänge der Sozialen Arbeit angesehen werden soll. Dass es darüber hinaus auch Studiengänge gibt, welche die klassischen Professionsgrenzen überschreiten, sehe ich eher als einen Vorteil, denn als einen Nachteil. Die Qualität solcher Konstruktionen entscheidet sich ja nicht qua Beschluss, sondern über die Akzeptanz bei den beteiligten Akteuren und über ihre Wirksamkeit im Feld. Denkbar wäre aus dieser Perspektive ein Ausbildungssystem für alle personenbezogenen Dienstleistungsprofessionen, das in den ersten beiden Semestern eines Bachelorstudiums ein Studium Fundamentale vorsieht, in dem elementare Kompetenzen im Bereich von Kommunikation/Intervention, wissenschaftlichem Arbeiten und Forschen, und Kenntnisse sozial- und humanwissenschaftlicher Grundlagentheorien im Kontext fachlicher und moralischer Normierungen reflektiert und erworben werden. Ab dem 3. Semester könnten dann, inklusive von Praxisphasen, in spezifischen Handlungsfeldern Schwerpunkte und Vertiefungen in Bezug auf unterschiedliche theoretische Zugänge und unterschiedliche Handlungsfelder erfolgen. Werden genügend Ressourcen bereitgestellt und die Bereitschaft für eine solch intensive Lehre bei den Lehrenden vorhanden ist, eignet sich besonders ein Projektstudium für diese Art des Kompetenzerwerbs.

Literatur

AGJ (Arbeitsgemeinschaft für Kinder- und Jugendhilfe) (2009a): Soziale Arbeit in Bachelor-/Masterstudiengängen: Kompetenzen von Fachkräften – Erwartungen von Anstellungsträgern. Diskussionspapier der AGJ. Wiesbaden 4./5.3.2009.

AGJ (Arbeitsgemeinschaft für Kinder- und Jugendhilfe) (2009c): Deutscher Qualifikationsrahmen für lebenslanges Lernen (DQR) – Herausforderungen für die Kinder und Jugendhilfe. Diskussionspapier der AGJ. Wiesbaden 2./3.12.2009.

AGJ (Arbeitsgemeinschaft für Kinder- und Jugendhilfe) (2009): „Europäischer Qualifikationsrahmen/Deutscher Qualifikationsrahmen" Stellungnahme der AGJ. Berlin 23.6.2010.

AGJ (Arbeitsgemeinschaft für Kinder- und Jugendhilfe) (2010): Berufseinmündung in der Sozialen Arbeit: Gemeinsame Verantwortung von Hochschulen und Anstellungsträgern. Positionspapier der AGJ: Berlin 29/30.9.2010.

Bartosch, U. (2010): Kompetenzen und Kompetenzbildung für helfende Berufe. Studientexte aus der Evangelischen Hochschule Nr. 02/2010. Dresden.

Böhnisch, L./Lösch, H. (1973): Das Handlungsverständnis des Sozialarbeiters und seine institutionelle Determination. In: Otto H.U./Schneider, S. (Hrsg.): Gesellschaftliche Perspektiven der Sozialarbeit, 2 Bände Neuwied/ BerlinLuchterhand, S. 21-40.

DBSH (Deutscher Berufsverband für Soziale Arbeit) (2011): Personalentwicklung in der Sozialarbeit und der Pflege. Zusammengestellt als Vorlage von Wilfried Nodes 5.4.2011 für die Sozialpolitischc Kommission des dbb.

DGfE (Deutsche Gesellschaft für Erziehungswissenschaft). Der Vorstand (2004): Kerncurriculum für das Hauptfachstudium Erziehungswissenschaft.

DGSA (Deutsche Gesellschaft für Soziale Arbeit) (2005): Kerncurriculum Soziale Arbeit/Sozialarbeitswissenschaft für Bachelor- und Masterstudiengänge in Sozialer Arbeit. Erarbeitet von einer Arbeitsgruppe der Sektion „Theorie und Wissenschaftsentwicklung in der Sozialen Arbeit“ von den Mitgliedern E. Engelke, M. Leideritz, K. Maier, R. Sorg und S. Staub-Bernasconi. In: Sozialmagazin 30 Jg. 4/2005, S. 14-23.

DQR (2011): Entwurf eines Deutschenqualifikationsrahmens für lebenslanges Lernen. Verabschiedet von Arbeitskreis Deutscher Qualifikationsrahmen, 22.03.2011.

Effinger, H./Popp, J. (2004): Ergebnisbericht der Absolvent/innenbefragung für die Studiengänge Soziale Arbeit an der ehs Dresden 2004. Veröffentlicht an der Evangelischen Hochschule Dresden (www.ehs-dresden.de).

Effinger, H. (2009): Begriffe, Bahnsteige und Gebietsansprüche bei der Erklärung und Bearbeitung sozialer Probleme. In: Birgmeier, B./Mührel, E. (Hrsg.): Die Sozialarbeitswissenschaft und ihre Theorie(n). Positionen, Kontroversen, Perspektiven. Wiesbaden: VS Verlag für Sozialwissenschaften, S. 53-67.

Effinger, H. (2011): Im unsicheren Gelände. Fragen und Thesen zur Entwicklung der Sozialen Arbeit. In: Sozialmagazin 36. Jg. 2, S. 44-52.

Engelke, E./Spatscheck, Ch./Borrmann, St. (2009): Die Wissenschaft Soziale Arbeit. Werdegang und Grundlagen. Freiburg i. Br.: Lambertus.

Europäische Kommission Bildung und Kultur (2008): Der Europäische Qualifikationsrahmen für lebenslanges Lernen. Luxemburg: Amt für amtliche Veröffentlichungen der Europäischen Gemeinschaften.

FBTS (Fachbereichstag Soziale Arbeit) (2010): Qualifikationsrahmen Soziale Arbeit (QR SArb, Version 5.1), verabschiedet am 4.12.2008. Eichstätt.

Gahleitner, S. B./Effinger, H./Kraus, B./Miethe, I./Sabebiel, J./Stövesand, S. (Hrsg.) (2010): Disziplin und Profession Sozialer Arbeit: Entwicklungen und Perspektiven. Opladen/Farmington Hills: Verlag Barbara Budrich.

GEW (2006): Positionen der GEW zum europäischen Qualifikationsrahmen (EQF), vom 24.1.2006

HRK/KMK/BMBF (2005): Qualifikationsrahmen für Deutsche Hochschulabschlüsse. Im Zusammenwirken von Hochschulrektorenkonferenz, Kultusministerkonferenz und Bundesministerium für Bildung und Forschung erarbeitet und von der Kultusministerkonferenz beschlossen am 21.04.2005.

Knobloch, U. (2011): Prozesse der Verlagerung sozialer Dienstleistungen zwischen Markt, Staat, Non-Profit-Sektor und privaten Haushalten. In: Widersprüche Heft 117, S. 147-163.

Lutz, R. (2008):Perspektiven der Sozialen Arbeit. In: APuZ 12-13, S. 3-10.

Lutz, R. (2011): Das Mandat der Sozialen Arbeit. Wiesbaden: VS Verlag für Sozialwissenschaften.

Maier, K./Spatscheck, Ch. (2010a) Materialien zur Entwicklung des Arbeitsmarktes für SozialarbeiterInnen/SozialpädagogInnen mit Fachhochschulabschluss in der Bundesrepublik Deutschland. Vom FBTS veröffentlichtes Manuskript: Stand Juli 2010-10-31.

Maier, K./Spatscheck, Ch. (2010b): Ein neues sozialpädagogisches Jahrhundert durch den aktivierenden Staat?. Zur Deutung des erneuten Zuwachses beruflicher Sozialarbeit in Deutschland. In: Sozial Extra 9, S. 50-55.

Röh, D. (2006): Die Mandate der Sozialen Arbeit. In wessen Auftrag arbeiten wir? In: Soziale Arbeit 12, S. 442-449.

Staub-Bernasconi, S. (2007): Soziale Arbeit als Handlungswissenschaft. Systemische Grundlagen und professionelle Praxis – Ein Lehrbuch (UTB). Bern/Stuttgart/Wien: Haupt.

Wendt, W. R. (2010): Das ökosoziale Prinzip: Soziale Arbeit ökologisch verstanden. Freiburg i.Br.: Lambertus.

Wissenschaftsrat (2010): Empfehlungen zur Rolle der Fachhochschulen im Hochschulsystem. Köln: Eigenverlag.

Wohlfahrt, N. (2010): Entgrenzung von Beschäftigung im Sozialsektor. Neue Dimensionen in den Beschäftigungsverhältnissen. Unveröffentlichtes Manuskript eines Vortrages auf einer Tagung in Görlitz am 22.10.2010.

Züchner, I./Schilling, M. (2010): Nach dem sozialpädagogischen Jahrhundert – zur aktuellen Entwicklung des Arbeitsmarktes für soziale Berufe. In: neue praxis 1/2010, S. 56-69.

Fachspezifische Diskurse und Positionen in der DGSA

Das Allgemeine akademischer Sozialer Arbeit

Rückblick und Ausblick auf die Gegenstandsdebatte zur Wissenschaft der Sozialen Arbeit

Wolfgang Krieger

Das Allgemeine Sozialer Arbeit als *Praxis* zu bestimmen, heißt herauszufinden, was in der Vielfalt der Praxisfelder als das Gemeinsame der Sozialen Arbeit verstanden werden kann. Das Allgemeine Sozialer Arbeit als *Wissenschaft* zu bestimmen, heißt hingegen, ein zugleich spezifisches wie allgemeingültiges wissenschaftstheoretisches Profil für die akademische Soziale Arbeit zu beschreiben, welches ihr ein Proprium zuweist, sie von anderen wissenschaftlichen Disziplinen abgrenzt und ihre wissenschaftliche Qualifikation kennzeichnet. Insofern kann ein allgemeines Fundament für Soziale Arbeit als Wissenschaft (SAW)[1] nur wissenschaftstheoretisch entwickelt werden.[2] Es leitet sich nicht einfach aus der Praxis ab. Und es kann auch nicht genügen, dass für die akademische Soziale Arbeit festgestellt wird, dass sie einen breiten Fundus an Wissen und Theorien hat; daraus erfolgt nicht wie von selbst der Sprung in den Wissenschaftsstatus. Im Zentrum einer wissenschaftstheoretischen Fundierung der SAW muss vielmehr das Interesse stehen, ihren Umgang mit Theorien wissenschaftlich zu qualifizieren und eine disziplinäre Spezifität ihres Blickes auf diese Theorien aufzuweisen. Letzteres ist das Anliegen, auf welches dieser Artikel vornehmlich gerichtet ist.

Was ist der Gegenstand der Wissenschaft Sozialer Arbeit?

Das Allgemeine einer Wissenschaft der Sozialen Arbeit zu bestimmen, bedeutet vor allem, den Gegenstand dieser Wissenschaft zu bestimmen. Aus einer solchen Bestimmung heraus ergibt sich eine spezifische Perspektivität der akademischen Sozialen Arbeit auf einen bestimmten Bereich von Phänome-

---

1 Wir benutzen die Abkürzung SAW für die Formulierung „Soziale Arbeit als Wissenschaft" bzw. „Wissenschaft der Sozialen Arbeit". „Sozialarbeitswissenschaft" wird erziehungswissenschaftlich orientierten SozialpädagogInnen als integrativer Begriff für eine gemeinsame wissenschaftliche Disziplin immer suspekt und daher für einen Konklusionsversuch inakzeptabel erscheinen.

2 Vgl. Schlittmaier, 2006.

nen oder Bewusstseinsinhalten, die sich auf der Grundlage von Theorien dem wissenschaftlichen Blick erschließen, eine spezifische wissenschaftliche Aufgabenprogrammatik, vielleicht auch eine Lösungsprogrammatik. Wenn Wissenschaften sich heute vornehmlich dadurch in ihrem Anspruch auf Eigenständigkeit auszeichnen, dass sie theoretisch spezifizierte Fragen an die Wirklichkeit stellen oder – komplementär formuliert – Wirklichkeit aus der Sicht schon formierter Theorien fokussieren, dann muss auch die Frage nach dem Allgemeinen einer SAW zunächst als eine Frage nach der Spezifität ihrer Perspektiven auf die Wirklichkeit und damit nach dem strukturierenden Anspruch von Theorien verstanden werden, die dieser Wissenschaft ihre perspektivierende Potenz verleihen. Theorien solcher Art sind keine Erklärungstheorien, sondern modellierende Konzepte, die vorschreiben, sich in einen bestimmten Bereich von Phänomenen für bestimmte Fragestellungen zu interessieren. Sie geben keine Antworten, sondern formulieren Interessen.

Das Allgemeine einer Wissenschaft der Sozialen Arbeit zu bestimmen heißt auch, sie als konstruierte Entität zu bestimmen. Zu dieser Thematik gehört die Frage, wie sich die Wissenschaft Sozialer Arbeit von anderen Wissenschaften abgrenzt. Um Abgrenzung zu ermöglichen, bedarf es einer ausgewiesenen Identität der Disziplin, die in systematischer Hinsicht dadurch erreicht wird, dass unstrittig ein allgemeiner Gegenstand für die Disziplin bezeichnet werden kann. Dieser Gegenstand kann insofern Allgemeinheit beanspruchen, als er – bei einer Handlungswissenschaft, wovon hier ausgegangen wird – entweder in allen Formen der jeweiligen Praxis oder in allen Formen der Beobachtung von Praxis grundsätzlich als Reflexionsform zum Ausdruck kommen kann. Dieses Allgemeine muss von den Gegenstandsbestimmungen anderer Disziplinen vollständig und trennscharf unterschieden sein, wenn die Abgrenzung gelingen soll.

Die schlichte Formel „Gegenstand einer Wissenschaft der Sozialen Arbeit ist die Soziale Arbeit“[3] hat nur auf den ersten Blick den Charme des Unmittelbaren; denn sie verschiebt nur das Bestimmungsproblem – vom Gegenstand der Wissenschaft zum Gegenstand der Sozialen Arbeit. Abgesehen davon, dass ein allgemeiner Gegenstand der Sozialen Arbeit angesichts der Vielfalt der Praxis schwer zu bestimmen wäre,[4] ergibt sich das, was das Allgemeine sein könnte, nun überhaupt nicht aus der Praxis, sondern allenfalls

---

3 Diese Auffassung korrespondiert etwa mit der zuweilen in der („theoriefeindlichen“) Praxis zu hörenden Formel: Die SAW bearbeitet theoretisch, was die Praxis praktisch bearbeitet. Es muss nicht darauf hingewiesen werden, dass weder die Annahme richtig ist, die Praxis würde theorielos arbeiten, noch die Annahme, die SAW könne sich auf das beschränken, was sich der Praxis gerade als Aufgabe stellt. Würde beides zutreffen, müsste nicht nur die Praxis „von der Hand in den Mund“ leben, sondern auch die Disziplin in ihrer Abhängigkeit von dieser Praxis. SAW würde explizit dem Dilletantismus geopfert.

4 Aufschlussreich ist hier die Zusammenstellung von Erklärungsversuchen zum Gegenstand der Sozialen Arbeit von Klüsche (1999, S. 52-96). Klüsche spricht treffend von einem „Spielfeld für Gegenstandserklärungen“ (S. 88).

aus einem immer schon theoretisch orientierten Blick. Göppner hat darauf hingewiesen, dass man sich daher mit dieser Formel in einen Argumentationszirkel (Göppner, 2009, S. 249) zwischen Praxisdeutung und Wissenschaftsfundierung begibt, der am Ende einer willkürlichen Bestimmung Tür und Tor öffnet. Auch Mühlum vertritt die Auffassung, dass man die Gegenstandsbestimmung einer Wissenschaft nicht aus der Praxis ableiten könne (Mühlum, 1996, S. 32; ähnlich auch Puhl et al., 1996, S. 167). Die Unübersichtlichkeit der Praxis würde sich so nur in einer Unübersichtlichkeit der Disziplin niederschlagen, was ihre Gegenstandsbestimmung gerade verhindern würde.

Richtig an der schlichten Formel ist allerdings, dass die Praxis Sozialer Arbeit für die Wissenschaft der Sozialen Arbeit immerhin eine Einschränkung darstellt; denn, wenn sie von dieser auch nicht grundsätzlich abhängig ist, so findet sie ihr Forschungsfeld doch nirgendwo anders als in der historischen Realität von Sozialer Arbeit. Darüber hinaus vermittelt sich der praktische Nutzen der SAW für die Praxis schließlich über ihren konstitutiven Beitrag zur Herstellung von Professionalität, welche ihrerseits als Wirkfaktor u.a. die Praxis und z.T. damit auch die gesellschaftliche Wirklichkeit beeinflusst. Um dies erreichen zu können, kommt die SAW freilich nicht umhin, sich zum einen – auf eine bestimmte Weise – auch mit der praktischen Nützlichkeit ihres Umgangs mit Theorien zu befassen und deren Anschlussfähigkeit an die Praxis zu überprüfen und zum andern die aus der Praxis heraus entstehenden Denkmuster oder gar Theoriefragmente zu beobachten und in den Diskurs aufzunehmen. Dennoch entwickeln und qualifizieren sich Theorien allein im wissenschaftlichen Diskurs.

Formalobjekt oder Materialobjekt?

Bei der Bestimmung des Gegenstandes einer Wissenschaft hat es – schon seit dem Mittelalter – in Europa Tradition, zwischen dem *obiectum materiale*, dem Materialobjekt, und dem *obiectum formale*, dem Formalobjekt, zu unterscheiden. Als Materialobjekt einer Wissenschaft soll das Gesamt der zu untersuchenden konkreten Gegenstände und Phänomene gelten, die schon vor dem wissenschaftlichen Zugriff und in Unabhängigkeit von diesem bestanden haben. Aus dieser „Vorgängigkeit“ ergibt sich, dass das gleiche Materialobjekt möglicherweise aus unterschiedlichen Perspektiven betrachtet und so schließlich auch zum Gegenstand verschiedener Disziplinen gemacht werden kann. Als Formalobjekt hingegen soll die Festlegung einer bestimmten Perspektive auf mögliche Materialobjekte gelten, aus der sich spezifische Fragen und ein spezifischer Beobachtungsfokus ergibt. Die Bestimmung dieser Perspektive macht bestimmte Eigenschaften der Gegenstände, Phänomene und

Zusammenhänge sichtbar, blendet andere hingegen aus. Infolge des „Absehens“ von einer unbestimmten Zahl von Eigenschaften des Gegenstandes etc. kann man von einer „formalobjektiven Abstraktion“ sprechen bzw. vom „abstrakten Formalobjekt“.

Betrachtet man das abendländische System der Wissenschaften in seinem Entstehungsprozess, fällt auf, dass Disziplinen, die relativ unproblematisch durch ein Materialobjekt, d.h. durch einen bestimmten Wirklichkeitsbereich markiert werden können, recht selten sind. Ein Beispiel wäre hier vielleicht die Sprachwissenschaft oder die Botanik als Teildisziplin der Biologie. Für letztere wäre es hingegen schon nicht mehr so einfach, phänomenale Grenzen („das Lebendige“, „das Leben“ etc.) zu ziehen. Andere Disziplinen können zwar ihre reellen Objekte nicht begrenzend spezifizieren, sehr wohl aber bestimmte Merkmale von Objekten, durch die diese als Gegenstand der Disziplin qualifiziert werden. Dies gilt etwa für die Archäologie. Beiden Versuchen ist gemeinsam, dass sie am Objekt bzw. Wirklichkeitsbereich das Qualitativum für die Disziplin festmachen.

Das ist anders bei formalobjektiven Bestimmungen. Sie sehen das Qualitativum in einer bestimmten Perspektive der Wissenschaft, die prinzipiell auf einen unbegrenzten oder schwach begrenzten Objektbereich zur Anwendung gebracht werden kann. Einige Disziplinen begrenzen hier ihren Objektbereich dadurch, dass sie darin bestimmte Wirkursachen (*causa efficiens*) zur Geltung gebracht sehen. Ein Beispiel wäre hier etwa die Kinesiologie. Für wieder andere Disziplinen ist kennzeichnend, dass ihre Objekte, die als solche relativ unbestimmt sind, im Blick auf einen bestimmten Zweck (*causa finalis*) betrachten werden, d.h. in Hinsicht auf Faktoren mit einer bestimmten Wirkung analysiert werden. Dies trifft wohl auf die Wirtschaftswissenschaften zu, auf die Immunologie oder auf die Pharmakologie. Zusammenfassend ließe sich folgende Systematik aufstellen:

- Materialobjektive Bestimmung 1: begrenzbarer Objektbereich, Wirklichkeitsbereich (Variante M1);
- Materialobjektive Bestimmung 2: bestimmte Merkmale eines begrenzten Objektbereichs (Variante M2;)
- Formalobjektive Bestimmung 1: Konstituierung des Objekts durch bestimmte Wirkursachen (Variante F1):
- Formalobjektive Bestimmung 2: Konstituierung des Objekts durch einen bestimmten Zweck (Variante F2).

Die Wissenschaft der Sozialen Arbeit durch ein Materialobjekt zu bestimmen bedeutet, einen Gegenstand zu finden, mit dem sich diese Wissenschaft – und nur diese Wissenschaft – befasst. Die Wissenschaft der Sozialen Arbeit durch ein Formalobjekt zu bestimmen bedeutet, eine bestimmte Perspektive oder Zugangsweise zur Erforschung des Gegenstands als kennzeichnend auszuweisen. Dass sich die SAW ihre Materialobjekte mit anderen Wissenschaften teilt, wäre für die letztere Zugangsweise kein wirkliches Problem. Denn der Unterschied ihrer Perspektiven (Formalobjekt) zieht zugleich die Grenzen zwischen ihnen.

Der gängige Weg in den Wissenschaften ist es, zumindest versuchsweise beiderlei Bestimmungsversuche durchzuführen. Prinzipiell wäre dies auch für die SAW zu erwarten. Die Bestimmungsversuche zum Gegenstand der SAW sind zahlreich und waren von Anfang an von Kontroversen geprägt. Aber es ist auffällig, dass nahezu der gesamte Diskurs, der seinen Höhepunkt Mitte der 90er Jahre erlebte, von Kontroversen über das Materialobjekt der SAW geprägt war.[5]

Bestimmung der SAW durch ein Materialobjekt

Innerhalb der materialobjektiven Bestimmungsversuche kann unterschieden werden zwischen solchen, die das Allgemeine des Gegenstandes in der Praxis der Sozialen Arbeit suchen (1), und solchen, die das Allgemeine in der akademischen Sozialen Arbeit ausmachen (2). Unter ersteren kann wiederum unterschieden werden zwischen solchen, die die Praxis selbst als Gegenstand der Wissenschaft betrachten (1a), und solchen, die das Klientel und dessen Lebenssituation bzw. soziale Probleme als jenen Gegenstand betrachten (1b). Übersichten über die – vorwiegend kontroversen – materialobjektiven Bestimmungsversuche zum Gegenstand der Wissenschaft der Sozialen Arbeit sind zu verschiedenen Phasen der Diskussion erstellt worden. Wir finden sie bei Engelke (1993)[6], bei Puhl et al. (1996),[7] bei Klüsche (1999, S. 31f.) als Ergebnis der Arbeit des Fachausschusses „Theorie- und Wissenschaftsent-

---

5 Manche eiligen Versuche, nach breiter Diskussion über das Materialobjekt zügig noch ein Formalobjekt ausfindig zu machen, deuten darauf hin, dass man sich angesichts der Strittigkeit des Materialobjektes nicht noch einer zweiten Front auf der formalen Seite zuwenden wollte. Von den meisten Autoren wurde die Notwendigkeit der Bestimmung eines Formalobjektes überhaupt nicht erkannt, andere sahen darin offenbar keine schwierige Aufgabe. So fügt etwa Rainer Feth seinem Materialobjekt „Hilfe zur Selbsthilfe bei der alltäglichen Lebensführung spezifischer Adressatengruppen“ nebenbei das Formalobjekt „Sozialstaatsidee“ hinzu, ohne es auch nur ansatzweise zu diskutieren (vgl. Feth 2003, S. 212). Schwer nachvollziehbar ist, wie Feth sodann zu der Behauptung kommen kann, „alle wesentlichen Anforderungen, die auf der erkenntnistheoretischen Ebene an eine wissenschaftliche Disziplin zu stellen, sind sowohl aus der Perspektive ihres Formalobjektes als auch ihres Materialobjektes erfüllt“ (Ebd., S. 212f.).

6 Vgl. Engelke (1993, S. 115ff.).

7 Die Zusammenstellung repräsentiert das damalige Ergebnis der Arbeitsgruppe „Gegenstand“ im Arbeitskreis „Theorie- und Wissenschaftsentwicklung“ der Deutschen Gesellschaft für Sozialarbeit. Die Autoren positionieren sich dort für einen Gegenstandsbegriff „Soziale Probleme“, der die Theoriebildung bei Staub-Bernasconi und Lüssi teilweise integriert.

wicklung der Sozialen Arbeit" des deutschen Fachbereichstages Soziale Arbeit oder bei Hey (2000) in seinem Überblick über die Positionen zur SAW von 1964 bis 2000, um nur einige Quellen zu nennen.

Die materialobjektiven Versuche, die sich am Gegenstand der Praxis der Sozialen Arbeit orientieren, sind vielfältig:

1 a) Für ersteren Typ könnte beispielsweise die Auffassung von Sommerfeld stehen, dass „die Praxis der Sozialen Arbeit in ihrer gesellschaftlichen und institutionellen Kontextuierung und darin auftretenden Handlungsprobleme" (Sommerfeld, 1996, S. 29), d.h. schlechthin in all ihren Formen, Gegenstand der SAW seien. Nach Sommerfeld behandeln alle Handlungswissenschaften einen je besonderen Ausschnitt gesellschaftlicher Praxis. So auch die SAW, die sich mit der Praxis der Sozialen Arbeit befasse. Ähnlich kennzeichnet Hey SAW als „spezialisierte (...) Bearbeitung eines gesellschaftlichen Problembereichs unter praktischen Intentionen" (Hey, 2000, S. 69, im Anschluss an Bermann) (Variante M1). Der Charme einer solchen umfassenden Gegenstandskonstituierung besteht zum einen in der Sicherheit, dass dieser Gegenstand von keiner anderen Disziplin zugleich wahrgenommen werden kann, zum anderen darin, dass sie inhaltlich so offen ist, dass sie „anschlussfähig (ist) an alle theoretischen Bestimmungen der Sozialen Arbeit als Praxis" (ebd., S. 30). Allerdings erscheint damit die SAW zum einen gegenständlich vollständig abhängig von der jeweiligen historischen Praxis von Sozialer Arbeit (womöglich bis zur Kritiklosigkeit), zum anderen erscheinen die bestehenden „Theorien" grundsätzlich voraussetzungslos für das Verständnis der SAW, die sie alle unterschiedslos zu umschließen vermag. Es wird an diesen Konsequenzen sichtbar, was einer solchen SAW fehlt: ein erkenntnistheoretisches und wissenschaftstheoretisches Fundament.

Eine weitere Variante dieser Gegenstandsbestimmung bildet der Versuch, sie auf das zu beziehen, was die *gesellschaftliche Aufgabe* von Sozialer Arbeit sein soll, was Soziale Arbeit als Praxis leistet, oder auf die Form, wie sie es leistet. In der Sozialpädagogik Mollenhauers existierte noch die Auffassung, Sozialpädagogik bezeichne „ein System gesellschaftlicher Eingliederungshilfen" (Mollenhauer, 1988, S. 14)[8]. Damit wären Eingliederungshilfen im Gesamten der materielle Objektbereich von Sozialpädagogik (Variante M1). Der gesellschaftlich organisierten Hilfe wird hier ein bestimmter Zweck vorgegeben, nämlich die Eingliederung. Der Hinweis auf den Zweck bringt diese Bestimmung freilich in die Nähe eines Formalobjektes, nämlich: Hilfen dann zu untersuchen, wenn sie dem Zweck der Eingliederung dienen. Ähnlich hatte Rössner die Sozialarbeitswissenschaft als ein „System von wissenschaftlichen Theorien, Technologien und technologischen Theorien über Phänomene bzw. Klassen von Phänomenen, die unter dem Begriff ‚tertiäre

---

8 Diese Auffassung findet sich auch noch bei C.W. Müller, der allerdings für die Sozialarbeit (!) noch das Moment der menschenwürdigen Lebensführung ergänzt (vgl. Müller, 1996, S. 503).

Erziehung' subsummiert werden" (Rössner, 1977, S. 156), aufgefasst. Diese tertiäre Erziehung bezeichnete Rössner auch als „Resozialisation", die Sozialarbeit als „Resozialisationshilfe" (ebd., S. 120ff.). Er betrachtete die SAW dabei als Teildisziplin der Erziehungswissenschaft.

Eine neuere, systemisch orientierte Variante dieses Zugangs findet sich in Vorschlägen, die Soziale Arbeit als Funktionssystem der Gesellschaft kennzeichnen und damit die Gegenstandsfrage durch die *Funktionsfrage* ersetzt sehen. Unter der Überschrift „Vom Gegenstand zur Funktion" entwickelt so Merten – im Anschluss an einen Vorschlag von Tenorth – die Auffassung, Soziale Arbeit sei „funktional zuständig für nahezu alle Bereiche der sozialen Integration", sie sei daher „soziale Integrationsarbeit" (Merten, 1998, S. 202). Als Wissenschaft der Sozialen Arbeit bearbeitet und bewertet die Disziplin den „corpus of knowledge", den Theoriefundus, der sich mit den Fragen der Erfüllung dieser Funktion beschäftigt. Aber: Wissenschaft rekurriert auf das Referenzkriterium „Wahrheit", Praxis auf das Referenzkriterium „Wirksamkeit". Ob Praxis mit dem theoretischen Wissen so umgehen kann, dass sie ihre gesellschaftliche Funktion bestmöglich erfüllt, liegt in der Verantwortung der Praxis, nicht der Wissenschaft. Entsprechend ist es die primäre Aufgabe der Disziplin, durch ihre anwendungsbezogene Forschung ihre Theorien zu verbessern und nicht die Probleme der Praxis zu lösen (ebd., S. 205).

All diese Beispiele sind insofern gegenüber einer wissenschaftstheoretischen Reflexion indifferent, als sie – mit Ausnahme des Ansatzes von Merten – den Anteil der Wissenschaft bei der Konstituierung ihrer Objekte nicht oder nicht wesentlich berücksichtigen.

1 b) In ähnlicher Weise wissenschaftstheoretisch blind sind zahlreiche Versuche einer Bestimmung des Gegenstandes der SAW über ein Kennzeichen der Klientel und seiner Lebenssituationen. In gewisser Hinsicht lassen sich diese Ansätze auch als formalobjektive Bestimmungen deuten; dann nämlich, wenn man die Kennzeichnungen der Klientel zu einer besonderen Hinsicht der Betrachtung des Menschen uminterpretiert. Hierfür sind die gewählten Bezeichnungen allerdings nur mäßig brauchbar, weil sie die besondere Perspektive auf die Klientel der Sozialen Arbeit nur mittelbar beschreiben und oft ein zugrundeliegendes Materialobjekt gar nicht benennen.

Schwierig an allen solchen Bestimmungsversuchen ist es, nachzuweisen, dass erstens die herausgehobenen Eigenschaften der Klientel für die gesamte Praxis der Sozialen Arbeit stichhaltig und zweitens für die Zuständigkeit von Sozialer Arbeit auch wirklich maßgeblich sind. Es seien an dieser Stelle exemplarisch einige solche Versuche genannt: Tillmann sieht den Gegenstand der SAW im „homo abusus", genauer charakterisiert als der verbrauchte, missbrauchte, verbrauchende und missbrauchende, sich verbrauchende und missbrauchende Mensch (vgl. Tillmann, 1993; 1994). In der Nähe dieses Vorschlags liegen Hauperts Diagnose vom „prinzipiell von Überforderung bedrohten Wesen" (Haupert, 1994), Kraimers „beschädigtes Leben" (Kraimer, 1994, S. 23) oder auch der Versuch Birgmeiers, für die Sozialpädagogik Krise und Widerfahrnis als Grundkategorien menschlicher Betroffenheit plausibel zu machen (vgl. Birgmeier, 2006). Wagner hat im Anschluss an die Lebenslagentheorie von Amann den „homo disoeconomicus", den in Missbrauch „verstrickten" Menschen, zum Gegenstand der SAW erklärt. Dieses Missbrauchsverhältnis bezeichne die „verfehlte Beziehung des Menschen zu sich selbst, zu anderen Menschen und zur Umwelt" (Wagner, 1995, S. 294).[9]

Von inhaltlichen Engführungen abgesehen, die allein schon diesen Bestimmungsversuch angesichts widersprechender Praxis sprengen würden, sind solche kategorialen Universalia auch deshalb unbefriedigend, weil sie Soziale Arbeit als Praxis und Disziplin an einer stigmatisierenden diagnostischen Vorentscheidung über ihr Klientel aufhängen.[10] Sie laufen zudem Gefahr, einer Individualisierung sozialer Probleme das Wort zu reden.[11] Demgegenüber positiv stellt sich der Versuch Zinks dar, in Anlehnung an Lowy den Gegenstand der Sozialarbeitswissenschaft „im Menschen in seinen zentralen Bedürfnissen nach Lebenssicherung und Lebensorientierung" (Zink, 1988, S. 46) zu sehen. Aber haben nur diejenigen Menschen diese Bedürfnisse, die Klientel von Sozialer Arbeit werden?

Ein Bestimmungsversuch, der vom Einzelmenschen als Klienten der Sozialen Arbeit deutlich abrückt und damit auf den ersten Blick eine Abstraktion verspricht, die vielleicht in der Lage wäre, die Diversität von Problemlagen verschiedener Klientelgruppen zu überwinden, geht von der These aus, dass spätkapitalistische Gesellschaften notwendig soziale Probleme hervorbringen, die zu bewältigen zur Aufgabe der Sozialen Arbeit wird. Staub-Bernasconi und viele andere (etwa Lüssi, 1998; Puhl et al., 1996) gehen daher davon aus, dass der Gegenstand der Sozialen Arbeit als Wissenschaft in „sozialen Problemen" bzw. in deren Lösungen (Preis, 2009)[12] zu sehen sei. Diese Sichtweise reicht zurück bis zu den professionskritischen Reflexionen der 80er Jahre, die als gemeinsamen Bezugspunkt aller Praxis Sozialer Arbeit soziale Probleme erkannten (vgl. Gildemeister, 1983). Sie ist in Fachhochschulkreisen vermutlich die dominante Sichtweise zur Bestimmung des Gegenstandes der SAW.

---

9 Wagner betrachtet den homo disoeconomicus explizit als Formalobjekt der SAW.

10 Diese Gefahr sozialer Stigmatisierung sieht Merten auch bei der Gegenstandsbestimmung „Soziale Probleme" gegeben, zumal wenn es anderen überlassen bleibt zu definieren, worin „Soziale Probleme" bestehen (vgl. Merten, 1996, S. 78).

11 Dies erinnert an das Funktionsverständnis der Fürsorgetheorie von Scherpner in den 60er Jahren: Die Fürsorgebedürftigkeit ergebe sich aus dem wirtschaftlichen Versagen des Individuums, die Verwahrlosung aus einem moralischen Versagen. Diese Versagen zu kompensieren, sei Aufgabe der Fürsorge, um die Gesellschaft vor destruktiven Wirkungen zu schützen (vgl. Scherpner, 1962).

12 So erklärt Preis: „Gegenstand der Sozialen Arbeit ist ... die Vermeidung, Beseitigung und Verminderung psychosozialer Problem- und Mangellagen" (Preis 2009, S. 160).

Doch leider beanspruchen diesen Gegenstand auch schon andere Wissenschaften, nämlich die Politologie im Bereich der Sozialpolitik[13] und die Ökonomie im Bereich der Sozialökonomie; auch die Soziologie befasst sich u.a. ohne Frage mit sozialen Problemen. Und leider sind es nur bestimmte soziale Probleme, mit welchen sich die Soziale Arbeit befasst (vgl. Sidler, 2004, S. 35). Ein Differenzkriterium im Materialobjekt ist hier nicht ohne Weiteres erkennbar und bisher auch nicht zwingend benannt worden, während andererseits die begriffliche Subsumption bekannter Problemlagen unter den Oberbegriff „Soziale Probleme" mit Fleiß betrieben worden ist (Olbrecht, 1993, S. 25).[14] Es stellt sich zudem die Frage, ob ein Problem wirklich „sozialer Natur" sein muss, um Anliegen der Sozialen Arbeit zu werden. In vielen Fällen ist diese Herleitung sicher nicht zutreffend oder zumindest nur durch skurrile Generalisierungen zu erreichen, die dann aber auch jedes menschliche Problem sozial erscheinen lassen.

Es hängen an diesem Begriff eine Vielzahl von definitorischen Voraussetzungen: Wann ist ein Problem „sozial", wann nicht? Entscheidet darüber das Erscheinungsbild des Problems, seine gesellschaftliche Wirkung oder sein Entstehungshintergrund? Für wen ist es ein Problem und für wie viele oder welche Beobachter muss es als ein Problem erkannt sein?[15] Sind soziale Probleme immer nur kultur- und epochenspezifisch „soziale Probleme" oder sind sie es per se? Welche semantischen Implikationen liegen im Problembegriff selbst, wie soll er verstanden werden?

Problematisch ist an dieser Gegenstandsbestimmung in logischer Hinsicht auch die Tatsache, dass sie einfach einen möglichen gemeinsamen Bezugspunkt der *Praxis* von Sozialer Arbeit – die Arbeit an sozialen Problemen – zum Gegenstand der Sozialen Arbeit als *Wissenschaft* erhebt. So essenziell der Bezug der Sozialen Arbeit als Wissenschaft zur Praxis auch ist, so wenig kann Wissenschaft doch einfach im Auftrag einer bestimmten Praxis aufgehen. Es fehlt auch hier der Raum für die Differenz von Wissenschaft und Praxis.

Es ist darüber hinaus zweifelhaft, ob Soziale Arbeit als autonome Wissenschaft überhaupt gut bedient wäre mit dem Anspruch, ihren Gegenstand in sozialen Problemen erkennen zu wollen. Wer bestimmt für die Soziale Ar-

---

13 Dass hier auch keine funktionale Abgrenzung gelingt, hat Siegfried Müller aufgezeigt (vgl. Müller, 1978, S. 344).

14 Werner Obrecht hat hier – im Gegensatz zu Staub-Bernasconi – die Auffassung entwickelt, dass Soziale Arbeit keine eigenständige Disziplin werden könne, da es eben keinen Ausschnitt der Wirklichkeit gebe, der ausschließlich der SAW als Materialobjekt zugeschrieben werden könne.

15 Hinter dieser Frage steht die Annahme, dass soziale Probleme Konstrukte sind. Sidler kritisiert an der verbreiteten Verwendung des Begriffes „soziale Probleme" allerdings, dass er zumeist in einem realistischen Sinne interpretiert würde (vgl. Sidler, 2004, S. 36). Auch Merten erhebt eine ganze Reihe von Einwänden gegen den Begriff aus definitionspolitischen Gründen (vgl. Merten, 1998, S. 200).

beit, was „soziale Probleme" sind? Kann dies eine autonome Leistung der akademischen Sozialen Arbeit selbst sein oder leistet dies nicht vielmehr die öffentliche Meinung bzw. die Sozialpolitik? Begibt sich dann in der Folge Soziale Arbeit als Wissenschaft nicht in die Abhängigkeit von den Definitionsleistungen anderer?

Um die Defizitorientierung der Perspektive „Soziale Probleme" wie auch die Vieldeutigkeit des Problembegriffs zu vermeiden, hat sich Mühlum etwa dafür ausgesprochen, gewissermaßen die positive Kehrseite, nämlich „Lebensbewältigung unter erschwerten Bedingungen" zum Gegenstand der SAW zu erklären: „Sozialarbeit unterstützt die Lebensbewältigung von Menschen im Alltag unter erschwerten individuellen (Handicap) oder sozialen Bedingungen (Deprivation)" (Mühlum, 1996, S. 32). Lebensbewältigung möchte er verstanden wissen „als konstruktive Auseinandersetzung mit situativen und sozialen Anforderungen im Hinblick auf ein gelingendes Leben" (ebd.).[16] In dieser Erläuterung klingt ein Begriff an, den wieder andere als den eigentlichen Gegenstand der SAW betrachten, nämlich „das gelingende Leben".

Die „Praxis gelingenden und scheiternden Lebens" (Haupert, 1996, S. 48) ist für Haupert der Gegenstand der SAW. Sahle schließt sich dieser Auffassung an, sieht aber die Zuständigkeit der SAW nicht nur auf die Fälle des misslingenden Lebens begrenzt, sondern geht davon aus, dass Lebensbewältigung in der Risikogesellschaft zu einem generellen Problem werde und daher die Unterstützung von außen, etwa durch Soziale Arbeit, zu einer selbstverständlichen Bedingung des Gelingens werden könnte (vgl. Sahle, 2002). Wahl hat versucht, die Voraussetzungen für eine solche Gegenstandsbestimmung genauer zu fassen und die Tragfähigkeit dieser Formulierung zu prüfen (vgl. Wahl, 2010).

Die Vielzahl der Versuche, über eine je spezifische Praxis, ein je spezifisches Klientel oder eine je spezifische gesellschaftliche Funktion die SAW zu bestimmen, konnten bis heute keinen Konsens auf den Weg bringen. Vielmehr sind die Bestimmungsversuche nun teilweise umgeschlagen in eine Tendenz, die Suche nach dem Spezifischen selbst als den kategorialen Fehler der bisherigen Bemühungen zu interpretieren. So haben Bommes und Scherr für die Soziale Arbeit festgestellt, dass sich ihr Gegenstand durch die „spezifisch unspezifische Hilfsbedürftigkeit" der Klientels kennzeichnen ließe (Bommes & Scherr, 2000, S. 77ff.). Innerhalb der etablierten Hilfesysteme rückt das Anliegen der Klientel Sozialer Arbeit in ein diagnostisch nicht definiertes Feld und gerade dadurch in die Zuständigkeit von Sozialer Arbeit; Scherr definiert daher Soziale Arbeit als „generalisierte Kommunikation von Hilfsbedürftigkeit" (Scherr, 2002, S. 267). Ob diese Situation für die Soziale Arbeit als Stärke oder Schwäche ausgelegt werden muss, ist eine Frage des

16 Beide Begriffe entstammen eigentlich der lebensweltorientierten Sozialen Arbeit nach Thiersch, worauf Mühlum aber an dieser Stelle nicht verweist.

Standpunkts: Zunächst ist Diffusität und Überkomplexität für die Beschreibung des Gegenstandes von Sozialer Arbeit sicherlich ein ernstzunehmendes Handicap. Staub-Bernasconi, die für das Berufsbild der Sozialen Arbeit von der „Spezialisierung auf Unspezialisiertheit" spricht, wertet diese Situation aber auch als eine besondere Chance, konzertiertes Arbeiten und transdisziplinäres Denken in praktisches Handeln einzubringen (vgl. Staub-Bernasconi, 2000, S. 60f.). Wie auch immer hier bewertet wird, ein Bestimmungsversuch, der an der Lage der Klientel ansetzt, kann allenfalls den Gegenstand Sozialer Arbeit als Praxis bezeichnen, er erreicht aber erst gar nicht die Perspektivität von Wissenschaft, weil er keine Theorien objektiviert.

2) Als Beispiel für Ansätze, die das Allgemeine der SAW in der *akademischen* Sozialen Arbeit ausmachen, kann die Position von Klüsche betrachtet werden, die aus der Arbeit des Fachausschusses des deutschen Fachbereichstages „Theorie- und Wissenschaftsentwicklung" resultiert. Er betrachtet die SAW als „die Lehre von den Definitions-, Erklärungs- und Bearbeitungsprozessen gesellschaftlich und professionell als relevant angesehener Problemlagen" (Klüsche, 1999, S. 89).[17] Das Materialobjekt sind hier offenbar bereits Theorien, nicht mehr die Praxis selbst, Theorien über „als relevant angesehene Problemlagen" – die es freilich dann genauer zu bestimmen gälte. Immerhin rückt die SAW damit in Distanz zu den Theorien, indem sie diese zum Gegenstand der Lehre macht. Diese Distanz wäre freilich hauchdünn, wenn mit der Formulierung „die Lehre von ..." nur die Inhalte dieser Lehre gemeint wären. Für den Status einer Metatheorie wäre dies zu wenig.[18]

Weiter geht da der Lösungsversuch von Kleve, der ebenfalls an den Professionsaufgaben „Bewältigung oder Lösung sozialer Probleme" ansetzt und die *Reflexion* dieser Bewältigungs- und Lösungsmöglichkeiten als Gegenstand der Disziplin betrachtet (vgl. Kleve, 2000, S. 152). Die Struktur dieser Probleme entwirft Kleve entlang den Merkmalskriterien von Staub-Bernasconi als Ausstattungsprobleme, Austauschprobleme, Machtprobleme sowie Werte- und Kriterienprobleme (vgl. ebd.). Sie zu erfassen, braucht es eine transdisziplinär angelegte Wissenschaft der Sozialen Arbeit, die die

---

17 Die Charakterisierung „gesellschaftlich und professionell relevant" deutet an, dass Klüsche ein konstruktionistisches Verständnis von „sozialen Problemen" hat – eine Position, die sich vom häufig naiven Gebrauch des Begriffes abhebt.

18 An anderer Stelle hat Klüsche das Materialobjekt noch als „der Mensch bei der Bewältigung von Lebensaufgaben" bestimmt. Als Formalobjekt führte er an: „Menschen ... in sozialen Problemlagen (...), die vor kritischen Lebensereignissen oder vor der Bewältigung von Entwicklungsaufgaben stehen" (vgl. Klüsche, 1999, S. 34). Es ist schwer nachvollziehbar, wie eine solche Bestimmung den Begriff des Formalobjekts erfüllen könnte. Die Relation zwischen Materialobjekt und Formalobjekt ist hier die einer Einschränkung: „Materialobjektiv" werden Menschen bei der Bewältigung von Lebensaufgaben beobachtet und beschrieben, „formalobjektiv" geschieht das Gleiche, aber es bezieht sich nur auf Menschen in sozialen Problemlagen. Mit einer frageninduzierenden Perspektivität, wie sie vom Formalobjekt verlangt wird, hat eine solche Formulierung nichts zu tun.

Sichtweisen und Erträge der zahlreichen Bezugswissenschaften als „Koordinationswissenschaft“ (ebd., S. 154) zusammenträgt und einander gegenüberstellt. Die Reflexion dieser Lösungsmöglichkeiten, das eigentliche Geschäft der Disziplin also, vollzieht sich als multireferenzielle Vermittlung. Kleve sieht für die SAW die Rolle des Koordinators und des Moderators. Es stellt sich hier die Frage, auf welcher Bühne diese Diskussion stattfinden und wer außer dem Moderator aktiv an der Diskussion teilnehmen wird. Kleve äußert selbst den Verdacht, dass am ehesten die Studierenden der Sozialen Arbeit – wohl oder übel – diese Diskussion bestreiten müssen, weil dies das Studium und die Prüfungen von ihnen verlangen und sie daher „die eigentlichen Sozialarbeitswissenschaftler“ (ebd., S. 157) seien. Bleibt zu hoffen, dass sie nicht die einzigen sind.

Die Frage nach der disziplinären Mitte der SAW findet ihre Antwort bei Kleve in drei Forderungen: 1. SAW sollte die disziplinäre Pluralität der Sozialen Arbeit akzeptieren und auf ein Selbstverständnis als Leitdisziplin verzichten. 2. SAW sollte für die Praxis der Lehre „postmoderne Wissenschaftskonzepte ... entwickeln“, die „Verschiedenartigkeit und Spezifität von jeweiligen sozialarbeiterischen Zugängen anerkennen“ (ebd., S. 159) und diese aufeinander zu führen. 3. Die Lehrstühle für SAW sollten so eingerichtet werden, dass sie in der Lage sind – etwa durch interdisziplinäre Arbeitskreise – „die Kommunikation unter den Fachwissenschaftlern ... (zu) fördern, (zu) vermitteln, (zu) koordinieren und (zu) moderieren“ (ebd.). Eine inhaltliche Zielsetzung für die Prozesse der Moderation und Koordination und damit ein Formalobjekt für die SAW gibt es nicht. SAW bleibt unparteiisch, sie bringt die Standpunkte anderer Disziplinen nur zur Gehör. Diese sind daher eigentlich das Materialobjekt der SAW. Der Gegenstand der SAW „verflüssigt“ sich, wie Kleve sagt, in einer „postmodern-transdisziplinären Prozesswissenschaft“ (ebd.). Die Identität der SAW geht im Prozedieren des Verbindens, Vernetzens und Vergleichens auf.

Die Bestimmung der SAW durch ein Formalobjekt

Materialobjektive Bestimmungsversuche suggerieren Subjektunabhängigkeit; sie richten die Perspektive nicht auf die Frage, wie der Gegenstand und seine Eigenschaften entstanden bzw. erkennbar geworden sind. Aus einer konstruktivistischen Sicht ist dies ein prinzipieller Mangel (vgl. Schmidt 1998, S. 151); denn einem solchen Gegenstandsbegriff liegt notwendig ein korrespondenztheoretischer Wahrheitsbegriff zugrunde. Formalobjektive Versuche sind in dieser Hinsicht insofern schon die aufrichtigere Lösung, als sie mit ihrer Ausrichtung auf Probleme und Perspektiven zumindest nahe legen, dass in die Sicht des Gegenstandes bereits eine Beobachterrelation der Wissenschaft eingewoben ist. Merten argumentiert auf der Grundlage des erkenntnistheoretischen Konstruktivismus von Luhmann, dass der Gegenstand einer Wissenschaft grundsätzlich nicht materialobjektiv bestimmt werden könne, weil er immer das Ergebnis schon theoretischen Denkens sei, also erst durch die Leistung eines Beobachters konstruiert würde (vgl. Merten, 2002, S. 38f.). Insofern dieser Beobachter eine spezifische Perspektive auf diesen Gegenstand richtet, wäre in solcher Perspektivität auch das Formalobjekt zu bestimmen. Damit konstituiert sich der Gegenstand einer Wissenschaft erst, indem die Wissenschaft entsteht: Wissenschaft bringt ihre Objekte erst hervor (vgl. Kleve, 2000, S. 149).

Diese Position hat ihr wissenschaftstheoretisches Pendant in der holistischen Variante der Kohärenztheorie der Wahrheit: nämlich in der Überzeugung, dass Theorien Ordnungen der Wirklichkeit nicht abbilden, sondern Ordnungen hervorbringen, die wir in die Wirklichkeit hineinprojizieren und damit erst Gegenstände der intendierten Betrachtung schaffen (vgl. Zoglauer, 1993, S. 166).[19] Zu prüfen, ob diese Ordnungen „wahrheitsfähig" sind, heißt zu untersuchen, ob sie als Grundlage unserer (wissenschaftlichen) Handlungen zum Erfolg führen.[20]

Gefordert wird die Entwicklung eines Formalobjekts schon 1995 von Wagner und (noch immer) 2006 von Schlittmaier. Göppner und Hämäläinen (2004, S. 86ff.) greifen an verschiedenen Stellen diese Forderung wieder auf. Versuche, den Gegenstand der Wissenschaft Sozialer Arbeit über ein *Formalobjekt* zu bestimmen, finden sich dennoch bisher eher selten.[21] Das ist nicht nur insofern erstaunlich, als im wissenschaftstheoretischen Diskurs heute mehrheitlich die Auffassung besteht, dass sich Wissenschaften über Formalobjekte treffender und programmatisch fruchtbarer bestimmen können als über Materialobjekte, sondern auch insofern, als der bisherige Disput über eine materialobjektive Bestimmung der SAW aus den Kontroversen der 90er Jahre bis heute nicht

---

19 Ähnlich formulieren Göppner & Hämäläinen (2004, S. 89): „Es gibt keinen direkten Zugang zum Gegenstand, von dem man die nötigen Theorien ableiten könnte, vielmehr sind es die Theorien, aus denen man den Gegenstand ableitet." Dies gilt auch für Probleme, wie Göppner & Hämäläinen später fortführen: „Probleme tauchen auf oder verschwinden, je nachdem durch welche theoretische Brille man sie betrachtet. Man kann Problemlagen nicht ohne theoretischen Hintergrund erkennen..." (ebd., S. 100).

20 Die Erfolgsbasiertheit von Wahrheitsansprüchen wird seit der wissenschaftshistorischen Wende in der Wissenschaftstheorie als Ersatzkriterium für die Korrespondenzannahme gehandelt. Welches Kriterium seinerseits zur Kennzeichnung des Erfolges und damit zur Auszeichnung „guter wissenschaftlicher Theorien" gewählt wird, obliegt dem Urteil der in der Theoriebildung engagierten Wissenschaftler (vgl. Detel, 2007, S. 125f.).

21 Die Bestimmung des Gegenstandes über eine bestimmte Ausprägung einer menschlichen Kategorie (Merkmal) betrachten wir – wie gesagt – nicht als eine formalobjektive Bestimmung. Notwendig wäre vielmehr die Bestimmung über eine Kategorie als solche. Ein Beispiel bietet hier die Medizin, die ihren Gegenstand formalobjektiv über die Kategorie Gesundheit/Krankheit definiert. Freilich ist diese Bestimmung nicht ausreichend abgrenzungsfähig gegenüber einigen anderen Wissenschaften.

herausgeführt hat und wesentliche logische und systematische Einwände nicht entkräftet werden konnten. Gerade die (tatsächlich verbreitete) Auffassung, Soziale Arbeit als Wissenschaft befasse sich mit Sozialen Problemen, verweist in ihrer nicht befriedigenden Allgemeinheit und disziplinären Trennschwäche eigentlich auf die Notwendigkeit, für Soziale Arbeit als Wissenschaft eine spezifische Perspektive auszumachen, die ihre Bearbeitung von Sozialen Problemen von der anderer Disziplinen unterscheidet. Dies ist jedoch bislang nicht geschehen. Vielmehr hat sich eher Resignation ausgebreitet oder, zuweilen mit dem fraglichen Argument, andere Disziplinen benötigten auch keine Klarheit über ihren Gegenstand, eine Haltung des offensiven Verzichts (vgl. Maier, 1998, S. 52).[22] Nach der (postmodernen) Überwindung der „Metaerzählungen" – eben auch jener von der Einheit der Disziplin – wird dieser Verzicht von einigen auch gar nicht mehr als schmerzlich empfunden, sondern als erfreuliche Befreiung von überflüssigem Ballast gefeiert. Kleve etwa betrachtet die Frage nach dem Gegenstand als paradigmatisch und epochal abgeschlossen, nämlich als Relikt einer Wissenschaftstheorie der Moderne, die die Wissenschaften auf Einheit und Identität verpflichten wollte. Postmodern sei für diese Wissenschaft (wohl für andere auch) keinerlei Einheit und Identität mehr zu erreichen. Entsprechend kommt Soziale Arbeit professionell wie auch disziplinär „ohne Eigenschaften" (vgl. Kleve, 2000, S. 145, 148f. und 157). aus. Als eher vorläufige Verlegenheiten der Theoriebildung in der Sozialen Arbeit hatte Thole diesen Zustand gewertet – aber doch mit Vorteilen für die Forschung: Der so zwangsverordnete Partikularismus der Theoriefragmente und Brückenkopftheorien erlaube eine freie empirische Erschließung der Realität ohne ideologische Vorwegvereinnahmungen (vgl. Thole, 1995, S.42).

Doch gibt es vereinzelt auch Ansätze zur Bestimmung eines Formalobjektes, die sich explizit auf eine bestimmte *Perspektive* der Sozialen Arbeit beziehen, welche als essenziell für die SAW gelten soll. Ein Beispiel für einen solchen Versuch bietet die Bestimmung des Gegenstandes der SAW durch Wendt:

„Menschen in ihren konkreten sozialen Situationen sind das Materialobjekt unserer Wissenschaft. Sie studiert menschliches Handeln und soziale Verhältnisse aber nicht in jeder

---

22 Schon 1998 wollte Maier keinen Sinn mehr im Versuch einer material- oder formalobjektiven Bestimmung des Wissenschaftsgegenstandes sehen und hielt das Bestehen einer „Fachkultur" mit spezifischen „Kommunikationszusammenhängen" für ausreichend, um eine SAW zu begründen. Man kann aus dieser Lösung vielleicht sogar ungewollt doch einen Hinweis auf einen formalobjektiven Bestimmungsversuch herauslesen, wenn man mit dem Begriff der Fachkultur spezifische Perspektiven verbindet. Für die Sozialpädagogik hatte Reyer unlängst ähnlich resignativ empfohlen, ihren Gegenstand als „Pädagogik der Kinder- und Jugendhilfe" festzulegen und damit das Theorieproblem endgültig zu „historisieren" (vgl. Reyer, 2009, S. 268). Andreas Keck meint, die SAW übe mit ihrer angestrengten Reflexion über ihren Gegenstand eine gleichermaßen überflüssige wie destruktive Selbstkritik, derer sich andere Humandisziplinen nicht mehr widmeten, obschon sie auch nicht weiter gekommen wären in dieser Frage (vgl. Keck, 2006).

Hinsicht, sondern aus einem bestimmten Blickwinkel: Das Formalobjekt der Sozialarbeitswissenschaft sind Bewältigungs- und Unterstützungsmöglichkeiten. Sie nimmt Vorgänge und Umstände zu ihrem Gegenstand, die zu Hilfebedürftigkeit führen, und solche, die ein selbstbestimmtes und unabhängiges Leben zu führen gestatten." (Wendt, 2004, S. 92f.)

Logisch interessant ist hier der Versuch, die Perspektive der SAW nicht unmittelbar an der Lage der Klientel von Sozialer Arbeit festzumachen, sondern sie mit einer zweckgerichteten Qualität der Hilfe zu kennzeichnen. „Bewältigungs- und Unterstützungsmöglichkeiten“ sind Potenziale der Hilfe. Insofern ist es logisch nicht korrekt, den Menschen als Materialobjekt zu sehen; vielmehr ist, und das ist das eigentlich Innovative an Wendts Vorschlag, die Hilfe selbst das Materialobjekt. Damit wird die Leistung der Profession zum Gegenstand der SAW. Wendt nimmt allerdings die Entstehungsgründe für die Hilfebedürftigkeit mit auf und schließlich auch die Bedingungen, die für eine autonome Lebensführung der Klientel maßgeblich sein könnten. Alle Komponenten zusammen bilden aber durchweg eine auf eine causa finalis aufbauende Argumentation (Variante F2). Leider verlässt Wendt diese Perspektive im weiteren Verlauf seiner Argumentation schon bald und kehrt zurück zur Lebenssituation und Lebensführung der Klientel, die er dann auch als „Dispositionen des Gelingens und Möglichkeiten des Scheiterns“ (ebd., S. 93) kennzeichnet.

Eine solche Spezifizierung auf einen *bestimmten* Zweck vermeidet der Vorschlag von Pantuček, die SAW als „Wissenschaft von der organisierten Hilfe“ (Pantuček, 2005, S. 3) zu bestimmen. Einen Fortschritt auch gegenüber der Bestimmung über „Soziale Probleme“ stellt diese Lösung insofern dar, als sie sich von der zu bewältigen Aufgabe löst und auf die Form der Bewältigung ausrichtet. In eine ähnliche Richtung weist der Ansatz von Rittberg. Er versteht SAW als „die wissenschaftliche Untersuchung, Forschung und Lehre über den besonderen Aktivitätstypus Soziale Arbeit, der ein Typus des Handelns und Sprechens ist“ (Rittberg, 2006, S. 179). Das Organisationsmoment bzw. der Aktivitätstypus unterscheidet die Praxis Sozialer Arbeit treffsicher von anderen Formen der Hilfe. Aber ist damit zugleich schon das Wesentliche für eine Wissenschaftsperspektive entdeckt?

Eventuell könnte mit einer gewissen Abstraktion das Verständnis SAW von Staub-Bernasconi als Wissenschaft der Menschenrechtsprofession als formalobjektiver Bestimmungsversuch verstanden werden. Dies wäre logisch dann gewährleistet, wenn der spezifische Blickwinkel von Sozialer Arbeit auf soziale Probleme dadurch ausgezeichnet wäre, dass Verletzungen von Menschenrechten erkannt und zu lindern oder zu beheben gesucht werden. Sicherlich ist diese Perspektive aber nicht nur eine der Sozialen Arbeit.

Auch Tholes Empfehlung, die theoretischen Ansprüche von Sozialer Arbeit nicht auf „Soziale Probleme“, sondern auf „Soziale Ungleichheiten“ zu konzentrieren, könnte auf ein Formalobjekt verweisen, wenn man sie so versteht, dass der Blick der Sozialen Arbeit sich darauf richten sollte, hinter den Problematiken der Klientel Sozialer Arbeit Bedingungen Sozialer Ungleichheit zu entdecken und praktisch zu bearbeiten. Auch dieser Blick ist theoriegeprägt und er mag es ermöglichen, die Lebenslagen und Orientierungen der Klientel Sozialer Arbeit treffend als „Ungleichheitsereignisse“ (Thole, 1995, S. 40) zu kategorisieren – die Theorieperspektive ist aber eine originär soziologische. Einmal mehr[23] entsteht hier ein Programm, in welchem Theorien der Soziologie Verhältnisse sichtbar machen sollen, die die Soziale Arbeit dann praktisch zu bewältigen hat. Der Leitdisziplin bleibt so allein die Aufgabe, Theorien der Bewältigung zu produzieren. Die disziplinäre Abhängigkeit einer Wissenschaft Sozialer Arbeit von der Bezugswissenschaft Soziologie ergibt so gerade keine eigenständige Perspektive.[24]

Bilanz und Ausblick

Insgesamt müssen die bisherigen Bemühungen um den Gegenstand einer SAW im Hinblick auf die Bestimmung eines Materialobjektes m.E. als gescheitert betrachtet werden. Weder lässt sich ein materielles Objekt finden, auf welches sich SAW in all ihren Anliegen bezieht, noch lassen sich bestimmte universelle Merkmale von Objekten isolieren, die die Zuständigkeit des Funktionssystems Soziale Arbeit als Praxis oder auch als Wissenschaft abgrenzungssicher fixieren könnten. Offenbar entwindet sich der SAW auch ihr Gegenstand prinzipiell infolge der historischen Veränderlichkeit der Sozialen Arbeit als Praxis (vgl. Erath & Göppner, 1996). Für die disziplinäre Perspektive lässt sich konsentisch lediglich feststellen, dass sich SAW – auf welche Weise auch immer – mit Theorien befasst. Das ist freilich für jede Wissenschaft zutreffend, ergibt also für die SAW keine Gegenstandsbestimmung. Es gibt aber einen Hinweis darauf, dass sich Versuch lohnen könnte, das Materialobjekt der SAW auf der theoretischen Ebene zu suchen und nicht auf der phänomenalen.

23 Auffällig ist seit nun gut zwei Jahrzehnten, dass sich die Leitdisziplin Soziale Arbeit offenbar ohne kritisches Gespür vor den Karren der Soziologie spannen lässt (Dewe & Otto (1996, S. 9) sprechen von der „Versozialwissenschaftlichung der akademischen Sozialpädagogik“, nachdem sie fast ein halbes Jahrhundert darauf verwendet hat, sich zu „entpsychologisieren“ zu „enttherapeutisieren“ und zu „entpädagogisieren“. Gerade diese Abhängigkeiten machen im Grunde deutlich, wie unverzichtbar „der eigene Blick“ für die Entwicklung einer Wissenschaft der Sozialen Arbeit ist. Zur Einseitigkeit sozialdeterministischer Sichtweisen in der Sozialen Arbeit vgl. auch Göppner & Hämäläinen (2004, S. 250).

24 Wenige Seiten zuvor kritisiert Thole, dass die „Versuche ..., die Soziale Arbeit mit ‚außerdisziplinärem‘ Wissen disziplinär zu refundieren“ eine „streunende, in den sozialwissenschaftlichen Disziplinen flanierende, je nach Situation sich hier und dort verheimatende Sozialpädagogik entdecken (lassen)“ (Thole, 1995, S. 36). Nichts anderes wäre der Versuch, die Wissenschaft der Sozialen Arbeit auf die Kategorie der Sozialen Ungleichheiten zu gründen.

Für die Diskussion um eine formalobjektive Bestimmung kann man bilanzieren, dass sich zwar fruchtbare Ansätze für Soziale Arbeit abzeichnen, dass aber in diesen noch nicht zu erkennen ist, welches Spezifikum für die Wissenschaft der Sozialen Arbeit daraus abzuleiten ist – sofern man den Gegenstand der Sozialen Arbeit als Praxis nicht als identisch mit dem der Wissenschaft ansieht, was sich ja als kurzschlüssig erwiesen hat. Die Hoffnung auf eine formalobjektive Bestimmbarkeit der SAW muss sich also darauf richten, eine wissenschaftlich spezifizierte Qualität des Umgangs mit Theorien und Wissensbeständen zur Sozialen Arbeit zu finden.

In der Konsequenz dieser beiden Feststellungen ist davon auszugehen, dass Soziale Arbeit als Wissenschaft ihren Gegenstand letztlich nur formalobjektiv und nur in reflexiver Funktionalität bestimmen kann, d.h. durch die Markierung einer eigenen, von vornherein wissenschaftlich ausgerichteten Perspektive. Dieses Formalobjekt liegt in der (wissenschaftlichen und kritischen) Reflexion der Theorien und Wissensbestände der akademischen Sozialen Arbeit, der eigenen Geschichte, der Ausbildungskonzepte etc., und zwar in der jeweils gegebenen historischen Formation. SAW ist insofern eine Handlungswissenschaft, als sie reflexiv auf jene Theorien und Wissensbestände rekurriert, die für die Praxis der Sozialen Arbeit von Belang sind – in welcher Weise auch immer. Dies macht die Spezifität ihrer Perspektiven und damit ihres Formalobjektes aus. SAW ist in all ihren Aktivitäten und Ausdrucksformen ausgezeichnet durch das Bestreben, die für die Erklärung (vielleicht auch Begründung), Beschreibung und Analyse der Praxis der Sozialen Arbeit bestehenden Theorien und Wissensbestände mit wissenschaftlichen Mitteln zu qualifizieren oder zu disqualifizieren. Als Wissenschaft kann sie das nur mit wissenschaftsimmanenten Mitteln, nicht mit politischen, berufsethischen oder normativ-anthropologischen Argumenten.

Insgesamt lässt sich der vorgeschlagene Bestimmungsversuch wie folgt charakterisieren:

Das Materialobjekt einer SAW sind die Theorien und Wissensbestände, die in der akademischen Sozialen Arbeit und in der reflektierten Praxis artikuliert werden. Formalobjektiv sieht die SAW auf diese Theorien und Wissensbestände mit einem spezifischen Blick, der zugleich wissenschaftlich kritisch und handlungswissenschaftlich geprägt ist. Er richtet sich wissenschaftlich kritisch etwa auf die Frage, welche Implikationen bzw. Deutungsprämissen in bestimmte Theorien eingeschlossen sind, in welche Diskurslogiken fachlich geläufige Begriffe, Konzepte und „Bilder" der sozialen Realität eingebunden sind. Er richtet sich handlungswissenschaftlich beispielsweise auf die Fragen, in welcher Weise Theorien das Handlungsverständnis von PraktikerInnen prägen, perspektivieren oder hinterfragen, in welcher Weise sie die Situation von KlientInnen erklären, einordnen und als problematisch darstellen, was diese Theorien und Wissensbestände dazu beitragen, die Ziele von Sozialer Arbeit als Praxis zu erreichen, bzw. wie neue Theorien und Wissensbestände hervorgebracht werden können, die den Zielen von Sozialer Arbeit als Praxis angemessener sind und vieles mehr.

Der Status von solchen Theorien ist für die Operationen der SAW ein reiner Objektstatus. Es ist daher unrichtig, diese Theorien als substanzielle Bestandteile der SAW zu betrachten. SAW besteht nicht aus Theorien, sondern sie reflektiert Theorien.[25] Sie steht damit den Beobachtungen erster Ordnung, den Theorien und Wissensbeständen, die zur Erklärung, Beschreibung und Analyse von Praxis dienen, und den Wertaussagen, die Entscheidungen in der Praxis orientieren können, als ein Beobachter zweiter Ordnung gegenüber.

Wir schließen uns in diesem Sinne der Position Schlittmaiers an, die in der reflexiven Funktion der SAW gegenüber dem Theoriefundus und der Forschungspraxis die zentrale Aufgabe erkennt:

„Die allgemeine Aufgabe von Wissenschaftstheorie im Kontext der Sozialarbeitswissenschaft liegt also in der reflexiven Durchdringung bestehender Theorieansätze, in der Klärung der vorliegenden Forschungspraxis, weiter in der Explikation des jeweiligen Wissenschaftsverständnisses sowie der darin enthaltenen Erkenntnisansprüche." (Schlittmaier, 2006, S. 151)[26]

Über diese reflexiven Aufgaben hinaus kommt u.E. der SAW aber auch die Aufgabe zu, Impulse zur Weiterentwicklung der Theorien oder zur Bildung neuer Theorien zu setzen, im Kontakt mit der Praxis neues Wissen zu generieren, Forschungsprojekte und -richtungen anzustoßen, Anschluss an neue paradigmatische Entwicklungen zu halten und den interdisziplinären Dialog innerhalb und außerhalb der akademischen Sozialen Arbeit zu fördern.

In diese Reflexion geht „materialiter" der Gegenstand von Sozialer Arbeit als Praxis insofern mit ein, als sich an ihm zum einen der Bestand an Theorien, Wissen und anderen zur Handlung qualifizierenden Vermögen inhaltlich auszurichten, zum andern die Nützlichkeit der Wissenschaft in ihrer Produktivität zu beweisen hat. Wohlgemerkt steht aber zwischen der SAW und der Praxis vermittelnd die Theorie. Gebrochen am reflexiven Anspruch von Wissenschaft, wird aus der Auseinandersetzung mit der Praxis der Sozialen Arbeit eine Theoretisierung der „Profession" Sozialer Arbeit. Diese ihrerseits wird nur zur Profession, indem sie sich Theorie aneignet und ihr Handeln als theoretisch begründet verfasst. Dazu gehört auch das Recht der Profession, Theorie selbst zu schaffen und weiterzuentwickeln. Das ist die Ebene ihres Dialogs mit der SAW.

---

25 Allerdings muss konzediert werden, dass SAW zur Reflexion von Theorien ihrerseits auf Theorien (höherer Ordnung), nämlich wissenschaftstheoretisch begründete Theorien rekurriert. Ohne Theorie kann nichts gesehen und verglichen, schon gar nicht bewertet werden.

26 Im Unterschied zu Schlittmaier sehen wir die SAW aber nicht als Objektwissenschaft (Schlittmeier, 2006, S. 150), sondern als eine Metawissenschaft jenseits der Objekttheorien. Dementsprechend teilen wir auch nicht seine These, dass die SAW „die durch die Praxis immer schon geleisteten Wertsetzungen auf(zunehmen habe)" (vgl. ebd., S. 154).

Mit Bewusstheit reden wir von „Profession" und nicht von „Praxis", denn „Profession" ist mehr als „Praxis" und ist vor allem unabhängiger als „Praxis", insofern letztere immer eine faktische und historische Wirklichkeit darstellt. Soziale Arbeit als Wissenschaft benötigt vielmehr gerade eine Unabhängigkeit von der Praxis in dem Sinne, dass sie über das Faktische hinausdenken, das Alternative, das Mögliche und das Wünschenswerte andenken kann. Diese Unabhängigkeit erlaubt ihr überhaupt erst, Anstöße aus anderen Feldern als der sozialarbeiterischen Praxis selbst aufzunehmen, Anschluss an den wissenschaftlichen Diskurs zu finden, sich interdisziplinär zu orientieren und auf der Höhe der Zeit zu sein.

Für die Praxis ist diese Unabhängigkeit der Sozialen Arbeit als Wissenschaft eigentlich gerade unverzichtbar, soll sich das Zusammenspiel von Wissenschaft und Praxis nicht nur im Kreise drehen, im Kreise der bloßen wechselseitigen Reproduktion. Mit der Orientierung von Sozialer Arbeit als Wissenschaft an der Profession ist diese notwendig als handlungstheoretische Wissenschaft ausgewiesen.

Literatur

Birgmeier, B. (2006): Krisen und Widerfahrnisse als Grundkategorien der Sozialpädagogik. Zur Kritik der Sozialpädagogik als Handlungswissenschaft. In: Mührel, E. (Hrsg.): Quo vadis Soziale Arbeit? Auf dem Wege zu grundlegenden Orientierungen. Essen: Die Blaue Eule, S. 125-148.

Bommes, M./Scherr, A. (2000): Soziale Arbeit, sekundäre Ordnungsbildung und die Kommunikation unspezifischer Hilfsbedürftigkeit. In: Merten, R. (Hrsg.): Systemtheorie Sozialer Arbeit. Opladen: Leske + Budrich, S. 67-86.

Detel, W. (2007): Erkenntnis- und Wissenschaftstheorie (Grundkurs Philosophie, Bd. 4). Stuttgart: Reclam.

Dewe, B./Otto, H.-U. (1996): Zugänge zur Sozialpädagogik. Weinheim/München: Juventa.

Erath, P./Göppner, H.-J. (1996): Einige Thesen zur Begründung und Anlage einer Sozialarbeitswissenschaft. In: Puhl, R. (Hrsg.): Sozialarbeitswissenschaft. Neue Chancen für theoriegeleitete Soziale Arbeit. Weinheim/München, S. 187-203.

Engelke, E. (1993): Soziale Arbeit als Wissenschaft. Eine Orientierung. 2. Aufl. Freiburg i. Br.: Lambertus.

Feth, R. (2003): Sozialarbeitswissenschaft. Eine Sozialwissenschaft neuer Prägung – Ansätze einer inhaltlichen Konturierung. In: Wöhrle, Armin (Hrsg.): Profession und Wissenschaft Sozialer Arbeit. Positionen in einer Phase der generellen Neuverortung und Spezifika in den neuen Bundesländern. Herbolzheim: Centaurus, S. 205-236.

Gildemeister, R.(1983): Als Helfer überleben. Beruf und Identität in der Sozialarbeit/Sozialpädagogik. Neuwied/Darmstadt: Luchterhand.

Göppner, H.-J./Hämäläinen, J. (2004): Die Debatte um Sozialarbeitswissenschaft. Auf der Suche nach Elementen für eine Programmatik. Freiburg i. Br.: Lambertus.

Göppner, H.-J. (2009): „Unbegriffene Theorie – begrifflose Praxis – Sozialarbeitswissenschaft zwischen Wissenschaftstheorie, Programmierung des praktischen Handelns und Adressatennutzen. In: Birgmeier, B./Mührel, E. (Hrsg.): Die Sozialarbeitswissenschaft und ihre Theorie(n). Positionen, Kontroversen, Perspektiven. Wiesbaden: VS Verlag für Sozialwissenschaften, S. 245-256.

Haupert, B. (1994): Wege und Ziele der Forschung im Rahmen professioneller Sozialer Arbeit. In: Wendt, W.-R. (Hrsg.): Sozial und wissenschaftlich arbeiten. Freiburg i. Br.: Lambertus, S. 116-134.

Haupert, B. (1996): Kritische Anmerkungen zum Stellenwert und Gegenstand der Sozialarbeitswissenschaft. In: Puhl, R. (Hrsg.): Sozialarbeitswissenschaft. Neue Chancen für theoriegeleitete Soziale Arbeit. Weinheim/München, S. 41-62.

Hey, G. (2000): Sozialarbeitswissenschaft 1964-2000 – Stationen einer Kontroverse. In: Pfaffenberger, H./Scherr, A./Sorg, R. (Hrsg.): Von der Wissenschaft des Sozialwesens. Rostock: Sozial Extra, S. 54-83.

Keck, A. (2006): Die Identitätsstörung der Sozialarbeitswissenschaft. Eine kritische Betrachtung. Sozial Extra Jg. 30, H. 12, S. 30-31.

Kleve, H. (2000): Die Soziale Arbeit ohne Eigenschaften. Fragmente einer postmodernen Professions- und Wissenschaftstheorie Sozialer Arbeit. Freiburg i. Br.

Klüsche, W. (Hrsg.) (1999): Ein Stück weiter gedacht. Beiträge zur Theorie- und Wissenschaftsentwicklung der Sozialen Arbeit. Freiburg i. Br.: Lambertus.

Kraimer, K. (1994): Die Rückgewinnung des Pädagogischen. Aufgaben und Methoden sozialpädagogischer Forschung. Weinheim/München: Juventa.

Lüssi, P. (1998): Systemische Sozialarbeit. Praktisches Lehrbuch der Sozialberatung. Bern: Haupt.

Maier, K. (1998): Zur Abgrenzung der Sozialarbeitsforschung von der Forschung in den Nachbardisziplinen. Ein Versuch. In: Steinert, E./Sticher-Gil, B./Sommerfeld, P. (Hrsg.): Sozialarbeitsforschung: Was sie ist und leistet. Freiburg i. Br., S. 51-66.

Merten, R. (1996): Wissenschaftstheoretische Dimensionen der Diskussion um „Sozialarbeitswissenschaft“. In: Merten, R./Sommerfeld, P./Koditek, T. (Hrsg.): Sozialarbeitswissenschaft – Kontroversen und Perspektiven. Neuwied: Luchterhand, S. 55-92.

Merten, R. (1998): Königsweg oder Holzweg? Sozialarbeitswissenschaft als Praxiswissenschaft. Archiv f. Wiss. u. Praxis d. Soz. Arbeit 29. Jg., H. 1, S. 190-121.

Merten, R. (2002): Sozialarbeit/Sozialpädagogik als Disziplin und Profession. In: Schultze-Krüdener, J./Homfeldt, J./Merten, R. (Hrsg.): Mehr Wissen – mehr Können? Soziale Arbeit als Disziplin un Profession. Hohengehren: Schneider, S. 29-87.

Mollenhauer, K. (1988): Einführung in die Sozialpädagogik. Neuaufl. Weinheim: Beltz.

Mühlum, A. (1996): Sozialarbeitswissenschaft. Notwendig, möglich und in Umrissen schon vorhanden. In: Puhl, R. (Hrsg.): Sozialarbeitswissenschaft. Neue Chancen für theoriegeleitete Soziale Arbeit. Weinheim/München, S. 25-40.

Müller, C.W. (1996): Artikel „Sozialarbeit/Sozialpädagogik“. In: Kreft, D./Mielenz, I. (Hrsg.): Wörterbuch Soziale Arbeit. 4. Aufl. Weinheim/Basel: Beltz, S. 503-506.

Müller, Siegfried (1978): Sozialarbeiterisches Alltagshandeln zwischen Hilfe und Kontrolle – Aspekte einer gesellschaftlichen Funktionsbestimmung der Sozialarbeit/Sozialpädagogik. Neue Praxis 8. Jg, S. 342-348.

Obrecht, W. (1993): Sozialarbeit und Wissenschaft. Sozialarbeit 9. Jg, S. 23-38.

Pantuček, P. (2005): Die Frage nach dem Gegenstand der Sozialarbeit. Ergänzende Texte zum Buch „Soziale Diagnostik. Verfahren für die Praxis Sozialer Arbeit", Wien/Köln: Böhlau. Internet: http://pantucek.com

Puhl, R.; Burmeister, J.; Löcherbach, P. (1996): Keine Profession ohne Gegenstand. Was ist der Kern Sozialer Arbeit? In: Puhl, R. (Hrsg.): Sozialarbeitswissenschaft. Neue Chancen für theoriegeleitete Soziale Arbeit. Weinheim/München, S. 167-187.

Preis, W. (2009): Perspektiven einer Praxeologie Sozialer Arbeit. In: Birgmeier, B./Mührel, E. (Hrsg.): Die Sozialarbeitswissenschaft und ihre Theorie(n). Positionen, Kontroversen, Perspektiven. Wiesbaden: VS Verlag für Sozialwissenschaften, S . 157-169.

Reyer, J. (2009): Sozialpädagogik – Plädoyer zur Historisierung eines Inszenierungsdilemmas. In: Mührel, E./Birgmeier, B. (Hrsg.): Theorien der Sozialpädagogik – ein Theorie-Dilemma? Wiesbaden: VS Verlag für Sozialwissenschaften, S. 233-254.

Rittberg, J. (2006): Einige Reflexionen und kritische Bemerkungen zum Thema Sozialarbeitswissenschaft. In: Mührel, E. (Hrsg.): Quo vadis Soziale Arbeit? Auf dem Wege zu grundlegenden Orientierungen. Essen: Die Blaue Eule, S. 159-170.

Rössner, L. (1977): Erziehung- und Sozialarbeitswissenschaft. München/Basel: Reinhardt.

Sahle, R. (2004): Überlegungen zur Gegenstandsbestimmung Sozialer Arbeit. In: deutsche-gesellschaft-fuer-sozialarbeit.de, Sersheim 2003 (Abruf 7/2004).

Scherpner, H. (1962): Theorie der Fürsorge. Göttingen.

Scherr, A. (2002): Sozialarbeitswissenschaft. Anmerkungen zu den Grundzügen eines theoretischen Programms. In: Thole, W. (Hrsg.): Grundriss Soziale Arbeit. Ein einführendes Handbuch. Opladen: Leske + Budrich, S. 259-271.

Schlittmaier, A. (2006): Wissenschaftstheoretische Elemente einer Praxiswissenschaft: Überlegungen zur Theoriebildung im Rahmen einer Sozialarbeitswissenschaft. In: Mührel, E. (Hrsg.): Quo vadis Soziale Arbeit? Auf dem Wege zu grundlegenden Orientierungen. Essen: Die Blaue Eule, S. 149-157.

Schmidt, S. J. (1998): Die Zähmung des Blicks. Konstruktivismus – Empirie – Wissenschaft. Frankfurt a. M.: Suhrkamp.

Sidler, N. (2004): Sinn und Nutzen einer Sozialarbeitswissenschaft. Eine Streitschrift. Freiburg i. Br.: Lambertus.

Sommerfeld, P. (1996): Soziale Arbeit – Grundlagen und Perspektiven einer eigenständigen wissenschaftlichen Disziplin. In: Merten, R./Sommerfeld, P./Koditek, T. (Hrsg.): Sozialarbeitswissenschaft – Kontroversen und Perspektiven. Neuwied: Luchterhand, S. 21-54.

Staub-Bernasconi, S. (2000): Wissen und Können – Handlungstheorien und Handlungskompetenz in der Sozialen Arbeit In: Mühlum, Albert (Hrsg.): Sozialarbeitswissenschaft. Wissenschaft der Sozialen Arbeit. Freiburg i. Br.: Lambertus, S. 27-62.

Thole, W. (1995): Stichworte zu einigen Fragen und Problemen Sozialer Arbeit. Sozialarbeitswissenschaft – „Wiederentdeckte Heimat" oder Theorieputsch ohne Theorie? Sozialmagazin 1995, 20. Jg., H.2, S. 35-43.

Tillmann, J. (1993): Der Gegenstand der Sozialarbeitswissenschaft. In: Evang. Fachhochschule Hannover (Hrsg.): Annäherung an eine Sozialarbeitswissenschaft – ein Lernbereichskonzept mit Anmerkungen. Hannover: Eigenverlag, S. 65-76.

Tillmann, J. (1994): Sozialarbeitswissenschaft im Werden. Gegenstand: Der Mensch im Missbrauch – Grundvoraussetzung: Der Mensch als Denk-Gefühls-Einheit. In: Schatteburg U. (Hrsg.): Aushandeln, Entscheiden, Gestalten – Soziale Arbeit, die Wissen schafft. Hannover: Sozialwiss. Studiengesellschaft, S. 17-50.

Wagner, A. (1995): Zur Debatte um eine eigenständige Sozialarbeitswissenschaft. Wissenschaftstheoretische Anmerkungen. Soziale Arbeit H.9-10, S. 290-297.

Wahl, W. (2010): Gelingendes Leben als Leitperspektive Sozialer Arbeit? Ein Beitrag zur sozialarbeitswissenschaftlichen Theoriebildung. http://www.webnetwork-nordwest.de/dokumente/gelingen.PDF (Abruf 2/2011)

Wendt, W. R. (2004): Wo stehen wir in Sachen Sozialarbeitswissenschaft? Erkundungen im Gelände. In: Mühlum, A. (Hrsg.): Sozialarbeitswissenschaft. Wissenschaft der Sozialen Arbeit. Freiburg i. Br.: Lambertus, S. 91-120.

Zink, D. (1988): Aufforderung zur Konstitution von Sozialarbeitswissenschaft an den Fachhochschulen. In: Uhlke, K.-D. (Hrsg.): Ist Sozialarbeit lehrbar? Zum wechselseitigen Nutzen von Wissenschaft und Praxis. Freiburg i. Br.: Lambertus, S. 40-54.

Zoglauer, T. (1993): Das Problem der theoretischen Terme. Eine Kritik an der strukturalistischen Wissenschaftstheorie. Braunschweig/Wiesbaden: Vieweg.

Der transformative Dreischritt als „Brücke" zwischen den allgemeinen, bezugswissenschaftlichen Disziplinen und wissenschafts- sowie kontextbasierter professioneller Problemlösungen

Silvia Staub-Bernasconi

Dieser Artikel ist Konrad Maier gewidmet, der in der Sektion „Theorie- und Wissenschaftsentwicklung der Sozialen Arbeit" nicht müde wurde, die darin behandelten Fragen immer wieder neu zu stellen. Seine Sicht hat er u.a. im Artikel mit dem Thema „Das ewige Leid mit der Leitwissenschaft. Für eine integrative Wissenschaft Soziale Arbeit". (In: Sozialmagazin, H. 9, 2008: 14-23) zu Papier gebracht. Ob er mit meiner Antwort zufrieden wäre – so wie ich ihn kennen gelernt habe, höchstens teilweise – können wir leider nicht mehr erfahren.

Den Titel der Tagung 2010 „ Soziale Arbeit zwischen Generalisierung und Spezialisierung" interpretierte ich, wie sich herausstellte, missverständlicherweise nicht im Sinne der strukturell-organisationellen (vgl. die Hauptreferate in diesem Band), sondern hinsichtlich der wissensbezogenen Differenzierung und Verknüpfung zwischen *allgemeinem Bezugs-* und *speziellem Professionswissen* – ein Thema, das in vielen Diskussionen zumindest als Subtext mitschwingt und eigentlich prioritär behandelt werden sollte.

Was hier dargestellt wird, ist deshalb das, was man immer wieder neu und in vielen Varianten als ungelöstes „Theorie-Praxis-Problem" oder Luhmann & Schorr (1982) zufolge gar als unüberwindbares „Technologiedefizit" der Pädagogik bezeichnet. Eine Profession kann meines Erachtens nicht auf die Beantwortung folgender Fragestellungen verzichten, sei sie noch so kontrovers: *Erstens*, eine allgemeine Definition ihres Zuständigkeitsbereiches, auch im Hinblick auf die Zusammenarbeit mit anderen Professionen – ergänzt durch Spezialisierungen, die sich auf historische, kontextuelle, praxisbezogene Kontexte beziehen; *zweitens* eine Festlegung der allgemeinsten, erkenntnis- wie handlungstheoretischen Fragestellungen und Kompetenzen, die sie zu ihrer Ausübung braucht – ergänzt durch adressaten-, problem-, arbeitsfeld- und methodenspezifische Kompetenzen, und schließlich *drittens* eine allgemeine Antwort auf das Problem der Verknüpfung des Beschreibungs-, Erklärungs- mit dem handlungsbezogenen Veränderungswissen. Leider gibt es dazu zumindest im „Qualifikationsrahmen Soziale Arbeit (QR SArb) Version 5.1 von 2010 keine Antworten, was nicht ausschließt, dass sie debattiert werden und Gegenstand der fachhochschulspezifischen Curriculumentwicklung sind.

Dieser Beitrag befasst sich mit der dritten Thematik. Dazu gibt es in der einschlägigen Literatur einige Vorschläge, von denen eingangs drei in aller

Kürze skizziert werden. In einem zweiten Teil stelle ich an einem Beispiel den „Transformativen Dreischritt" als Lösungsvorschlag dazu dar (für die ausführliche Behandlung der Begründungsprobleme dieser drei Positionen und des Dreischritts vgl. u.a. Schön, 1983; Dewe & Otto, 2005; Obrecht 1996, 2009; Thole, 2010; Maurer & Schmid, 2010; Staub-Bernasconi, 2010; Bunge, 1967, 1999a, 1999b; Bunge & Mahner, 2004), um in einem letzten Teil ein paar Folgerungen für die Weiterführung dieser Debatte zu ziehen.

1. Positionen zur Verknüpfung von wissenschaftlichem Grundlagen- und professionellem Problemlösungswissen

Ich beschränke mich auf drei der von mir in der Sozialen Arbeit als am einflussreichsten betrachteten Positionen.

1.1 Geisteswissenschaftlich-dualistische Position: Es *gibt keine* Brücke, die Theorie/Wissenschaft und Praxiswissen miteinander verbindet

Einen klaren Positionsbezug findet sich bei Winkler, wenn er festhält, dass

> „Theoretiker ... (sind) Spieler, die Probleme konstruieren, Theoreme aufnehmen und für ihre Untersuchungen prüfen und wieder – oftmals mit hoher Umschlagsgeschwindigkeit – verwerfen. Schließlich entwickeln sie Annahmen, die dann – empirisch, argumentativ oder diskursiv – überprüft und insofern für die Wissenschaft erledigt werden, obwohl sie in der sozialen Wirklichkeit alle Beteiligten weiterhin bedrängen. ... Praktiker haben dagegen Probleme zu lösen, die weitgehend durch soziale Definitionen und Kontextbedingungen, durch Arbeitsroutinen, schließlich auch durch solche Trivialitäten wie materielle Ressourcen schon bestimmt sind. ... Theorie ... kann und will nicht sagen, wie etwa eine bessere sozialpädagogische Praxis aussehen wird oder soll; dazu mag man zwar als Privatmensch ein paar Ideen haben, nicht jedoch als Wissenschaftler." (Winkler, 1995, S. 103)

Jeder Versuch, zwischen Theorie- und Praxiswissen eine Verbindung zu sehen, steht hier unter Technokratieverdacht. Für die dennoch zum Handeln verpflichteten Sozialpädagogen wird jeweils versucht, für den Umgang mit Erziehungssituationen einen „schmalen Laufsteg" mit Hilfe idealer, normativer Konstrukte wie beispielsweise „des pädagogischen Taktes" oder „Bezugs", des „pädagogischen Ethos" oder „Eros" bereitzustellen (Dewe & Otto, 2005, S. 1418).

1.2 Pragmatisch-philosophische Position: Es *braucht keine* Brücke zwischen wissenschaftlichem und professionellem Wissen

Pragmatismus entstand als Gegenposition zur idealistischen Philosophie. Die Kritik galt den spekulativen Theorien und dem philosophischen Idealismus, die sich weder für empirische Sachverhalte noch für praktische Probleme und deren Lösung interessier(t)en. Hier wird davon ausgegangen, dass Praxis oder Aktion die Quelle, der Kontext, Maßstab sowie das Ziel allen Wissens ist. Auf Grundlagenforschung als Suche nach Erklärungen für einen Sachverhalt und damit nach Gesetzmäßigkeiten seiner Entstehung, Stabilisierung oder Veränderung kann verzichtet werden, weil der Test allen Wissens seine Nützlichkeit für die Praxis ist. Wahrheit ist hier mit praktischer Nützlichkeit identisch, so dass man sie vernachlässigen kann. Denn es gibt kein Wissen, das losgelöst von subjektiven, teilweise politischen Machtinteressen entstanden ist. Alle Ideen, Meinungen, Überzeugungen haben dem einen Kriterium zu genügen: Does it work? Beispiele dafür sind im Rahmen der Forschung das, was mit *Evidence-Based-Practice* (EBP) in die Soziale Arbeit Einzug hält sowie auf der Träger-/Praxisebene verschiedenste Qualifikationssysteme „inspiriert" hat, die sich auf Brauchbarkeit bzw. Verwertbarkeit hin orientieren (Glasersfeld, 1996; Thyer & Kazi, 2004; Gambrill, 2004; Bunge 1999a; ferner Bundesarbeitgemeinschaft der Freien Wohlfahrtspflege 2009).

1.3 Disziplin und Profession mit je eigenen, ausdifferenzierten, selbstreferenziellen Logiken, sozialen Subsystemen und Akteuren

In einem verbreiteten Verständnis ist Disziplin dasjenige Teilsystem, in welchem man Theoriebildung und Forschung betreibt; und Profession ist das System, in welchem man konktret problembezogen handelt. Also auch hier eine Variante einer, diesmal systemtheoretisch begründeten, dualistischen Position (u.a. zurückgehend auf Stichweh, 1994). Dabei bleibt allerdings unklar, ob und wie beides wissensmäßig, also über den potenziellen Austausch zwischen den Akteuren beider Systeme hinaus, theoretisch zusammenhängt (Engelke, 2010).

Der für Dewe & Otto (2005, S. 1419) erfolgreiche Weg des Brückenschlags ist die „Rekonstruktion der spezifischen Strukturlogik professionellen Handelns" und damit seiner Wissensstruktur: „Professionelles Wissen wird in dieser Konzeption aufgefasst als ein *eigenständiger Bereich* zwischen praktischem Handlungswissen, mit dem es den permanenten Entscheidungsdruck teilt, und dem systematischen Wissenschaftswissen, mit dem es einem gesteigerten Begründungszwang unterliegt. Im professionellen Handeln begegnen sich wissenschaftliches und praktisches Handlungswissen und machen die Professionalität zu einem Bezugspunkt, an dem potentiell ... (die) *Relatio-*

nierung beider Wissenstypen stattfindet." Wie diese „Begegnung" – eine sympathische Metapher – auf der *Wissensebene* des Sozialarbeitswissenschaftlers/Professionellen bzw. die geforderte Relationierung der Wissenstypen gestaltet werden soll, bleibt allerdings offen. Was auch kaum weiter expliziert wird, ist die wissenschaftliche Begründungsbasis für die „Rekonstruktion der Strukturlogik professionellen Handelns" (vgl. dazu Obrecht, 1996, 2009; Bunge, 1999b) Und doch könnte man diese Position als ein Sprungbrett für den darzustellenden Dreischritt betrachten.

2. Der „transformatorische Dreischritt" als Relationierung von bezugswissenschaftlichem mit wissenschafts- und ethisch basiertem, professionellen Problemlösungswissen

Die hier vertretene These ist, dass das „Theorie-Praxis-Problem" einer Lösung näher gebracht werden kann, wenn es gelingt, die verschiedenen Wissensformen einer Handlungswissenschaft zu identifizieren und zu relationieren, was sowohl im Wissenschafts- als auch im Praxissystem erfolgen muss. Die „Brücke" dazu ist eine *„Allgemeine normative Handlungstheorie- bzw. -wissenschaft"* (Obrecht, 1996, 2009; Staub-Bernasconi, 2010). Denn, wenn SozialarbeiterInnen/SozialpädagogInnen während des Studiums nicht lernen, zwischen beschreiben, erklären, bewerten, planen und intervenieren sowie evaluieren zu unterscheiden – was für jede Profession gilt –, besteht die Gefahr, dass sie fehlendes Wissen durch Werte und Ethik oder kruden Pragmatismus im Sinne von standardisierten Verfahren und Methoden kompensieren.

Anhand folgender „Alltagssituation" soll illustriert werden, dass – ob bewusst oder nicht – von einem Menschen, hier einem professionellen Politiker, alle relevanten, psychischen Operationen und damit verbundenen Wissensformen als deren Produkt abgerufen und verknüpft werden, um ein erkanntes Problem zu lösen:

Ein Politiker weiß dank Statistiken, dass 20 % der Bevölkerung seines Landes unter der gesellschaftlich definierten Armutsgrenze lebt (= Datum/Faktum). Er beurteilt Armut als ungerecht und deshalb unmoralisch, und zwar unabhängig von eventuell manipulierten statistischen Zahlen (= Werturteil). Deshalb will er zur Beseitigung dieser Ungerechtigkeit beitragen (= Ziel). Dabei nimmt er an, dass Menschen ihre Armut nicht persönlich gewählt haben, sondern arm sind, weil sie keine Stelle finden, die ihren Kompetenzen entspricht (= Hypothesen). Zusätzlich überlegt er sich, was die gesellschaftlichen Folgen sein könnten, wenn nichts passiert, d.h. nicht interveniert wird (= Prognose). Um den als ungerecht bewerteten Zustand zu verändern, geht er von der Vorstellung aus, dass Bildung allgemein, aber auch Job-

Training-Programme (= handlungstheoretische Hypothesen/Mittel) Armut zu reduzieren vermögen (= Veränderung der Ausgangsproblematik in Richtung weniger Armut). Als verantwortlicher Akteur für die Sicherstellung und den qualitativen Ausbau der Volksschul-, Berufs- und Allgemeinbildung betrachtet er den Staat (= problemlösender Akteur – „Social Policy-Norm" (in Anlehnung an Bunge, 1999, S. 334f.).

Ob sich der Politiker bewusst ist, dass er dank seiner psychobiologischen Ausstattung den Fragestellungen einer normativen Handlungswissenschaft folgt, welche Grundlagenwissen mit Werten und Handlungswissen verknüpft, ist in diesem Zusammenhang nicht zentral. Wichtig in unserem Zusammenhang ist, dass er diese Denkschritte – ob implizit oder explizt – überhaupt ausführt, anstatt davon auszugehen, dass wissenschaftliche Befunde, Hypothesen und Theorien für das Einbringen von Lösungen in die Politik sinnlos oder überflüssig sind. Was nun aber im Rahmen des nach wie vor politisch wenig umstrittenen, weltweiten kulturellen Neoliberalismus (Meyer, 2000) und strukturell durchgesetzten Managerialismus in der Sozialen Arbeit (Seithe, 2010) verbreitet wurde, ist ein Pragmatismus, der sich im Hinblick auf die Frage „What Works?" mit der Bestimmung von Zielen und Mitteln begnügt. Dieses Entprofessionalisierungsprogramm, teilweise verstärkt durch „Evidence-Based-Practice", baut bezüglich seiner Durchsetzung als Top-Down-Verfahren auf die Abhängigkeit und Angst der Sozialarbeitenden um Stellenverlust und ihrer Klientel auf Entzug von benötigter Hilfe bzw. Existenzsicherung. Macht fragt nicht nach wissenschaftlichen Begründungen, sondern baut auf Gehorsam aufgrund von Abhängigkeit, begleitet von Kontrolle und negativen Sanktionen. Im Folgenden sollen nun die im obigen Beispiel vorkommenden Fragen und Wissensformen etwas systematischer dargestellt werden.

2.1 Die Fragen und Wissensformen einer normativen Handlungswissenschaft

Eine normative Handlungswissenschaft (für deren psycho- und neurobiologische Begründung vgl. Obrecht, 1996, 2006) muss folgende Fragen beantworten:

- *Was* ist die Ausgangsproblematik, die Ausgangssituation, das artikulierte soziale Problem in seinem Kontext? Die Antwort darauf enthält ein Bild der Situation als kontextbezogenes, als besonderes *Beschreibungswissen*;
- *Warum* oder *weshalb* ist diese Problematik entstanden; eventuell: mit welchen Folgen, die eventuell wiederum als Probleme definiert werden müssen? Welches allgemeine, disziplinäre Bezugswissen ist zur Beantwortung dieser Frage beizuziehen? Die Antwort auf diese Fragestellungen ist inter- und transdisziplinäres *Erklärungswissen (interdisziplinäres Erklärungswissen fragt nach dem Beitrag einzelner Grundlagenwissen-*

schaften wie Biologie, Psychologie, Soziologie/Ökonomie/Politologie und Kulturwissenschaften; transdisziplinäres Wissen stellt im Hinblick auf mehrniveaunale Erklärungen Verknüpfungen zwischen den Einzeldisziplinen her (für letzteres vgl. Maurer & Schmid, 2010);

- *Wohin* tendiert die Situation, falls nicht interveniert wird? Mildern oder verschärfen sich die definierten Probleme oder bleiben sie stabil? Die Antwort bilden *Trendaussagen*;
- *Was ist (nicht) gut? Was sollte sein* – dies unter Bezug auf die ermittelte und erklärte Problematik und Ausgangssituation; Produkt sind Bilder erwünschter Sachverhalte (Werte als bewertete Soll-Zustände); *Ziele als operationalisierte Werte: Woraufhin* soll etwas verändert werden? Produkt sind mit *Indikatoren (Beobachtungsimplikationen) versehene Sollzustände;*
- *Wer* soll was verändern, wer sind die *Subjekte/Akteure der Veränderung*? Was ist ihre Funktion, ihr Plan, Auftrag? Produkt ist die Bestimmung und mithin das Bild eines Akteursystems als Hilfs- oder Interventionssystem;
- *Wer* entscheidet – beispielsweise im Rahmen einer Organisation oder eines interprofessionellen Teams – was, aufgrund welcher Legitimation und Kompetenzen?
- *Womit,* d.h. mit welchen Ressourcen/Mitteln soll die Veränderung ermöglicht, herbeigeführt werden? Produkt ist ein Bild über die zur Veränderung notwendigen Ressourcen von individuellen und kollektiven Akteuren – und zwar sowohl der AdressatInnen als auch ihrer sozialkulturellen Umwelt inkl. des Hilfssystems;
- *Wie,* mit welchen speziellen Handlungstheorien (Social Policies, Programmen, Verfahren, Methoden) und Techniken soll versucht werden, die Veränderung herbeizuführen? Produkt sind wissenschaftlich begründete *Handlungsleitlinien und daran anschließende Verfahren, Methoden bezogen auf den sozialen Mikro-, Meso- oder/und Makrobereich,* gefolgt von konkreten *Handlungsregeln/-anweisungen;*
- *Wurden die Ziele erreicht?* Mit welchem Aufwand? Produkt ist Evaluationswissen als Antwort auf das Ausmaß der Zielerreichung und/oder Wirksamkeit und den (un)erwünschten Nebenfolgen eines Interventionsprozesses; dazu kommt eine Beurteilung der Verhältnismäßigkeit des zeitlichen, personellen, finanziellen Aufwandes, den man zur Erreichung des (Teil)Zieles benötigte (Effizienz).

Soziale Arbeit als *Beruf* muss sich mehrheitlich auf die Fragen nach dem Auftraggeber (Wer-Frage) und seinem *Doppelmandat* von Hilfe und Kontrolle, der Diagnose (Was-Frage), den Zielen (Woraufhin-Frage) und den zur Verfügung stehenden Methoden (Wie-Frage) konzentrieren. Soziale Arbeit als *Profession* muss zwingend die Frage nach wissenschaftlichen Erklärungen (Warum-Frage) und wissenschaftsbasierten Handlungsleitlinien und angemessenen Methoden (Wie-Frage) unter verbindlicher Berücksichtigung des professionellen Ethikkodexes (Wert-Frage) beantworten. Die Antwort auf diese beiden Fragestellungen begründet ihr *drittes Mandat seitens der Profession* und damit ihre *relative* Autonomie gegenüber Trägern und AdressatInnen.

2.2 Der transformative Dreischritt als Relationierung von allgemeinem und speziellem Wissen – am Beispiel „Erwerbslosigkeit"

Der *transformative Dreischritt* (erstmals formuliert in Bunge, 1967, S. 132-137) relationiert in einem *ersten* Schritt die Aussagen zur Was- und Warum-Frage und löst damit kognitive Probleme der Beschreibung und Erklärung von Erwerbslosigkeit. In einem *zweiten* Schritt relationiert er die Aussagen zur Was- und Warum-Frage mit denjenigen zur Wer-Frage nach einem aktiven, handelnden Subjekt als Determinante für die Beeinflussung der Ausgangssituation/des Problems. Und in einem *dritten* Schritt geht es um die Relationierung der Was-, Warum-, Wer- mit der Womit- und Wie-Frage. Da wissenschaftliche Ergebnisse keine ethischen Präferenzen oder Normen mitliefern, braucht es *Entscheidungen* in Bezug auf die Wert-/Zielfrage und je nachdem auch die Wahl der Mittel und Methoden. Auf ihrer Basis wird entschieden, welche Fakten wie verändert werden sollen. Im folgenden Beispiel geht es um die psychischen und sozialen Folgen von Erwerbslosigkeit und die sich daraus ergebenden Prognosen für eine Reintegration ins Erwerbsleben (Mohr & Richter, 2008).

1. Schritt: Formulierung des Problems sowie die Kenntnisnahme des Forschungsstandes zur Beschreibung und Erklärung von Situation und Problem – Relationierung der Antworten auf die Was-Frage mit denjenigen zur Warum-Frage

Ausgangsproblem ist Erwerbslosigkeit im europäischen Kontext und die Frage: Wie bewältigen Individuen ihre Erwerbslosigkeit auf der psychischen und sozialen Ebene und inwiefern beeinflusst die Art der Bewältigung die Chancen, wieder eine Erwerbsarbeit zu finden?

Aufgrund der Analyse von 223 Studien aus unterschiedlichen westlichen Ländern kann als gesichert gelten,

- dass Erwerbslosigkeit eine Verschlechterung des individuellen Befindens bewirkt,
- dass psychische Labilität/Beeinträchtigung nur in wenigen Fällen die Ursache, hingegen erwiesenermaßen eine Folge von Erwerbslosigkeit ist.

Unter den Erwerbslosen war der Anteil psychisch beeinträchtigter Personen doppelt so hoch wie in der Gruppe der Erwerbstätigen. Psychosomatische Beschwerden treten überdies bereits bei Arbeitsplatzunsicherheit, auch bei sogenannten „survivors“ nach einer Entlassungswelle auf.

Welche Hypothesen wurden empirisch überprüft bzw. was sind die Ergebnisse?

1. Hypothesen zum Zusammenhang zwischen Erwerbslosigkeit und psychischer Beeinträchtigung bzw. deren Interpretation:
   Je länger die Erwerbslosigkeit, desto eher treten negative psychische Folgen auf, nämlich
   - ein beeinträchtigtes Selbstwertgefühl,
   - Angstsymptome,
   - Depressivität,
   - das Leiden an der gesellschaftlichen Stigmatisierung (zwischen 1986 bis 2003 nahmen die Personen von 13 % auf 25 % zu, die nicht wollen, dass ihre Erwerbslosigkeit in ihrem sozialen Umfeld bekannt wird).

   Je kürzer die Erwerbslosigkeit, desto weniger psychische Beeinträchtigungen.

2. Hypothese zum Zusammenhang zwischen eingeschränkten finanziellen Mitteln und psychischer (Nicht)Bewältigung:
   Je größer die Reduktion der finanziellen Mittel bei Erwerbslosigkeit und je größer die damit zusammenhängende Einschränkung der Bedürfnisbefriedigung, desto eher treten negative psychische Folgen auf.

3. Hypothesen zum Zusammenhang zwischen Erwerbslosigkeit, kognitiven Kompetenzen und psychischer Beeinträchtigung:
   Wenn Erwerbslose fähig sind, ihre Situation kognitiv zu restrukturieren, d.h. so zu interpretieren, dass sie darin auch positive Aspekte entdecken (z.B. einen neuen Stellenwert der Familie, brachliegende Kompetenzen, die Chance zur Pflege von alten und neuen Freundschaften), und
   wenn sie über problembezogene Bewältigungsstrategien verfügen (z.B. fähig sind, einen Handlungsplan aufstellen und umzusetzen, meist weil sie solche Kompetenzen im (Aus)Bildungsprozess und/oder am Arbeitsplatz gelernt haben),
   dann verringert sich die Wahrscheinlichkeit einer psychischen Beeinträchtigung.

4. Hypothese zum Zusammenhang zwischen psychischer Beeinträchtigung und der (Un-)Fähigkeit, erfolglose Bewerbungen zu verarbeiten:
   Wenn die psychische Beeinträchtigung hoch ist, *dann* haben Erwerbslose keine ausreichenden psychischen Ressourcen, Misserfolge durch erfolglose Bewerbungen ohne weitere Selbstwertschädigungen zu bewältigen.

5. Hypothese zum Zusammenhang zwischen gesellschaftlicher Stigmatisierung und sozialem Rückzug/sozialer Isolation:
   Wenn die Stigmatisierung internalisiert, Erwerbslosigkeit als selbstverschuldet interpretiert wird, *dann* zeigen Erwerbslose die Tendenz, sich sozial zu isolieren und haben entsprechend Mühe, sich im Arbeitsmarkt zu reintegrieren .

Zusammenfassend:
Je länger die Dauer der Erwerbslosigkeit, *je größer* die finanziellen und damit verbundenen Bedürfnis-Einschränkungen, *desto größer* die Beeinträchtigung der psychischen Gesundheit, d.h. jener Ressource, welche die Person für den Wiedereinstieg benötigt.

Die von den Autoren der Studie überprüften Hypothesen lassen sich aufgrund der berücksichtigten Erklärungsbeiträge der Grundlagenwissenschaften wie folgt darstellen:

Beitrag der Einzeldisziplinen zur Hypothesenstruktur: Determinanten und Folgen von Erwerbslosigkeit

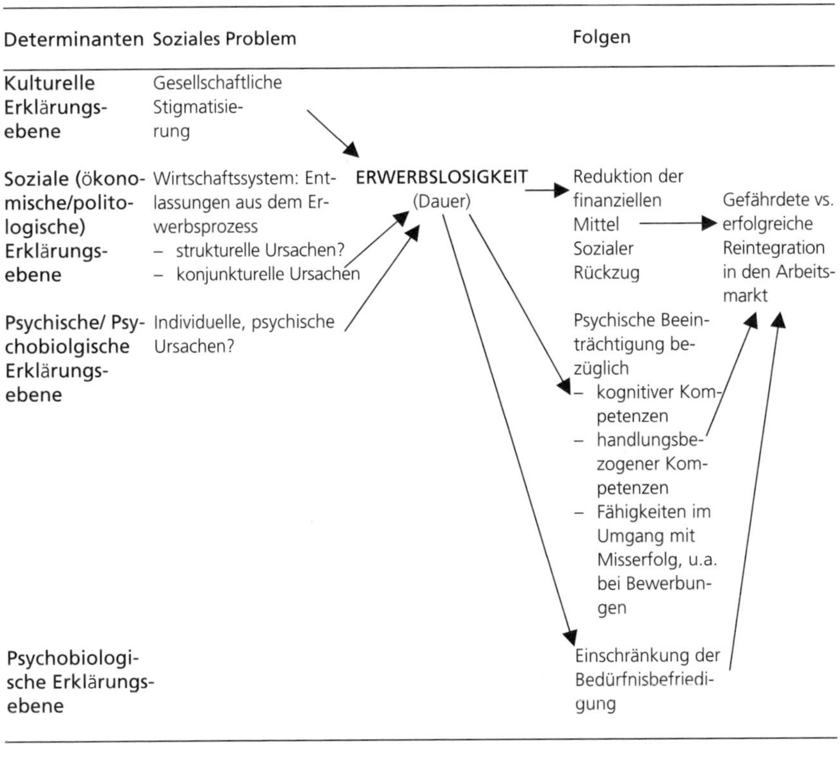

Diese Übersicht ermöglicht zweierlei: zum einen die Überprüfung, ob nach eigenem theoretischen Verständnis und Kenntnis des Forschungsstandes die theoretisch/empirisch relevanten Dimensionen beachtet wurden. Zum andern die Sichtbarmachung des *interdisziplinären Definitions- und Erklärungsbeitrags* der *einzelnen* Bezugswissenschaften zur Erwerbslosigkeit als einem hoch relevanten sozialen Problem der Sozialen Arbeit, nämlich Biologie/Psychobiologie, Psychologie, Soziologie/Sozialpsychologie, Kulturtheorie. Darauf aufbauend lässt sich die weiterführende Frage nach transdisziplinären Erklärungen stellen, die klären, wie die unterschiedlichen Erklärungsebenen zusammenhängen? (Maurer & Schmid, 2010)

2. Schritt: Formulierung von handlungstheoretischen Hypothesen – Relationierung der Antworten auf die Wer- mit der Was- und Warum-Frage

- *Wenn „man"* (ein zu bestimmendes Subjekt, ein individueller oder kollektiver Akteur) Langzeiterwerbslosigkeit verhindern kann, *dann* besteht die Wahrscheinlichkeit eines erfolgreichen Wiedereinstiegs ins Erwerbsleben.
- *Wenn „man"* die finanzielle Lage von Erwerbslosen so gestalten kann, dass sowohl biologische, psychische als auch soziale Bedürfnisse angemessen befriedigt werden können, *dann* besteht die Wahrscheinlichkeit eines erfolgreichen Wiedereinstiegs ins Erwerbsleben.
- *Wenn „man"* bei Erwerbslosen kognitive Lernprozesse und praxisbezogene Fähigkeiten stärken oder entwickeln kann, *dann* besteht die Wahrscheinlichkeit einer erfolgreichen Vermittlung in den Arbeitsmarkt.
- *Wenn „man"* Erwerbslosen hilft, Misserfolge bei der Stellensuche emotional und kognitiv zu verarbeiten, *dann* besteht die Wahrscheinlichkeit einer erfolgreichen Stellensuche.
- *Wenn „man"* versucht, die gesellschaftliche Stigmatisierung bei Erwerbslosen, die realen gesellschaftlichen wie möglichen individuellen Ursachen für ihre Erwerbslosigkeit anzusprechen, *dann* vermindert sich die Wahrscheinlichkeit der sozialen Isolation.

Man kann aufgrund der Ergebnisse dieser Studie auch die „umgekehrten" bzw. gegenläufigen Hypothesen formulieren, d.h. man weiß auch, auf welche Gesetzmäßigkeiten man sich stützen kann, um vorübergehende Erwerbslosigkeit in Dauererwerbslosigkeit zu verändern. Weil wissenschaftlich erzeugtes Wissen keine ethischen Präferenzen oder gar Vorgaben „mitliefert", es also für unterschiedliche (politische) Zielsetzungen ge- oder missbraucht werden kann, muss eine normative Handlungswissenschaft Werte und Ethik einführen (vgl. weiter unten). So könnte die parteipolitische Rechte ein Interesse daran haben, die Erwerbslosigkeit zu erhöhen, um ihre Mitgliederzahl zu erhöhen. Dabei sei hier aus Raumgründen nur am Rande erwähnt, dass in die Fragestellungen bzw. die Gegenstandsbestimmung wissenschaftlicher Studien bestimmte Interessen eingehen können; das gleiche gilt für die Interpretation oder das Manipulieren und Verschwindenlassen von nicht genehmen Daten und Ergebnissen.

3. Schritt: Formulierung von Handlungsleitlinien – Relationierung der Antworten auf die Wer- mit denjenigen auf die Womit- und Wie-Frage auf der Basis der Was- und Warum-Frage, also des 1. und 2. Schrittes?

Die Studie ermöglicht auf der individuellen Ebene relativ klare Leitlinien, dies allerdings unter Weglassung der gesellschaftspolitischen Ebene (dazu müsste man weitere Studien heranziehen):

- Vermeide Langzeitarbeitslosigkeit!
- Vermeide die Reduzierung der finanziellen Mittel auf ein die Bedürfnisbefriedigung verletzendes Existenzminimum! Zeige verschiedene Kompensationsmöglichkeiten zur Bedürfnisbefriedigung auf, die nicht auf Geld angewiesen sind (Ressoucenerschließung)!
- Versuche, psychisch beeinträchtigte „Erwerbslose“ bei der Neuinterpretation und -bewertung ihrer realen Situation zu unterstützen und fördere die Entwicklung kognitiver, problembezogener Bewältigungsstrategien! (Methoden der Bewusstseinsbildung; Arbeit am Selbstbild/Identität; an neuen Handlungskompetenzen; Hilfe bei der Planung einer Tages-, Wochenstruktur; Einübung von Bewerbungsgesprächen usw.)
- Spreche die gesellschaftliche Stigmatisierung und die psychischen und sozialen Reaktionen darauf an; anerkenne das damit zusammenhängende Leiden und versuche, ein realistisches Bild über die (vornehmlich) gesellschaftlichen Determinanten der Erwerbslosigkeit zu erarbeiten.
- Stärke ein positives Selbstbild von Stigmatisierten u.a. mit Hilfe der Entdeckung ihrer eigenen psychischen, sozialen und kulturellen Ressourcen und Kompetenzen sowie der Ermöglichung kleiner Erfolgserlebnisse!
- Begleite und fördere die emotionale und kognitive Verarbeitung von Misserfolgen bei der Stellensuche!
- Bei Langzeitarbeitslosigkeit, zunehmender psychischer Beeinträchtigung und durchgängigem Misserfolg bei Bewerbungen suche – zusammen mit den Erwerbslosen und ihrem sozialen Umfeld – nach sinnvollen, lebenswerten Alternativen jenseits des Arbeitsmarktes und begleite diese oder sorge für deren Begleitung durch Bezugspersonen, Freiwillige u.a.!

Die in der Sozialen Arbeit entwickelten und weiter zu entwickelnden Methoden als konkrete Verfahren der Umsetzung von Handlungsleitlinien (für die im Text aufgeführten vgl. Staub-Bernasconi, 2010b, S. 271-418) haben hier ihren Platz. Zugleich zeigen die Forschungsergebnisse, dass ein Case- oder Fallmanagement, das nur Ressourcen/Dienstleistungen organisiert, Leistungsvereinbarungen erstellt und ihre Nichteinhaltung negativ sanktioniert, an den psychischen und sozialen Bewältigungsproblemen vorbeimanagt.

2.3 Die wertbezogene wie ethische Beurteilung sowohl des Sachverhalts als auch der Handlungsleitlinien

Was im dargelegten transformativen Dreischritt implizit vorausgesetzt wurde, ist, dass Erwerbslosigkeit und psychische Beeinträchtigung negativ und Reintegration in den Arbeitsmarkt – ob in den ersten oder zweiten – positiv zu bewerten, also erwünscht ist. Die diesbezüglichen Werte und Ziele können wie folgt formuliert werden:

- *Werte:* Hier geht es um den individuellen Zugang und die Teilhabe an gesellschaftlichen Gütern (Bildung, Beschäftigung und Einkommen), gesellschaftlich betrachtet um soziale Verteilungsgerechtigkeit bezüglich Erwerbsarbeit und Einkommen, menschen- bzw. sozialrechtlich betrachtet um das Recht auf (Erwerbs-)Arbeit;
- *Ziele:* Bedürfnisgerechte Existenzsicherung und individuelles (psychisches) Wohlbefinden dank gesellschaftlicher Reintegration in das Wirtschaftssystem;
- *Handlungsleitlinien:* Sie und die daran anknüpfenden Verfahren/Methoden unterstehen nicht der Beliebigkeit und Willkür, sondern sind aufgrund der empirischen Forschungsergebnisse nachvollziehbar und, weil auf bestimmten Gesetzmäßigkeiten beruhend, tendenziell erfolgversprechend. Unethisch und menschenrechtsverletzend werden sie dann, wenn z.B. depressive Erwerbslose wegen „fehlenden Willens" für die Nichterfüllung von Forderungen mit der Kürzung der Sozialhilfe bestraft werden oder wenn Erwerbslose auf Stellensuche geschickt werden, es aber für ihr ursprünglich oder über Weiterbildung/Umschulung erworbenes Qualifikationsprofil gar keine Stellen gibt und sie aber „auf Teufel komm raus" aus der Erwerbslosenstatistik verschwinden müssen.

Die weiterführenden Fragen sind hier: Ob die Hypothesen und mithin ermittelten Gesetzmäßigkeiten (nur) dann gelten, wenn Erwerbslose die Befriedigung ihrer Bedürfnisse, z.B. nach Sinn, sozialer Mitgliedschaft, Anerkennung und sozialer Gerechtigkeit, ausschließlich von der Reintegration in eine Erwerbsarbeit und mithin in die Schichtungsstruktur einer modernen Gesellschaft abhängig machen? Oder: Ob und unter welchen Bedingungen Wohlbefinden und soziale Integration auch in anderen Lebenskontexten und sozialen Systemen aufgrund von befriedigenden Tätigkeiten möglich ist? Eine wichtige Rahmenbedingung für letzteres wäre eine sozialpolitisch gewährleistete, bedürfnisbezogene Existenzsicherung (bedingungsloses Grundeinkommen) oder/und eigene innovative Tätigkeiten, die ebenfalls, zumindest teilweise, existenzsichernd sein müssten (Maier, 2008, S. 231-258).

3. Ein paar Folgerungen für die Debatte über das Verhältnis von bezugs- und professionellem Wissen

Der transformative Dreischritt ist einzig und allein ein Lösungsvorschlag für das Problem der Relationierung verschiedener, allgemeiner und kontextspezifischer Wissensformen und zwar als *kreative* Transformation zwischen und Überprüfung von *allgemeinem* und *kontextbezogenem, fallspezifischem Wissen* sowohl des Professionellen wie der individuellen und kollektiven AdressatInnen Sozialer Arbeit. Es geht also nicht um einen kontextunabhängigen Transfer als expertokratische *Anwendung* von allgemeinem, wissenschaftlichem Wissen, sondern um „demokratisch begleitete Rationalität" (Addams, 1902, S. 13-70; Schön, 2005[1983]; Dewe & Otto, 2003; Staub-Bernasconi, 2009). Die demokratischen *Interaktions-/Kommunikations- und Verständigungsprobleme* zwischen „reflektierendem Praktiker" und – ebenfalls auf ihre Art reflektierenden – AdressatInnen Sozialer Arbeit sind allerdings ein gesondert zu behandelndes Thema professioneller Kompetenz. Diese Differenzierung wird in den meisten professionellen Diagnostiken nicht differenziert genug behandelt, sondern oft der wissens- und verständigungsorientierte Zugang gegen den anderen ausgespielt (vgl. z.B. Heiner, 2004; Pantuček & Röh, 2009).

Der transformative Dreischritt könnte ein Mittel sein, um Fakultäten, in denen seit jeher oder wieder neu um die Vorherrschaft der Bezugswissenschaften oder gar einer Leitwissenschaft versus Sozialarbeitswissenschaft gestritten und gekämpft wird, aufzuzeigen, dass beide Wissenssysteme unter dem gemeinsamen Dach einer Wissenschaft Sozialer Arbeit (SA/SP) als Handlungswissenschaft ihren legitimen Platz haben. Je nach sozialem Problem kann der *allgemeine* Beitrag der Bezugswissenschaften als Beschreibungs-, Erklärungs- und je nachdem prognostisches Wissen unterschiedlich sein und auch nach Stärke des ermittelten, erklärenden Zusammenhangs unterschiedlich gewichtet werden. Aber es müsste sich immer um einen Beitrag der Bezugswissenschaften zur Erklärung sozialer Probleme handeln, der – ergänzt und kontrolliert durch werte- und normensetzendes Wissen – problemlösendes Veränderungs- bzw. Handlungswissen begründet. Das gemeinsame Dach dafür ist eine Allgemeine Normative Handlungswissenschaft (Dewe & Otto 2005; Obrecht, 2009; Geiser, 2009; Staub-Bernasconi 2010).

Sofern Konsens über den Gegenstand und damit den Zuständigkeitsbereich der Profession Sozialer Arbeit besteht, sind Befürchtungen über einen illegitimen Import von Bezugswissen oder gar über Kolonisierung und damit Auflösung der sozialarbeitswissenschaftlichen Identität unbegründet. Bedingung dafür ist allerdings die differenzierte theoretische Klärung des Zuständigkeitsbereichs der Profession Sozialer Arbeit (im internationalen Diskurs beispielsweise „soziale Probleme") sowie der professionsspezifischen Kompetenzen. Dafür bietet der Qualifikationsrahmen Sozialer Arbeit (QR SArb 5.1) leider keine Basis, da er explizit auf diese inhaltlichen Bestimmungen verzichtet, um auf die „besondere Situation der Fachbereiche Sozialer Arbeit in Deutschland" (Bartosch et al, 2010, S. 13) Rücksicht zu nehmen. Er geht noch weiter, indem er festhält, „dass der QR SArb ... keine Festlegungen auf inhaltlicher oder fachpolitischer Ebene *machen will* und *darf*" (ebd.) (herv. StB).

Bezüglich *Pädagogik* und/oder *Erziehungswissenschaft*, sofern sie im Studienplan mitgeführt werden, muss geklärt werden, ob sich ihre VertreterInnen als normative Handlungswissenschaft, parallel zur Medizin, Psychotherapie, Sozialpolitik, Sozialarbeitswissenschaft usw. oder als transdizsiplinäre Bezugswissenschaft verstehen. Im ersten Fall dürfte ihre Vermittlung zu dem führen, was Otto als „verwaschene Identität" bezeichnet (Otto, 2011, S. 33-35). Im zweiten Fall geht es um die Berücksichtigung und Weiterentwicklung ergänzenden wie gemeinsamen bezugswissenschaftlichen Wissens (z.B. über Sozialisations-, Bildungsprozesse, Lernen und Lehren unter verschiedenen sozioökonomischen Bedingungen und kulturellen Konstellationen usw.).

Recht kann als normative Handlungswissenschaft mit einer Subsumtionslogik betrachtet werden, welche eine rechtsethisch-normative Basis für professionelle Interventionen darstellt, wobei Rechtsphilosophie, Ethik – miteingeschlossen Philosophie der Menschenwürde und Menschenrechte – die Grundlage für die Unterscheidung zwischen Legalität und Legitimität von Verfassungen und Gesetzgebungen legen müssen.

Literatur

Addams, J. (1902): Democracy an Social Ethics. New York: Macmillan.

Bartosch, U./Maile, A./Speth, C. (2010): Qualifikationsrahmen Soziale Arbeit (QR SArb), Version 5.1, Eichstätt: gedruckt mit Unterstützung der Hochschulrektorenkonferenz.

Bundesarbeitsgemeinschaft der Freien Wohlfahrtspflege e.V. Berlin (2009): Grundsatzpapier zu den „Qualitätszielen der Wohlfahrtsverbände zur Erreichung ihrer spezifischen Dienstleistungsqualität vom 8. Mai 2008". In: Blätter der Wohlfahrtspflege, Mai/Juni, H. 3, S. 85-88.

Bunge, M. (1967): Scientifc Research II: The Search for Truth. New York.

Bunge, M. (1999a): Dictionary of Philosophy. New York: Prometheus Books.

Bunge, M. (1999b): Social Science under Debate. Toronto/London: Univ. of Toronto Press.

Bunge, M./Mahner, M. (2004): Über die Natur der Dinge. Stuttgart: Hirzel.

Dewe, B./Otto, H.-U. (2005): Profession. In: Otto, H.U./Thiersch, H. (Hrsg.): Handbuch Sozialarbeit/Sozialpädagogik. 3. Aufl. München: Reinhardt, S. 1399-1423.

Engelke, E. (2010): Wissenschaft als elementarer Bestandteil der Profession Soziale Arbeit, In: Wilken, U./Thole, W. (Hrsg.): Kulturen Sozialer Arbeit. Wiesbaden: VS Verlag für Sozialwissenschaften.

Gambrill, E. (2004): The Future of Evidence-based Social Work in Practice. In: Thyer, B./Kazi, M. A. F. (Hrsg.): International Perspectives on Evidence-based Practice in Social Work. Birmingham: Venture Press, S. 215-234.

Glasersfeld, E. v. (1996): Der Radikale Konstruktivismus. Frankfurt a. M.: Suhrkamp.

Geiser, K. (2009): Problem- und Ressourcenanalyse in der Sozialen Arbeit. Luzern/ Freiburg i. Br.: Interact/Lambertus.

Heiner, M. (2004): Diagnostik und Diagnosen in der Sozialen Arbeit. Berlin: Deutscher Verein.

Luhmann, N./Schorr K. E. (1982): Das Technologiedefizit der Erziehung und die Pädagogik. In: Dies. (Hrsg.): Zwischen Technologie und Selbstreferenz. Frankfurt a. M.: Suhrkamp.

Maier, K. (Hrsg.) (2008): Soziale Arbeit in der ‚Krise der Arbeitsgesellschaft', Freiburg i. Br.: FEL EVH Freiburg.

Maurer, A./Schmid, M. (2010): Erklärende Soziologie. Wiesbaden: VS Verlag für Sozialwissenschaften.

Meyer, J.W. (2000): Weltkultur. Wie die westlichen Prinzipien die Welt durchdringen. Frankfurt a. M.: Suhrkamp.

Mohr, G./Richter, P. (2008): Psychosoziale Folgen von Erwerbslosigkeit – Interventionsmöglichkeiten. In: Aus Politik und Zeitgeschichte, Nr. 40-41, S. 25-32.

Obrecht, W. (1996): Sozialarbeitswissenschaft als integrative Handlungswissenschaft. In: Merten, R./Sommerfeld, P./Koditek, T. (Hrsg.): Sozialarbeitswissenschaft – Kontroversen und Perspektiven. Neuwied: Luchterhand, S. 121-160.

Obrecht, W. (2009): Die Struktur professionellen Wissens. In: Becker-Lenz, R./Busse, St./Ehlert G./Müller, S. (Hrsg.): Professionalität in der Sozialen Arbeit. Wiesbaden: VS Verlag für Sozialwissenschaften, S. 21-46.

Otto, H.-U. (2011): Verwaschene Identität. In: Neue Praxis, Sonderheft 10, S. 33-35.

Pantuček, P./Röh, D. (Hrsg.) (2009): Perspektiven Sozialer Diagnostik. Münster: LIT.

Schön, D. A. (2005[1983]): The Reflective Practicioner. How Professionals Think in Action. Aldershot: Ashgate.

Seithe, M. (2010): Schwarzbuch Soziale Arbeit. Wiesbaden: VS Verlag für Sozialwissenschaften.

Staub-Bernasconi, S. (2009): Der Professionalisierungsdiskurs zur Sozialen Arbeit (SA/SP) im deutschsprachigen Kontext im Spiegel internationaler Ausbildungsstandards? In: Becker-Lenz, R./Busse, St./Ehlert G./Müller, S. (Hrsg.): Professionalität in der Sozialen Arbeit. Wiesbaden: VS Verlag für Sozialwissenschaften, S. 21-45.

Staub-Bernasconi, S. (2010a): Vom Beruf zur Profession. Die „Qualitätsziele der Wohlfahrtsverbände" im Lichte der Profession Sozialer Arbeit. In: Blätter der Wohlfahrtspflege, Nr. 6, S. 233-236.

Staub-Bernasconi, S. (2010b): Soziale Arbeit als Handlungswissenschaft. 2. Aufl. Bern/Stuttgart/Wien: UTB/Haupt.

Stichweh, R. (1994): Wissenschaft, Universität, Professionen. Frankfurt a. M.: Suhrkamp.

Thole, W. (2010): Grundriss Soziale Arbeit. 3. Aufl. Wiesbaden: VS Verlag für Sozialwissenschaften.

Thyer, B./Kazi, M.A.F. (Hrsg.) (2004): International Perspectives on Evidence-based Practice in Social Work. Birmingham: Venture Press.

Winkler, M. (1995): Bemerkungen zur Theorie der Sozialpädagogik. In: Sünker, H. (Hrsg): Theorie, Politik und Praxis Sozialer Arbeit. Bielefeld: Kleine.

Das Spezielle und das Allgemeine – Quantitative und qualitative Forschung: Zwei sich ergänzende Paradigmen von Forschung in der Sozialen Arbeit

Katy Dieckerhoff und Armin Schneider

Einführung

Die Diskussion um die spezifische Wertigkeit der zu unterscheidenden Paradigmen der qualitativen und der quantitativen Forschung durchzieht die Forschungslandschaft, so dass sich auch die Frage nach der Bedeutung und der Aussagefähigkeit qualitativer (rekonstruierender) und quantitativer (standardisierter) Forschungsansätze für die Soziale Arbeit stellt.

In diesem Aufsatz wird nach einer grundsätzlichen Analyse der Bedeutung von Forschung für die Professionalisierung Sozialer Arbeit die beiden Forschungsstränge beschrieben und untersucht und ihre jeweilige Bedeutung und Reichweite veranschaulicht.

Im Ergebnis soll die jeweilige spezifische Relevanz deutlich werden, aber auch, dass die Forschungswahl nicht dogmatisch getroffen werden kann, sondern der gewählte Forschungsansatz stets eine methodologische Positionierung und Gegenstandsangemessenheit voraussetzt.

Jenseits eines Methodenpurismus sollte im Interesse eines verlässlichen Gesamtbildes über einen sozialen Gegenstand auch über die Verbindung von qualitativen und quantitativen Forschungsmethoden nachgedacht werden.

1. Eine Profession benötigt Forschung

Forschung ist unerlässlich für die Entwicklung der Sozialen Arbeit zu einer Profession. So herrscht auch über den Kreis der empirisch arbeitenden WissenschaftlerInnen hinaus Konsens darüber, dass die professionelle Weiterentwicklung der Sozialen Arbeit ohne den Ausbau empirischer Forschung nicht möglich ist (vgl. Otto et al., 2003, S. 4). Neben einer Vielzahl weiterer Kriterien, die in verschiedenen Professionalisierungstheorien abgebildet werden, wie z.B. ein ethischer Berufskodex und die Organisation in einem Berufsverband (vgl. zusammenfassend Heiner, 2004), gilt insbesondere ein theoretisch und empirisch fundiertes Erklärungswissen als Grundlage einer Profession.

Dieses „wissenschaftliche Wissen“ zeigt sich als systematische, zielgerichtete Erweiterung des beruflichen Erfahrungswissens des Praktikers und bildet die Begründungsbasis professionellen Handelns.

Waren im historischen Blick für die Verberuflichung Sozialer Arbeit (*„Von der ehrenamtlichen Tätigkeit zum Beruf“*) die Bezahlung, die Methodisierung sowie die Entwicklung von Ausbildungsgängen entscheidende Schritte, ist ein entscheidender Schritt auf dem Weg zur Professionalisierung der Einbezug der Forschung.

1.1 Selbstverständnis der Praxis als Hürde

Wenngleich erste Forschungsansätze schon zu Beginn der historischen Entwicklung praktischer Sozialer Arbeit zu verzeichnen waren, wie z.B. in Verbindung mit dem Hull House in den USA in der Zeit um 1900, in dem u.a. unter der Federführung von Jane Addams die Ursachen der sozialen Missstände der Bewohner erforscht wurden (vgl. hierzu im Detail Miethe, 2010), und auch gegenwärtig fundierte Forschungsleistungen zu verzeichnen sind, sieht sich diese Entwicklung dennoch zuweilen mit Skepsis aus der Praxis konfrontiert: Sowohl der Zweifel am Nutzen der als recht theorielastig empfunden Forschung für die alltägliche Arbeit, einhergehend mit einer Verinnerlichung eines Gegensatzverständnisses von „Theorie und Praxis“ sowie durchschimmernde Ignoranz gegenüber theoretischen Referenzsystemen (vgl. hierzu Studien von Thole & Küster-Schapfl, 1997 und Ackermann, 1999) führen dazu, dass eigene Wissenssysteme der Praxis nicht selten nur lose mit wissenschaftlichen Wissenssystemen gekoppelt werden.

Diese Haltung verstärkt sich insbesondere dann, wenn Forschung Phänomene entdeckt und erklärt, die im beruflichen Alltagswissen schon lange als selbstverständliche Handlungsgrundlage dienen. Forschung wirkt dann trivial.

Doch welche Gefahr liegt in einem Verzicht auf wissenschaftliches – theoriegeleitetes und empirisch fundiertes – Wissen als Grundlage beruflichen Handelns? „Eine wie immer eingefärbte dogmatisch-normative Orientierung, etwas Intuition und – erst im Laufe der Jahre dringend zu erwerbendes Erfahrungswissen“ – diese düstere Alternative vermutet Schaffer (2009, S. 9).

1.2 Notwendige Kooperation von Wissenschaft und Praxis Sozialer Arbeit

Berufliches Alltagswissen gilt aber nicht per se als geringwertiger, im Gegenteil: Seine Stärke liegt in der Absicherung routinierter Abläufe. Doch aufgrund seines Zustandekommens mittels selektiver und wenig reflektierter Wahrnehmung liefert es weder präzises, noch systematisches Wissen über soziale Zusammenhänge.

Erforderlich erscheint deshalb eine Kooperation von Wissenschaft und Praxis Sozialer Arbeit, statt Misstrauen zwischen der wissenschaftlichen Disziplin und der Handlungsbasis.

Hierbei können zum Einen Forschungsergebnisse zur direkten Weiterentwicklung der Praxis beitragen (Forschung somit als Dienstleister für die Praxis fungieren und die Konzeptionsentwicklung stützen), zum Anderen aber auch die in der Praxis gewonnenen Erkenntnisse die Theorieentwicklung der Sozialen Arbeit voranbringen.

Dienlich erscheint eine Verschränkung beider Wissenssysteme mit gegenseitigem Wissenstransfer (vgl. hierzu Sommerfeld, 2000). Diese Integration gegenseitigen Wissens könnte wesentlich zur Professionsbildung beitragen, denn: Auf dem Weg zu einer Profession ist Soziale Arbeit dann, wenn sie versucht, die sozialen Probleme Ihrer KlientInnen wissenschaftsfundiert zu lösen, zu lindern oder zu verhindern.

1.3 Gegenstand und Ziel von Forschung in der Sozialen Arbeit

Gegenstand von Forschung in der Sozialen Arbeit können sein „Individuelle und soziale Bedingungen von Personen und Personengruppen in der Gesellschaft", „Gesellschaftliche, politische und staatliche Entwicklungen", „Methoden, Konzepte, Veranstaltungen, Handlungen, Interventionsformen und Anwendungen Sozialer Arbeit", aber auch „Theorien, Zusammenhänge, Verständnisse" (vgl. Kategorisierung von Schneider, 2009, S. 14). Im Bereich der Sozialen Arbeit erscheinen die „Forschungsgegenstände (…) nahezu unendlich" (AutorInnenkollektiv, 2004, S. 259ff.).

Aufgabe von Forschung ist es hierbei, einen systematischen, methodisch-kontrollierten und kritisch-reflektierenden Blick auf den Gegenstandbereich zu werfen, mit dem Ziel, sowohl die Theorieentwicklung voran zu treiben (im Sinne von Grundlagenforschung), als auch das praktische Handeln auf wissenschaftliche Grundlage zu stellen (im Sinne von Anwendungsforschung).

1.4 Zwei Paradigmen mit unterschiedlichen erkenntnistheoretischen Grundannahmen

Vor dem Hintergrund eines jeweils spezifischen Erkenntnisinteresses werden traditionell zwei Forschungsparadigmen grob unterschieden: Der quantitativen Forschung liegt als traditionelle Leitmethodologie der „Kritische Rationalismus" („Erklären") zu Grunde, die qualitative Forschung basiert auf dem „Konstruktivismus" („Verstehen") als erkenntnistheoretische Richtung. Beiden Paradigmen wird hierbei eine jeweils andere Zielrichtung zugeschrieben: Quantitative Verfahren wollen „überprüfen", qualitative Ansätze wollen „entdecken".

1.5 Einer für alle, alle für einen – Vom induktiven und deduktivem Schließen

Quantitative Verfahren gehen den deduktiven Weg der Erkenntnisgewinnung, d.h. sie versuchen, den zu erklärenden Sachverhalt aus allgemeinen Gesetzmäßigkeiten (mittels statistischer Zusammenhänge) abzuleiten. Qualitative Verfahren hingegen verfolgen den induktiven Weg der Erkenntnisgewinnung, d.h. sie versuchen über hermeneutische und rekonstruktive Verfahren, Sinnstrukturen und Handlungsmuster einzelner Fälle zu erfassen und so allgemeine Sätze abzuleiten, die die Beobachtung erklären können.

Während also quantitative Verfahren mittels Deduktion *vom Allgemeinen zum Speziellen* schließen, ziehen qualitative Verfahren ihre Schlussfolgerung mittels Induktion *vom Speziellen zum Allgemeinen.*

2. Quantitative und standardisierte Forschung

Immer dann, wenn sich Soziale Arbeit im Zuge steigender Ökonomisierung einem zunehmenden Legitimationsdruck ausgesetzt sieht und Bericht ablegen soll über ihre Effizienz und Effektivität, rücken die quantitativen Methoden der empirischen Sozialforschung verstärkt ins Blickfeld: Mittels quantifizierbarer Daten sollen Aussagen getroffen werden über Mengen, Häufigkeiten und statistische Zusammenhänge und hierdurch Erforderlichkeit und Wirksamkeit attestieren.

2.1 Grundpfeiler des quantitativen Forschens

Schirmer (2009, S. 66ff.) fasst die Grundpfeiler der quantitativen Forschung in 3 Aspekten zusammen:

1. Quantifizierung
Während beim qualitativen Ansatz das zentrale Arbeitsmaterial „Text und Sprache" sind, ist die Basis quantitativer Forschung „das Zählen und die Arbeit mit Zahlen" (vgl. ebd.). Ein Grundpfeiler quantitativer Ansätze ist somit die Übersetzung von erhobener Einstellungen, Orientierungsmustern, Handlungen und Strukturen in statistisch verarbeitbare Zahlen.

2. Deduktion und Hypothesenbildung
Während qualitative Forschung eher auf die „Entdeckung" von Phänomenen zielt, werden als klassischer (aber nicht einziger) Weg quantitativer Forschung die aus theoretischen Konzepten abgeleiteten Hypothesen (mittels Messvariablen) empirisch überprüft.

3. Standardisierung
Der quantitative Forschungsprozess ist durch ein deutlich standardisiertes Vorgehen gekennzeichnet. Genaue und einheitliche Regeln für den Forschungsvorgang sollen den Forschungsprozess kontrollierbar und die Ergebnisse vergleichbar machen.

Standardisiert werden sowohl die Messinstrumente als auch die Erhebungssituation und die Auswertung.

Die Standardisierung des Erhebungsinstruments basiert auf der Operationalisierung des Untersuchungsgegenstands in messbare Indikatoren, zu denen mit Hilfe des Instruments Daten erhoben werden. „Dies erreicht man beispielsweise über Fragebögen mit standardisierten Antwortvorgaben" (vgl. Schirmer, 2009, S. 69).

Um Willkürlichkeit zu verhindern, wird die Erhebungssituation z.B. im Rahmen einer Befragung, durch die Vorgabe des Frage- und Antwortverhaltens ebenfalls stark vorstrukturiert.

Die Kodierung schließlich legt fest, wie die Daten in messbare Zahlen umgewandelt werden, bevor sie mittels statistischer Analyseverfahren ausgewertet werden.

2.2 Bedeutung quantitativer Forschung für Praxis Sozialer Arbeit

Während also die qualitative Forschung im Rahmen der Sozialen Arbeit mit ihrem rekonstruierenden Blick z.B. darauf abzielt, die Lebenskonstruktionen von Subjekten zu analysieren, nachzuzeichnen, um vorhandene Kompetenzen aufzudecken und darauf aufbauend Ansatzpunkte für die Soziale Arbeit zu entwickeln, kann quantitative Forschung insbesondere dem Bedarf nach Legitimation des fachlichen Handelns gerecht werden, indem sie aussagenkräftige „Zahlen" präsentiert (1). Sie macht soziale Daten messbar und somit vergleichbar. „Man kann zum Beispiel Zusammenhänge zwischen unterschiedlichen Variablen *abbilden* und *berechnen*" (Schirmer, 2009, S. 67).

Im Vergleich zum weitaus offeneren Vorgehen der qualitativen Forschung engen die Hypothesen-Prüfung (2) sowie die Vorstrukturierung der Wahrnehmung des Forschers durch die Standardisierung (3) das Erkenntnisspektrum hinsichtlich der potentiell zu entdeckenden Phänomene zwar deutlich ein, ermöglicht aber, speziell über den Erkenntnisgegenstand durch Zahlen gewichtete Aussagen zu treffen und somit Auskunft über Häufigkeiten, das Maß und die Verhältnisse von Variablen des Untersuchungsobjekts zu geben, sowie Effektgrößen zu bestimmen.

2.3 Gütekriterien quantitativer Forschung

Als zentrale Gütekriterien quantitativer Forschung gelten Validität, Reliabilität, Objektivität und Repräsentativität – diese sollen angeben, wie gültig, zuverlässig, unabhängig und verallgemeinerbar die Forschungsergebnisse sind (vgl. Schirmer, 2009, S 70ff.).

Eine quantitative Forschungsarbeit muss sich also an folgenden Fragen messen lassen:

- Wurde das erfasst, was erfasst werden sollte? (Validität = Gültigkeit)
- Wurde der Gegenstand durch die Art des empirischen Vorgehens exakt erfasst? (Reliabilität = Zuverlässigkeit)
- Lassen sich die Ergebnisse mit einem anderen Forscher reproduzieren? (Objektivität = Unabhängigkeit)
- Sind die Ergebnisse verallgemeinerbar? (Repräsentativität)

Voraussetzung für die Einhaltung der Gütekriterien Validität, Reliabilität und Objektivität ist die oben geschilderte Standardisierung des Forschungsdesigns – erst sie ermöglicht die Vergleichbarkeit, die Wiederholbarkeit und die intersubjektive Nachvollziehbarkeit einer Untersuchung (vgl. Schirmer, 2009, S. 69). Repräsentativität wird durch die Auswahl „typischer Fälle“, statt „zufälliger Fälle“ erreicht.

Für die qualitative Forschung werden sowohl diese, als auch andere Gütekriterien diskutiert (vgl. Abschnitt 3).

2.4 Grenzen und Möglichkeiten

Quantitative Forschung in der Sozialen Arbeit stößt insbesondere dort an ihre Grenzen, wo Aussagen über noch unbekannte Phänomene getroffen werden sollen, wo es z.B. darum geht, verbreitete soziale Praktiken in schwer zugänglichen Subkulturen oder Milieus zu explorieren. Diese „Entdeckung“ wäre sicherlich eher mittels qualitativer Verfahren möglich.

Ihre Stärken hat quantitative Forschung aber da, wo die Phänomene bekannt, aber die Frage nach der Häufigkeit Ihres Auftretensund ihrem Zusammenhang zu bestimmten Variablen unbekannt sind.

Gut einsetzbar erscheint das quantitative Vorgehen auch zur Erhebung bestimmter Merkmalsausprägungen, z.B. wenn es nach dem Übergang vom Kindergarten in die Grundschule darum geht, das Wohlbefinden eines Kindes (als *ein* Kennzeichen eines „gelungenen Übergangs“) zu erfassen. Denkbar wäre hier eine standardisierte Beobachtung.

Auf der anderen Seite muss aber gefragt werden, ob die Einseitigkeit der objektiven Fremdeinschätzung des kindlichen Befindens anhand eines vorstrukturierten Indikatorenrasters in der Tat ein verlässliches Bild über die Struktur des Wohlbefindens geben kann.

Könnte der zusätzliche Einbezug der subjektiven Sichtweise des Kindes, erfragt mittels eines qualitativ-offenen Leitfadeninterviews, die Frage nach dem kindlichen Befinden nicht noch viel verlässlicher beantworten?

Gleichrangig, ohne Wertigkeit, könnten beide Paradigmen ihren Teil dazu beitragen, zu einem verlässlichen Gesamtbild zu kommen.

3. Qualitative und rekonstruktive Forschung

Dilthey versuchte, die Naturwissenschaften von den Geisteswissenschaften zu unterscheiden, indem er als Vertreter der Hermeneutik unterschied zwischen dem Erklären der Naturwissenschaften und dem Verstehen der Geisteswissenschaften: „Die Menschheit wäre, aufgefasst in Wahrnehmung und Erkennen, für uns eine physische Tatsache, und sie wäre als solche nur dem naturwissenschaftlichen Erkennen zugänglich. Als Gegenstand der Geisteswissenschaften entsteht sie aber nur, sofern menschliche Zustände erlebt werden, sofern sie in Lebensäußerungen zum Ausdruck gelangen und sofern diese Ausdrücke verstanden werden" (Dilthey, 2006, 87). Inzwischen entdecken auch die Ingenieurwissenschaften oder die evidenzbasierte Medizin die Vorzüge einer intensiven methodisch abgesicherten Betrachtung des Einzelfalles und einer ebenso regelgeleiteten Analyse. Auch in einer dem deutenden Paradigma in der Tradition der Hermeneutik und/oder der der systemischen Theorie verpflichteten Rekonstruktion geht es um die in der Betrachtung eines Einzelfalls inneliegende soziale Dimension. Die vielfältigen methodischen Ansätze, wie mit unterschiedlichen Daten Erkenntnisse in diesem Sinne gewonnen werden können, haben eine solche Orientierung im Sinne. „Gerade in Zeiten, in denen sich fest gefügte soziale Lebenswelten und -stile auflösen und sich das soziale Leben aus immer mehr und neueren Lebensformen und -weisen zusammensetzt, sind Forschungsstrategien gefragt, die zunächst genaue und dichte Beschreibungen liefern. Und die dabei die Sichtweisen der beteiligten Subjekte, die subjektiven und sozialen Konstruktionen [...] ihrer Welt berücksichtigen" (Flick et al., 2007, S. 17).

3.1 Grundlagen qualitativen Denkens

Mayring (vgl. 2002, S. 19ff.) hat die Grundlagen des qualitativen Denkens in den folgenden fünf grundlegenden Punkten beschrieben:

- Subjektorientierung (Ganzheit, Historizität),
- Alltagsbezug (natürliche Umgebung),
- Deskription (exakte Beschreibung, Regelgeleitetheit),

- Interpretation (Vorverständnis offenlegen),
- (argumentative) Verallgemeinerung.

Die verschiedenen Linien der qualitativen Forschung unterscheiden sich vor allem in der Art und Weise der Datengewinnung und in der Methodik der Analyse gewonnener Daten. Regelrechte „Denkschulen“ mit Meister- und Schülerverhältnissen beschreiben ihre jeweilige Methodik als „Kunstlehre“, die sich in den entsprechenden Schulen mit vielen Erfahrungen und Übungen mühsam erlernen lassen. Sicherlich sind einige Ausmaße dieser akademischen Abgrenzungen zwischen Laien und Professionellen übertrieben, dies zeigt aber die Notwendigkeit der Praxiserfahrungen und Deutungsübungen, die auch der Klarheit, der Objektivität und damit der Güte Qualitativer Forschung geschuldet sind. Bei genauerem Hinsehen gibt es Verbindungen zwischen den einzelnen Linien und zumindest implizit Bezugnahmen aufeinander.

3.2 Bedeutung für die Soziale Arbeit

Für die Soziale Arbeit als Profession mit einem wissenschaftlichen, einem Praxis- und einem Ausbildungsbezug ist eine eigene Forschungskultur als eigenem Zugang zu Erkenntnissen wichtig; diese entwickelt sich gerade in den letzten Jahren (vgl. Miethe & Bock, 2010, S. 13f.). Dabei ist der Bezug zwischen qualitativer Forschung und der Sozialen Arbeit in dreierlei Hinsicht relevant: als sozialwissenschaftliche Forschung, als Anwendung qualitativer Forschung in der professionellen Praxis und als Methoden der Selbstreflexion und -beforschung innerhalb der Disziplin (vgl. ebd., S. 15). Wie Soziale Arbeit sich auch definiert, pragmatisch ist und bleibt sie in der Balance „zwischen aktueller Nothilfe und perspektivischer Zukunftsvorsorge“ (Müller, 2010, S. 25), daher stellt sie „wenn es gut geht, einen zusätzlichen Grund dar, dass Menschen sich positiv engagieren, und sie ist, wenn es schief geht, ein Feigenblatt, das den unansehnlichen Teil des turbokapitalistischen Torsos notdürftig verhüllt. Wer diese innere Balance in Frage stellt, wer meint, unseren Sozialstaat abschaffen zu müssen, der muss eine andere Gesellschaft wollen“ (ebd.).

Diese Balance Sozialer Arbeit ist es, die aktuell und perspektivisch empirisch begründete Einsichten braucht, um sinnvoll und zum Wohle der Individuen, Organisationen und Gesellschaften zu handeln. Dazu bedarf es einer Forschung, die Gründe, Verhältnisse, Bedingungen und Zusammenhänge aufdeckt, sichtbar macht und mittelbar oder unmittelbar zu Handlungsperspektiven für die Soziale Arbeit werden lässt. Wird von einem Verständnis Sozialer Arbeit ausgegangen, das auch eine politische Funktion hat und dessen Management auf das Wohl der AdressatInnen Sozialer Arbeit ausgerichtet ist, dann müssen Forschungsergebnisse auch in diesen erweiterten Bereichen Bedeutung erlangen. Dies meint eine für die Profession und Disziplin notwendige Entgrenzung auf die Rahmenbedingungen des eigenen Handelns hin.

3.3 Spezifitäten qualitativer Forschung

An dieser Stelle kann keine umfassende und vollständige Darstellung aller Methoden qualitativer und rekonstruktiver Forschung in der Sozialen Arbeit und deren Spezifität erfolgen (siehe hierzu: Bock & Miethe, 2010; Schneider, 2009), stattdessen sollen exemplarisch einige Themenbereiche vorgestellt werden. Padgett (vgl. 2008, S. 14) beschreibt umfassend acht Grundlagen, die im Prozess qualitativer Forschung in der Sozialen Arbeit bedacht werden müssen: 1. erkenntnistheoretischer Hintergrund, 2. theoretische „Linse", durch die ein Gegenstand betrachtet wird, 3. Konzeptionelles Bezugssystem, 4. Zugangsweise (z.B. Grounded Theory), 5. Methodology (z.B. Fallstudie), 6. Methoden und Techniken der Datenerhebung, 7. Methoden und Techniken der Datenanalyse, 8. Art der Dokumentation und Präsentation.

Qualitative Forschung ist Sozialforschung, die vom Einzelfall ausgeht und dessen soziale Verstricktheit in Richtung Individuum und in Richtung Gesellschaft sieht, deutet und rekonstruiert. Nicht nur für die biografische Forschung kann daher folgendes Zitat die Beziehung ausdrücken:

> „Die Konzentration auf detaillierte Einzelfallstudien und auf die prozessuale Analyse der Entstehung und Veränderung von sozialen Phänomenen ermöglicht eine Generierung von Theorien zu sozialen Problemlagen, die der Komplexität sozialer Wirklichkeiten und den Wechselwirkungen zwischen den Individuen bzw. zwischen ihnen und ihren sozialen Umwelten gerecht wird" (Rosenthal & Köttig, 2010, S. 234).

Vor einer Kontaktaufnahme mit Probanden ist eine Auswahl, ein so genanntes *Sampling* erforderlich, im Falle der Grounded Theory handelt es sich dabei um ein theoretisches Sampling. Forschungsfrage und Forschungsinteresse bestimmen eine solche Auswahl. Das gewünschte und das tatsächlich realisierte Sampling unterscheiden sich oft.

Auch ist darauf zu achten, dass gerade bei reaktiven Methoden ein *kommunikativer Zugang* gestaltet und geschaffen werden muss (bei der Analyse von Dokumenten ist dies naturgemäß nicht erforderlich). Deutlich beschreibt Riemann (vgl. 2010) die Notwendigkeit der Schaffung einer Vertrauensbasis zwischen Forschendem und Informanten am Beispiel von narrativen Interviews: „Wichtig sind eine ausreichende und glaubhafte Distanz gegenüber Instanzen sozialer Kontrolle auf mehreren Ebenen (im Hinblick auf die Modalitäten der Kontaktaufnahme mit der Informantin; die Wahl des Ortes, an dem das Interview stattfindet; den Zeitpunkt und die Wahrung von Vertraulichkeit in unterschiedlichen Formen) und die Vermeidung diffuser Beziehungsschemata – etwa die Vermischung mit therapeutischer Kommunikation

–, um illusionäre Unterstellungen und Enttäuschungen zu vermeiden. Eine Informantin ist keine Klientin." (Riemann, 2010, S. 224f.) In kommunikativen Situationen bedarf es einer sorgfältigen Kontaktaufnahme.

Ein weiterer Punkt ist die genaue *Abfolge der jeweils gewählten Methodik* und die dabei erforderliche Offenheit. Eine solche Offenheit erfordert auch die Darlegung von Vorannahmen. Jede Forschungsfrage basiert auf Vorannahmen, Vermutungen, Konstruktionen und einem Vorverständnis, ein solches offenzulegen ist für Dokumentation, Nachvollziehbarkeit und Wissenschaftlichkeit erforderlich. Die gewählte Methode ist ebenso darzulegen wie Abweichungen und Ergänzungen.

Die *Analysemethodik* muss klar angewendet werden. Während bei der Grounded theory und bei Formen der Handlungsforschung keine klare Abgrenzung zwischen Entdeckungs- und Begründungszusammenhang vorhanden und es hier durchaus auch üblich ist, mehrmals und zirkulär, aber erkenntnisgeleitet zwischen diesen beiden Bereichen der Forschung zu wechseln, ist die wohl strengste Analysemethode der objektiven Hermeneutik durch ganz klare Schritte und Kriterien bestimmt, die Wernet (2006) beschreibt: Kontextfreiheit, Wörtlichkeit, Sequenzialität, Extensität und Sparsamkeit. Die dahinterliegenden Idee geht davon aus, dass sich soziale Wirklichkeit und gesellschaftliche Konstruktionen aus der Analyse einzelner subjektiver Texte erschließen lassen: „Die Objektive Hermeneutik geht davon aus, dass sich die sinnstrukturierte Welt durch Sprache konstituiert und in Texten materialisiert. Der Gegenstand der sinnverstehenden Wissenschaften bildet sich erst durch die Sprache und tritt in Texten in Erscheinung. Die soziale Wirklichkeit ist textförmig" (Wernet 2006, S. 11f.).

Schließlich ist auf die besondere Form und Möglichkeit der *Generalisierung* hinzuweisen. Allein der Frage nach dem Sampling liegt bereits eine Idee der Generalisierung zu Grunde. Dabei geht es im Wesentlichen um zwei Schritte: Zwei Vorgänge: Die Einbettung eines Falles in einen größeren Zusammenhang, in dem allgemeine Regeln wirksam sind (Generalisierung I) und den Schluss von dem, was man am Fall festgestellt hat, auf andere Fälle (Generalisierung II) (vgl. Przyborski & Wohlrab-Sahr, 2009, S. 314). Nicht zuletzt sollte im Sinne einer Wirksamkeit der Forschung im Rahmen derselben überlegt und entschieden werden, wie, an wen, mit welchen Empfehlungen und Einschränkungen Forschungsergebnisse kommuniziert werden. Denn das Wissenschaftssystem hat andere Systemlogiken als z.B. das politische System.

3.4 Gütekriterien

Obwohl derzeit noch unklar ist, in welche Richtung sich *Gütekriterien qualitativer Forschung* entwickeln, scheint sich die Ablehnung derselben kaum durchzusetzen. Diskutiert werden eigene Gütekriterien (vgl. Mayring, 2002, S. 140ff.: Verfahrensdokumentation, argumentative Interpretationsabsicherung, Regelgeleitetheit, Gegenstandsnähe, kommunikative Validierung und Triangulation), die Integration von beiden hier genannten Paradigmen, die Verständigung auf gemeinsame Standards, die Validität in der qualitativen Forschung (als Anknüpfung an den Common-Sense-Strukturen der Untersuchten), Reliabilität – durch Nachweis der Reproduktionsgesetzlichkeit und durch Einbezug alltäglicher Standards der Kommunikation – und schließlich Objektivität im Kontext einer intersubjektiven Überprüfbarkeit (vgl. Przyborski & Wohlrab-Sahr, 2009, S. 35ff.). Der letzte Ansatz könnte eine wichtige Brücke zwischen beiden klassischen Ansätzen darstellen.

3.5 Grenzen und Möglichkeiten

In der Sozialen Arbeit wie auch sonst hat die qualitative Forschung Grenzen. Aussagen über zahlenmäßige Verhältnisse können nicht getroffen werden. Qualitative Forschung zeigt aber Perspektiven auf, die über die Grenzen quantitativer Forschung hinausgehen. Beispielsweise kann eine standardisierte Fragebogenerhebung als mittelschichtorientierte Methodik nicht ohne Weiteres bei Randgruppen mit Kommunikationsdefiziten eingesetzt werden. Ein tieferes Verstehen durch einen wechselseitigen kommunikativen Zusammenhang lässt sich qualitativ und rekonstruktiv besser bewerkstelligen. Qualitative Methoden können hier besser zu Erkenntnissen beitragen. Auch bieten sich qualitative Verfahren an, um die Relevanz von Themen für eine Zielgruppe zu ermitteln: „Mit Hilfe qualitativer Verfahren […] wurde zunächst ermittelt, welche Fragestellungen und Sichtweisen überhaupt für 15-24-jährige Jugendliche Relevanz besitzen […] diesen qualitativen „Querschnitt" ergänzte die (quasi längsschnittliche) Individualperspektive der „Biografischen Interviews" (Fritsche, 2000, S. 349).

4. Ausblick

Forschung in der Sozialen Arbeit bedarf sowohl qualitativ-rekonstruktiver als auch quantitativ-standardisierter Zugänge, dabei geht es nicht um eine gegenseitige Verzweckung etwa in dem Sinne, dass das qualitative Interview als Vorerforschung zu einer Fragebogenerhebung dienen muss oder letztere einen Überblick für ein Sampling einer qualitativen Studie. Beides ist trotzdem möglich. Entscheidend für den Einsatz einer Methode und eine Präferenz für das eine oder andere Paradigma sind daher das Forschungsinteresse und die Forschungsfrage. Historisch und vielleicht auch im Sinne Sozialer Arbeit als Handlungswissenschaft ist Forschung, eben auch die notwendige Grundlagenforschung, eher auf die Praxis Sozialer Arbeit bezogen als in anderen

Wissenschaften. Zweifelsohne muss die Forschung in der Sozialen Arbeit noch lernen, auch wichtige Grundlagen zu erforschen zu Generierung von Wissen, das sich nicht unmittelbar anwenden lässt. Der Bezug zwischen quantitativer und qualitativer Forschung darf jedoch kein beliebiger sein, sondern muss den jeweiligen methodischen Gütekriterien Rechnung tragen. Insbesondere die Gütekriterien zur Datenerhebung und diejenigen zur Analyse der Daten sind dabei zu beachten.Eine Kombination der beiden paradigmatischen Ansätze integriert bereits die erkenntnistheoretischen Grundlagen (siehe hierzu: Seipel & Rieker, 2003), bzw. beginnt mit einer Triangulation, die den Forschungsgegenstand von zwei verschiedenen Seiten betrachtet, in diesem Fall von zwei paradigmatischen Grundauffassungen bzw. zwei verschiedenen Methoden (siehe hierzu: Flick, 2008).

In der Forschungspraxis der Sozialen Arbeit zeigt sich zuweilen auch, dass bei Erhebungen erkennbar wird, wie die Person des oder der Forschenden einen Einfluss ausübt, dass Zugänge zum Forschungsfeld oft nur über die Soziale Arbeit möglich sind und hierbei die Rollen zwischen Sozialarbeitenden und Forschenden klar definiert werden müssen, auch und vor allem den ProbandInnen und den AdressatInnen Sozialer Arbeit gegenüber. Teil einer Forschungsethik muss es auch sein, zu bedenken, dass zwar die Forschung das Forschungsinteresse priorisiert, die AdressatInnen Sozialer Arbeit jedoch auch Hilfe und Unterstützung im Kontext der Datenerhebung artikulieren. Forschung in der Sozialen Arbeit darf sich hier nicht von den AdressatInnen distanzieren, sondern muss Antworten auch auf solche Fragen finden. Forschung, ob qualitativ oder quantitativ, ob beabsichtigt oder nicht: verändert.

Literatur

Ackermann, F. (1999): Soziale Arbeit zwischen Studium und Beruf: Eine quantitativ-empirische Studie zur Berufseinmündung von AbsolventInnen des Fachbereichs Sozialwesen. Frankfurt a. M.: Peter Frank.

AutorInnenkollektiv(2004): Alles hat ein Ende … Erfahrungen und Ausblicke sozialpädagogischer Forschungspraxis an einer Universität. In: Schrapper, Ch. (Hrsg.): Sozialpädagogische Forschungspraxis. Positionen, Projekte, Perspektiven. Weinheim: Juventa, S. 259-262.

Bock, K./Miethe, I. (Hrsg.) (2010): Handbuch Qualitative Methoden in der Sozialen Arbeit. Opladen/Farmington Hills: Verlag Barbara Budrich.

Dilthey, W. (2006): Gesammelte Schriften, Bd. 7. Göttingen: Vandenhoeck & Ruprecht.

Flick, U. (2008): Triangulation. Eine Einführung. 2. Aufl. Wiesbaden: VS Verlag für Sozialwissenschaften.

Flick, U./Kardorff, E. v./Steinke, I. (Hrsg.) (2007): Qualitative Forschung. Ein Handbuch. 5. Aufl. Reinbek: Rowohlt.

Fritsche, Y. (2000): Die quantitative Studie: Stichprobenstruktur und Feldarbeit. In: Deutsche Shell (Hrsg.). Jugend 2000. 13. Shell-Jugendstudie. Opladen: Leske + Budrich, S. 349-378.

Heiner, M. (2004): Professionalität in der Sozialen Arbeit. Theoretische Konzepte, Modelle und empirische Perspektiven. Stuttgart: Kohlhammer.

Mayring, Ph. (2002). Einführung in die qualitative Sozialforschung. Weinheim: Beltz.

Miethe, I. (2010): Chicagoer Schule. In: Bock, K./Miethe, I. (Hrsg.): Handbuch qualitative Methoden in der Sozialen Arbeit. Opladen/Farmington Hills: Verlag Barbara Budrich, S. 65-74.

Miethe, I./Bock, K. (2010): Einleitung. In: Bock, K./Miethe, I. (Hrsg.): Handbuch Qualitative Methoden in der Sozialen Arbeit. Opladen/Farmington Hills: Verlag Barbara Budrich, S. 9-19.

Müller, C. W. (2010): Entwicklung und Perspektive der Sozialen Arbeit als Profession. In: Gahleitner, S. B./Effinger, H./Kraus, B./Miethe, I./Sagebiel, J./Stövesand, S. (Hrsg.): Disziplin und Profession Sozialer Arbeit. Entwicklungen und Perspektiven. Opladen/Farmington Hills: Verlag Barbara Budrich, S. 21-28.

Otto, H.-U./Oelerich, G./Micheel, H.-G. (2003): Empirische Forschung und Soziale Arbeit. Ein Lehr- und Arbeitsbuch. München/Unterschleißheim: Luchterhand.

Padgett, D. K. (2008): Qualitative Methods in Social Work Research. 2. Aufl. Los Angeles: Sage.

Przyborski, A./Wohlrab-Sahr, M. (2009): Qualitative Sozialforschung. Ein Arbeitsbuch. 2. Aufl. München: Oldenbourg.

Riemann, G. (2010). Ein Forschungsansatz zur Analyse narrativer Interviews. In: Bock, K./Miethe, I. (Hrsg.) (2010): Handbuch Qualitative Methoden in der Sozialen Arbeit. Opladen/Farmington Hills: Verlag Barbara Budrich, S. 223-231.

Rosenthal, G./Köttig, M. (2010): Biographische Fallrekonstruktionen. In: Bock, K./Miethe, I. (Hrsg.) (2010): Handbuch Qualitative Methoden in der Sozialen Arbeit. Opladen/Farmington Hills: Verlag Barbara Budrich, S. 232-239.

Schaffer, H. (2009): Empirische Sozialforschung für die Soziale Arbeit. Eine Einführung. 2. Aufl. Freiburg i. Br.: Lambertus.

Schirmer, D. (2009): Empirische Methoden der Sozialforschung. Paderborn: Fink.

Schneider, A. (2009). Forschungsperspektiven in der Sozialen Arbeit. Schwalbach/Ts.: Wochenschau Verlag.

Seipel, Ch./Rieker, P. (2003): Integrative Sozialforschung. Konzepte und Methoden der qualitativen und quantitativen empirischen Forschung. Weinheim: Juventa.

Sommerfeld, P. (2000): Forschung und Entwicklung als Schnittstelle zwischen Disziplin und Profession. Neue Formen der Wissensproduktion und des Wissenstransfers. In: Homfeldt, H. G./Schulze-Krüdener, J. (Hrsg.): Wissen und Nichtwissen. Herausforderungen für Soziale Arbeit in der Wissensgesellschaft. Weinheim/München: Juventa, S. 221-236.

Thole, W./Küster-Schapfl, E.-U. (1997): Sozialpädagogische Profis. Beruflicher Habitus, Wissen und Können von PädagogInnen in der außerschulischen Kinder- und Jugendarbeit. Opladen: Leske + Budrich.

Wernet, A. (2006): Einführung in die Interpretationstechnik der Objektiven Hermeneutik. Wiesbaden: VS Verlag für Sozialwissenschaften.

Das Allgemeine besonders lehren und studieren

Zum Verhältnis von Generalisierung und Spezialisierung im Studium der Sozialen Arbeit

Elke Kruse

Die Frage, ob die Ausbildung für das Gebiet der Sozialen Arbeit generalistisch angelegt sein, d.h. ausgerichtet auf alle Handlungsfelder, oder ob sie sich auf spezielle Felder konzentrieren solle, stellt sich bereits seit der Gründung erster Ausbildungsstätten. In diesem Beitrag soll dieser Frage aus unterschiedlichen Perspektiven nachgegangen werden. Am Anfang steht ein historischer Rückblick auf die Debatten und die jeweils getroffenen Entscheidungen in den vergangenen 100 Jahren Ausbildungsgeschichte. Anschließend wird ein Blick geworfen auf die Curricula von Bachelor-Studiengängen, gefolgt von einer Betrachtung der Ausdifferenzierung der Studienangebote auf Master-Ebene. Den Abschluss bildet die didaktische Perspektive. Hier werden einige Schlaglichter auf die Herausforderungen geworfen, die sich im Hinblick darauf stellen, was es heißt, ‚das Allgemeine besonders zu lehren und zu studieren' und zum anderen, im Speziellen die Verbindung zum Allgemeinen, zur Basis, aufrechtzuerhalten und gleichzeitig angemessen besondere Qualifizierungserfordernisse zu berücksichtigen.

Das Thema Generalisierung und Spezialisierung in historischer Perspektive

Differenziert wurde viele Jahrzehnte zwischen den Bereichen Sozialarbeit und Sozialpädagogik. Beide heute unter dem Dach Soziale Arbeit zu findenden und überwiegend verschmolzenen Stränge entstanden aus unterschiedlichen Ursprungsausbildungen. Auf der einen Seite fanden sich die Sozialen Frauenschulen, später Wohlfahrtsschulen, als Vorläufer für die späteren Studiengänge für Sozialarbeit bzw. die spätere Studienrichtung Sozialarbeit. Auf der anderen Seite stand die Ausbildung zur Jugendleiterin, einer Aufbauausbildung für Kindergärtnerinnen, die nach kurzer Phase als grundständige Ausbildung an Höheren Fachschulen für Sozialpädagogik einmündete in die neuen Studiengänge für Sozialpädagogik bzw. die Studienrichtung Sozialpädagogik. Außen vor gelassen sind hier noch die verschiedenen universitären Initiativen, aus denen sich die Diplom-Studiengänge Pädagogik mit Schwerpunkt Sozialpädagogik entwickelten (siehe hierzu ausführlicher Kruse, 2004, S. 82-97 und S. 119-131).

Trotz der Entscheidungen für eine generalistische Grundausbildung stellte sich die Ausbildungslandschaft und ab den 1970er Jahren die Studienlandschaft im Bereich der Sozialen Arbeit vielfältig dar. Je nach Institution – Fachhochschule, Universität, Gesamthochschule oder Berufsakademie – variierten die Studienkonzepte. Im historischen Überblick zeigt sich trotz dieser Vielfältigkeit, dass für die Soziale Arbeit eine auf die Breite der Handlungsfelder ausgerichtete Ausbildung mit exemplarischer Vertiefung eine lange Tradition hat und dass seit der Weimarer Republik von Ausnahmen abgesehen an einem solchen Konzept festgehalten wurde.

Waren die ersten Konzeptionen der Sozialen Frauenschulen breit ausgerichtet und vertraten einen allgemeinbildenden Anspruch, veränderte sich das Selbstverständnis der Schulen, vor allem der neugegründeten, während des Ersten Weltkriegs: Vermehrt rückte eine fachliche Ausbildung in den Vordergrund, hinter dem der allgemeinbildende Anspruch zurücktrat (vgl. Lange-Appel, 1993, S. 38). Es gab zunehmend strukturelle wie inhaltliche Unterschiede und eine Reihe von Spezialschulen für einzelne Fürsorgezweige. Die weitere Entwicklung zeigt, dass Letztere sich nicht lange gehalten haben.

Die im Jahr 1917 von Alice Salomon initiierte Gründung der ‚Konferenz Sozialer Frauenschulen Deutschlands' erfolgte auch mit dem Ziel einer gegenseitigen Abstimmung und der Schaffung von Standards (vgl. Knobel, 1992, S. 16) angesichts der zahlreichen Schulgründungen während des Ersten Weltkriegs. Die Frage, ob die Ausbildung eher generalistisch auf die Breite der Handlungsfelder oder eher spezialisiert auf einzelne Fürsorgegebiete ausgerichtet werden sollte, tauchte bereits auf der ersten Sitzung der Konferenz auf. Während von staatlicher Seite, d.h. von Vertretern des Innen- und Kultusministeriums eher die Vermittlung spezifisch beruflichen Wissens für jeweils einen Fürsorgebereich gewünscht wurde, beharrten die Gründerinnen der ersten Sozialen Frauenschulen auf einer allgemein sozialwissenschaftlich-theoretischen Ausbildung, ausgerichtet auf die gesamte Breite der Handlungsfelder der Sozialen Arbeit (vgl. Landwehr, 1981, S. 43). In den Debatten rund um die ersten staatlichen Prüfungsordnungen von 1918 und 1920[1] fand der Austausch über ebendiese Frage seine Fortsetzung. Spiegeln sich in der 1918 erlassenen ersten staatlichen Prüfungsordnung für die Absolventinnen der Sozialen Frauenschulen noch die staatlichen Interessen, was hinsichtlich der Frage der Generalisierung vs. Spezialisierung eine Qualifizierung für einen einzelnen Berufszweig bedeutet, wurde in der zweiten Prüfungsord-

1 Gemeint sind die Preußische Prüfungsordnung vom 10. September 1918 und Prüfungsordnung vom 22. Oktober 1920 (vgl. Kruse, 2004, S. 43f.); ähnliche Ordnungen weiterer Länder folgten.

nung von 1920 – nach Neuregelung von Zuständigkeiten – der allgemein sozialwissenschaftliche Anspruch beibehalten, was der Forderung der Gründerinnen der ersten Sozialen Frauenschulen nach einer einheitlichen Ausbildung entsprach, zugleich wurde aber das berufsbezogene Ausbildungskonzept gestärkt (vgl. Landwehr 1981, S. 63; Salomon, 1927, S. 60-73).[2] Endpunkt langer Debatten um die Frage, ob die Ausbildung generalistisch mit Blick auf alle Handlungsfelder oder vielmehr spezialisiert für jeweils einen Teilbereich gestaltet werden solle, war die Entscheidung für ein breites Ausbildungskonzept, in dessen Rahmen einer von drei Schwerpunkten (Jugend-, Gesundheits- und allgemeine und wirtschaftliche Fürsorge) zu wählen war.[3] Aus heutiger Sicht können die 1920er Jahre als Konsolidierungsphase sowohl für die Ausbildung als auch den Beruf gewertet werden, in der beide „ihre entscheidende und trotz vieler Reformdiskussionen und -vorschläge für lange Zeit bleibende Ausprägung" (Pfaffenberger, 1981, S. 92) erhielten.

Nach ersten Bestrebungen bereits gegen Ende der Weimarer Republik und im NS wurde in den Debatten um die Ausbildung in den 1950er Jahren übereinstimmend sowohl von VertreterInnen der Ausbildungsstätten als auch der Ministerien und der Praxis (u.a. des Berufsverbandes) eine einheitliche, generalistische Grundlagenausbildung unter Aufhebung der Schwerpunktsetzung bzw. unter Verlagerung dieser in das zweite Ausbildungsjahr gefordert. Eine solche Ausbildung sollte breite Einsatzmöglichkeiten für die AbsolventInnen eröffnen (vgl. Magnus, 1953, S. 15f., S. 41, S. 90f.). Ab 1959 wurde die einheitliche Grundausbildung in den Ausbildungsordnungen der einzelnen Bundesländer festgeschrieben (vgl. Kruse. 2004, S. 65f.). Fortan sollte der Beruf „Sozialarbeiter/in", unter dessen Bezeichnung sowohl der/die „Wohlfahrtspfleger/in" als auch verwandte Berufe subsumiert wurden, „Sammelbegriff aller Spezialberufe" (Becker, 1960, S. 274) werden, und es sollte die „Einheitlichkeit des Berufsbildes und der Ausbildung ... vor einer drohenden Aufsplitterung der sozialen Berufe" bewahrt und „der Berufsstand der Sozialarbeiter gefördert", ihm „ein einheitliches Gesicht" (ebd., S. 275) gegeben werden. Gleichzeitig gab es verschiedene Positionen, deren VertreterInnen sich für Spezialisierungen aussprachen oder sich für verschiedene Zuordnungen der sozialarbeiterischen und sozialpädagogischen Berufe einsetzten.

Der Strang der sozial*pädagogischen* Ausbildung, manifestiert v.a. seit 1909 in der Ausbildung zur Jugendleiterin, daneben in weiteren Berufen, wie denen der Hortnerin, des Heimerziehers u.a., wurde ebenfalls in den 1960er Jahren neu geordnet, jedoch nicht mit dem Strang der Sozialarbeit zusammengeführt.

Von Seiten der Praxis wurde im Vorfeld der Neuordnung nicht nur eine Loslösung der Jugendleiterin vom Beruf der Kindergärtnerin, sondern auch ei-

---

2 Zu den Details der preußischen Prüfungsordnung und ihrer Bewertung siehe auch Bäumer (1921) und Salomon (1921).

3 Zu Details des Lehrplans siehe auch Kruse (2004, S. 46ff.).

ne „Verschmelzung des Berufes der Jugendleiterin mit dem Beruf der Wohlfahrtspflegerin“ (Kiene, 1958, S. 25) befürchtet. Nach langen Debatten, die sich um eine Vereinheitlichung der verschiedenen Ausbildungswege rankten, „um eine möglichst vielseitig verwendbare sozialpädagogische Berufskraft zu gewinnen und eine weitere Zersplitterung der Ausbildung zu vermeiden“ (Hasenclever, 1965, S. 259), gab es im Jahr 1967 auf Beschluss der Kultusministerkonferenz die Zusammenlegung der Ausbildung von KindergärtnerInnen, HortnerInnen und HeimerzieherInnen an Fachschulen für Sozialpädagogik, während die Ausbildung zur Jugendleiterin grundständig an Höheren Fachschulen für Sozialpädagogik (analog zu den Höheren Fachschulen für Sozialarbeit) angesiedelt und mit der Berufsbezeichnung „Sozialpädagoge/in“ abgeschlossen wurde. Andere Vorschläge waren zuvor über eine solche Teilung hinausgegangen, eine umfassendere Lösung im Hinblick auf Vereinheitlichung und Aufwertung wurde jedoch nicht umgesetzt (vgl. Kruse, 2004, S. 73-82).

Mit der Akademisierung Anfang der 1970er Jahre wuchsen beide Richtungen, die Sozialarbeit und die Sozialpädagogik, an den neuen Fachhochschulen mehr zusammen, wurden z.T. zu gemeinsamen Studiengängen zusammengelegt, z.T. getrennt an gemeinsamen Fachbereichen durchgeführt. Neben allen Bestrebungen nach Vereinheitlichung und möglichst generalistischer Ausbildung finden sich in den verschiedenen Jahrzehnten der Ausbildungsgeschichte immer wieder Abgrenzungsbemühungen, die auch hier wieder in der nur teilweise erfolgten Zusammenlegung der Studiengänge ihren Niederschlag fanden. Bedenkenswert, nicht zuletzt für die curricularen Entwicklungen der letzten Jahre seit der Anfang der 2000er Jahre erfolgten Zusammenlegung auch der letzten nebeneinander organisierten Studiengänge für Sozialarbeit und Sozialpädagogik, erscheint eine Einschätzung aus dem Jahr 1961:

> „Die Beziehung des Berufes der Jugendleiterin zum Beruf des Sozialarbeiters hat ambivalenten Charakter. Dafür gibt es Ursachen: Die Tatsache, daß zwischen beiden Berufen Berührungsflächen bestehen, ist unverkennbar. Während die Jugendleiterin die Existenz des Sozialarbeiters bejaht, die als unentbehrliche Ergänzung auch zum eigenen Tun versteht ... besteht seitens der Sozialarbeiter die Tendenz, den pädagogischen Ansatz der Jugendleiterin dem fürsorgerischen oder ‚sozialen‘ zu subsumieren. Der Begriff Sozialpädagogik, von beiden Seiten gleichermaßen verwandt, begünstigt die angestrebte Entwicklung.“ (Koblank, 1961, S. 220)

Generalisierung und Spezialisierung nach Bologna

Generalistisch ausgerichtete Bachelor-Studiengänge

Im Zuge der Umwandlung der ehemaligen Diplom-Studiengänge an Fachhochschulen in Bachelor-Studiengänge wurde entschieden an einem generalistischen grundständigen Studium festgehalten. Unterstützend auf die Konvergenz der verschiedenen Ausbildungsebenen und Verortungen der Sozialen Arbeit wirkte sich die für alle Hochschultypen gleichermaßen geltende konsekutive Studienstruktur aus. In diese Zeit fällt auch die Zusammenlegung der letzten noch getrennten Studiengänge für Sozialarbeit und Sozialpädagogik zu einem gemeinsamen Studiengang.

Konnte die Rahmenordnung für Studiengänge der Sozialen Arbeit von 2001 (vgl. HRK/KMK, 2001) ihre Wirkung angesichts der neuen großen Bildungsreform nicht mehr entfalten, nahmen andere Vereinbarungen, wie der vom Fachbereichstag Soziale Arbeit im Juni 2006 verabschiedete ‚Qualifikationsrahmen Soziale Arbeit' deren Stelle ein, zur Angleichung und Konsolidierung beizutragen (vgl. Qualifikationsrahmen, 2006).

Zwar gibt es heute kaum zwei Hochschulen, deren Module annähernd gleich „zugeschnitten" sind (was einen Wechsel des Studienortes erheblich erschwert) und obwohl im Vorfeld der Reform der Curricula trotz Europäisierungs- und Internationalisierungsbestrebungen nahezu keine Vergleiche mit den Curricula anderer Länder erfolgten, erscheinen dennoch die Bachelor-Studiengänge für Soziale Arbeit (auch dieser Begriff hat sich für alle durchgesetzt) in ihrer Ausrichtung vergleichbar.

Eine Ausdifferenzierung auf der Ebene der grundständigen Bachelor-Studiengänge lässt sich eher im Hinblick auf das Entstehen i.d.R. kleinerer, verwandter Studiengänge neben den zumeist großen Studiengängen für Soziale Arbeit beobachten. Als neue Ausprägungen des Spezialisierungsthemas zeigen sich Fragen der Abgrenzungen der Sozialen Arbeit zu verwandten Studiengängen und Berufen. So gilt es z.B. das Verhältnis zu den neuen Studiengängen für ‚Erziehung und Bildung im Kindesalter', ‚Kindheitspädagogik' u.ä. zu klären. Die Ende der 1960er Jahre von der Akademisierung ‚abgehängte' Ausbildung zur Erzieherin/zum Erzieher, eine originär sozialpädagogische Ausbildung, findet seit 2004 neben der Ausbildung an Fachschulen auch einen Ort im Rahmen akademischer Ausbildung. Die neuen Studiengänge wurden und werden an Fachhochschulen vielfach unter dem Dach der Fachbereiche für Soziale Arbeit gegründet. Für die Soziale Arbeit stellt sich nicht zuletzt angesichts sich überschneidender Tätigkeitsfelder die Frage der Neubestimmung des Verhältnisses der Studiengänge zueinander.

> „Betrachtet man dieses neue Nebeneinander genauer, so sieht man, dass die skurrile Situation entsteht, dass ein neuer Studiengang für einen Beruf, dessen Wurzeln originär sozialpädagogisch sind, neben einen Studiengang gestellt wird, der den Anspruch hat, Sozialarbeit und Sozialpädagogik unter seinem Dach zu vereinen." (Kruse, 2008, S. 127)

Es lässt sich fragen, ob in dem generalistischen Studium der vergangenen 40 Jahre Raum verlorengegangen ist für z.B. sozialpädagogische Themen der Erziehung und Bildung von (Kleinst- und Klein-)kindern, so dass dieser Bereich sich – wenn auch unter neuen Vorzeichen und nicht mit dem Anspruch einer Spezialisierung[4] – eine neue Repräsentanz auf akademischem Niveau suchen musste. Eine Rolle spielen kann auch, dass die Bemühungen um eine Abgrenzung von der universitären Sozialpädagogik an manchen Fachhochschulen zu einer Überbetonung eher sozial*arbeiterischer* Themen beigetragen hat. Tatsächlich hat die Soziale Arbeit (sowohl an Fachhochschulen als auch an Universitäten) der frühkindlichen Erziehung und Bildung in der Vergangenheit wenig Beachtung geschenkt, obwohl „die frühe Kindheit ein Thema der Kinder- und Jugendhilfe ist und damit zum sogenannten Kernbereich der Sozialpädagogik gehört" (Schröer & Sting 2006, S. 20).

So zeigt sich, dass die Soziale Arbeit mit ihrem generalistischen grundständigen Studium immer wieder neue Antworten auf die Frage finden muss, welche Zweige sich in ihrer Ausbildung wiederfinden und welche sich außerhalb etablieren und wie das Verhältnis zueinander zu bestimmen ist. Im Sinne eines Systems optimaler Durchlässigkeit, sowohl in vertikaler als auch in horizontaler Hinsicht, würde eine Besinnung auf Gemeinsamkeiten, ausgedrückt in enger Kooperation und gemeinsamen Modulen auf der Bachelorebene und ggf. gemeinsamen Studiengängen auf der Master-Ebene, nicht zuletzt dazu beitragen, aktuellen Entwicklungen in der Praxis, die vielfach eine Perspektivenverschränkung fordern, gerecht zu werden.

Spezialisierte Master-Studiengänge

Ein ganz anderes Bild der Ausdifferenzierung zeigt sich auf der Ebene der weiterführenden Master-Studiengänge. Hier gestalten sich nicht nur die inhaltlichen Profile, sondern ebenso die Strukturen seit der Gründung der ersten Master-Studiengänge äußerst vielfältig (siehe zur Ausdifferenzierung von Masterstudiengängen auch DBSH, 2007 und Kruse, 2004). Die Bandbreite reicht von forschungsorientierten, wissenschaftlich anspruchsvollen Programmen bis hin zu stark anwendungsorientierten Weiterbildungsangeboten, die ihren wissenschaftlichen Anspruch nicht sofort erkennen lassen. Das Feld zwischen beiden Polen ist groß.

Allgemein herrscht große Unübersichtlichkeit und Intransparenz; der Bezug zur Sozialen Arbeit bleibt teilweise unklar. Zu finden ist eine große Vielfalt an Studiengangs- und Abschlussbezeichnungen, in denen sich häufig die Betonung des Anwendungsbezuges entsprechend der Spezialisierung spiegelt. Auch die mit den jeweiligen Abschlüssen verbundenen Berechtigungen sind nicht immer ersichtlich, für Außenstehende bleibt ebenso unklar, ob es sich jeweils um einen ‚Konsekutivmaster' oder einen ‚Weiterbildungsmaster' handelt. Während Erstere in inhaltlichem Zusammenhang mit Bachelor-Stu-

4 In diesem Rahmen kann nicht weiter auf die Gründe und Zusammenhänge eingegangen werden, die zur Etablierung der neuen Studiengänge führte. Ich verweise in diesem Zusammenhang auf Kruse (2008).

diengängen stehen und mit diesen verzahnt sind, stellt sich für Letztere die Frage der Bezüge zum grundständigen Studium.

Die Entwicklung ist nicht allein auf den durch den Bologna-Prozess beförderten Wettbewerb der Hochschulen untereinander zurückzuführen, sondern lässt Rückschlüsse zu auf eine zunehmende Auflösung der Grenzen zu verwandten Ausbildungs- und Berufsfeldern, wie denen der Erziehung und Bildung (s.o.), der Gesundheit und Pflege u.a.

Im Überblick über die existierenden Master-Studiengänge zeigt sich, dass nur wenige eher generalistisch, d.h. auf die Soziale Arbeit als Ganzes ausgerichtet sind und hier wissenschaftlich vertiefend auf den Bachelor-Studiengängen aufbauen. Die überwiegende Mehrzahl der Studienangebote bietet eine Spezialisierung, indem sie sich entweder handlungsmethodisch oder handlungsfeld- bzw. zielgruppenspezifisch auf einen Teilbereich bezieht. Insbesondere Studiengänge im Bereich Sozialmanagement – hier jedoch mit unterschiedlichsten Bezeichnungen – nehmen einen größeren Raum ein. Sie sind ein Beispiel dafür, wie sich Teilbereiche in neuer Kombination mit anderen Disziplinen verselbständigen (vgl. auch Pfaffenberger, 2002, S. 32). Auch Studiengänge im Bereich Klinischer Sozialarbeit differenzieren sich mit eigenem Anspruch an eine Fachsozialarbeit aus (vgl. die Beiträge von Mühlum & Gahleitner sowie Gahleitner & Mühlum in diesem Band).

Neben solchen sich in größerem Umfang etablierenden neuen Teilbereichen finden sich eine Fülle von Programmen mit z.B. internationaler und/ oder interkultureller Ausrichtung, in den Bereichen Beratung oder Supervision, Sucht, Soziale Gerontologie sowie mit unterschiedlichsten Anwendungsbezügen. Gefördert wird mit solchen Modellen die Herausbildung von SpezialistInnen mit Masterabschluss „nach dem Modell des Facharztes“ (Rothschuh, 1998, S. 226). AbsolventInnen von Master-Studiengängen verfügen zunehmend über eine Qualifikation in Sozialer Arbeit in Verbindung mit anderen Bereichen. Bereits 1998 verwies Rothschuh in diesem Zusammenhang vorausschauend auf „Sozial-Juristen, Sozial-Ökonomen, Sozial-Stadtplaner, Lehrer mit dem Fach Sozialarbeit/Sozialpädagogik, vielleicht auch einmal Sozial-Ärzte“ (ebd.).

Hinzu kommen, nimmt man die aktuellen Entwicklungen im Bereich der Gesundheits- und Erziehungsberufe mit in den Blick, eine Reihe neuer Berufsprofile in enger Nachbarschaft zur Sozialen Arbeit. Manche Master-Studiengänge bieten hier ein Bindeglied zwischen nebeneinanderstehenden BA-Angeboten (z.B. Soziale Arbeit und Frühpädagogik), indem sie AbsolventInnen beider grundständiger Studiengänge ansprechen. Solche Studienangebote könnten richtungsweisend sein für eine Verknüpfung unterschiedlicher Perspektiven auf verwandte Handlungsfelder und Forschungsgebiete und für interdisziplinäre Zugänge zu beiden, zugleich könnten sie einer Zersplitterung verwandter Gebiete vorbeugen.

Es stellt sich die grundlegende Frage, welche Studienkonzepte überhaupt als Aufbau zu den generalistisch ausgerichteten Bachelor-Studiengängen sinnvoll sind. Die Entscheidung für ein breit angelegtes grundständiges Studium beinhaltet möglicherweise schon die Konsequenz spezialisierter weiterführender Studienangebote.

Die Chancen liegen u.a. in einer Vertiefung dessen, was im breit ausgerichteten Erststudium oftmals nur angerissen werden kann, sowie in interdisziplinären Kombinationsmöglichkeiten.

Gefahren liegen in einer Zersplitterung und fehlender Systematik und in eingeschränkter beruflicher Einsatzfähigkeit. Auch Fragen der beruflichen Verortung und Identität können nicht außen vor bleiben. Stark spezialisierte Master-Angebote fördern ein berufliches Selbstverständnis als SpezialistInnen in eben diesen Bereichen, z.B. als SozialmanagerIn, Counsellour, Klinische(r) SozialarbeiterIn oder ErwachsenenbildnerIn. Der Bezug zur professionellen Identität als SozialarbeiterIn bzw. SozialpädagogIn droht verloren zu gehen. So kommt es zu Entwicklungen, „dass künftig einem Teil der auf dem Berufsfeld Sozialarbeit/Sozialpädagogik Tätigen und besonders den in Leitungs- und Vorgesetztenpositionen dadurch der zentrale Bezug zur Sozialarbeit/Sozialpädagogik und die entsprechende Berufsbezeichnung fehlt" (Pfaffenberger, 2002, S. 33).

Gefahren sind m.E. weiterhin dort auszumachen, wo es an Bezügen zur ‚Basis', speziell zur Wissenschaft Soziale Arbeit mangelt und wo Spezialisierung auf Kosten von Ganzheitlichkeit geht, wo zentrale Perspektiven der Sozialen Arbeit verloren gehen.

Pfaffenbergers Feststellung, die er vor neun Jahren traf, „dass sich durch diese Entwicklung Profil und Konturen der Profession (und der sich entwickelnden Sozialpädagogik/Sozialarbeitswissenschaft) auflösen und dadurch die Abgrenzung und Aufgabenzuordnung gegenüber anderen Berufen immer schwieriger wird" (ebd., S. 32) kann für die nachfolgenden Entwicklungen bis heute bestätigt werden.

Zusammenfassend zeigt sich für die Ausbildung im Bereich Sozialer Arbeit: Das ‚Basispersonal' verfügt über eine breite Grundlagenqualifikation, während auf der Ebene weiterführender Studienangebote eher SpezialistInnen ausgebildet werden. Chancen und Gefahren erscheinen ebenso vielfältig wie die derzeitigen Studienangebote.

Lehren und Lernen – Generalisierung und Spezialisierung unter Bologna-Bedingungen

Angesichts der zuvor geschilderten Entwicklungen stellt sich die Frage nach dem Lehren und Lernen in einerseits generalistisch angelegten grundständigen Studiengängen und in andererseits überwiegend spezialisierten weiterführenden Studiengängen. Hier verschränken sich die fachspezifischen Herausforderungen mit den durch ‚Bologna' intendierten Vorgaben. Lerninhalte sollen mit Blick auf eine Berufsorientierung (employability) klar aufeinander und auf die Gesamtqualifikation hin bezogen sein.

In den generalistisch ausgerichteten Bachelor-Curricula ist es im Gegensatz zu den Vorgängerstudiengängen mit ihrem vielfach vorherrschenden ‚Fächersalat', wie er noch bis in die 1980er und 1990er Jahre vorherrschend war, zumeist gelungen, den Kernbereich ‚Soziale Arbeit' (mit Geschichte, Theorie, Methoden, Arbeitsfeldern etc.) in den Mittelpunkt zu rücken und alle beteiligten Fachdisziplinen daraufhin auszurichten. Hier bestimmt die Soziale Arbeit mit ihren Zielen und Anforderungen das Curriculum, nicht die innere Logik der einzelnen Disziplinen. Eine interdisziplinäre Modulbildung mit verschränkten Lerninhalten kann dies ebenso unterstützen wie die angestrebte ‚Kompetenzorientierung'.

> „Geht man von der Systematik eines Faches ab und zu einem modularen Aufbau über, rückt der Kompetenzerwerb in den Vordergrund: was braucht man wann und wo. In der Sozialen Arbeit hat man es überall mit der Komplexität und der Lebenswirklichkeit zu tun. Handlungsfähig ist hier jemand, der sowohl eine problematische Situation unter alltagspraktischen, gesundheitlichen, erzieherischen, psychologischen, rechtlichen und finanziellen Gesichtspunkten einzuschätzen weiß, als auch Wege kennt, die aus dieser Situation herausführen." (Schulze-Krüdener & Homfeldt, 2000, S. 215)

Gerade in generalistisch ausgerichteten Studiengängen ist der vollzogene „shift from teaching to learning", der Perspektivwechsel vom Lehren zum Lernen, die Neuausrichtung des Lehrens am Lernen (vgl. Wildt, 2003; Welbers & Gaus, 2005) von elementarer Bedeutung. Eine Lehrauffassung, die aktives Lernen in den Mittelpunkt stellt, sich als Lernförderung und -begleitung versteht und die Studierenden durch Schaffung entsprechender Rahmenbedingungen zum eigenverantwortlichen und forschenden Lernen anregen will, bietet eine geeignete Grundlage für ein Studium, das breit ausgerichtet ist. Werden Lernsituationen entsprechend arrangiert, verstehen sich Lehrende zunehmen als ModeratorInnen von Lernprozessen und als BegleiterInnen und BeraterInnen und findet eine Orientierung am Lernergebnis und nicht am Lehren statt, können Studierende sich Wissen, Fähigkeiten und Fertigkeiten im Bereich Sozialer Arbeit wesentlich vernetzter aneignen, sich auf die Komplexität einlassen, eine forschende Grundhaltung entwickeln, methodisches Know-How als wichtig erleben und die eigene Person (selbst-)reflexiv in Bezug setzen zum Lerngegenstand.

In der herkömmlichen, vorwiegend instruktional ausgerichteten Hochschullehre, verbunden mit einem Nebeneinander einzelner Fächer, war dies wesentlich schwerer zu erreichen.

Unterstützt wird das Lernen durch die geforderte überfachliche Qualifizierung der Studierenden. Was in anderen Bereichen als ‚Schlüsselqualifikation' gilt, stellt für die Soziale Arbeit, in der Interaktion und Kommunikation integraler Bestandteil der beruflichen Tätigkeit ist, vielfach eine Grundkompetenz dar. Vor allem die Ausbildung sozialer Kompetenz kann durch adäquate Nutzung der neuen Studiengangsstrukturen gefördert werden. Die überfachliche Qualifizierung erfordert geradezu Studienanteile, die kritisches, selbstreflexives Lernen ermöglichen.

Zentral im generalistischen Studium ist exemplarisches Lernen. Ein auf die Breite der Handlungsfelder Sozialer Arbeit ausgerichtetes Studium erfordert ‚Mut zur Lücke' und Raum für exemplarische Vertiefungen. Hinzu kommt, dass gerade ein breit angelegtes Studium zusätzlich einer klaren Theorie-Praxis-Verzahnung bedarf. Eine modularisierte Studienstruktur kann das Verhältnis von Theorie und Praxis im Sinne einer untrennbaren dialektischen Einheit stützen, sofern in einzelnen Modulen eine wirkliche Verzahnung theoretischer, praktischer und praxisreflektierender Lernelemente umgesetzt wird. Auch ein Projektstudium, das oftmals von FachvertreterInnen als nicht praktikabel unter den neuen Studienbedingungen angesehen wird, kann unter kreativer Nutzung der Vorgaben durchaus realisiert werden. Hier kann projektbezogen exemplarisch theoriebezogene Erarbeitung erfolgen, die in direkte praktische Anwendung umgesetzt wird, und gleichermaßen kann praktische Erfahrung auf das Lernen an der Hochschule zurückwirken (vgl. Kruse, 2009).

Ein weiterführendes, spezialisiertes Studium wiederum stellt über Kompetenzorientierung, forschendes Lernen und Interdisziplinarität hinaus ganz andere Anforderungen an das Lehren und Lernen. Im Vordergrund müsste hier stehen, Sorge zu tragen, dass die Verbindung zum grundständigen Studium aufrecht erhalten wird, dass Bezüge hergestellt werden, dass das Spezielle nicht auf Kosten des Allgemeinen vermittelt wird. Zukunftsweisende Konzepte wurden oben bereits angedeutet. Die Soziale Arbeit benötigt eine ausreichende Anzahl an konsekutiven Master-Studiengängen, nicht zuletzt, um auch auf dieser Ebene in ihrer ganzen Breite präsent zu sein und um den eigenen wissenschaftlichen Nachwuchs mit breitem Theoriefundament und sozialarbeitsspezifischer Forschung zu fördern.

Es bleibt eine notwendige Aufgabe für die nahe Zukunft, einer ‚Fachdidaktik' für die Soziale Arbeit in Verschränkung mit allgemein hochschuldidaktischen Perspektiven im ‚Bologna-Zeitalter' weiter nachzugehen.

Literatur

Bäumer, G. (1921): Die preußische Prüfungsordnung für die Wohlfahrtspflegerinnen, in: Die Frau, 28. Jg. Heft 4, Januar 1921, S. 117-120.

Becker, W. (1960): Um die Neuordnung der sozialen Ausbildung, in: Recht der Jugend, 8. Jg., 18/1960, S. 273-277.

Deutscher Berufsverband für Soziale Arbeit e.V. (DBSH) (Hrsg.) (2007): Master-Studiengänge für die Soziale Arbeit. Verfasst von Wilfried Nodes. München/Basel: Reinhardt.

Hasenclever, C. (1965): Zur Neuordnung der sozialpädagogischen Ausbildungswege, in: deutsche jugend, S. 259-265.

Hochschulrektorenkonferenz/Kultusministerkonferenz (2001): Rahmenordnung für die Diplomprüfung im Studiengang Soziale Arbeit an Fachhochschulen, verabschiedet von der HRK am 3.7.2001 und der KMK am 11.10.2001, www.dbsh.de/Rahmenstudien.pdf (17.04.2003).

Kiene, M. (1958): Ist die Eigenständigkeit der Jugendleiterinnenausbildung noch aktuell? In: Jugendwohl, S. 24-31.

Knobel, R. (1992): Der lange Weg zur akademischen Ausbildung in der sozialen Arbeit. Stationen von 1868 bis 1971, Frankfurt a. M.: Dt. Verein für öffentliche und private Fürsorge.

Koblank, E. (1961): Die Situation der sozialen Berufe in der sozialen Reform. Köln/Berlin/München/Bonn: Heymanns.

Kruse, E. (2004): Stufen zur Akademisierung. Wege der Ausbildung für Soziale Arbeit von der Wohlfahrtsschule zum Bachelor-/Mastermodell. Wiesbaden: VS Verlag für Sozialwissenschaften.

Kruse, E. (2008): Vom Nebeneinander zur Verzahnung. Durchlässigkeit zwischen Frühpädagogik und Sozialer Arbeit. In: Balluseck, H. v. (Hrsg.): Professionalisierung der Frühpädagogik. Perspektiven, Entwicklungen, Herausforderungen. Opladen/Farmington Hills: Verlag Barbara Budrich, S. 123-135.

Kruse, E. (2009): Projektstudium und Praxisbezüge im Bologna-Prozess. In: Sozial Extra, Januar/Februar, 33. Jg., Heft 1/2, S. 42-47.

Landwehr, R. (1981): Alice Salomon und ihre Bedeutung für die soziale Arbeit. Ein Beitrag zur Entwicklung der sozialen Berufsarbeit und Ausbildung anlässlich des 10-jährigen Bestehens der FHSS Berlin, Berlin: Fachhochschule für Sozialarbeit und Sozialpädagogik.

Lange-Appel, U. (1993): Von der allgemeinen Kulturaufgabe zur Berufskarriere im Lebenslauf. Eine bildungshistorische Untersuchung zur Professionalisierung der Sozialarbeit, Frankfurt a. M.: Lang.

Magnus, E. (1953): Zur Ausbildung der deutschen Sozialarbeiter, Frankfurt a. M.: Dt. Verein für öffentliche und private Fürsorge.

Pfaffenberger, H. (1981): Zur Situation der Ausbildungsstätten. In: Projektgruppe Soziale Berufe (Hrsg.): Sozialarbeit: Ausbildung und Qualifikation. Expertisen I. Weinheim/München: Juventa, S. 89-119.

Pfaffenberger, H. (2002): Die Sozialarbeiter/Sozialpädagogen-Ausbildung und das neue Graduierungssystem. Die „Neue Europäische Hochschulpolitik“ als neueste und brisanteste Hochschulinnovation. In: Sozialextra; Heft 9, S. 29-34.

Qualifikationsrahmen Soziale Arbeit (QR Sarb) Version 4.0, verabschiedet vom Fachbereichstag Soziale Arbeit in Berlin am 31. Mai 2006, http://www.hrk-bologna.de/bologna/de/download/dateien/QR_SArb.pdf (14.05.2011).

Rothschuh, M. (1998): Soziale Arbeit und Ausbildung im Übergang zum 21. Jahrhundert. In: Archiv für Wissenschaft und Praxis der sozialen Arbeit, 29. Jg., Heft 3, S. 212-235.

Salomon, A. (1921): Die staatliche Prüfung von Wohlfahrtspflegerinnen. In: Volkswohlfahrt, 2. Jg., Nr. 3, S. 64-66.

Salomon, A. (1927): Die Ausbildung zum sozialen Beruf, Berlin: Heymanns.

Schröer, W./Sting, S. (2006): Vergessene Themen der Disziplin – neue Perspektiven für die Sozialpädagogik? In: Schweppe, C./Sting, S. (Hrsg.): Sozialpädagogik im Übergang. Neue Herausforderungen für Disziplin, Profession und Ausbildung, Weinheim/München: Juventa, S. 17-30.

Schulze-Krüdener, J./Homfeldt, H.G. (2000): Professionalisierung der Sozialen Arbeit durch Weiterbildung. Begründung der wissenschaftlichen Weiterbildung für soziale Berufe im Horizont von beruflicher Erstausbildung und pädagogischer Tätigkeit. In: Müller, S./Sünker, H./Olk, T./Böllert, K.(Hrsg.): Soziale Arbeit. Gesellschaftliche Bedingungen und professionelle Perspektiven. Neuwied/Kriftel: Luchterhand, S. 459–509.

Welbers, U./Gaus, O. (2005): The Shift from Teaching to Learning. Bielefeld: Bertelsmann.

Wildt, J. (2003): „The Shift from Teaching to Learning" – Thesen zum Wandel der Lernkultur in modularisierten Studiengängen. In: Bündnis 90/Die Grünen im Landtag NRW (Hrsg.): Unterwegs zu einem europäischen Bildungssystem. Reform von Studium und Lehre an den nordrhein-westfälischen Hochschulen im internationalen Kontext. Düsseldorf, www.gruene.landtag.nrw.de/publik/info03/pdf/0309-Studienreform.pdf, S. 14-18 (12.12.2003).

„… und was ist mit dem third level?"[1]

Ulrich Mergner

1. Problemaufriss und Thesen

„Und was ist mit dem third level?" So würden viele unserer Master-, aber auch schon Bachelor-Absolventinnen und Absolventen fragen, wenn wir ihnen denn beigebracht hätten, was mit dem „third level" gemeint ist: die dritte Stufe im Bologna-System der gestuften Studiengänge – in Deutschland nicht der PhD, sondern der althergebrachte Doktorgrad, den die diversen universitären Fakultäten mit unterschiedlicher Spezifizierung (phil., disc.pol., rer.pol., päd. usw.) verleihen. Nach Jahrzehnten, in denen die Fachhochschulen „nur" Diplom-Studiengänge anbieten konnten, mit denen keine grundsätzliche, fraglose Promotionsberechtigung verbunden war, nach Jahrzehnten, in denen nur ein Bruchteil der Absolventinnen und Absolventen der Studiengänge des „Sozialwesens" an Fachhochschulen eine Promotion ins Auge gefasst und auf dem steinigen Parcours durch universitäre Vorgaben realisiert hat, tut sich für die derzeitige Studierendengeneration plötzlich eine faszinierende neue Perspektive auf: Mit dem Master-Abschluss können sie gleichberechtigt mit AbsolventInnen von universitären Studiengängen zum Promotionsverfahren zugelassen werden. Sie fragen also: Wie kann ich promovieren? Gleichzeitig zeigt sich aber: Sie haben in ihrer Mehrzahl nur vage Vorstellungen von der Promotion. Meine *erste These* ist: Es gibt auf Seiten der FH-AbsolventInnen eine große und steigende Nachfrage nach einem weitgehend „unbekannten" Bildungsabschluss.

„Und was ist mit dem third level?" Das fragen zunehmend auch die Fachbereiche bzw. Fakultäten der Fachhochschulen, die Rektorate bzw. Präsidien und die Hochschulorganisationen (nicht zuletzt die Fachbereichstage).[2] Bleiben wir bei den Fachbereichen/Fakultäten des *Sozialwesens*. Sie sehen sich nicht nur der wachsenden Nachfrage von Seiten der Studierenden gegenüber, nicht nur der Notwendigkeit der Produktion wissenschaftlichen Nachwuchses „im Fach", sondern vor allem der wachsenden Gefahr der Auflösung der „Einheit der Sozialen Arbeit" durch Prozesse der Spezialisierung,

---

1 Dieser Beitrag ist die grundlegend überarbeitete und erweiterte Fassung eines Vortrags, den der Autor im Rahmen einer Tagung der DGSA-Fachgruppe Promotionsförderung gehalten hat (vgl. Mergner, 2010).

2 Ich beschränke mich im Folgenden auf die Perspektive der Fachhochschulen. Eine Diskussion des komplexen Verhältnisses derselben zu den Universitäten und der verschiedenen Interessenlagen ist im vorgegebenen Rahmen nicht möglich.

Differenzierung und „externen" Ansiedlung von Studienangeboten in neuen Organisations- und Vertretungsstrukturen. Meine *zweite These* ist deshalb: Es gibt einen wachsenden Druck auf die Hochschulorganisationen im Bereich der Sozialen Arbeit, Lösungen für die Promotionsfrage anzubieten. Und es liegt in ihrem ureigensten Interesse, solche Lösungen zu finden.

„Und was ist mit dem third level?" Das ist die zentrale Frage, mit der Fachvertreter und Fachgesellschaften konfrontiert sind. Die Lage des Fachs „Soziale Arbeit" selbst macht die Eröffnung von Promotionsmöglichkeiten erforderlich. Denn einerseits ist es – wesentlich im Rahmen der Bologna-Reform – gelungen, die Trennung in Studiengänge der „Sozialarbeit" und der „Sozialpädagogik" in neuen Studiengängen unter dem Titel „Soziale Arbeit" aufzuheben. Andererseits bieten gerade die „neuen Studiengänge" vielfältige Möglichkeiten der Differenzierung und Spezialisierung der Studienangebote für die Soziale Arbeit. Daraus ergibt sich meine *dritte These*: „Disziplinbildung" auf der Basis des eigenen Fachs „Wissenschaft der Sozialen Arbeit" ist das Mittel zur Bändigung der zentrifugalen Kräfte. Neben Theoriebildung, insbesondere Verständigung über die gesellschaftliche Funktion der Sozialen Arbeit, Methodendiskurs und eigenständiger Forschung ist wissenschaftliche (Aus-)Bildung auf allen Niveaus wesentlich für Disziplinbildung. Der Promotion – als Bindeglied zwischen Ausbildung und Forschung – kommt in diesem Prozess zentrale Bedeutung zu.

„Und was ist mit dem third level?" Dies ist eine Frage, die von der Praxis – und ich meine hier nicht „Profession", sondern die Träger und Trägerverbände der Sozialen Arbeit – erstaunlicherweise nicht gestellt wird. Meine *vierte These* ist aber: Gerade die Praxis muss – auch wenn sie davon noch nichts weiß – ein vitales Interesse daran haben, dass sich die Disziplin Soziale Arbeit auch die Promotionsebene erschließt.

„Und was ist mit dem third level?" Diese Frage wird schließlich im Bereich der Sozialen Arbeit – und zwar nicht nur von den Studierenden – vielfach mit erstaunlicher Naivität gestellt und angegangen. Darauf bezieht sich meine *fünfte These*: Problematisch ist nicht nur das weitgehende Fehlen von Promotionsmöglichkeiten im eigenen Fach, sondern der geringe Entwicklungsstand von Fach- und Promotionskultur, bzw. – genereller – akademischer Kultur im Bereich der Fachhochschulen.

Im Folgenden will ich – im vorgegebenen Rahmen notwendig holzschnittartig – versuchen, diese Thesen zu begründen und denkbare Konsequenzen zu skizzieren. Ausgehen will ich dabei von einer kursorischen Beschreibung des status quo.

2. Wie war es bisher mit der Promotion in der Sozialen Arbeit?

Auf die Schwierigkeiten des Weges zur Promotion, auf die Diplom-AbsolventInnen in der Vergangenheit trafen, habe ich in der ersten These mit dem

Begriff des „steinigen Parcours" schon angespielt. Auf diesen Weg haben sich über lange Zeit eher wenige gemacht, als Einzelne, die keine strukturell gebahnten Wege vorfanden. Die Diplom-AbsolventInnen waren darauf angewiesen, sich über individuelle Absprachen mit promotionswilligen UniversitätsprofessorInnen und -fachbereichen durch die Erfüllung von zum Teil sehr hochschwelligen Bedingungen der fach- und universitätsspezifischen Promotionsordnungen zur anerkannten Promotionsreife vorzuarbeiten und in das Verfahren einzusteigen. Wenn Promotion (wie Habilitation) auch ein Initiationsritus ist, der ein gerüttelt Maß an Unterwerfungsbereitschaft verlangt, so waren diese rituellen Prüfungen für unsere AbsolventInnen subjektiv wie objektiv deutlich schwieriger. Im Erfolgsfall wurden sie zudem Soziologen, Psychologen, Politikwissenschaftler, Juristen, Ökonomen usw. – und gerieten in die Versuchung, mit der Akkulturation im neuen Fach auch eine neue fachliche Identität anzunehmen.

Um hier – für Diplom-AbsolventInnen aller Fächer der Fachhochschulen – zu Verbesserungen zu kommen, wurde entwickelt, was in NRW und Niedersachsen „AssistentInnenprogramm" genannt wurde: Ein gut ausgestattetes – aber auch nur Wenigen zugutekommendes – Stipendienprogramm, mit dem die Stipendiaten in max. fünf Jahren zur Promotion geführt werden sollten. Anderthalb Jahre sollten zunächst der „Herstellung der Promotionsfähigkeit" dienen. Damit wurde die Notwendigkeit dieser Herstellung aber grundsätzlich festgeschrieben. Die Diplom-AbsolventInnen wurden prinzipiell als noch nicht promotionsreif angesehen, weil ihnen – so wurde nicht ganz zu Unrecht unterstellt – aufgrund der Ausgestaltung der Studiengänge nicht nur wesentliche fachliche Kompetenzen (im Bereich der Sozialen Arbeit z.B. bezüglich der Methoden der empirischen Sozialforschung) fehlten, sondern vor allem auch der erforderliche wissenschaftliche Habitus.

Ein weiterer, ebenfalls von wenigen beschrittener Weg lag – und liegt immer noch – darin, zur Promotion ins Ausland zu gehen. Eine Lösung, die durchaus zweischneidig ist, denn nach der Bewältigung organisatorischer, sprachlicher und kultureller Probleme bei der Durchführung eines solchen Vorhabens stellt sich die Frage der – sozialen und wissenschaftlichen – Anerkennung des entsprechenden Doktorgrades im Heimatland.

Mit der steigenden Anerkennung der FH-Abschlüsse, vor allem aber mit dem Bologna-Prozess kam Bewegung ins Spiel: Viele universitäre Fakultäten überarbeiteten ihre Promotionsordnungen mit dem Ziel, den Zugang von FH-AbsolventInnen zum Promotionsverfahren zu erleichtern: Das FH-Diplom wurde als Zugangsvoraussetzung zur Promotion anerkannt – allerdings unter der Bedingung, dass PromotionsbewerberInnen zur Erlangung der Promotionsreife noch ein Promotionsstudium von drei Semestern bzw. der Erwerb von drei Oberseminarscheinen abgefordert wurde. Das Verfahren wie die Betreuung der PromovendInnen lagen dabei eindeutig in den Händen der UniversitätsprofessorInnen.

Daneben gab es schließlich in Einzelfällen – auf der Basis zunächst individueller Absprachen zwischen Hochschullehrern – „kooperative" Promotionsverfahren, d.h. Verfahren, in denen in Betreuung und Rigorosum Fachhochschulprofessoren (fast) gleichberechtigt beteiligt wurden. Voraussetzung war hier, dass sich die Kollegen an den unterschiedlichen Hochschultypen aus vorangegangenen oder aktuellen Kooperationen kannten und als Wissenschaftler schätzten.

Gemeinsam ist allen diesen Lösungen: Die Promotion war immer das Ergebnis eines individuellen, personenbezogenen Verfahrens. Strukturelle Lösungen, die die Bedeutung des „subjektiven Faktors" verringern, sind erst in den letzten Jahren – etwa durch Verträge zwischen Universitäten und Fachhochschulen über die Durchführung kooperativer Promotionen – zu erkennen.

3. Steigende Nachfrage von Seiten der AbsolventInnen

Interesse an Promotion hat es bei FH-AbsolventInnen der Sozialen Arbeit schon immer gegeben, vor allem bei denjenigen, für die das Studium *nicht* die Funktion hatte, bestehende Gewissheiten zu bestätigen und damit eine Eintrittskarte für einen Beruf zu erwerben, von dem man überzeugt ist, dass man in ihm mit dem Erfahrungswissen der Praxis und dem „Meinen und Gut-Meinen" am besten führe. Anders gesagt: Interesse an der Promotion gab es bei Menschen, bei denen die Studien- oder Berufserfahrungen Gewissheiten erschüttert, Fragen aufgeworfen, wissenschaftliche Neugier geweckt hatten. Interesse an der Promotion hat es zudem bei Menschen gegeben, die im Studium ihre Begeisterung für die Lehre entdeckt haben. Und schließlich hat ein Teil der AbsolventInnen sicher auch weiterreichende und berechtigte Karriere-Interessen gehabt: Einen anderen, als besser angesehenen beruflichen Status zu erwerben, der mit größerer Autonomie in der Arbeit und mit verbesserten Einkommenschancen verbunden ist.

Die Einführung der gestuften Studiengänge erweitert die Perspektive aller Studierenden, eröffnet den AbsolventInnen geradezu zwangsläufig den Blick auf die jeweils nächste Stufe: Die Bachelors wollen Master werden – und die AbsolventInnen der Master-Studiengänge, vor allem der forschungsorientierten, fassen die Promotion ins Auge. Mit der Bologna-Reform, sicher aber auch bedingt durch neue Orientierungen der nachwachsenden AbsolventInnen-Generationen, entstehen zudem neue, neu verschränkte Qualifizierungs- und Berufswege: Nach dem BA in die Praxis – zurück an die Hochschule zum Erwerb eines MA (oft auch berufsbegleitend) – wieder zurück in die Praxis – zurück an die Hochschule – Promotion mit dem Ziel einer Hochschullehrerkarriere.

Im Ergebnis entsteht eine deutlich gestiegene Nachfrage nach einem als attraktiv angesehenen Bildungsabschluss, der Promotion. Allerdings: Was eine Dissertation ist, welche Anforderungen mit ihrer Erarbeitung und mit dem Promotionsverfahren verknüpft sind, schließlich was die akademische Kultur ausmacht, deren Teil das Promotionsverfahren genauso ist, wie es sie mitkonstituiert, ist vielen InteressentInnen unklar. Sie unterschätzen die zeitlichen und inhaltlichen Erfordernisse, die mit der Erstellung einer Dissertation verbunden sind. Für sie ist eine Diskurskultur, in der vorgestellte Ergebnisse zunächst skeptisch hinterfragt werden und in der Positionen durch Sachargumente formuliert und abgegrenzt werden müssen, wenig selbstverständlich. Sie kennen häufig die Formen, ja Rituale wissenschaftlicher Kommunikation nicht, deren Anforderungen sind für viele vor dem Hintergrund ihrer Studienanforderungen ungewohnt und tendenziell überfordernd. All dies ist erklärlich: Zum einen vor dem familiären Bildungshintergrund der Studierenden, für die sehr häufig gilt, dass ihre Eltern keine Hochschulerfahrung haben. Zum anderen aufgrund der Tatsache, dass sie nicht – wie Studierende an Universitäten – am Beispiel promovierender Assistenten „miterleben“ können, wie promovieren „geht“. Zum dritten schließlich resuliert dies auch daraus, dass viele Fachhochschulen noch mit der Frage ringen, ob sie sich denn als wissenschaftliche Hochschulen oder als akademische Berufsausbildungseinrichtungen ansehen sollen – und entsprechend eine eher praxisbezogene denn wissenschaftliche Orientierung an den Tag legen und fördern.

4. Wachsender Druck auf Fachbereiche und Hochschulorganisationen

Neben der steigenden Anzahl der Promotionsinteressierten gibt es weitere Entwicklungen, die die Fachhochschulen, die Fachbereiche und die Fachbereichstage zwingen, sich der Frage der Promotion verstärkt zuzuwenden. Der Fachbereichstag Soziale Arbeit hat darauf bereits im Jahr 2008 durch eine Erweiterung des Qualifikationsrahmens Soziale Arbeit – Konkretisierung der learning outcomes auf dem Promotionsniveau – reagiert (vgl. Bartosch et al., 2010, S. 9 und S. 14-25).

Zum einen hat die Veränderung der Zusammensetzung der Kollegien – in Bezug auf Ihre Herkunft und ihre akademische Qualifikation – an den Fachbereichen des Sozialwesens an Fachhochschulen einen Wandel von Orientierungen, ja Mentalitäten zur Folge. Plausibel erscheint, dass die Anfänge des Studiums an Fachhochschulen noch stark „fachschulisch“ geprägt gewesen sein dürften, dass die Orientierung sich eher auf Berufsausbildung, als auf Wissenschaft richtete. Belege dafür finden sich in der anfänglichen, nicht nur durch die Deputatslast begründete Forschungsabstinenz eines Großteils der „Gründergeneration“, die häufig mit Vorurteilen gegenüber forschenden Kollegen verbunden war, oder in weit verbreiteten „praktizistischen“, die Erfordernisse und die Erfahrungen der Praxis über das wissenschaftliche Selbstverständnis stellenden Orientierungen. Erst relativ spät, durch den verstärkten „brain-drain“ von in universitär geprägten scientific communities verankerten KollegInnen an die FHs – der nicht nur Folge der Stellenknappheit an den Universitäten, sondern auch einer bewussten Abwendung von bestimmten Ausformungen universitärer Kultur war – ergibt sich eine zunehmende Betonung des Wissenschaftlichkeitsanspruchs der eigenen Arbeit und ein wachsendes Interesse an der Durchführung größerer Forschungsprojekte.

Der daraus resultierende Anstieg der Forschung an Fachhochschulen hat aber zur Folge, dass die Anzahl der qualifizierten und qualifizierungswilligen wissenschaftlichen MitarbeiterInnen stetig steigt. Ihnen wird zudem durch ihre Teilhabe an der scientific community die Möglichkeit und Sinnhaftigkeit von Weiterqualifikation ständig vor Augen geführt. Völlig zu Recht erwarten sie zu großen Anteilen Unterstützung bei der Weiterqualifikation auf dem third level.

Die Fachbereiche andererseits können sich einen desintegrierten Status ihrer Forschungs-MitarbeiterInnen auf Dauer nicht leisten. Deren derzeitiger Status ist nicht nur eine Folge unzureichender hochschulgesetzlicher Ausgestaltung des Mittelbaus an Fachhochschulen. Zu beobachten sind auch „interne" Ausschließungstendenzen: Die wissenschaftlichen MitarbeiterInnen laufen oft „neben" dem „normalen" Lehrbetrieb der Fachbereiche her, sind in den Kollegien geradezu „unbekannt". Es gibt kaum strukturelle Förderung für sie, sondern diese hängt weitgehend vom „goodwill" ihres professoralen Projektleiters ab. Wenn dies so ist und bleibt, werden sich die Fachbereiche nicht nur größere Legitimitätsprobleme einhandeln, sondern auch Schwierigkeiten mit der Nachwuchsgewinnung für die Forschung bekommen.

Zum anderen müssen die Fachbereiche, nicht nur wegen der veränderten Anforderungen in den neuen Studiengängen, sondern auch wegen der mit der W-Besoldung verbundenen Probleme der Personalgewinnung *im Lehrbereich*, ein Interesse an der Selbstreproduktion der Kollegien haben, und zwar einer Selbstreproduktion, in der der wissenschaftliche Nachwuchs systematisch im eigenen Fach qualifiziert wird. Es geht um die akademische Sozialisation des Nachwuchses, der eben auch in der Disziplin gehalten werden sollte. Die Qualifikationsmöglichkeiten nach dem Master-Abschluss sollten nicht allein den universitären Fächern überlassen bleiben.

Zum dritten trägt zur Steigerung des Drucks auf die Hochschulen und Fachbereiche, strukturell abgesicherte und zumutbare Wege zur Promotion zu eröffnen, eine für die Fachbereiche bedrohliche Veränderung bei, die aus der Verschränkung von fachlicher Diversifizierung und institutionellen Partialinteressen resultiert: Die Diversifizierung des Studienangebots in den Fachbereichen der Sozialen Arbeit und die teilweise Ausgliederung von neuen, spezialisierten Studiengängen (vgl. Buttner, 2007). Durch sie wird nicht nur die Einheit der Fachbereiche, sondern auch die des Faches in Frage stellt. Deshalb soll darauf im folgenden Abschnitt gesondert eingegangen werden.

5. Promotion als Baustein der Disziplinbildung

Es ist sicher keine allzu gewagte These, wenn ich behaupte, dass sich das Fach Soziale Arbeit immer noch in der Entwicklung befindet. Das „eigene

Fach“ Wissenschaft der Sozialen Arbeit, aus meiner Sicht Grundstein der Disziplinentwicklung, ist immer noch nicht allseits konsentiert. Was darunter verstanden wird, oszilliert zwischen den Schwerpunkten „Geschichte der Sozialen Arbeit“, „Theorien“ und „praxisbezogene Forschung“. Die disziplinäre Einheit scheint mir noch keineswegs gestiftet, wird aber bereits wieder bedroht durch die benannten zentrifugalen Tendenzen: Teile der Lehre der Sozialen Arbeit werden sozusagen „outgesourced“ in BA-Studiengänge, teilweise schon früh (Heilpädagogik, Sozialmanagement) in besonderen oder neuerdings in spezialistisch ausgerichteten (Kinder- und Jugendhilfe, Schulsozialarbeit) Zweigen, und organisiert in eigenen, fachbereichsübergreifenden Zusammenschlüssen jenseits des FBTS.

Meine These ist nun: Disziplinbildung (auch im Nebensinn der kommunikativen Verständigung auf größere wissenschafts- und hochschulpolitische Einheit) ist ein wesentliches Mittel gegen zentrifugale Tendenzen. Und die Schaffung gesicherter Promotionsmöglichkeiten, die Erstellung von Dissertationen wie die Durchführung von Promotionsverfahren sind wesentliche Bausteine solcher Disziplinbildung. Dies lässt sich begründen:

Zum einen ist dabei auf die Bedeutung der Wissenschaft der Sozialen Arbeit einzugehen – nicht nur für die Entstehung eines wissenschaftlichen Habitus der AbsolventInnen, sondern auch für die Idee, dass man „im Fach“ bleiben, sogar im eigenen Fach promovieren will. Der Diskurs um die „Wissenschaft der Sozialen Arbeit“ kann wesentlich über Qualifikationsarbeiten von NachwuchswissenschaftlerInnen vorangetrieben werden. In diesen können freie Positionsbestimmungen vorgenommen werden, können Methodendiskussionen geführt werden, kann „Selbstaufklärung“ über das Handeln der Profession stattfinden, können theoretische Debatten zur Bestimmung der gesellschaftlichen Funktion Sozialer Arbeit und zur Rahmung ihres konkreten Handelns geführt werden. Grundsätzlich lehrt die Erfahrung, dass die Erzeugung neuer wissenschaftlicher Erkenntnisse wesentlich von Dissertationen zu erwarten ist, nicht nur weil sich in ihnen Forschung noch frei von Nützlichkeitserwägungen und Auftraggeberinteressen entfalten kann, sondern auch weil das Innovationspotenzial von ForscherInnen in dem Alter am größten ist, in dem üblicherweise promoviert wird.

Zum anderen geht es, nimmt man die Arbeiten auf dem third level als Ganzes, neben der Formulierung inhaltlicher wissenschaftlicher Positionen und der Ausgestaltung entsprechender Diskurse *auch* um die Institutionalisierung und Sicherung von wissenschaftlichen Standards, die für die Anerkennung einer akademischen Disziplin von extremer Bedeutung sind. Darüber hinaus sind sie auch wesentlich für die „wissenschaftliche Sozialisation“ des Nachwuchses – d.h. für die Entwicklung eines wissenschaftlichen Habitus, für das Kennenlernen von und die kritische Auseinandersetzung mit akademischen Usancen oder sogar Ritualen.

Aus beidem entsteht idealiter Fachkultur als Einheit von fachlichen Kompetenzen, überfachlichem Wissen und Standards einerseits, von Orientierungen und Haltungen andererseits – Fachkultur, die auch die Überzeugung beinhaltet, dass Fächer von der Vielfalt und vom Austausch der in ihnen vertretenen Positionen leben.

6. Auch die Praxis braucht die Promotion

Was ein promovierter Mensch in der Praxis, also bei Trägern und Trägerverbänden[3] soll, war lange unklar – und ist es auch heute noch. Leitungspositionen wurden und werden bevorzugt mit Juristen und Ökonomen besetzt, dem geistes- bzw. sozialwissenschaftlich Gebildeten wird die erfolgreiche Ausfüllung einer Leitungsposition bei größeren Trägern oder Verbänden eher nicht zugetraut. Entsprechend finden sich in der Praxis sogar deutliche Widerstände gegen die Erschließung des Promotionslevels – nicht nur in der Sozialen Arbeit. So wurden z.B. auf der Konferenz der Fachbereichstage (KFBT) im September 2010 in Berlin von Praxisvertretern aus vielen fachlichen Bereichen bzw. Branchen klare Vorbehalte gegen die Brauchbarkeit, gegen die „employability“ von Promovierten, insbesondere von promovierten FH-AbsolventInnen formuliert. Promovierte seien – altes Vorurteil – zu „verkopft“, zu fern den konkreten Problemen, deren Lösung in der Praxis unter restriktiven zeitlichen und finanziellen Bedingungen gefunden werden müsse, schließlich zu wenig „arbeitgeberorientiert“. Und deshalb sollten die Fachhochschulen doch ihre Bemühungen um die Eröffnung von Promotionsmöglichkeiten für ihre AbsolventInnen einstellen, sollten sich auf die Ausbildung praxistauglicher BA- und MA-AbsolventInnen beschränken.

Eine solche Position scheint mir extrem kurzsichtig. Denn *zum einen* braucht Praxis – um auf die Soziale Arbeit zurück zu kommen – wissenschaftliche Kompetenz und einen wissenschaftlichen Habitus, wenn die Überzeugung richtig ist, dass soziale Probleme nicht vorrangig auf der Basis tradierten beruflichen Erfahrungswissens bearbeitet werden sollten, sondern auf jener systematischer Analyse.[4] Wenn sie beides auf der operativen Ebene braucht, dann erst recht auf der Leitungsebene, auf der es um Analysen und Konzept- wie Strategieentwicklung geht – und zwar nicht nur im Hinblick auf die erfolgreiche Aufgabenbewältigung, sondern auch in Bezug auf die Positionierung und Entwicklung von Organisationen.

Zum anderen ist auf die bisherige Praxis der Besetzung von Leitungspositionen und auf die an die Positionsinhaber gerichteten außerfachlichen Erwartungen einzugehen. Leitungspositionen werden bisher entweder mit Ehrenamtlern

---

3 Das Verhältnis von Praxis und Profession und die Bedeutung der Promotion für letztere kann an dieser Stelle nicht diskutiert werden – was kein Urteil hinsichtlich seiner Relevanz sein soll.

4 Siehe dazu den Qualifikationsrahmen Soziale Arbeit und seine Begründung. Vgl. Bartosch et al., 2010, S. 11ff.

mit den unterschiedlichsten Kompetenzen und Qualifikationen besetzt, mit nicht spezifisch für Führungspositionen qualifizierten Aufsteigern oder mit akademisch nicht im Bereich der Sozialen Arbeit qualifizierten Personen. Ein Doktortitel wird von Leitungspersonen bisher allenfalls aus Gründen der Statusgleichheit mit jenen erwartet, mit denen sie in Verhandlungen umgehen. Erforderlich sind in Leitungspositionen neben fachlichen vor allem auch soziale und kommunikative Kompetenzen, sie sollten sich in wissenschaftlichen wie politischen und gesellschaftlichen Zusammenhängen sicher bewegen können. Ein solch selbstbewusster, wissenschaftlich fundierter Habitus wird idealiter im Prozess der akademischen Sozialisation grundgelegt und entwickelt.

Im Diskurs mit der Praxis ist also zu verdeutlichen, dass die eingangs erwähnten Urteile („zu verkopft“) über Promovierte Vorurteile sind, dass auch Promovierte gute Leitungspersonen sein können. Und die Einschätzung sollte deutlich vertreten werden, dass Promovierte aus dem eigenen Fach für die Erfüllung von Leitungsaufgaben besser geeignet sind als Fachfremde, die den Leitungsproblemen ihre jeweilige fachliche Sicht überstülpen. Dies impliziert fachintern allerdings die Aufgabe, die Promotion auch auf Anforderungen der Praxis auszurichten – ohne den „doctor professional“ herzustellen, bei dem die Orientierung auf Arbeitgeberinteressen oder, noch schlimmer, auf die Interessen besonderer Arbeitgeber schon eingebaut ist.

7. Wie soll es weitergehen?

Vor jeglichen politsch-strategischen Überlegungen möchte ich unter dieser Überschrift zurückkommen auf meine *fünfte These*, die den geringen Entwicklungsstand von Fach- und Promotionskultur im Bereich der Fachhochschulen behauptet. Denn hier scheint mir das zentrale Problem zu liegen: Ohne Verständigung auf wissenschaftliche Standards und akademische Usancen, ohne die Entwicklung entsprechender Haltungen und Leistungsbereitschaft werden alle formalen Lösungen letztlich nicht tragen, denn die Universitäten werden dann mit gewissem Recht behaupten können, das Fachhochschulsystem insgesamt sei „nicht promotionsfähig“.[5]

Damit ist nun doch noch die Konkurrenz von Fachhochschulen und Universitäten angesprochen. Fachhochschulen haben sich ja gegenüber den Universitäten als „andersartig, aber gleichwertig“ profiliert. Das Promotionsrecht ist eine der letzten, von letzteren eifersüchtig und erbittert verteidigten Basti-

5 Besondere Wertschätzung möchte ich hier ausdrücken für den Promotionsrundbrief per Mail, mit dem Prof. Dr. Rudolf Schmitt, Hochschule Zittau-Görlitz, diesbezüglich seit Jahren wertvolle Informations- und Aufklärungsarbeit leistet (vgl. http://www.hs-zigr.de/~schmitt/promotionen/ index_promotion.htm).

onen ihrer Besonderheit. Obwohl das Bundesverfassungsgericht im letzten Jahr anerkannt hat, dass sich auch FachhochschulprofessorInnen auf Art 5.3 GG (Freiheit von Forschung und Lehre) berufen können, weil an Fachhochschulen mittlerweile in erheblichem Ausmaß geforscht wird,[6] ist die Übertragung eines generellen Promotionsrechts an diese auf mittlere Sicht nicht zu erwarten. Möglich erscheint allenfalls ein „kleines" Promotionsrecht für in der Forschung ausgewiesene Fachbereiche, Institute oder Personen. Ob und wann es eine solche Lösung geben wird, ist allerdings unklar. Das heißt aber: Realistischerweise müssen die Fachhochschulen derzeit die Bedingungen anerkennen, unter denen die Universitäten ihre AbsolventInnen zur Promotion annehmen. Sie können allenfalls auf durch unterschiedliche Interessen und politisch Verortung bedingtes unterschiedliches Verhalten verschiedener Universitäten hoffen und daran anknüpfen.

Für die Promotionsinteressierten ist deshalb die Implementierung transparenter Verfahren mit klaren Zugangsregeln von zentraler Bedeutung, auf die sie sich beziehen können, wenn sie eine Promotion ins Auge fassen. Dies bedeutet zunächst, einzelfallbezogene Regelungen kooperativer Promotionen zunehmend in allgemeine Verträge zu überführen. Beispiel dafür ist der Vertrag, den die Hochschulen Niederrhein, Düsseldorf und Köln, die Katholische Hochschule NRW und die Universität Duisburg-Essen geschlossen haben. Die dort vereinbarten Kriterien und Prozeduren legen etwa fest, dass ein/e betreuende/r Fachhochschulprofessor/in durch Forschungs-, Veröffentlichungs- und Vortragstätigkeit in einer scientific community aktiv und ausgewiesen sein sollte, dass er/sie zunächst die Ernsthaftigkeit des Promotionsinteresses des Antragsstellers und das Vorhandensein eines „betreuungsfähigen" universitären Gegenübers prüft, dass sie/er die Erstellung des notwendigen Exposés begleitet und dessen Weiterleitung an die Universität freigibt, dass er/sie für die Betreuung des Promovenden vor Ort zuständig und auch Gutachter/in im Verfahren ist.

Da kooperierende Universitäten mit der Betreuung der erwartbaren Menge von PromotionsinteressentInnen quantitativ schnell überfordert sein werden, da zudem die Betreuung der möglichen Vielzahl von Promovierenden gewährleistet werden muss, die zwar in Forschungsprojekte an einer Fachhochschule eingebunden sind, aber nicht an der Kooperationsuniversität, sondern an unterschiedlichen, z.T. weit entfernten Universitäten promovieren, da schließlich viele Universitäten in der Betreuung der PromovendInnen noch nicht durchgängig über das klassische „Doktorandenkolloquium" hinausgekommen sind, ist es darüber hinaus wichtig, dass die Fachhochschulen den PromovendInnen Angebote zu einem begleitenden, strukturierten Promotionsstudium machen, das auch für Promotionsinteressierte geöffnet werden könnte. Solche Angebote können den positiven Nebeneffekt haben, dass „unsere" AbsolventInnen im

6 Vgl. Entscheidungen des BVerfG, 1 BvR 216/07 vom 13.4.2010

Fach gehalten werden, wenn sie schon notgedrungen in einem „fremden“ Fach promovieren müssen – etwa dadurch, dass der/die Promovierende weiterhin Veranstaltungen aus dem Bereich der „Wissenschaft der Sozialen Arbeit“ besuchen kann und damit im genuinen disziplinären Diskurs beheimatet bleibt.

Alles das wird aber nicht zum Erfolg führen ohne ausreichende Klärungen der *Ressourcenfrage*. Dies betrifft zunächst die Promotionsinteressierten. Aufklärung muss betrieben werden über Finanzierungsmöglichkeiten von Promotionen über Stipendien. Zudem müssen an den Fachhochschulen institutionelle Voraussetzungen geschaffen werden, damit Promotionen angemessen betreut werden können (Promotionsbeauftragte, Deputatsreduktionen für die Betreuung von Doktorarbeiten etc.). Längerfristig muss es darum gehen, das, was im Augenblick weitgehend durch „Selbstausbeutung“ aufbaut wird, durch Änderung der strukturellen und Finanzierungsbedingungen der Arbeit an Fachhochschulen abzusichern.

Einige Anmerkungen zu den politischen Möglichkeiten wie Notwendigkeiten der Eröffnung von Promotionsmöglichkeiten für FH-AbsolventInnen sollen am Schluss dieses Beitrags stehen. Denn die realitätsangemessene Anerkennung der Bedingungen, unter denen Universitäten derzeit FachhochschulabsolventInnen zur Promotion annehmen, muss nicht heißen, dass wir resignieren müssten und uns mit Unterwerfungsgesten den Universitäten anbiedern. Es gibt aus meiner Sicht einige praktische Lösungen, die den Druck auf das politische und hochschulische System erhöhen werden, zumindest mittelfristig mit einem „kleinen“ Promotionsrecht die Promotion im eigenen Fach an Fachhochschulen zu ermöglichen. Die bisher genannten Punkte gehören durchaus in diese Kategorie. Drei grundsätzliche Voraussetzungen müssen wir allerdings realisieren:

Erstens: Wir müssen mehr und noch bessere AbsolventInnen aus MA-Studiengängen hervorbringen – das heißt auch: wir müssen uns um die Verallgemeinerung und Sicherung hoher wissenschaftlicher Standards vor allem in den forschungsorientierten Master-Studiengängen bemühen.

Zweitens: Wir müssen noch mehr Forschungsprojekte generieren, die dem „state of the art“ in Formulierung erkenntnisleitender Fragestellungen in Bezug auf den Stand des Wissens, Theorie, Methode und Forschungsplanung entsprechen, und sie nicht nur erfolgreich abschließen, sondern auch „vermarkten“.

Drittens: Wir sollten – durchaus im Sinne einer Qualitätsstrategie – versuchen, weitere Anträge auf Einrichtung von Graduiertenkollegs in Kooperation mit Universitäten zu entwickeln und bei verschiedenen Fördereinrichtungen zu beantragen. Solche Kollegs sind zwar in gewisser Weise elitär – denn mit ihnen wird nur für einen extrem kleinen Teil der AbsolventInnen aus Fachhochschulen eine Perspektive eröffnet (und die BewerberInnen müssen sich im Ausschreibungsverfahren auch gegen UniversitätsabsolventInnen durchsetzen), aber: Solche Kollegs können, ähnlich wie DFG-Sonderforschungsbereiche, zur fachlichen Entwicklung des Fachs und zur Sicherung von Qualitätsstandards Entscheidendes beitragen.

Alles bisher Ausgeführte wird uns leichter fallen, wenn sich Disziplin und Hochschulorganisationen der Sozialen Arbeit Bündnispartner suchen (vgl. dazu allgemein Mergner, 2009). Jenseits der fachlichen Besonderheiten gibt es in den Fragen der Promotionsförderung Gemeinsamkeiten der Disziplinen im Bereich der Sozialen Dienste, also der Pflege- und Gesundheitswissenschaften, der sog. Therapiewissenschaften, der Bildungswissenschaften. Es muss darum gehen, zu prüfen, inwieweit die Rahmenbedingungen und Interessenlagen dieser Fächer in Bezug auf Promotion, generell in Bezug auf die Gestaltung von Studiengängen, tatsächlich gleich sind, und zu klären, welche Konsequenzen daraus zu ziehen sind. Es muss darum gehen, die Voraussetzungen gemeinsam zu festigen, von denen ich eben sprach – also Schaffung institutioneller Rahmenbedingungen, Erhöhung der Zahl qualifizierter Master-AbsolventInnen, mehr und bessere Forschung, Einrichtung von – auch transdisziplinären – Graduiertenkollegs. Gemeinsam muss vom BMBF gefordert werden, dass das Förderungsprogramm für Graduiertenkollegs[7] auch auf die Soziale Arbeit ausgedehnt wird. Schließlich kann nur durch gemeinsame politische Einwirkung und Demonstration von Qualität der bisherige Widerstand der DFG gegen kooperative Graduiertenkollegs im Verbund von Universität(en) und Fachhochschule(n) wenn nicht gebrochen, so doch aufgeweicht werden.

Literatur

Bartosch, U./Knauer, R./Knösel, P./Ludwig, H./Mergner, U. (Hrsg.) (2010): Qualifikationsrahmen Soziale Arbeit (QRSArb). Version 5.1. Eichstätt.

BVerfG, 1 BvR 216/07 vom 13.4.2010.

Buttner, P. (2007): Die Fachbereiche Sozialwesen und die Soziale Arbeit: Diversifizierung und Strukturwandel. In: Ders. (Hrsg.): Das Studium des Sozialen. Aktuelle Entwicklungen in Hochschule und Sozialen Berufen. Berlin: DV, S. 313-331.

Mergner, U. (2009): SAGEnhafte Fächer! Soziale Arbeit, Gesundheit und Erziehung in einer gemeinsamen Interessenlage? Referat zum Fachbereichstag Soziale Arbeit in Mainz im Dezember 2009. Unveröff. Ms.

Mergner, U. (2010): Warum und zu welchem Ende promovieren in der Sozialen Arbeit – und wie? Vortrag im Rahmen der Tagung der DGSA-Fachgruppe Promotionsförderung an der ASH Berlin am 5. und 6. November 2010. Unveröff. Ms.

Schmitt, R. (2011): Mailingliste und Materialien für Promotionen nach FH-Abschluss. http://www.hs-zigr.de/~schmitt/promotionen/index_promotion.htm (abgerufen 17.04.2011, 20:35h).

7 Vgl. BMBF (Hg.) (2011): Neue Promotionsmöglichkeiten für Fachhochschul-Studierende. Pressemitteilung 069/2011 vom 18.05.2011.

Gemeinwesenarbeit – ist sie etwas sehr Spezielles oder das Generellste der Sozialen Arbeit?

Edi Martin

1. Gemeinwesenarbeit – ein reichhaltiges und verschwommenes Irgendwas

ExponentInnen der Gemeinwesenarbeit (GWA) beanspruchen immer mal wieder einen Sonderstatus für die Gemeinwesenarbeit, dabei bleibt weitgehend unklar, worin dieser genau besteht. Periodisch wird auch diskutiert, ob Gemeinwesenarbeit innerhalb oder außerhalb der Sozialen Arbeit zu verorten sei. Einigkeit scheint darüber zu herrschen, dass GWA ein Arbeitsprinzip ist, nicht eine Methode. Was damit gemeint ist, bleibt jedoch verschwommen. Je nach politischer Situation und staatlichen Programmen wird schnell einmal vorgeschlagen, ganz auf die Bezeichnung Gemeinwesenarbeit zu verzichten und stattdessen von Quartiermanagement, sozialräumlicher Arbeit oder ähnlichem zu reden. Erhalten hat sich verbreitet die Einschätzung, dass GWA etwas Drittes neben Einzelfall- bzw. Familien- oder Gruppenarbeit sei. Solcherlei darf der Verfasser dieses Beitrags nun seit über 30 Jahren immer wieder neu erfahren, ohne dass diese Diskussionspunkte zu grundlegenden Ergebnissen führen würden.

2010 hat die Sektion Gemeinwesenarbeit der DGSA[1] und der SGSA[2], den Film „Gemeinwesenarbeit, Deutschland – Schweiz – Österreich“ (Back et al., 2010) produziert, um damit „Studierende, Lehrende, WissenschaflerInnen, PraktikerInnen, politisch Verantwortliche und BürgerInnengruppen ins Gespräch zu bringen über die Möglichkeiten, die sich mit der Gemeinwesenarbeit bieten“ (ebd.). Der Autor hat an diesem GWA-Film mitgewirkt und empfiehlt ihn gerne weiter, auch wenn nachfolgend einige kritische Aspekte erwähnt werden.

In diesem Film wird eine Vielzahl von GWA-Handlungsfeldern, -Problematiken und -Verfahrensweisen sichtbar. Präsentiert wird eine Fülle imponierender Themen, engagierter Menschen, brisanter Fragen und zentraler Werte. Dies entspricht weitgehend der Art, in der viele Publikationen zur Gemeinwesenarbeit verfasst sind und der Kultur, die an Tagungen zu Gemeinwesenarbeit gepflegt wird. Ob derart, über die anregende Illustration von Gemeinwesenarbeit hinaus, auch die Frage beantwortet werden kann, was Gemein-

1 Deutsche Gesellschaft für Soziale Arbeit
2 Schweizerische Gesellschaft für Soziale Arbeit

wesenarbeit ist, bleibt fraglich. Im GWA-Film zeigt sich auch eine unermessliche Vielzahl von nicht näher definierten Begriffen, durch welche die Kommunikation über GWA geprägt ist, was die Verständigung intern und extern jedoch erschwert.

In den nachfolgenden Kapiteln wird behandelt, warum so wenig deutlich bestimmt ist, was Gemeinwesenarbeit ist und worin der Weg, diesen Mangel zu beheben, bestehen kann. Es wird aufgedeckt, dass oftmals speziell für Gemeinwesenarbeit in Anspruch genommene Merkmale allgemeine Merkmale sozialer Sachverhalte sind. Auf der Basis eines Vergleichs des Gegenstands, der Problematik und der Werte von Gemeinwesenarbeit mit jenen der Sozialen Arbeit, wird ein Vorschlag zur Bestimmung des Verhältnisses von Gemeinwesenarbeit und Sozialer Arbeit unterbreitet und es werden Anregungen zur Entwicklung der Gemeinwesenarbeit vorgestellt.

2. Definitionen der Gemeinwesenarbeit und postulierte Merkmale – was klären sie wirklich?

Nachfolgend werden Definitionen von Gemeinwesenarbeit und hervorgehobene Merkmale aus verschiedenen Zeitepochen vorgestellt. Zuerst der Definitions-Vorschlag aus dem oben erwähnten Film:

„Gemeinwesenarbeit ist eine professionelle Tätigkeit Sozialer Arbeit. Sie findet sowohl als eigenes Handlungsfeld als auch im Rahmen jeglicher Sozialer Arbeit statt.

Gemeinwesenarbeit unterstützt Menschen in ihren Bestrebungen, ihre Lebensbedingungen zu verbessern. Projekte zur Lösung, Linderung und Verhinderung sozialer Probleme finden unter aktiver Mitwirkung der Bevölkerung und dem gezielten Einbezug von Gruppen und Organisationen statt und beachten insbesondere auch sozial benachteiligte Gruppen.

Gemeinwesenarbeit orientiert sich an menschlichen Bedürfnissen und humanitären und demokratischen Werten. Sie unterstützt und fördert den gleichberechtigten Austausch von Gedanken, Gütern und Dienstleistungen zwischen Interessengruppen und setzt sich für soziale Gerechtigkeit und soziale Integration ein.

Als Teil Sozialer Arbeit ist Gemeinwesenarbeit international verankert und basiert auf der Definition Sozialer Arbeit der „International Federation of Social Workers" (IFSW) aus dem Jahr 2000 (siehe Kapitel 4).

In der Arbeit in und mit Gemeinwesen werden verschiedene Methoden angewendet, (...)."

„Gemeinwesenarbeit ist Soziale Arbeit in und mit Gemeinwesen. (...)

Ein Gemeinwesen ist ein größeres soziales System, das aus Personen, Gruppen und Organisationen zusammengesetzt ist, die miteinander interagieren.

Die Eigenschaft sozialer Systeme, nicht unbedingt territorial gebunden zu sein, zeichnet auch einen Teil der Gemeinwesen aus. So gibt es neben territorialen Gemeinwesen (...) auch Gemeinwesen, die aufgrund gemeinsamer Interessen, gleicher Zielgruppen oder organisationeller Zuständigkeiten formiert sind und deren Mitglieder an verschiedenen Orten leben, (...). In vielen Fällen müssen Gemeinwesen zuerst aufgebaut oder gefestigt werden, damit weitergehende Projekte möglich sind." (Martin, in: Back et al., 2010)[3]

Selbstverständlich zirkulieren in zahlreichen Publikationen anderslautende Definitionen von GWA. Dies liegt in der „Natur“ von Definitionen, denn es handelt sich dabei um Konventionen und solche können nicht falsch oder richtig sein, wie dies bei Aussagen der Fall ist, sondern lediglich eindeutig oder mehrdeutig, klärend oder diffus-schwammig (Mahner & Bunge, 2000, S. 57). Darum nachfolgend eine Auswahl weiterer GWA-Definitionen:

GWA-Definition auf www.stadtteilarbeit.de

„GWA ist eine sozialräumliche Strategie, die sich ganzheitlich auf den Stadtteil (als Synonym für andere soziale Räume: Straße, Nachbarschaft, Quartier...) und nicht pädagogisch oder sozialtherapeutisch auf einzelne Individuen richtet. Sie arbeitet mit den Ressourcen des Stadtteils und seiner Bewohner, um seine Defizite aufzuheben. Damit verändert sie dann auch die Lebensverhältnisse der Bewohner. Es geht ihr darum, deren Handlungsmöglichkeiten zu erweitern und sie zur Selbstorganisation zu befähigen."

Quelle: Definition GWA auf www.stadtteilarbeit.de/home-gwa, eingesehen am 2.4.2011.[4]

Eine Definition aus den Anfangszeiten der GWA in Europa:

„Der Begriff *Gemeinwesenarbeit* bezeichnet einen *Prozeß*, in dessen Verlauf ein Gemeinwesen seine Bedürfnisse und Ziele feststellt, sie ordnet oder in eine Rangfolge bringt, Vertrauen und den Willen entwickelt, etwas dafür zu tun, innere und äußere Quellen mobilisiert, um die Bedürfnisse zu befriedigen, daß es also in dieser Richtung aktiv wird und dadurch die Haltungen von Kooperation und Zusammenarbeit und ihr tätiges Praktizieren fördert." (Ross, 1968, S. 58, zitiert in: Bahr & Gronemeyer, 1974, S. 84)

Maria Lüttringhaus formuliert in einem zusammenfassenden Überblick (Hinte et al., 2001, S. 263ff.) programmatische Grundlagen und Leitstandards für die GWA.

„Sozialer Arbeit geht es um die Linderung, Verhinderung oder Beseitigung sozialer Probleme. Gemeinwesenarbeit geht es um die Verbesserung der Lebensbedingungen in Sozialen Räumen im Sinne der dort lebenden Menschen. Zur grundlegenden Programmatik der Gemeinwesenarbeit gehört die Integration der drei klassischen Bereiche Sozialer Arbeit: Arbeit mit Einzelnen, Gruppenarbeit und GWA. Die Gestaltung von Lebenswelten mit den Betroffenen erfordert zum einen die Verankerung im Stadtteil – (...)"

Als Leitstandards der GWA werden von Lüttringhaus aufgeführt: Zielgruppenübergreifendes Handeln, Orientierung an den Bedürfnissen und Themen der Menschen, Förderung der Selbstorganisation und der Selbsthilfekräfte,

---

3 Diese Definition entspricht in vielen Teilen jener, die im Positionspapier des GWA-Netzwerks Zürich von 2008 enthalten ist und die Komponenten mehrerer älterer Definitionen beinhaltet

4 Dieter Oelschlägel präsentiert diese Definition, ohne die Klammerhinweise und im zweiten Teil sprachlich leicht anders formuliert, in seinem Beitrag mit dem Titel: „Zum politischen Selbstverständnis von Gemeinwesenarbeit“ im Buch von Stefan Gillich (2007, S. 30).

Nutzung vorhandener Ressourcen, Verbesserung der materiellen Situation und der infrastrukturellen Bedingungen, Verbesserung der immateriellen Faktoren, Ressortübergreifendes Handeln, Vernetzung und Kooperation.

In den vorliegenden Definitionen ist vieles zu finden, was Gemeinwesenarbeitenden vertraut vorkommen mag. Es kann sogar der Eindruck entstehen, die Definitionen und die Erläuterungen lägen gar nicht so weit auseinander. Ein prägnantes Bild entsteht jedoch nicht. In den verschiedenen Definitionen ist der Bezug des Begriffs „Gemeinwesenarbeit" unterschiedlich und zum Teil äußerst vage bzw. mehrdeutig bestimmt. Im ersten Fall steckt der Bezug zwar verstreut in mehreren Abschnitten, er ist jedoch deutlich auf etwas Konkretes gerichtet, auf eine Tätigkeit Sozialer Arbeit in und mit größeren sozialen Systemen.[5] Die zweite Definition ist dagegen auf etwas Begriffliches/Abstraktes bezogen, auf eine sozialräumliche Strategie, die sich auf Stadtteile richtet und die (ohne Angabe von Akteuren) zu arbeiten scheint. Die Definition von Ross bezieht sich auf einen mehrstufigen kollektiven Prozess in einem Gemeinwesen, sie bleibt damit relativ zirkulär, weil der Begriff „Gemeinwesen" in der Definition auch Teil des definierten Begriffs ist.

Außer in der (diskutierbaren) ersten Definition ist der Bezug in keiner Definition eindeutig auf etwas Konkretes bestimmt. Wenn wir davon ausgehen, dass Gemeinwesenarbeit etwas Konkretes ist, das es real gibt und nicht bloß eine Idee, dann kann in einer Definition von GWA der Bezug nicht auf ein begriffliches Objekt gelegt sein.

Der Eindruck einer gewissen Übereinstimmung der Definitionen entsteht vor allem, weil mindestens zum Teil ähnliche Ziele und Werte angesprochen werden und Hinweise zu Gegenstand und Problematik, wo vorhanden, eine gewisse Gemeinsamkeit zu haben scheinen. Wenn ein prägnanteres Bild von GWA entstehen soll, sind diese Ziel- und Werte- und Gegenstandsübereinstimmungen jedoch nicht ausreichend, denn es bleibt weiterhin fraglich, was genau Gemeinwesenarbeit ist. Es ist auffallend, wie in vielen Definitionen der GWA überhaupt nicht ausgesagt wird, auf welches Objekt bzw. auf welche Klasse von Objekten sich der Begriff bezieht, wie dies von einer Definition erwartet werden darf.[6] Stattdessen wird beschrieben, welchen Gegenstand (und welchen nicht) Gemeinwesenarbeit wie, mit welchen Zielen und im Hinblick auf welche Werte bearbeitet. Das ist zwar interessant, deckt aber nicht direkt auf, was Gemeinwesenarbeit ist.

Bei einigen GWA-Definitionen fällt es schwer, von den verwendeten Begriffen her auf eine Terminologie oder eine Fachsprache schließen zu können, und die Begriffe im Definiens sind in ihrem Abstraktionsgrad sehr uneinheitlich gehalten. Damit bleibt auch der Kontext weitgehend unbestimmt. Offensichtlich hängen die AutorInnen teils untergeordneten Begriffen nach, die auf

5 Darüber, ob dies passend ist, kann gestritten werden, was allerdings nur möglich ist, weil der Bezug eindeutig bestimmt ist.

6 Zum Definieren von Begriffen siehe Martin, 2007.

einem allgemeinen und einheitlich gehaltenen Definitionsniveau wenig passend sind. So fragt sich z.B., warum der Begriff „Stadtteil“ zentral in einer allgemeinen Definition von GWA enthalten ist und nicht bloß in den Erläuterungen. Einige AutorInnen vermeiden gewisse Begriffe, wie z.B. ‚Probleme‘ und schreiben lieber von ‚Ressourcen‘, ‚Zielen‘ ‚Chancen‘, ‚Qualitäten‘.

GWA-Definitionen wurden in der Vergangenheit oft übernommen, umformuliert, erweitert, verkürzt und ab und zu wurde eine neue kreiert, meist begleitet von politisch-strategischen Begründungen. Die Definitionen und die beschriebenen Merkmale wurden kaum wissenschaftlich-kritisch hinterfragt, sondern in Abhängigkeit von nicht deklarierter Metatheorie als selbstredend angenommen und meist politisch-kritisch erläutert. Generell ist in der GWA-Literatur viel politisch-kritische, machtkritische Argumentation zu finden, die vom Gegenstand und der Problematik her durchaus berechtigt ist, daneben allerdings blieb der auf wissenschaftliche Kriterien bezogene kritische Diskurs sehr gering und die Bereitschaft bzw. die Fähigkeit, metatheoretische Annahmen darzulegen und zu diskutieren, ist erst bei wenigen GWA-ExponentInnen vorhanden. Auch Dieter Oelschlägel hat auf die Wichtigkeit einer kritischen Analyse der Begriffe, der Theorie und der Praxis der GWA hingewiesen:

> „Fragt man nun nach Perspektiven einer ‚fortschrittlichen' Gemeinwesenarbeit, dann kann die Antwort nicht in einem Ruf nach ‚Re-Politisierung' liegen, sondern in der kritischen und selbstkritischen Analyse und Reflektion der Begriffe, der Theorie und der Praxis der GWA." (Oelschlägel, 2007, S. 34)

Bedenklich für die Community der Gemeinwesenarbeitenden ist nicht, dass es mehrere Definitionen gibt, sondern dass bislang wenig unternommen wird, um die Allgemeingültigkeit und die Eindeutigkeit von GWA-Definitionen zu verbessern. Warum wird nicht der Versuch unternommen, eine Definition zu formulieren, welche von vielen geteilt werden kann und die fachsprachlich einigermaßen kohärent formuliert ist, wie dies der internationalen Sozialen Arbeit recht gut gelungen ist (siehe Kapitel 4). Die Gemeinwesenarbeitenden und vor allem die Lehrenden sind gut beraten, Schritt für Schritt eine einigermaßen kohärente Fachsprache mit möglichst eindeutig definierten Begriffen zu entwickeln. Insbesondere ist zu untersuchen, welche der vorhandenen Begriffe Komponenten von Theorien sind, die beim heutigen Stand der Wissenschaft haltbar sind, weil sie relevante Sachverhalte möglichst präzise denkbar machen. Mehrdeutige, diffuse Begriffe sind wenn möglich durch eindeutige zu ersetzen. Auf Metaphern und Analogien sollte dabei verzichtet werden, weil durch solche vielfach irreführende Bilder assoziiert werden, wie z.B. mit der Raum-Urmetapher (Eibl, 2009, S. 132ff.) oder der Netz-Analogie. Eine Fachsprache mit möglichst eindeutigen Begriffen erleichtert auch die „Übersetzung“ in die Alltagssprache und in Fremdsprachen für das verständliche Gespräch mit Zielgruppenangehörigen.

Wenn wir nach kennzeichnenden Merkmalen der Gemeinwesenarbeit suchen, stoßen wir auf zweierlei Schwierigkeiten: Gewisse oft gehandelte und für GWA reklamierte Eigenschaften sind nicht spezifisch der Gemeinwesenarbeit eigen, d.h. sie treten generell in der Sozialen Arbeit oder auch in anderen Professionen auf, wie z.B. die meisten der oben erwähnten sog. Leitstandards von Lüttringhaus. Andere Eigenschaften entwickeln sich aufgrund vorübergehender Rahmenbedingungen (z.B. Finanzierungsmodalitäten, staatliche Programme usw.) oder Trends und sind nicht über längere Dauer beständig. Wenn wir Gemeinwesenarbeit charakterisieren wollen, gilt es diese zwei Schwierigkeiten in Rechnung zu stellen und den Beobachtungsraum über den lokalen und nationalen Raum hinaus auch auf andere Gebiete dieser Welt auszudehnen. Eine GWA-Definition müsste auf einem Abstraktionsgrad formuliert sein, der es erlaubt, all die verschiedenen praktizierten Konzepte, wie sie u.a. Campfens (1997) darlegt, zu integrieren. Wenn wir auf eine internationale Vergewisserung verzichten, unterziehen wir uns unhinterfragt den sozialpolitischen Gegebenheiten unserer gegenwärtigen lokalen bzw. nationalen oder europäischen Politik. Diese sozialpolitischen Rahmenbedingungen begrenzen und beschränken zwar als Makro-Determinanten die Möglichkeiten unseres Handelns in der GWA-Praxis und es ist entscheidend, sie gut zu kennen, damit Handlungsspielräume genutzt werden können, sie jedoch als Ausgangspunkt für die Klärung des Begriffs Gemeinwesenarbeit zu setzen, ist definitionstheoretisch falsch, verhindert tiefere Erkenntnis und wirkt politisch konservativ-adaptiv auf die Entwicklungschancen der Gemeinwesenarbeitstheorie.

3. Soziale Sachverhalte bedingen methodisches Arbeiten auf mehreren Niveaus

Von mehreren GWA-AutorInnen wird das folgende Merkmal von Gemeinwesen hervorgehobenen, welches z.B. von Sabine Stövesand (2007, S. 143) als „vierdimensionale Kategorie" und als „miteinander verschränkte Ebenen" bezeichnet wird. „... a) eine territoriale Dimension, d.h. einen konkreten Ort mitsamt seiner materiellen, von Menschen geschaffenen Ausstattung wie Parks, Gebäude, Verkehrssysteme etc.; b) eine soziale Dimension, also die Interaktions- und Handlungsstrukturen von Individuen und Gruppen; c) eine symbolische Dimension, d.h. ein spezifisches Zeichen-, Symbol- und Repräsentationssystem, welches durch eine bestimmte Form Bedeutungen, Handlungsanweisungen und Identitäten vermittelt und d) eine politische Dimension, in Form eines institutionalisierten Regulationssystems, das durch rechtliche Normen festlegt, wie und durch wen ein Gemeinwesen bestimmt, produziert und genutzt werden darf ...".

Losgelöst von Gemeinwesenarbeit stellt Obrecht (2005a, S. 4f.) fest: „Gegenwärtig können auf der Erde physikalische, chemische, biologische (ohne und mit plastischen Nervensystemen, d.h. Psychen) und soziale Systeme unterschieden werden. Nimmt man als Unterscheidung jene zwischen natürlichen Dingen und menschengemachten hinzu, so lassen sich, in Erweiterung zu Bunge (2003, S. 33), die folgenden sechs Arten von (...) Systemen unterscheiden (die Liste ist eine Typologie und keine Klassifikation, sodass Mehrfachzuordnungen auftreten):

1. natürliche, zu denen physikalische Systeme wie Elektronen, Moleküle, Kristalle oder das Sonnensystem gehören, chemische wie ein Feuer und biologische wie Zellen, die Nervensysteme von Lebewesen ohne Selbstbewusstsein, Organismen, Populationen oder Ökosysteme;
2. biopsychokulturelle wie Menschen und allenfalls andere höhere Primaten und im Besonderen Menschenaffen;
3. soziale (genauer: biosoziale) wie Familien, Cliquen, Schulen, Firmen, Netzwerke und Nationalstaaten oder Sprachgemeinschaften, aber auch soziale Systeme höherer Primaten;
4. (physiko)technische wie Häuser, Maschinen, Fernsehnetzwerke oder high-tech Spitäler;
5. begriffliche (konzeptuelle) wie Klassifikationen, hypothetisch-deduktive Systeme (Theorien) oder Rechtsordnungen;
6. semiotische wie Sprachen, Musikscores, Grafiken, Baupläne für ein Haus, Landkarten etc., d.h. Texte aller Art."

Ein Modell das der „vierdimensionalen Kategorie" von Stövesand bzw. der Typologie von Obrecht ähnlich sieht stellen Bunge & Mahner (2004, S. 167) vor:

Abbildung 1: Hauptaspekte sozialer Sachverhalte

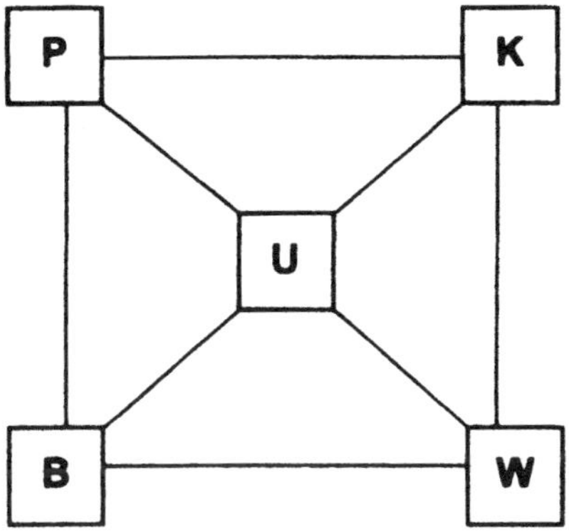

„Jeder Soziale Sachverhalt hat fünf Hauptaspekte; einen biopychologischen (B), einen wirtschaftlichen (W), einen politischen (P), einen kulturellen (K) und einen Umweltaspekt. Die Linien stellen Einflüsse oder Handlungen verschiedenster Art dar. Von jedem Bereich kann sozialer Wandel ausgehen, weshalb es keinen „ersten Beweger" gibt. In der Tat können diese fünf Bereiche allein 5! = 120 linear angeordnete Ursachenketten bilden, wie z.B. U → W → B → P → K, von verzweigten Ketten ganz zu schweigen." (ebd.).

Möglicherweise ist also das, worauf Gemeinwesenarbeitende und TheoretikerInnen der GWA unweigerlich aufmerksam werden, nicht ein Merkmal der Gemeinwesenarbeit bzw. von Gemeinwesen, sondern Merkmal sozialer Sachverhalte und deren Bezüge zur gewachsenen und gebauten Umwelt. Damit sind diese Gegebenheiten jedoch nichts Spezifisches der GWA, sondern etwas, was die Soziale Arbeit generell betrifft, weil soziale Sachverhalte ihr allgemeinster Gegenstand sind (den sie in dieser allgemeinen Form mit andern Disziplinen wie z.B. der Soziologie, der Sozialpsychologie und der Sozialgeographie teilt).

Weiter wird auffallend übereinstimmend davon ausgegangen, dass es kleinere, mittlere und größere soziale Gebilde mit unterschiedlichem Grad der Komplexität gibt, solche die lokal, andere die regional, national, international oder global agieren.

Könnte es sein, dass jene, die gerne „Lebenswelt" schreiben und jene, die auf der Basis anderer Theorien und Axiome „Sozialraum" schreiben oder beides, über Ähnliches nachdenken, was oben beschrieben ist? Warum sitzen wir nicht zusammen und vergleichen den Gehalt unserer Theorie-Systeme kritisch? Möglicherweise entdecken wir, dass gewisse Theoriesysteme bezüglich der formalen Wahrheit[7] und der faktischen (empirischen) Wahrheit[8] als besser beurteilt werden können als andere. Im Rahmen eines solchen Diskurses könnten auch die wünschbaren Eigenschaften von Theorien wie Allgemeinheit, Tiefe (Mehrebenenstruktur), Genauigkeit, Prognosefähigkeit, Reproduzierbarkeit, Fruchtbarkeit und Anschaulichkeit in Betracht gezogen werden (Martin, 2006). Gerade in unserem Gegenstandsbereich ist bedeutsam, wie anschlussfähig Theoriesysteme gegenüber weiteren Theorien sind. Im Zusammenhang mit der Gesundheit und dem Wohlergehen menschlicher Individuen und der Relevanz der gebauten und gewachsenen Umwelt ist Anschlussfähigkeit auch gegenüber Theorien der Naturwissenschaften erforderlich. Was wäre so schlimm daran, wenn künftig nicht mehr alle möglichen Theorien und Theoriesysteme und deren Begriffe unbesehen als gleichwertig gelten?

Das derzeit vorliegende Wissen der Wissenschaften legt dar, dass die Dinge dieser Welt evolutionär über lange Zeit entstanden sind und dass alles, was es gibt, sich gesetzmäßig, wenn auch nicht zielgerichtet und nicht unbedingt kausal determiniert, wandelt. Selbstverständlich bestehen nach wie vor zahlreiche Wissenslücken. Trotzdem zeigt sich, dass alle konkreten Objekte dieser Welt sich aufgrund teilweise geteilter Eigenschaften und in Kenntnis von Entwicklungsstufen im Rahmen der Evolutionsgeschichte, bei denen über Prozesse der Selbstorganisierung bzw. der internen Differenzierung emergente Eigenschaften entstanden sind, grob in folgende Wirklichkeitsbereiche unterscheiden lassen (vgl. Bunge/Mahner, 2004; Obrecht, 2005b; Obrecht, 2007):

---

7 logische Widerspruchsfreiheit: interne Konsistenz, externe Konsistenz und Zirkelfreiheit.
8 Prüfbarkeit, Erklärungswert, Testerfolg.

1. Physikalischer Wirklichkeitsbereich
2. Chemischer Wirklichkeitsbereich
3. Biologischer Wirklichkeitsbereich
4. Biopsychischer Wirklichkeitsbereich
5. Sozialer Wirklichkeitsbereich
6. Kultureller Wirklichkeitsbereich

Evolutionsgeschichtlich zeigt sich, dass physikalische Objekte im Universum zuerst existierten und sich der soziale und der kulturelle Wirklichkeitsbereich erst zuletzt herausbilden konnten, als nach den chemischen und biologischen Objekten biopsychosoziale, selbstwissensfähige Lebewesen entstanden sind. Objekte des jeweils später entstandenen Wirklichkeitsbereichs involvieren auch Eigenschaften aller vorangehend entstandenen Wirklichkeitsbereiche, so dass kulturelle Systeme soziale voraussetzen und diese zusammengesetzt sind aus biopsychosozialen Lebewesen, die auch physikalische und chemische Eigenschaften involvieren (ebd.).

Was soziale Sachverhalte betrifft, die als Gegenstand der Gemeinwesenarbeit und generell der Sozialen Arbeit zentral sind, zeigt sich, dass es menschliche Sozialsysteme in unterschiedlichen Größen und Graden der Komplexität gibt, von der Zweierbeziehung bis zur Weltgesellschaft (Obrecht, 2005b, S. 112): Familien und andere Arten von Gruppen, Netzwerke, kleinere und größere Organisationen, territoriale Sozialsysteme wie Gemeinden, Länder (Kantone, Provinzen), Nationen, multinationale Wirtschaftskorporationen, politische Allianzen zwischen Nationen, die Vereinten Nationen. Durch den Umstand, dass die Gesetzmäßigkeiten in sozialen Systemen sich je nach Größe und Grad der Komplexität erheblich unterscheiden, empfiehlt es sich, innerhalb des sozialen Wirklichkeitsbereiches mehrere Klassen von sozialen Systemen zu unterscheiden. Derart ergibt sich für den sozialen Wirklichkeitsbereich eine klassifikatorische Struktur mit mehreren Niveaus, z.B. mit von unten nach oben zunehmender Größe und Komplexität. Hervorzuheben ist, dass Nachbarschaften, Dörfer, Stadtteile, Gemeinden, Städte, Provinzen und Nationalstaaten territoriale Sozialsysteme und Gesellschaften (oder Subgesellschaften) sind, weil sie über ein begrenztes Territorium verfügen, zu dem auch die gewachsene und gebaute Umwelt gehört. Sie sind gebildet durch Systeme aller Wirklichkeitsbereiche.

Was an vielen Stellen in der GWA-Literatur auftaucht, findet sich auch im erwähnten GWA-Film, wenn Sabine Stövesand auf diese mehreren Niveaus bzw. Ebenen hinweist:

> „Typisch für Gemeinwesenarbeit ist, dass sie verschiedene Problem-, Erklärungs- und Handlungsebenen verknüpft. Also sie privatisiert Notlagen nicht, obwohl sie von individuellen Notlagen ausgeht, sondern schaut auch, ob und wie diese strukturell gesellschaftlich verankert sind" (Stövesand, in: Back et al., 2010).

Diese Aussage weist darauf hin, dass es offenbar mehrere Ebenen gibt, welche für die Problemermittlung, die Erklärung und das Handeln von Wichtigkeit sind, weil Gemeinwesenarbeit diese Ebenen verknüpfen muss. Es fragt sich allerdings, ob die Gemeinwesenarbeit diese methodologischen und methodischen Prinzipien (Martin, 2011) alleine für sich reklamieren kann und ob sie nicht für die Soziale Arbeit insgesamt und auch für andere Professionen gelten und damit das Generellste von Professionen überhaupt sind. Wenn Soziale Arbeit gemäß internationaler Definition (siehe Kapitel 4) „im Schnittpunkt zwischen Individuum und Umwelt/Gesellschaft" interveniert, dann wird, weil dort im Zusammenhang mit territorialen Sozialsystemen und dem Umstand, dass menschliche Individuen und deren Handeln stets in einer konkreten Umwelt lokalisiert sind, offensichtlich, dass die Verbesserung bedürfnisrelevanter Lebensbedingungen oder die Lösung sozialer Probleme stets nur innerhalb eines mehrniveaunalen Wirklichkeitsausschnitts stattfinden kann. Dies trifft in gleicher Weise, mit leicht unterschiedlicher Gewichtung, auch für andere Professionen zu, die für das Wohlergehen der Menschen arbeiten, z.B. die Gesundheitspflege, die Architektur, die Stadtplanung, die Justiz, die Pädagogik, die Medizin usw. Wenn also in der GWA die Mehrniveaunalität besonders hervorgehoben wird, deutet das auf vorhandenen Sachverstand hin, nicht jedoch auf eine Exklusivität der GWA. Dieser in der Gemeinwesenarbeit verbreitet vorhandene Sachverstand stellt ein günstiges Potenzial dar, welches Gemeinwesenarbeitende vermehrt in die Soziale Arbeit einbringen können und das sie auch in der Kooperation mit andern Professionen attraktiv machen dürfte.

4. Das Verhältnis von Gemeinwesenarbeit und Sozialer Arbeit

Ein Vergleich der internationalen Definition Sozialer Arbeit mit den Definitionen von Gemeinwesenarbeit in Kapitel 2 lässt unschwer erkennen, dass es deutliche Übereinstimmungen gibt.

IFSW/IASSW-Definition von Sozialer Arbeit (Journal of International Social Work, 2007):[9]

„Soziale Arbeit ist eine Profession, die sozialen Wandel, Problemlösungen in menschlichen Beziehungen sowie die Ermächtigung und Befreiung von Menschen fördert, um ihr Wohlbefinden zu verbessern. Indem sie sich auf Theorien menschlichen Verhaltens sowie sozialer Systeme als Erklärungsbasis stützt, interveniert Soziale Arbeit im Schnittpunkt

9 Die als Supplement bezeichnete Dokumentensammlung in englischer, spanischer und französischer Sprache ist leider vergriffen. Sie ist, teilweise in die deutsche Sprache übersetzt, vollständig im Anhang des Buches: Walz, H. et al. (2011) enthalten.

zwischen Individuum und Umwelt/Gesellschaft. Dabei sind die Prinzipien der Menschenrechte und sozialer Gerechtigkeit für die Soziale Arbeit von fundamentaler Bedeutung."

Die hohen Übereinstimmungen in den Zielen und Werten sind vielleicht am frappantesten. Zudem fällt auf, dass die internationale Definition bezüglich des Abstraktionsgrades homogener formuliert ist als die GWA-Definitionen und der Gegenstandsbereich zwar abstrakt, jedoch deutlich und unmissverständlich bestimmt ist, als Schnittpunkt zwischen Individuum und Umwelt/Gesellschaft. Auch die Problematik, mit der sich Soziale Arbeit befasst, lässt sich recht deutlich erschließen: Es geht um Risiken von sozialem Wandel, Probleme in menschlichen Beziehungen, Ohnmacht und Unfreiheit von Menschen. Zentrales Ziel ist es, das Wohlbefinden von Menschen zu verbessern. Die axiologischen Bezüge sind mit der Nennung der Menschenrechte, menschlichen Wohlbefindens und sozialer Gerechtigkeit eindeutig. Vor allem jedoch, und dies ist definitorisch entscheidend, ist der Bezug des Begriffs eindeutig und auf ein konkretes Objekt hin bestimmt: Soziale Arbeit ist eine Profession.

Was ist es denn, was Gemeinwesenarbeit von Sozialer Arbeit gemäß dieser Definition unterscheidet? Die Definition von Sozialer Arbeit passt auch für GWA. In den Verfahren der Analyse und der Diagnose[10] müssten sowohl in der GWA wie in der Einzelfall-, Familien- und Gruppenarbeit Individuum, kleinere und größere soziale Systeme wie auch Umwelt/Gesellschaft beachtet werden. Wie soll GWA sich, wie zum Teil in obenstehenden Definitionen erwähnt, an den Bedürfnissen der Menschen orientieren, deren Handlungsmöglichkeiten erweitern, Menschen ermächtigen, ohne auf Individuen und kleinere und größere soziale Systeme bezogen zu sein? Wie soll Soziale Arbeit an der Schnittstelle zwischen Individuum und Umwelt/Gesellschaft intervenieren können, ohne, genau wie GWA auch, die „mit einander verschränkten Ebenen" (Stövesand, 2007, S. 143) bzw. die „fünf Hauptaspekte sozialer Sachverhalte" (Bunge & Mahner, 2004, S. 167) sowie die Tatsache, dass es gebaute und gewachsene Umwelt und kleinere, mittlere und größere soziale Gebilde mit unterschiedlichem Grad der Komplexität gibt, (lokal, regional, national, international oder global), einzubeziehen?

Einzelfall-, Familien-, Gruppen- und Gemeinwesenarbeit unterscheiden sich also nicht in der Analyse- und Diagnosearbeit, da geht es ganz allgemein um Soziale Arbeit und da braucht es entsprechende Methoden, die nicht einzelne Dimensionen oder einzelne Niveaus der Wirklichkeit ausblenden. Überall dort, wo sich abzeichnet, dass die Veränderungschancen im Rahmen mittlerer und größerer sozialer Systeme liegen, ist das professionelle Handeln als Gemeinwesenarbeit zu praktizieren.

In Organisationen, in denen mehrere Professionelle arbeiten und einzelne von ihnen mehrheitlich in der Gemeinwesenarbeit tätig sind, können diese

10 d.h. hinsichtlich der zu beschreibenden Fakten, der Erklärungstheorien, der Prognosen und der Bewertungen.

die fallübergreifenden und die fallunabhängigen Analysearbeiten übernehmen, weil sie in der Regel über Gemeinwesen vertieftes Wissen haben und durch ihre Netzwerke Zugang zu entsprechenden Daten. Genauso wie jene Professionellen, die vorwiegend mit Einzelpersonen, Familien und Gruppen arbeiten, besseren Zugang zu diesbezüglichen Daten haben. Dies sind Fragen der Arbeitsteilung und personeller Spezialisierung in Organisationen mit Vor- und Nachteilen, aber nicht zwangsläufig auch mit der Konsequenz, dass Soziale Arbeit und Gemeinwesenarbeit (bzw. Einzelfall, Familien- und Gruppenarbeit) in der Theorie getrennt konzipiert werden.

Wenn in vielen Organisationen der Sozialen Arbeit die Praxis der Analyse und der Diagnose leider reduktionistisch auf Individuen und allenfalls die nächsten Angehörigen beschränkt bleibt oder Interventionen gar Normalisierungscharakter haben, ist dies Anlass zu Veränderung dieser Praxis und zur Propagierung angemessener Methoden, jedoch nicht ausreichender Grund, die Theorie Sozialer Arbeit entsprechend bzw. Theorie der Gemeinwesenarbeit als Gegensatz dazu zu formulieren.[11] Gerade solche Veränderungen können Inhalt von organisationeller GWA sein. Absetzungsreaktionen, weg von der Sozialen Arbeit, sind ausgesprochen unproduktiv, man bewegt sich damit zwar weg von der nicht über jeden Verdacht erhabenen, oftmals zu Recht in der Kritik stehenden Sozialen Arbeit, aber man gelangt bloß ins unbescholtene, unprofessionelle Niemandsland. Gemeinwesenarbeit ist also nicht etwas neben sozialer Einzel-, Familien- und Gruppenarbeit, sondern wie diese eine moderate Spezialisierung genereller Sozialer Arbeit, die sich auf die spezielle Klasse von Methoden der Arbeit in und mit mittleren und größeren sozialen Systemen verstärkt fokussiert. Dabei teilt die Gemeinwesenarbeit den größten Teil ihres Theoriebestandes mit der Sozialen Arbeit und damit auch mit sozialer Einzel-, Familien- und Gruppenarbeit. Hervorzuheben ist besonders, dass gerade das häufig der GWA zugeschriebene Merkmal, nicht auf einzelne Individuen gerichtet zu sein, in dieser Absolutheit falsch ist. Wird die Aussage relativiert, nicht ausschließlich auf einzelne Individuen gerichtet zu sein, dann handelt es sich um ein allgemeines Merkmal Sozialer Arbeit und nicht um eines, das GWA besonders auszeichnet. Genauso ist das Merkmal der Mehrniveaunalität nicht eine Eigenheit der GWA, sondern eine der sozialen Wirklichkeit generell, die methodologisch bei jeder Art Sozialer Arbeit (und auch bei anderen Professionen) zu berücksichtigen ist, wenn man soziale Wirklichkeit mitgestalten oder verändern will. Silvia Staub-Bernasconi (2007, S. 153) behandelt u.a. die Mehrniveaunalität denn auch im Rahmen der Geschichte der Gegenstandsbestimmung Sozialer Arbeit.

---

11 Nicht selten orientiert sich das Urteil von Gemeinwesenarbeitenden über Soziale Arbeit an der Praxis, oder gar an den schlechtesten Beispielen der Praxis, während das Urteil über Gemeinwesenarbeit sich an der Soll-Idee festmacht.

5. Entwicklungsbedarf in der Gemeinwesenarbeit: Fazit und Anregungen

Die vorangehenden Ausführungen legen nahe, Gemeinwesenarbeit als eine professionelle Tätigkeit zu verstehen, und zwar als Soziale Arbeit in und mit Gemeinwesen. Gegenstand, Problematik und Werte der GWA sind deckungsgleich mit jenen Sozialer Arbeit. Gemeinwesenarbeit zeichnet sich aus über ein Bündel von Methoden, die auf mittlere und größere, mehr oder weniger öffentliche, soziale Systeme bezogen sind. Das allgemeine handlungswissenschaftliche Verfahren der Analyse, der Diagnose, der Entwicklung von Handlungs- oder Projektplänen und der Evaluation unterscheidet sich in den Grundzügen nicht von jenem der Sozialen Arbeit und weist auch starke Ähnlichkeiten mit dem methodischen Vorgehen anderer Professionen auf. Auch die Wissensbestände an Beschreibungs- und Erklärungstheorien der GWA sind mit jenen der Sozialen Arbeit weitgehend deckungsgleich, sofern nicht von einer reduktionistischen (z.B. individualisierenden oder ökonomistischen) Variante der Praxis Sozialer Arbeit, sondern vom international zugänglichen Wissensfundus Sozialer Arbeit, inklusive dem Wissen der sog. „Bezugsdisziplinen" ausgegangen wird. Demzufolge ist GWA nicht etwas Drittes neben sozialer Einzelfallhilfe und Gruppen- bzw. Familienarbeit, sondern wie diese primär Soziale Arbeit und sekundär in ihrem Methodenrepertoire und den personell nach einiger Zeit routinierten Fertigkeiten, moderat ausgerichtet auf mittlere und größere soziale Systeme, ohne jedoch Methoden der Arbeit mit kleineren sozialen Systemen und mit Individuen auszuklammern.

Die Weiterentwicklung der Gemeinwesenarbeit ist im Rahmen der Disziplin und der Profession Sozialer Arbeit voranzutreiben, weil die Wissensbasis und insbesondere auch die zentralen Werte weitgehend identisch sind und die Chancen einer beständigen Professionalisierung außerhalb dieser international organisierten Community und außerhalb des Hochschulsystems sehr gering sein dürften.

Eine Definition des Begriffs „Gemeinwesenarbeit" ist in Anknüpfung an die internationale Definition Sozialer Arbeit zu formulieren und kann sich dann auf jene Aspekte beschränken, die für Gemeinwesenarbeit international tatsächlich spezifisch sind.

Der politisch-kritische Diskurs über Gemeinwesenarbeit ist um einen nach wissenschaftlichen Kriterien kritischen Diskurs zu erweitern.

Begriffe der GWA sind im Rahmen einer entstehenden bzw. teils bestehenden (internationalen) Fachsprache Sozialer Arbeit zu klären. Dabei ist auf Analogien und Methaphern im Interesse auf Eindeutigkeit möglichst zu verzichten.

Eine „mehrniveaunale" Wirklichkeit darf als gegeben zur Kenntnis genommen werden und erlaubt es der Sozialen Arbeit im professionellen Handeln, soziale Sachverhalte stets auf mehreren Niveaus eines Wirklichkeitsausschnitts zu untersuchen und ihre Interventionen auf Objekte jener Niveaus zu richten, bei denen Veränderungen hin zum Guten mit den mobilisierbaren Ressourcen erreichbar sind und versprechen beständig zu sein.

Auf die verbreitet zelebrierte Absetzungshaltung von Gemeinwesenarbeitenden (und GWA-TheoretikerInnen) gegenüber Sozialer Arbeit und gegenüber Professionellen der Sozialen Arbeit, die nicht in der GWA tätig sind, kann verzichtet werden. Anstelle dessen ist die wertschätzende Kooperation mit diesen zu verstärken. Dies gilt insbesondere für die Analyse- und Diagnosetätigkeit, allerdings nicht in einem Dienstleistungsgestus, sondern fachlich kritisch und gegenseitige Beteiligung einfordernd.

Auf diese Weise können wir auch für Angehörige anderer Professionen interessante KooperationspartnerInnen werden, nicht nur vereinzelt und zufällig, sondern als Profession.

Dadurch dürfte zwar ein Teil der imponierenden Aufladung der Gemeinwesenarbeit relativiert werden, aber ausreichend spannend und herausforderungsreich bleibt sie allemal.

Literatur

Back, C./Martin, E./Muckenfuss, K./Oehler, P./Rausch, G./Romppel, J./Rothschuh, M./Schnee, R./Stock, L./Stoik, Ch./Stövesand, S./Troxler, U. (2010): DVD – Gemeinwesenarbeit: Deutschland – Schweiz – Österreich. Wien: DGSA Deutsche Gesellschaft für Soziale Arbeit, www.infostelle.ch/www.fel-verlag.de.

Bahr, H.-E./Gronemeyer, R. (Hrsg.) (1974): Konfliktorientierte Gemeinwesenarbeit. Niederlagen und Modelle. Darmstadt: Luchterhand.

Büchner, S. (2010): Transdisziplinarität als Attribut Sozialer Arbeit. Schweizerische Zeitschrift für Soziale Arbeit, 8/9, S. 53-68.

Bunge, M. (2003): Emergence and Convergence: Qualitative Novelty and the Unity of Knowledge. Toronto: University of Toronto Press.

Bunge, M./Mahner, M. (2004): Über die Natur der Dinge. Materialismus und Wissenschaft. Stuttgart: S. Hirzel.

Campfens, H. (Hrsg.) (1997): Community Development around the World. Practice, Theory, Research, Training. Toronto: University of Toronto Press.

Eibl, K. (2009): Kultur als Zwischenwelt. Eine evolutionsbiologische Perspektive. Frankfurt a. M.: Suhrkamp, edition unseld 20.

Gillich, S. (Hrsg. (2007):, Nachbarschaften und Stadtteile im Umbruch (Bd. 13, Beiträge aus der Arbeit des Burckhardthauses). Gelnhausen: Triga.

Hinte, W./Lüttringhaus, M./Oelschlägel, D. (2001): Grundlagen und Standards der Gemeinwesenarbeit. Ein Reader für Studium, Lehre und Praxis. Münster: Votum.

Journal of International Social Work (Hrsg.) (2007): Supplement of international Social Work (Bd. international konsensuale Dokumentensammlung von IASSW und IFSW). London: Sage.

Mahner, M./Bunge, M. (2000): Philosophische Grundlagen der Biologie. Berlin: Springer.

Martin, E. (2006): Was ist gutes Wissen? Zürich: ZHAW Skript.

Martin, E. (2007): Wissenschaftliche Texte – lesen, verstehen, verfassen. Begriffe, Aussagen, deren Bedeutung und Logik. Zürich: ZHAW Skript.

Martin, E. (2011): Gemeinwesenarbeit und Systemtheorie. In: Stövesand, S./Stoik, Ch./Troxler, U (Hrsg.): Handbuch Gemeinwesenarbeit. In Vorbereitung.

Obrecht, W. (2007): Soziale Arbeit als Handlungswissenschaft. Zürich: ZHAW-Soziale Arbeit, Vorlesungsskript.

Obrecht, W. (2005a): Interprofessionelle Kooperation als professionelle Methode. Zürich: unveröf. Referatsmanuskript.

Obrecht, W. (2005b): Ontologischer, Sozialwissenschaftlicher und Sozialarbeitswissenschaftlicher Systemismus. Ein integratives Paradigma Sozialer Arbeit. In: Hollstein-Brinkmann, H./Staub-Bernasconi, S. (Hrsg.): Systemtheorien im Vergleich. Was leisten Systemtheorien für die Soziale Arbeit? Versuch eines Dialogs. Wiesbaden: VS Verlag für Sozialwissenschaften, S. 93-172.

Obrecht, W. (Hrsg.) (2001): Das Systemtheoretische Paradigma der Disziplin und der Profession der Sozialen Arbeit. Eine transdisziplinäre Antwort auf das Problem der Fragmentierung des professionellen Wissens und die unvollständige Professionalisierung der Sozialen Arbeit (Bd.4). Zürich: Zürcher Fachhochschule, Hochschule für Soziale Arbeit.

Oelschlägel, D. (2007): Zum politischen Selbstverständnis von Gemeinwesenarbeit. In: Gillich, S. (Hrsg.): Nachbarschaften und Stadtteile im Umbruch. Bd. 13. Beiträge aus der Arbeit des Burckhardthauses. Gelnhausen: Triga, S. 30-40.

Schmid, M. (2006): Die Logik mechanismischer Erklärungen. Wiesbaden: VS Verlag für Sozialwissenschaften.

Staub-Bernasconi, S. (2007): Soziale Arbeit als Handlungswissenschaft. Systemtheoretische Grundlagen und professionelle Praxis – Ein Lehrbuch. Bern: Haupt.

Stövesand, S. (2007): Mit Sicherheit Sozialarbeit! Gemeinwesenarbeit als innovatives Konzept zum Abbau von Gewalt im Geschlechterverhältnis unter den Bedingungen neoliberaler Gouvernementalität.Bd. 5. Gender Studies in den Angewandten Wissenschaften. Gender Studies & Applied Sciences. Hamburg: Lit.

Walz, H./Teske, I./Martin, E. (Hrsg.) (2011): Menschenrechtsorientiert wahrnehmen – beurteilen – handeln. Ein Lese- und Arbeitsbuch für Studierende, Lehrende und Professionelle der Sozialen Arbeit. Luzern: Interact.

Internetquellen

www.cebsd.org
www.stadtteilarbeit.de/home-gwa

Schwerpunktbildung oder (Sub-) Spezialisierung? – Teil I

Zur „doppelten Spezialisierungsdebatte“ Klinischer Sozialarbeit

Albert Mühlum und Silke Birgitta Gahleitner

Vorbemerkung

Da das Thema den vorgesehenen Umfang für diesen Sammelband sprengt, wird es in zwei Teilen abgehandelt: (I) die generelle Entwicklung zur Fachsozialarbeit und die beginnende Feindifferenzierung im klinisch-sozialen Bereich als eine Art ‚doppelte Spezialisierung', (II) die Herausbildung spezifischer Studiengänge für diesen Bereich mit charakteristischen Unterschieden und absehbaren Entwicklungen (Folgerungen und gemeinsamer Literaturnachweis in Teil II).

Einleitung

Die gesellschaftlichen Entwicklungen gehen mit immer komplexeren Problemstellungen und steigenden Anforderungen an die psychosoziale Versorgung einher. Eine zeitgemäße Antwort darauf ist die Herausbildung spezialisierter Fachrichtungen innerhalb der Sozialen Arbeit als „Fachsozialarbeit“, wie sich am Beispiel der Klinischen Sozialarbeit modellhaft zeigen lässt. Nun weist diese ihrerseits bereits weitere „interne“ Ausdifferenzierungen auf. Somit stellt sich die Frage nach dem Allgemeinen und dem Besonderen nicht nur der Profession als Ganzer, sondern auch ihren Untereinheiten – daraus folgt eine „doppelte Spezialisierungsdebatte“.

Eine Verständigung über Notwendigkeit und Grenzen dieser Spezialisierungstendenzen wird umso drängender, als die Profil bildenden Auseinandersetzungsprozesse im Kontakt mit der Praxis und benachbarten Versorgungsprofessionen kontinuierlich weitergehen, wie z.B. die Diskussion um das Psychotherapeutengesetz und Entwicklungen in der Beratungslandschaft zeigen. Dies ist auch eine zentrale Herausforderung für die Ausbildung, die mit einschlägigen Masterstudiengängen reagiert, deren klinisch-soziales bzw. psychosoziales Profil in Teil II genauer betrachtet werden soll. Teil I thematisiert die schon fortgeschrittene Binnendifferenzierung der Sozialen Arbeit (1), die spezifische Ausprägung Klinischer Sozialarbeit (2) und schließlich deren interne Entwicklungstendenzen im Kontext von Beratung und Therapie (3).

1. Soziale Arbeit auf dem Weg zur Fachsozialarbeit – erste Spezialisierungsdebatte

Die Auseinandersetzung um das „Allgemeine" und das „Besondere" ist so alt wie die sozialen Berufe. Im Kontext der Differenzierungsprozesse der Moderne sollte das nicht weiter verwundern. Erstaunlich ist eher, dass das „Funktionssystem Hilfe" als Ganzes so mühsam gesellschaftliche Anerkennung findet. Ohne auf die grundlegenden Widersprüche der Moderne einzugehen (Baumann, 2003; Bourdieu, 1982; Keupp, 1997), sei auf Ambivalenzen hingewiesen, mit denen die Soziale Arbeit typischerweise konfrontiert ist: Hilfe und Kontrolle, Für-Sorge und Selbstverantwortung, Person und Struktur, Verhalten und Verhältnisse. Sozialarbeit wird zum „schlechten Gewissen" der Gesellschaft, wenn sie soziale Probleme aufdeckt, und trägt gleichzeitig zum „guten Gewissen" des Sozialstaats bei. Der vielleicht wichtigste Grund aber liegt im Ganzheitsparadigma, das zum Kernbestand einer Sozialarbeit zählt, die – nach dem Modell des „doppelten Fokus" – den ganzen Menschen, die „Person-in-der-Situation" berücksichtigt (Geißler-Piltz et al., 2005). Demgegenüber schien jede Spezialisierung ein Verrat zu sein – mit mannigfachen Folgeproblemen für die Herausbildung einer professionellen und disziplinären Identität. Dies scheint überhaupt zum Schlüsselproblem der (Post-)Moderne zu werden, deren Ungleichheit und Ungleichzeitigkeit nicht nur den Sozialstaat herausfordert – ihn aber vor allem, und zwar wegen des sozialen Gradienten von Bildung, Gesundheit und Teilhabe, d.h. wegen ihrer eklatanten Ungleichverteilung (Franzkowiak et al., 2011; 3. Armuts- und Reichtumsbericht: BMAS, 2008; 13. Kinder- und Jugendbericht: BT-Drs. 16/12860, 2009).

Der soziale Wandel mit seinen unübersehbaren Veränderungen und Komplizierungen des sozialen Lebens und Verhaltens stellt nicht nur völlig neue Herausforderungen an die Lebensführung und -bewältigung der Menschen, sondern vervielfacht mit den denkbaren Problemen auch die Problemlösungsmöglichkeiten. Sowohl die sozialberufliche Praxis, die sozialen Dysfunktionen vorbeugen und Benachteiligungen verringern bzw. kompensieren soll, als auch die Ausbildung reagierten darauf mit Spezialisierungsstrategien – z.B. entlang von Methoden, Handlungsfeldern, Lebensalter, Problemdichte – zunächst noch mit einem Ganzheitsanspruch. Das Aufgabenspektrum war entsprechend breit und tief gestaffelt, „horizontal" nach Arbeitsfeldern von A wie Armut bis Z wie Zuwanderung, „vertikal" durch qualitative Abstufungen via Fort- und Weiterbildung, um den fachlich-methodischen Anforderungen gerecht zu werden (Mühlum & Gahleitner, 2010).

Diese Entwicklung mündete in der Forderung nach einer fachlich begründeten und ausbildungspolitisch abgesicherten Höherqualifizierung, die durch die Einführung von Masterstudiengängen zusätzlichen Schub gewann. Das angestrebte Prädikat „Fachsozialarbeit" macht mit der Analogie zu etablierten Professionen wie Fachanwalt und Facharzt auch die professionspolitische Zielrichtung und Dynamik deutlich, die während der „ersten Spezialisierungsdebatte" in einem Konsenspapier wichtiger Verbände (vgl. DGS, 2004) sowie in nachfolgenden Thesen Ausdruck fand.

Thesen zur Binnendifferenzierung und Fachsozialarbeit (Mühlum 2005a, S. 186f.)

1. Die Berufsgeschichte der Sozialarbeit kennt unterschiedliche Phasen der Vertiefung und Verbreiterung beruflicher Kompetenzen. Das vorherrschende generalistische Selbstverständnis wird derzeit in Frage gestellt: intern durch neue Profile, extern durch ExpertInnen für Teilaspekte, die sozialarbeiterisches Terrain besetzen.
2. Mit den sozialberuflichen Anforderungen steigt der Differenzierungsbedarf in Ausbildung und Praxis. Besondere Schwierigkeiten und psychosoziale Verwicklungen verlangen besondere Kenntnisse und Fertigkeiten, die nicht von den Absolventen einer Grundausbildung erwartet werden können.
3. Schon bisher gibt es unterschiedliche Formen der ExpertInnenschaft innerhalb der Sozialen Arbeit, z.B. berufsfeldbezogen, zielgruppenspezifisch und methodenorientiert. Solche vertiefte Fachlichkeit braucht einen angemessenen Ausdruck. Statt fragwürdiger Zertifikate sind verlässliche Standards und abgestufte akademische Abschlüsse notwendig.
4. Ein erster berufsqualifizierender Abschluss (Bachelor/Diplom) sollte die generalistische Orientierung beibehalten. Darauf können Spezialisierungen im postgradualen Masterstudium aufbauen, z.B. für erziehende, organisierende oder behandelnde Sozialarbeit, aber auch für Forschungs-, Leitungs- oder Lehrkompetenz.
5. Unterschiedliche Stufen der Fachkompetenz beginnen künftig beim Bachelor und enden keineswegs beim Master. Auch wenn eine formal und inhaltlich definierte, höher qualifizierte Fachsozialarbeit – analog zum Facharzt – noch fernliegt, sind Weiterqualifizierungen bis hin zur Promotion sinnvoll und möglich.
6. Mit unterscheidbaren Kompetenzstufen stellt sich die Frage nach Spezialisierung und Kompetenzsicherung neu, aber auch danach, was die Sozialarbeit „im Innersten zusammenhält". Einer „Masterisierung" von Teilfunktionen (z.B. Master of Social Administration) sind integrierte fachliche Schwerpunkte innerhalb des Masters of Social Work (z.B. M.S.W. – Social Administration) vorzuziehen.
7. Eine überzeugende Ausdifferenzierung braucht verlässliche (verbürgte) Standards. Entgegen mancher Befürchtungen muss dies nicht zur Entwertung der

grundständigen Sozialarbeit führen, sondern lässt eher eine Aufwertung des gesamten Berufs erwarten und öffnet neue Entwicklungschancen.

8. Ein vollakademischer Abschluss ist Vorbedingung für volle Professionalität und verbessert die berufliche Perspektive. Masterstudium und fachliche Spezialisierung (sektoral nach Arbeitsfeldern, funktional nach Aufgaben und Methoden) erhöhen die spezifische Handlungskompetenz und befähigen zu Forschung und Entwicklung im ureigenen Feld.
9. Spezialisierung bedeutet nicht zwangsläufig Hierarchisierung. Statt Über- bzw. Unterordnung kann auch eine horizontale Verzweigung mit Querverbindung zu Nachbarprofessionen und -disziplinen sinnvoll sein (Heterarchie). Wie Spezialisten für die Spezialaufgabe sind Generalisten hinsichtlich der Kernkompetenzen zur Leitung und Lehre befähigt.
10. Um „auf gleiche Augenhöhe" mit anderen Professionen zu kommen, muss die Soziale Arbeit ihre Konzepte wissenschaftlich fundieren und den Erfolg ihrer Maßnahmen empirisch belegen – was mit höherem Ausbildungsgrad in spezialisierten Settings eher gelingen dürfte als in der sog. „Allround-Sozialarbeit".

Fazit: Stufenabschlüsse und Fachsozialarbeit verändern die Topografie der Sozialberufe nachhaltig. Aufbauend auf der generalistischen Grundqualifikation, dient eine fachgerechte Spezialisierung der Professionsentwicklung, der Handlungs- und Methodensicherheit, der Wirksamkeit und gesellschaftlichen Durchsetzungsfähigkeit – auch im Interesse der KlientInnen.

Mittlerweile – Stand 2011 – hat sich das Konzept Fachsozialarbeit im Grundsatz durchgesetzt, nicht zuletzt dank der klaren Position der Deutschen Gesellschaft für Soziale Arbeit (DGSA). Hier besteht Konsens darüber, dass eine fachliche Vertiefung die spezifische Handlungskompetenz erhöhen und zu Forschung und Entwicklung im jeweiligen Feld befähigen sollte. Konkret und vor Ort kann es dennoch schwierig sein, zu entscheiden, wo Spezialisierung beginnt und wo sie endet bzw. enden sollte, insbesondere wenn die Ansprüche aus den praktischen Berufsfeldern Sozialer Arbeit immer spezifischer werden. Die Auseinandersetzung darüber verlagert sich also zusehends von der ersten zur zweiten Spezialisierungsebene. Zuvor soll jedoch kurz die Entwicklung „Klinischer Sozialarbeit" als Fachsozialarbeit skizziert werden.

2. Etablierung Klinischer Sozialarbeit

Der schon angesprochene gesellschaftliche Wandel vermehrt die Freiheitsgrade der Bürger, damit aber auch die sozialen Bedürfnisse und Probleme. Auf den daraus resultierenden Mehrbedarf an psycho-sozialer Unterstützung musste sich die Profession und Disziplin neu einstellen. Waren es doch vor allem ihre AdressatInnen, also sozial und gesundheitlich benachteiligte Personen und Gruppen, die – trotz vermehrter klinisch-somatischer Symptome – vom gesundheitlichen Versorgungssystem am schlechtesten erreicht wurden (Dörner et al., 2010; Pauls, 2011; Keupp, 2004). Im Zentrum stehen PatientInnen, die z.B. aufgrund einer Erkrankung oder Behinderung seelisch und sozial leiden, wie auch umgekehrt Menschen, die wegen ihrer sozialen Lage körperlich oder seelisch erkranken und am Leben verzweifeln. Bei solchen Störungen, Belastungen und Krisen können Einwirkungen notwendig sein, die wegen ihrer personalen Intensität „klinisch“ genannt werden (Geißler-Piltz et al., 2010, S. 17). Dabei geht es im Einzelnen um schwer zugängliche Personen, chronisch kranke und behinderte, verstörte und desorientierte Menschen, traumatisierte und schwer geschädigte Kinder und Jugendliche in pathogenen Lebensumständen und Multiproblemfamilien (vgl. Gahleitner & Hahn, 2008, 2009, 2010; Labonté-Roset et al., 2010). Für die hier notwendige Beziehungsarbeit, Krisenintervention und therapeutische Hilfe kann eine grundständige Ausbildung nicht hinreichend qualifizieren. Vielmehr wurden neue Konzepte gesucht, die an den vorliegenden Erfahrungen sozialer Beratung und Behandlung anknüpfen und sich zudem an der international etablierten Clinical Social Work orientieren konnten, ohne zu übersehen, dass die deutsche Ausbildungs- und Praxislandschaft sich grundlegend anders gestaltet als in den meisten anderen Ländern, insbesondere aber in den USA.

Der kontroverse Diskurs der Anfangsjahre kann nicht überraschen (vgl. Dörr, 2002; Gödecker-Geenen & Nau, 2002), berufsständische Interessen waren tangiert, und es gab auch intraprofessionell Debatten um Vorzüge und Nachteile spezifischer Profile sowie über die Folgen des neuen Qualifikationsgefälles. Daher sei betont, dass Klinische Sozialarbeit zunächst und vor allem Soziale Arbeit ist – und damit Teil der Social Work, zu deren „Professionalisierungsprogramm“ sie gehört. Nicht i.S. einer Individualisierung sozialer Probleme, wie schon befürchtet wurde, sondern in bio-psycho-sozialer bzw. sozio-psycho-somatischer Perspektive, d.h. komplementär zur biomedizinischen Dominanz etablierter Heilberufe. Da sie die Interdependenz somatischer, psychischer und sozialer Faktoren ernst nimmt und fachlich nutzt, steht sie im Spannungsfeld von gesellschaftlichen Anforderungen und individuellem Bewältigungsverhalten. Klinische Sozialarbeit ist sich dabei ihrer besonderen Verantwortung für sozial benachteiligte („vulnerable“) Personen und Gruppen bewusst. Dabei geht es ihr darum, „eigenes Wissen und Können zu entwickeln und damit eine eigene Form des klinischen Denkens und Handelns zu generieren“ (Schaub, 2008, S. 21) – mit dem vorrangigen Ziel, Störungen diagnostizieren und methodensicher bearbeiten zu können (Pantuček & Röh, 2009).

Zur Etablierung als Fachsozialarbeit trugen vor allem folgende Faktoren bei (vgl. Geißler-Piltz et al., 2010; Ortmann & Röh, 2008; Gahleitner & Pauls, 2010): Thematisierung klinisch-sozialer Aufgaben in der Ausbildung bis hin zum Masterlevel; fachöffentliche Diskurse über höher qualifizierte

(Fach-)Sozialarbeit und die Notwendigkeit eines klinisch-sozialen Profils in Forschung und Praxis; Schaffung einer Zentralstelle zur Zertifizierung Klinischer SozialarbeiterInnen; Publikationen in Zeitschriften, Sammelbänden und Monografien; Entstehung einer Scientific Community mit der Sektion Klinische Sozialarbeit als Kristallisationskern; Fachzeitschrift und Jahrbücher „Klinische Sozialarbeit"; Bestimmung klinischer Kompetenzen auf unterschiedlichen Levels der Ausbildung; Zertifizierung und Lizenzierung für die Qualifikationsstufe Fachsozialarbeit etc. (s.a. chronologische Übersicht in Mühlum & Gahleitner, 2010, S. 108).[1]

Fazit: Spezialisierung und fachliche Vertiefung liegen im Interesse der sozialen Praxis (insbesondere der AdressatInnen) und auch der sozialen Ausbildung, da auf hohem fachlichen Niveau beraten und behandelt werden soll. Dabei lässt sich Klinische Sozialarbeit „weder über Arbeitsfelder (z.B. Kliniken) noch über Zielgruppen (z.B. PatientInnen) und auch nicht über Verfahren (z.B. Methoden) allein definieren, ist vielmehr eingebettet in das komplexe System Sozialer Arbeit, in dem KlientInnenrolle, Beratungs- und Behandlungskompetenz sowie Interventionsmodus zusammen jene klinische Fachlichkeit ausmachen, die sich nun als Fachsozialarbeit etabliert. Ihre psychosoziale Akzentuierung „schafft Verbindungen zwischen einer personzentrierten ‚direct practice' und originärer ‚Sozialberatung' im Hinblick auf die Lebensbewältigung und Integration von Individuen und Gruppen in besonders prekären Lebenslagen" (Mühlum, 2005b, S. 14).

Ihre Etablierung in Deutschland folgt mit großer Verzögerung der internationalen Entwicklung, wo Clinical Social Work seit den 1960er Jahren vollen Professionsstatus genießt. Hier wie dort bemisst sich die Expertise für klinisch-soziale Interventionen an der Indikation, Vorgehensweise und Intensität der psychosozialen Einflussnahme sowie am Nutzen für die behandelten Personen in ihrer Lebenswelt (vgl. Ortsbestimmung der Sektion Klinische Sozialarbeit; Pauls & Mühlum, 2005; Gahleitner & Pauls 2010). Forschungsarbeiten und der Diskurs der Wissenschaftlichen Gemeinschaft tragen erkennbar zur Weiterentwicklung bei; damit stellen sich neue Fragen, z.B. nach Schwerpunktbildung und Subspezialisierung, die im Folgenden aufgegriffen werden.

---

1 Für die konzeptionelle Umsetzung eines klinisch-sozialen Profils in Ausbildung und Praxis sind zuerst H. Pauls (2011) und B. Geißler-Piltz (2005) zu nennen (Masterstudiengänge in Klinischer Sozialarbeit), dann A. Mühlum als Sprecher der Sektion Klinische Sozialarbeit und schließlich S. B. Gahleitner und G. Hahn (2008ff.), die das Jahrbuch Klinische Sozialarbeit und zusammen mit U. Klein auch die Vierteljahreszeitschrift „Klinische Sozialarbeit" (2005ff.) redigieren sowie zahlreiche KollegInnen, die in den letzten zehn Jahren zu diesem Thema publiziert haben (Übersicht bei Gahleitner & Mühlum, 2010).

3. Interne Differenzierungsprozesse – zweite Spezialisierungsdebatte

Beratung als konstitutiver Bestandteil klinisch-sozialarbeiterischer Handlungsfelder ist seit den 1970er Jahren eng mit der Identitätsbildung Sozialer Arbeit verflochten (Seibert, 1978; Nestmann, 2008). Durch Beratung erhalten Menschen in belastenden Lebenssituationen und Krisen professionelle Hilfe und Information für wichtige Problemlösungs- und Entscheidungsprozesse. Beratung befindet sich aufgrund dessen in einer anspruchsvollen Doppelverortung zwischen Feld- und Methodenorientierung. Die Komplexität dieses Unterstützungsanspruchs weist das Feld der Beratung als besonders anschauliches Beispiel für die Breite psychosozialer Vermittlungsarbeit in klinischen Handlungsfeldern Sozialer Arbeit aus. Mit der Entwicklung des Handlungsfeldes Beratung erfolgte ein ausdrücklicher Professionalisierungsschub. „Es war und ist ein beruflicher Aufstieg, als Berater oder Beraterin zu fungieren oder Beratungsfunktionen in der Tätigkeitsbeschreibung aufweisen zu können“ (Nestmann, 2008, S. 3). Andererseits wurde zeitgleich damit die Notwendigkeit von Subspezialisierungen deutlich.

Die interdisziplinäre Zusammenarbeit mit den im klinischen Bereich stärker etablierten Disziplinen und Professionen aus dem Bereich der Medizin und Psychologie benötigt „eine kompetente Verknüpfung von Wissenschaft und Handlungspraxis als Kennzeichen einer originären sozialarbeiterischen Berufsidentität“ (Mühlum & Gahleitner, 2008, S. 49). Der Anspruch an wissenschaftliche Fundierung und Theorieorientierung einerseits und Praxiszugewandtheit andererseits findet im Vollzug des professionellen Handelns in der jeweiligen Person statt. Fachkräfte müssen daher in der Lage sein, die dabei entstehenden Paradoxien reflexiv und konstruktiv zu nutzen (Schütze, 1996). Beratung ist also keineswegs das zuweilen vermutete „light and cheap“-Produkt (Engel, 1997), sondern beinhaltet den Anspruch eines komplex orientierten methodischen Beratungsmodells (McLeod, 2004), das alltagsorientiert und niedrigschwellig (Thiersch, 1992; Grunwald & Thiersch, 2004), beziehungsorientiert (Gahleitner, 2011; Großmaß, 2006) und sozial unterstützend, empowernd, inklusions- und diversity-sensibel (Sickendiek et al., 2002) entlang einer Reihe spezifischer Felder und Zielgruppen stetig neue Beratungsorientierungen entwickelt.

Beratung findet zudem in einer ganzen Reihe von Tätigkeitsbereichen und Aufgabenfeldern wie psychosozialer, betrieblicher, gemeinwesenorientierter, personalentwickelnder, sozialökologischer, gesundheitsbezogener und seelsorgerlicher Beratung statt. Auch in den Settings spannt die Beratung eine beachtliche Anzahl von Variationen auf. Neben den klassischen Feldern der Einzel-, Paar- und Familienberatung richtet sie sich auch an Gruppen und Teams und ist konzeptueller Bestandteil von Supervision, Mediation und

Konfliktberatung. In Settings wie der Erziehungs-, Partnerschafts- und Berufsberatung, der Beratung von SchülerInnen, der Sucht-, Schuldner- und Jugendberatung werden jeweils spezifische Inhalte thematisiert. Sie benötigen eine ausgewiesene Forschung und Theoriebildung. Beratung verfolgt damit eine Reihe von Zielsetzungen. Sie ist subjekt-, aufgaben- und kontextbezogen und kann präventiv, kurativ und rehabilitativ einwirken. Stets wird dabei die Lebenswelt in den einzelnen Bereichen als sozialer Raum mit einer spezifischen Sozial- und Gesellschaftsstruktur aufgefasst, „damit das Zusammenwirken von sozialstrukturellen und psychosozialen Einflussfaktoren thematisiert und strukturiert werden kann" (Böhnisch, 2005, S. 203; vgl. auch Staub-Bernasconi, 1995; Thiersch, 1992).

Mit einem ausschließlich innerpsychisch zentrierten Psychotherapieansatz ist vielen KlientInnen nicht zu helfen – sie sind mit solchen Angeboten oft nicht einmal initial erreichbar. Seit der Einrichtung des Psychotherapeutengesetzes (1998) hat die aus dem Gesundheitswesen finanzierte Psychotherapie zudem an diese Entwicklung mehr und mehr den Anschluss verloren (Gahleitner et al., 2008). Aber sog. „hard to reach"-KlientInnen sind erreichbar mit indikationsspezifischen und situationsadäquaten Methoden sozialer Beratung im Rahmen umfassender „psycho-sozialer Behandlung" (Pauls, 2011). SozialarbeiterInnen sind folglich nicht nur gefordert, neben zahlreichen anderen Wissensbeständen auch über Kenntnisse und Anwendungskompetenz beraterischer und psychotherapeutischer Grundorientierungen zu verfügen, sondern zusätzlich, diese für ihre Berufspraxis kritisch zu reflektieren, auf das Spektrum sozialarbeiterischer Anforderungen und Zielgruppen zu beziehen und sie sich „berufs- und situationsangemessen zunutze" (Galuske & Müller, 2005, S. 495) zu machen. In der Herausforderung der komplexen Aufgabe haben sich in den letzten Jahren eine Reihe „aufgabenorientierter" Masterstudiengänge entwickelt.

Dies führt zu Phänomenen, die neben der Anerkennung für die Flexibilität Sozialer Arbeit auch besorgniserregende Ausmaße annehmen. So ist es beispielsweise selbst für den Verband der HochschullehrerInnen (VHBC) in der Deutschen Gesellschaft für Beratung (DGfB) durchaus kein einfaches Unterfangen, eine gemeinsame Definition von „Beratung" vorzulegen, da innerhalb der Studiengänge die Zielgruppen und Aufgabenfelder sich so unterschiedlich gestalten, dass die einzelnen Konzepte von völlig verschiedenen theoretischen Bezügen und Hintergründen gespeist werden. Denn auch im gesellschaftlichen Kontext werden unter dem Begriff „Beratung" noch immer vielfältige Vorstellungen und sehr unterschiedliche Praktiken zusammengefasst. So treffen wir auf „Beratung" in Wirtschaft und Verwaltung wie im Bildungsbereich, in der Berufsorientierung wie im psychosozialen Feld. Diese für moderne Gesellschaften typische ubiquitäre Verwendung von „Beratung" kann zugleich als Chance wie als Risiko des Professionalisierungsprozesses verstanden werden (Großmaß, 2006). Eines der Risiken beinhaltet die nicht nur verwirrende Ausbildungslandschaft, sondern in der Folge auch ein diffuses Berufsbild für Studierende mit Einbußen klar umrissener Kompetenzen und Anforderungsprofile – und damit letztlich auch einer unbefriedigenden Kostenstruktur.

Die Zukunft der Beratung wird sich daher nur positiv entwickeln, wenn sich sowohl eine eigenständige professionelle Beratungsidentität der Sozialen Arbeit wie auch ein multidisziplinäres Verständnis und eine interdisziplinäre Einbettung bilden – und zwar „jenseits von reiner Information und kleiner Psychotherapie: theoretisch konzeptionell, praktisch methodisch, berufspolitisch institutionell und in der Wissenschaft und Forschung“ (Nestmann, 2008, S. 22). Beratung bot und bietet der Disziplin Sozialer Arbeit daher auch im Gegenzug einen wichtigen „Schritt der Systematisierung der theoretischen Wissensbasis und des Methodensintrumentariums“ (ebd., S. 3). Im Sinne einer transversalen Beratungstheorie (Nestmann et al., 2004) sollte sich Beratung dabei nicht auf Beratungsmethodik oder ein technisches Hilfskonstrukt reduzieren lassen, sondern in ihrem theoretischen und empirischen Anspruch ernst genommen und weiter entwickelt werden – als eigenständige berufliche Identität, konzeptionell, praktisch wie inhaltlich (ebd.).

Beratungstheorie und Beratungspraxis müssen sich demnach in kontinuierlicher Selbstreflexion immer neu verorten. Das anspruchsvolle Kompetenzspektrum „erstreckt sich ... von der Psychosozialen Diagnostik, der professionellen Bindungs- und Beziehungsgestaltung über Gesprächsführungskompetenzen und Wissensbestände individueller klinischer und lebensweltbezogener Veränderungsmodelle bis in System-, Vernetzungs- und Fallmanagementkompetenzen“ (Gahleitner, 2011, S. 682). Dies jedoch wird nur möglich durch einen intensiven Blick in spezifische Arbeits- und Aufgabenfelder mit spezifischen Zielgruppen und Arbeitsfeldern, die sich im Zuge der Anforderungen einer angemessenen Antwort auf postmoderne Lebensverhältnisse immer weiter ausdifferenzieren. In diesem Prozess bei aller Vielfalt und Interdisziplinarität die Gemeinsamkeiten und disziplinären Zugänge aufzuspüren und konstruktiv theoriebildend weiterzuentwickeln, gehört zu den Herausforderungen einer in Spezialisierungen und Subspezialisierung zugleich „zerfallenden“ wie auch dorthin wachsenden Disziplin und Profession und führt uns an dieser Stelle zurück zum Diskurs über feld- und aufgabenspezifisch orientierte Masterstudiengänge.

Schwerpunktbildung oder (Sub-) Spezialisierung? – Teil II

Klinisch ausgerichtete Studiengänge Sozialer Arbeit: Quo vadis?

Silke Birgitta Gahleitner und Albert Mühlum

Vorbemerkung

Die in Teil I skizzierte Entwicklung zur Fachsozialarbeit und beginnende Feindifferenzierung im klinisch-sozialen Bereich wird in Teil II am Beispiel der Ausbildung konkretisiert. Bewusst werden Studiengänge vorgestellt, die aufgrund ihrer Verschiedenheit zu kontroversen Diskussionen anregen. Es drängen sich dabei Fragen auf wie: Sind solche Studiengänge überhaupt noch Soziale Arbeit? – Gibt es einen zu erhaltenden Kern Klinischer Sozialarbeit? – Welche Koalitionen und Formen der Zusammenarbeit mit nahestehenden Disziplinen können über gemeinsam gestaltete Masterstudiengänge gesucht werden? Auf der Suche nach Anhaltspunkten für eine ordnende Systematik und entlang aktueller Diskussionen mit VertreterInnen verschiedener Masterprogramme sollen auf diese Weise Denkanstöße und Anregungen für die künftige Gestaltung von Studiengängen in klinisch ausgerichteten Handlungsfeldern Sozialer Arbeit gegeben werden.

Einleitung

In den letzten Jahren ist der Bedarf an klinisch ausgerichteten Studienplätzen deutlich gestiegen. Mittlerweile – Stand Mai 2011 – gibt es auf der von der Sektion Klinische Sozialarbeit der Deutschen Gesellschaft für Sozial Arbeit (DGSA) zusammengestellten Liste vier Masterstudiengänge mit der Bezeichnung Klinische Sozialarbeit und ca. 20 weitere mit klinisch-sozialem Profil bei unterschiedlichen Schwerpunkten und Abschlussbezeichnungen wie z.B. Beratung, Sozialtherapie, Supervision. Im Folgenden werden die bestehenden Studiengänge insgesamt bzgl. allgemeiner Entwicklungstendenzen diskutiert und anschließend beispielhaft im Hinblick auf die Dimensionen Generalisierung und Spezialisierung verglichen. Der Vergleich orientiert sich im Sinne einer besseren Anschaulichkeit an drei konkreten Modellen (vgl. Übersichten).

Während in den ersten Jahren nach der Bolognareform noch viele ehemalige DiplomabsolventInnen in die Masterprogramme strömten, steigt nun die Zahl der BachelorabsolventInnen stark an. Eventuell bedingt dies in Zukunft Möglichkeiten der Kursänderung im Hinblick auf das Profil. Studieninhalte, die bisher in den meisten Bachelorprogrammen gelehrt werden, könnten dann bereits auf einem höheren Niveau starten. Großes Interesse an klinisch ausgerichteten Studiengängen gibt es auch bei AbsolventInnen anderer Studiengänge, die in der Praxis der Sozialen Arbeit Fuß gefasst haben, jedoch keinen originären Abschluss dazu aufweisen können. Häufig entsteht dabei die Notwendigkeit von Brückenkursen, die in den bestehenden Bachelorstudiengängen Sozialer Arbeit nachgeholt werden können. Brückenkurse sind auch notwendig, wenn nach Absolvierung des Masterprogramms noch ECTS zu den geforderten 300 promotionsfähigen ECTS fehlen. Das Zusammenstellen sinnvoller Brückenkurse erfordert einen jeweils individuellen Zuschnitt auf das Profil einzelner Studierender, erweist sich jedoch unter diesen Voraussetzungen als eine äußerst fruchtbare Förderung für engagierte und erfolgreiche Masterstudierende (alice, 2011).

1. Masterprogramme für klinisch-soziale Arbeitsfelder

In den aktuellen Masterprogrammen finden eine Vielzahl didaktischer Methoden Einsatz. Von präsenzintensiven Blockunterrichtsangeboten mit stringenter Wissensvermittlung und anschließender Prüfungsform Klausur über seminarorientierte Einheiten mit hoher Selbstbeteiligung der Studierenden in Gruppenarbeitssequenzen über selbsterfahrungsorientierte Übungseinheiten zu konkreten Praxisskills wie beispielsweise Beratungskompetenzen, Gruppendynamik etc. im Rahmen von Wochenendangeboten bis hin zum Selbststudium in Gruppen außerhalb der Präsenszeit und Colloquien lassen sich alle Lehrformen finden. Auch E-learning-Lehreinheiten und Blended Learning finden ihren Einsatz. Die bisherigen Erfahrungen weisen jedoch in die Richtung, dass gerade für berufsbegleitend Studierende die direkte Präsenz für eine Konzentration auf die Inhalte innerhalb einer bewegten und durch die hauptberufliche Praxistätigkeit angespannten Lebenssituation hilfreich scheint, eigenständige Selbststudienanteile für berufstätige Studierende dagegen schwerer zu bewältigen sind.

Viele der bestehenden Masterprogramme im Bereich klinischer Praxisfelder haben zwar einen anwendungsorientierten Charakter, legen aber dennoch großen Wert auf die Entwicklung einer umfassenden Forschungskompetenz der Studierenden. Die Module im Forschungsbereich umfassen quantitative ebenso wie qualitative Methodik, finden früh im Masterstudium statt und beziehen die Inhalte bereits vor dem Start der Masterarbeiten auf klinisch evaluative Zusammenhänge, um den Studierenden die Möglichkeit zu geben, bei der Konzeption der zumeist empirischen Abschlussarbeiten die Auswahl der Fragestellung und das Forschungsdesign bereits informiert vorzunehmen. Unterschiedlich gewertet wird allerdings die Leistung der Masterarbeit: Von

15 bis 30 ECTS gibt es verschiedenste Abstufungen von Gewichtungen im Gesamtstudiengang, der insgesamt entweder 90 oder 120 ECTS umfasst. Da das wissenschaftliche und an Forschungskompetenz ausgerichtete Niveau an Hochschulen Sozialer Arbeit in den letzten Jahren stark gestiegen ist, bedingt dieser Anspruch für QuereinsteigerInnen wie AbsolventInnen der ehemaligen Diplomstudiengänge zum Teil eine beachtliche Anpassungsleistung. Auch hier kommen z.T. Brückenkurse zum Einsatz.

Zur besseren Einbindung in weiterführende Zusammenhänge haben einige der Studiengänge Institute initiiert. Sie dienen konkreten Praxisanliegen, Forschungscolloquien, spezifischen Forschungsfeldern etc. und verbessern die fachliche Einbettung rund um die Studiengänge – für Lehrende wie AbsolventInnen. Einige der bestehenden Praxisambulanzen haben Verträge mit städtischen Versorgungseinrichtungen und freien Trägern abgeschlossen, andere versuchen autonom zu bleiben und sich damit einen größeren Freiraum in der Gestaltung der Angebote z.B. im Hinblick auf „hard to reach"-Klientel zu sichern. „Aninstitute" wie z.B. das Institut für Psychosoziale Gesundheit in Coburg (IPSG) müssen eine beträchtliche finanzielle Last bewältigen. „Ininstitute" wie z.B. das Institut für Soziale Gesundheit an der Katholischen Hochschule für Sozialwesen Berlin (KHSB) haben den Vorteil, finanziell weniger aufwändig zu sein, führen jedoch häufig zu großen Schnittstellenproblematiken zwischen Hochschule und externen Einrichtungen. Da Leitungskompetenzen selbstverständlich mit zum Repertoire von Masterstudiengängen gehören, die ja allesamt für den höheren Dienst qualifizieren, bieten Institute mit so großer Nähe zum Hochschulbetrieb einen optimalen Ausbildungs- und Anschauungscharakter für Studierende.

Eine besondere Rolle in der Nachwuchsförderung nehmen die Angebote von Colloquien und Werkstätten für Klinische Sozialarbeit ein. Der Anteil promovierender Studierender in klinischen Feldern Sozialer Arbeit ist in den letzten Jahren stark gestiegen. In Zusammenarbeit mit den regelmäßig zweimal jährlich stattfindenden Colloquien der Deutschen Gesellschaft für Soziale Arbeit (DGSA) bieten spezifisch klinisch ausgerichtete Colloquien an einzelnen Hochschulen wie der Alice Salomon Hochschule Berlin (ASH) eine individuelle Betreuung von Forschungsarbeiten und Promotionen, die aufbauend auf das Masterstudium im direkten Anschluss berufsbegleitend weitergeführt werden kann. Aus den Colloquien sind bereits eine Reihe von Publikationen hervorgegangen (Dettmers & Spreng, 2007; Ehmer, 2010; Eichborn, 2011; Fetscher, 2008; Rumpeltin, 2009; Tausch, 2010), ein Sachverhalt, der wiederum Studierende der Masterstudiengänge dazu inspiriert, sich früher und bewusster Fragen der Karriereplanung zu stellen und auch wissenschaftliche Interessen weiterzuverfolgen. Die an der konkreten klinisch ausgerichteten Praxis Sozialer Arbeit orientierten Fragestellungen speisen wichtige theoriebildende wie theorieüberprüfende Inhalte in die Praxislandschaft Klinischer Sozialarbeit ein (vgl. ebd.).

Insgesamt betrachtet zeigt das Profil der Masterstudiengänge, dass die Spezialisierung auf den Bereich klinischer Handlungsfelder der Sozialen Arbeit im

Hinblick auf eine Professionalisierung, Akademisierung und Forschungsorientierung Sozialer Arbeit äußerst erfolgreich ist. Neben einer Reihe von Gemeinsamkeiten verzeichnen die in diesem Beitrag dargestellten Studiengänge jedoch auch bedeutsame Unterschiede und „Subspezialisierungstendenzen", die im Folgenden anhand dreier ausgewählter Studiengänge veranschaulicht werden.

2. Drei Varianten klinisch ausgerichteter Studiengänge

Masterstudiengang Klinische Sozialarbeit der Katholischen Hochschule für Sozialwesen Berlin (übermittelt von Prof. Dr. Karlheinz Ortmann)

Die Katholische Hochschule für Sozialwesen Berlin (KHSB) bietet seit dem Sommersemester 2004 den postgradualen Studiengang Klinische Sozialarbeit an, der mit einem international anerkannten Mastergrad (Master of Arts) abgeschlossen wird. Der Studiengang umfasst 8 Module im Umfang von 90 ECTS, die in 5 Semestern berufsbegleitend studiert werden und ist akkreditiert.

Im Masterstudiengang wird Klinische Sozialarbeit als eine gesundheitsfördernde Fachsozialarbeit verstanden, die beratende und behandelnde Methoden bündelt. Sie beinhaltet psychosoziale Unterstützungsleistungen für Menschen, die chronisch psychisch oder somatisch erkrankt sind, die an einer Abhängigkeitserkrankung leiden, von Behinderung betroffen sind, die sich in Lebenskrisen befinden und von komplexen sozialen Problemen bedroht sind.

Der Masterstudiengang zielt auf die akademische Weiterqualifizierung von SozialarbeiterInnen und SozialpädagogInnen durch die systematische Vertiefung und Erweiterung der in grundständigen Diplom- bzw. Bachelorstudiengängen Soziale Arbeit erworbenen Kompetenzen und der im Zeitverlauf erworbenen berufspraktischen Erfahrungen. Der Masterstudiengang qualifiziert insbesondere für die drei folgenden übergeordneten Kompetenzbereiche:

- Methodenkompetenz: u.a. Seminare zu Verfahren der Sozialanamnese und Diagnostik; Soziotherapie; Sozialtherapie, Case Management; Case Work; Beratung
- Leitungskompetenz: u.a. Seminare zur Führung und Personalmanagement; Sozial- und Qualitätsmanagement; Sozialökonomie
- Forschungskompetenz: u.a. Seminare zu Wissenschaftstheorie; quantitative und qualitative Methoden der Sozialforschung; Evaluation; Entwicklung von Forschungsdesigns

Der Studiengang ist an Lebenslagen ausgerichtet, die durch psychische Erkrankungen, Suchterkrankungen, Psychotraumata oder Behinderungen geprägt sind. Die ethische und anthropologische Reflexion von Theorie und Praxis der Klinischen Sozialarbeit ist ein weiteres besonderes Kennzeichen des Studiengangs.

Der Studiengang ist verknüpft mit der „Werkstatt Klinische Sozialarbeit" die regelmäßig insbesondere für Studierende und AbsolventInnnen angeboten wird. Die Studierenden haben die Möglichkeit in der Psychosozialen Beratungsstelle des Instituts für Soziale Gesundheit der KHSB mitzuwirken.

Masterstudiengang Klinische Heilpädagogik an der Katholischen Hochschule Freiburg (übermittelt von Prof. Dr. Traudel Simon, Studiengangsleitung)

An der Katholischen Hochschule Freiburg wird bundesweit einzigartig ein Masterstudium Heilpädagogik mit einem klinischen Profil angeboten. Neben den für Masterabschlüsse üblichen Qualifikationen der Promotionszugangsberechtigung und dem Zugang zur Laufbahn im höheren Dienst erwerben Studienabgänger in Freiburg ausgesprochen klinisch-heilpädagogische Kompetenzen im Kontext von Diagnostik, Beratung, Förderung und Therapie. Dabei wird multimethodales Vorgehen in Diagnostik und Intervention an konkreten Beispielen für Menschen in erschwerten Lebenslagen vermittelt wie z.B. Kinder psychisch kranker Eltern, Familien in Trennungs- und Scheidungssituationen, Kinder mit Entwicklungstraumata sowie Menschen mit einer Behinderung oder einer chronischen Erkrankung.

Darüber hinaus werden praktische Kompetenzen durch eine intensive interdisziplinäre Projektarbeit erworben. Derzeit wird im Rahmen des Masterstudienganges u.a. ein Interventionsprojekt für Kinder aus dem Kontext häuslicher Gewalt angeboten. In diesem Projekt nehmen die Studierenden neben spezifischen praktischen Aufträgen auch Forschungsaufgaben wahr. Nicht nur Methoden der Interventionsforschung sondern auch weitere anerkannte Methoden der quantitativen und qualitativen Sozialforschung stellen Schwerpunkte des Masterstudienganges dar. AbsolventInnen des Masterstudiums verfügen daher auch über Forschungskompetenzen im Bereich der Qualitätssicherung von heilpädagogischen Interventionsformen und wissenschaftlicher Fundierung heilpädagogischer Arbeitsfelder.

Beschreibung des Studiengangs

Der konsekutive Masterstudiengang Klinische Heilpädagogik ist modular aufgebaut und umfasst eine Studienzeit von 4,5 Semestern mit insgesamt 90 ECTS-Punkten in 11 Modulen und 5 Kompetenzbereichen.

Er wird in Blöcken angeboten und kann auch berufsbegleitend studiert werden.

Kompetenzbereich 1: Analysekompetenz von Bedingungs- und Änderungswissen (15 ECTS-Punkte)

Klinische Heilpädagogik unter Aspekten der Funktionsfähigkeit und bio-, psycho-,sozialen Gesundheit

Entwicklungspsychopathologie und Entwicklungsphysiologie

Ethische Fragen in der klinischen Heilpädagogik

Erziehung und Bildung unter dem Paradigma von Partizipation und Inklusion

Beratung, Förderung und Therapie

Kompetenzbereich 2: Kommunikations-, Kooperations- und Organisationskompetenz (13 ECTS-Punkte)

Interne und externe Kommunikation und Kooperation

Öffentlichkeitsarbeit und Marketing

Recht

Betriebswirtschaft

Organisations- und Qualitätsmanagement

Kompetenzbereich 3: Methodische Kompetenz (32 ECTS-Punkte)

Testtheorie und diagnostische Verfahren

Dokumentation und Berichterstattung (Klinisch-diagnostisches Gutachten)

Interventionsstrategien in komplexen Situationen und Lebenswelten

Therapeutische Verfahren

Beratung

Förderung

Edukative Methoden

Krisenmanagement

Hilfe-, Interventions- und Therapieplanung, Durchführung und Evaluation

Kompetenzbereich 4: Forschungskompetenz (12 ECTS-Punkte)

Wissenschaftstheorien

Forschungsgegenstände der Heilpädagogik

Quantitative und qualitative Sozialforschung, Forschungsdesigns, Forschungsmethoden

Planung, Durchführung, Auswertung und Präsentation von Forschungsergebnissen

Kompetenzbereich 5: Fragestellungen eigenständig wissenschaftlich bearbeiten. Masterthesis (18 ECTS-Punkte)

Master of Science in Clinical Social & Trauma-Centred Health Work (i.Pl.) (übermittelt von Prof. Dr. Claire Moore und Prof. Dr. Dr. Alex Schaub Konzeptionsleitung)

International und interdisziplinär ausgerichteter Weiterbildungsstudiengang in Klinischer Sozial- und Traumazentrierter Gesundheitsarbeit (übermittelt von Prof. Dr. Claire Moore und Prof. Dr. Heinz-Alex Schaub)

Hintergrund

Im Zuge kultureller, ethnischer und sozialer Herausforderungen und auch den gesellschaftlichen Veränderungen sind Belastungen und Desorientierungen im Zusammenleben größer geworden. Dies zeigt sich an Hand beruflicher Bedingungen vieler Menschen sowie in Familien. Beide können nicht genügend Stabilität und ein hinreichendes Maß an Orientierung für die Lebensführung geben. Eine nicht unwesentliche Folge dieser globalen und lokalen Entwicklungen ist die Zunahme von Gewalt durch Kriege oder kriegsähnliche Zustände sowie in zivilen Lebenszusammenhängen wie Familien oder sonstigen Formen menschlichen Zusammenlebens. Gewalt kann in vielen Fällen die davon betroffenen Menschen traumatisieren. Diese Traumatisierungen können sich symptomatisch sowohl somatisch, als auch psychisch und / oder sozial zeigen. Dabei ist zunächst zweitrangig durch welche der genannten Zusammenhänge diese Gewalterfahrungen gemacht wurden.

Ziele und Innovationen

Die Studierenden lernen, von Gewalt betroffene Menschen beratend und psychotherapeutisch zu unterstützen und zu begleiten. Neben multiperspektivischen Lehr- und Lerninhalten zu „Trauma" und „Gewalt", enthält das Curriculum aus diesem Grunde:

- alle für die Zulassung zur Kinder- und Jugendlichenpsychotherapieausbildung notwendigen Module, und
- alle für das Zertifikat in Psychotraumatologie und Traumatherapie bzw. Zertifikat in Traumapädagogik und -beratung notwendigen Module.

Struktur

- Anzahl der Plätze
- 20 bis 25 Studierende

Aufnahmekriterien

- Grundständiger Abschluss in einem für Gesundheitsfragen relevanten Beruf (z.B. Medizin, Psychologie, Pädagogik, Theologie, Sozialarbeit, Hebammen, Pflege)
- Mindestens drei Jahre Berufserfahrung auf einem Gebiet der Gesundheitsarbeit
- Englische Grundkenntnisse; falls nicht vorhanden: Nachweis eines Zertifikats in Englisch, das vor Beginn des Studiums absolviert worden sein muss
- Motivationsschreiben (mind. 2 Seiten) zu den Beweggründen und zur eigenen Zielsetzung, dieses Studium zu absolvieren
- Bereitschaft (nicht Verpflichtung) während des Studiums drei Monate an einer Partnerhochschule zu studieren.

Umfang und Dauer

- 90 ECTS praxisorientierte Lehre & Forschung inkl. Supervision & Selbsterfahrung
- 6 Semester berufsbegleitend

Didaktisches Konzept

- Blended Learning
- Präsenzveranstaltungen finden in monatlichen Blockveranstaltungen, in der Regel freitags bis samstags, statt.
- eLearning begleitet die Studierenden während des gesamten Weiterbildungsstudiums

Kosten

- Semestergebühr (wird von der Hochschulleitung festgelegt)
- Honorare für Selbsterfahrung und Supervision werden direkt an entsprechend von der Leitung ausgewählte Personen bezahlt. Die Kosten sind einheitlich und werden von der Hochschulleitung festgelegt.

Abschluss

- Master of Science (MSc) und Zertifikat in Psychotraumatologie und Traumatherapie bzw. Traumapädagogik und -beratung (ZPTN)

3. Vergleich und Folgerungen

Während der Studiengang „Klinische Sozialarbeit" der Katholischen Hochschule Berlin (KHSB) auf der ersten Spezialisierungsebene ein vergleichsweise breit angelegtes Profil vertritt, betont der Masterstudiengang Master of Science in Clinical Social & Trauma-Centred Health Work (in Planung) ein auf eine sehr spezifische Problematik zugeschnittenes, „subspezialisiertes", dafür jedoch im Hinblick auf die zugehörigen Disziplinen und Professionen übergreifend angelegtes Profil. Der Studiengang „Klinische Heilpädagogik" der Katholischen Hochschule Freiburg (KH) – bewusst hier ausgewählt aufgrund eines inhaltlich ähnlichen, jedoch disziplinär anders ausgerichteten Profils – ist der Praxisausrichtung des Masterstudienganges Klinische Sozialarbeit nahe, entstammt jedoch einem anderen Bachelorstudiengang mit einem ausdrücklich heilpädagogischen Wissensbestand.

Was jedoch bedeuten diese Aspekte mit Blick auf die Weiterentwicklung der Disziplin und Profession Sozialer Arbeit, die einen grundsätzlich generalistischen Anspruch verficht und einerseits ausdrücklich interdisziplinär und multiperspektivisch ausgerichtet ist und bleiben soll, andererseits jedoch immer noch profilschärfende Aspekte in der Außenvertretung und der Positionierung Sozialer Arbeit benötigt (Borg-Laufs et al., 2010)? Für das Selbstverständnis der Fachkräfte Sozialer Arbeit, für die Wahrnehmung der Disziplin und Profession auf dem Arbeitsmarkt und in Verteilungskämpfen wie beispielsweise in der Diskussion um die Zugangsbedingungen zur Beratung, Psychotherapie, Suchttherapie und Sozialtherapie bleibt die Profilschärfung eine wichtige Aufgabe. Eine Zersplitterung in viele Einzelteile, die auch von der Namensgebung der Studiengänge keinerlei Orientierung mehr verspricht, verstärkt Diffusitätstendenzen und wirkt einer klaren Gestalt der Sozialen Arbeit entgegen.

Auf der anderen Seite gibt es aus der Sicht der Versorgungsforschung klare Hinweise im Hinblick auf Versorgungslücken, z.B. in Problembereichen chronischer Erkrankungen, bei Traumata etc. (Schaub, 2008). Daher muss Soziale Arbeit auch problemspezifische Entwicklungen vorantreiben, die ein interdisziplinäres Netz des Zusammenwirkens befördern und Versorgung auf einem hohen interdisziplinären Niveau sicherstellen können. Diese Nachfrage nach spezifischen Zugängen zur klinischen Praxis in Handlungsfeldern Sozialer Arbeit findet folgerichtig insbesondere in der Konzeption von Masterstudiengängen ihren Niederschlag. Der Studiengang „Master of Science in Clinical Social & Trauma-Centred Health Work" (i.Pl.) orientiert sich in diesem Sinne an der in den letzten Jahren zunehmenden Bedeutung psychosozialer Traumaarbeit: ein Arbeitsfeld, das viele Professionen und Disziplinen gemeinsam bearbeiten und in dem Soziale Arbeit eine Schlüsselstellung einnimmt. Dass in dem Bemühen, die verschiedenen Disziplinen jeweils ausreichend anzusprechen, die Bezeichnung interdisziplinär und nicht mehr originär sozialarbeiterisch ausgerichtet ist, schwächt allerdings die Präsenz Sozialer Arbeit im Hinblick auf die zugehörigen Versorgungsdiskussionen. Während die Bedeutung sozialarbeiterischer Inhalte durch die Vermittlung an verschiedene Disziplinen einen konstruktiven Schub erhält, erleidet der Bezug zur Sozialen Arbeit dabei eine Einbuße.

Der Studiengang „Klinische Heilpädagogik“ bietet wichtige Inhalte in Bezug auf stark belastete und benachteiligte Menschen im Bereich der Beeinträchtigung oder Behinderung an, die innerhalb der Sozialen Arbeit nur wenig Berücksichtigung finden. Dies gilt jedoch insbesondere für den Quellabschluss Heilpädagogik im Bachelor. Der Masterstudiengang selbst weist dagegen einen hohen Überschneidungsbereich mit den Masterstudiengängen „Klinische Sozialarbeit“ auf. In diesem Übergangsbereich bietet sich eine enge Kooperation der Masterstudiengänge an, um die jeweiligen Profile einerseits stetig miteinander abzustimmen und gemeinsame Kooperationen und Aktivitäten entfalten zu können, andererseits jedoch auch den Blick für die verschiedenen Ausgangspositionen zu bewahren, die aus der Praxis in ihrem Bedarf nach Arbeitskräften wie auch Ergebnissen aus der Forschung benötigt und aktiv befördert werden.

Deutlich wird: In der aktuellen Situation ist viel Experimentierfreude angesagt. In der Debatte um „Spezialisierungs-“ und „Subspezialisierungstendenzen“ kann zum jetzigen Stand der Dinge nur die Erfahrung mit verschiedenen Annäherungen an die Thematik, konzeptionell wie diskursiv, Fortschritte erzielen. Von Gewissheiten sind wir weit entfernt. Betrachtet man z.B. die Entwicklungen im Feld der Psychotherapie – wie oben zum Thema Beratung ausgeführt – wird sich dieser Bereich eventuell in Zukunft stärker verengen. Aufgrund der Verengung entstehen neue Bereiche der Versorgung durch klinisch ausgerichtete Konzeptionen, Studiengänge und Versorgungseinrichtungen Sozialer Arbeit, Beratung etc. Verstärkt sollten daher Ressourcen dorthin gelenkt werden, wo Aufgabenfelder, die eine bessere Versorgung sicherstellen, ausdifferenziert werden und neu definiert werden müssen. Dabei eine Balance herzustellen zwischen fachlich notwendiger Differenzierung und berufspolitisch notwendiger Profilschärfe, wird noch lange Ambiguitätstoleranz in der Abwägung verschiedener Ambivalenzkonflikte erfordern.

Literatur

alice – Magazin der Alice Salomon Hochschule Berlin (2011): Schwerpunktthema: Übergänge im Bildungssystem. Online verfügbar: http://www.ash-berlin.eu/infothek/presse/publikationen/alice-hochschulmagazin [10.04.2011].

Borg-Laufs, M./Gahleitner, S. B./Helle, M./Zurhorst, G. (2010): Zugangsvoraussetzungen für die Ausbildung zum Psychologischen Psychotherapeuten und Kinder- und Jugendlichenpsychotherapeuten. Stellungnahme der AZA und Psychotherapie-HS zu einigen Empfehlungen des Forschungsgutachtens zur Ausbildung von

Psychologischen Psychotherapeuten und Kinder- und Jugendlichenpsychotherapeuten. In: Erziehungswissenschaft, 21, 40, S. 205-212.

Bundesministerium für Arbeit und Soziales (BMAS) (Hrsg.) (2008): Lebenslagen in Deutschland – Der dritte Armuts- und Reichtumsbericht der Bundesregierung. Berlin: BMAS. Online verfügbar: http://www.bmas.de/portal/26742/property=pdf/dritter__armuts__und__reichtumsbericht.pdf [10.04.2011]

BT-Drs. 16/12860 (Deutscher Bundestag. Drucksache vom 30.04.2009) (2009): Bericht über die Lebenssituation junger Menschen und die Leistungen der Kinder- und Jugendhilfe in Deutschland. 13. Kinder- und Jugendbericht und Stellungnahme der Bundesregierung. Berlin: Deutscher Bundestag. Online verfügbar: http://dip21.bundestag.de/dip21/btd/16/128/1612860.pdf [15.09.2009].

Bauman, Z. (2003): Flüchtige Moderne. (amerik. Orig. 2000). Frankfurt a. M.: Suhrkamp.

Böhnisch, L. (2005): Lebensbewältigung. Ein sozialpolitisch inspiriertes Paradigma für die Soziale Arbeit. In: Thole, W. (Hrsg.): Grundriss Soziale Arbeit. Ein einführendes Handbuch. 2. überarb. u. akt. Aufl. Wiesbaden: VS Verlag für Sozialwissenschaften, S. 199-213.

Bourdieu, P. (1982): Die feinen Unterschiede. Kritik der gesellschaftlichen Urteilskraft. (franz. Orig. 1979). Frankfurt a. M.: Suhrkamp.

Dettmers, S./Spreng, G. (2007): Klinische Sozialarbeit bei chronischer Erkrankung. Zwei Studien zur Bedeutung Sozialer Unterstützung bei chronisch-neurologischen Erkrankungen. In: Klinische Sozialarbeit, 3, 2, S. 4-7.

Deutsche Gesellschaft für Sozialarbeit e.V. (DGS) (2004): Stellungnahme zur Profilierung von Masterstudiengängen in Sozialer Arbeit. Online verfügbar: http://www.hrk.de/bologna/de/download/dateien/Soziale_Arbeit_MA_02_2004.pdf [10.04.2011].

Dörner, K./Plog, U./Teller, C./Wendt, F. (2010): Irren ist menschlich. Lehrbuch der Psychiatrie und Psychotherapie. 5. Aufl. d. Neuaus. v. 2002. Bonn: Psychiatrie-Verlag.

Dörr, M. (Hrsg.) (2002): Klinische Sozialarbeit – eine notwendige Kontroverse. Baltmannsweiler: Schneider-Verlag Hohengehren.

Ehmer, K. (2010): „Weil das auch immer so unsicher war". Versorgung aus der Sicht von AdressatInnen. In: Klinische Sozialarbeit, 6, 4, S. 9-10.

Eichborn, V. v. (2011): Frauenselbsthilfe und Trauma: Posttraumatisches Wachstum als Bildungsprozess. In: Klinische Sozialarbeit, 7, 2, S. 8-9.

Engel, F. (1997): Dacapo – oder moderne Beratung im Themenpark der Postmoderne. In: Nestmann, F. (Hrsg.): Beratung. Bausteine für eine interdisziplinäre Wissenschaft und Praxis. Tübingen: dgtv, S. 179-216.

Fetscher, K. (2008): Die Bedeutung neurowissenschaftlicher Aspekte in der Klinischen Sozialarbeit – am Beispiel der beruflichen Eingliederung von Menschen mit einer mesialen Temporallappenepilepsie (mTLE). In: Klinische Sozialarbeit, 4, 4, S. 10-12.

Franzkowiak, P./Homfeldt, H. G./Mühlum A. (2011): Lehrbuch Gesundheit. Weinheim: Juventa. (i.Dr.)

Gahleitner, S. B. (2011): Psychosoziale Beratung. In: Deutscher Verein für öffentliche und private Fürsorge e.V. (Hrsg.): Fachlexikon der sozialen Arbeit. 7. überarb. Aufl. Baden-Baden: Nomos, S. 681-682.

Gahleitner, S. B./Borg-Laufs, M./Zurhorst, G. (2008): Kinder- und Jugendlichenpsychotherapie nach der Bologna-Reform. Perspektiven der Sozialarbeit, Sozialpädagogik und Heilpädagogik – sieben Thesen. In: Verhaltenstherapie mit Kindern & Jugendlichen, 4, 2, S. 123-126.

Gahleitner, S. B./Hahn, G. (Hrsg.) (2008): Klinische Sozialarbeit. Zielgruppen und Arbeitsfelder (Reihe: Beiträge zur psychosozialen Praxis und Forschung). Bd. 1. Bonn: Psychiatrie-Verlag.

Gahleitner, S. B./Hahn, G. (Hrsg.) (2009): Klinische Sozialarbeit. Forschung aus der Praxis – Forschung für die Praxis (Reihe: Beiträge zur psychosozialen Praxis und Forschung). Bd. 2. Bonn: Psychiatrie-Verlag.

Gahleitner, S. B./Hahn, G. (Hrsg.) (2010): Klinische Sozialarbeit. Gefährdete Kindheit – Risiko, Resilienz und Hilfen (Reihe: Beiträge zur psychosozialen Praxis und Forschung). Bd. 3. Bonn: Psychiatrie-Verlag.

Gahleitner, S. B./Mühlum, A. (2010): Klinische Sozialarbeit. In: Bock, K./Miethe, I. (Hrsg.): Handbuch qualitative Methoden in der Sozialen Arbeit. Opladen/Farmington Hills: Verlag Barbara Budrich, S. 490-499.

Gahleitner, S. B./Pauls, H. (2010): Soziale Arbeit und Psychotherapie. Zum Verhältnis sozialer und psychotherapeutischer Unterstützungen und Hilfen. In: Thole, W. (Hrsg.): Grundriss Soziale Arbeit. Ein einführendes Handbuch. 3. Aufl. Wiesbaden: VS Verlag für Sozialwissenschaften, S. 367-374.

Galuske, M./Müller, C. W. (2005). Handlungsformen der Sozialen Arbeit – Geschichte und Entwicklung. In: W. Thole (Hrsg.): Grundriss Soziale Arbeit. Ein einführendes Handbuch. 2. überarb. u. akt. Aufl. Wiesbaden: VS Verlag für Sozialwissenschaften, S. 485-508.

Geißler-Piltz, B. (Hrsg.) (2005): Psychosoziale Diagnosen und Behandlung in Arbeitsfeldern der Klinischen Sozialarbeit. Münster: LIT.

Geißler-Piltz, B./Mühlum A./Pauls, H. (2005): Klinische Sozialarbeit (Reihe: Soziale Arbeit im Gesundheitswesen). Bd. 7. München: Reinhardt.

Geißler-Piltz, B./Mühlum A./Pauls, H. (2010): Klinische Sozialarbeit (Reihe: Soziale Arbeit im Gesundheitswesen). Bd 7. München: Reinhardt. (E-Book).

Gödecker-Geenen, N./Nau, H. (Hrsg.) (2002): Klinische Sozialarbeit. Eine Positionsbestimmung. Münster: LIT.

Großmaß, R. (2006): Beratung als neue Profession – Anstöße und Entwicklungen im Umfeld des Psychotherapeutengesetzes (Deutschland 1999). Online verfügbar: http://www.ash-berlin.eu/hsl/freedocs/197/beratungsprofession.pdf [09.11.2009].

Grunwald, K./Thiersch, H. (Hrsg.) (2004): Praxis lebensweltorientierter Sozialer Arbeit. Handlungszugänge und Methoden in unterschiedlichen Arbeitsfeldern. Weinheim: Beltz, S. 173-180.

Keupp, H. (1997): Ermutigung zum aufrechten Gang. Tübingen: dgvt.

Keupp, H. (2004): Beratung als Förderung von Identitätsarbeit in der Spätmoderne. In: Nestmann, F./Engel, F./Sickendiek, U. (Hrsg.): Das Handbuch der Beratung. Band 1. Tübingen: dgvt, S. 469-485.

Klinische Sozialarbeit – Zeitschrift für psychosoziale Praxis und Forschung. (2005ff.).

Labonté-Roset, C./Hoefert, H.-W./Cornel, H. (Hrsg.) (2010): Hard to Reach. Schwer erreichbare Klienten in der Sozialen Arbeit. Berlin: Schibri.

McLeod, J. (2004): Counselling – eine Einführung in Beratung. Tübingen dgvt.

Mühlum, A. (2005a): Professionalisierungsschritte der Klinischen Sozialarbeit. In: Geißler-Piltz, B. (Hrsg.): Psychosoziale Diagnosen und Behandlung in Arbeitsfeldern der Klinischen Sozialarbeit. Münster: LIT, S. 184-193.

Mühlum, A. (2005b): Gestufte Fachlichkeit. Strukturwandel der Sozialen Arbeit im intraprofessionellen und gesellschaftlichen Kontext. In: psychosozial, 28, 3, S. 9-15.

Mühlum, A./Gahleitner, S. B. (2008): Klinische Sozialarbeit als Fachsozialarbeit – Professionstheoretische Annäherung und professionspolitische Folgerungen. In: Gahleitner, S. B./Hahn, G. (Hrsg.): Klinische Sozialarbeit. Zielgruppen und Arbeitsfelder (Reihe: Beiträge zur psychosozialen Praxis und Forschung). Bd. 1. Bonn: Psychiatrie-Verlag, S. 44-61.

Mühlum, A./Gahleitner, S. B. (2010): Klinische Sozialarbeit – Fachsozialarbeit: Provokation oder Modernisierungsprojekt der Sozialen Arbeit? In: Gahleitner, S. B./Effinger, H./Kraus, B./Miethe, I./Stövesand, S./Sagebiel, J. (Hrsg.): Disziplin und Profession Sozialer Arbeit. Entwicklungen und Perspektiven (Reihe: Theorie, Forschung und Praxis Sozialer Arbeit). Bd. 1. Opladen/Farmington Hills: Verlag Barbara Budrich, S. 95-113.

Nestmann, F. (2008): Die Zukunft der Beratung in der sozialen Arbeit. In: Beratung Aktuell, 9, 2, S. 72-97.

Nestmann, F./Engel, F./Sickendiek, U. (2004): „Beratung". Ein Selbstverständnis in Bewegung. In: Nestmann, F./Engel, F./Sickendiek, U. (Hrsg.): Das Handbuch der Beratung. Bd. 1. Tübingen: DGVT, S. 219-230.

Ortmann, K./Röh, D. (Hrsg.) (2008): Klinische Sozialarbeit. Konzepte – Praxis – Perspektiven. Freiburg i. Br.: Lambertus.

Pantuček, P./Röh, D. (Hrsg.) (2009): Perspektiven Sozialer Diagnostik. Über den Stand der Entwicklung von Verfahren und Standards (Reihe: Soziale Arbeit). Bd. 5. Münster: LIT.

Pauls, H. (2011): Klinische Sozialarbeit. Grundlagen und Methoden psycho-sozialer Behandlung. (2. akt. Aufl.). Weinheim: Reinhardt.

Pauls, H./Mühlum, A. (2005): Klinische Kompetenzen. Eine Ortsbestimmung der Sektion Klinische Sozialarbeit. In: Klinische Sozialarbeit 1, 1, S. 6-9.

Rumpeltin, A. (2009): Trauma und (Ohn-)Macht – Machtphänomene in Kliniken und ihre Auswirkung auf PatientInnen in der Onkologie. In: Klinische Sozialarbeit, 5, 1, S. 8-10.

Schaub, H.-A. (2008): Klinische Sozialarbeit. Ausgewählte Theorien, Methoden und Arbeitsfelder in Praxis und Forschung. Göttingen: V&R unipress.

Schütze, F. (1996): Organisationszwänge und hoheitsstaatliche Rahmenbedingungen im Sozialwesen: Ihre Auswirkungen auf die Paradoxien des professionellen Handelns. In: Combe, A./Helsper, W. (Hrsg.): Pädagogische Professionalität. Untersuchungen zum Typus pädagogischen Handelns. 3. Aufl. Frankfurt a. M.: Suhrkamp, S. 183-275.

Seibert, U. (1978): Soziale Arbeit als Beratung. Weinheim: Beltz.

Sickendiek, U./Engel, F./Nestmann, F. (2002): Beratung. Eine Einführung in sozialpädagogische und psychosoziale Beratungsansätze (Reihe: Grundlagentexte Soziale Berufe). 2. überarb. u. erw. Aufl. Weinheim: Juventa.

Staub-Bernasconi, S. (1995): Systemtheorie, soziale Probleme und Soziale Arbeit: lokal, national, international. Bern: Haupt.

Tausch, J. (2010): Schnittstellenarbeit im Frühe-Hilfen-Projekt – das Familiennetzwerk Wandsbek. In: Klinische Sozialarbeit, 6, 4, S. 11.

Thiersch, H. (1992): Lebensweltorientierte soziale Arbeit. Aufgaben der Praxis im sozialen Wandel. Weinheim: Juventa.

Geschlecht und Soziale Arbeit

Identitätspolitische Fragen und systematische Vermittlung von Geschlechterdiskursen

Monika Barz und Cornelia Giebeler

1. Einleitung

Die Soziale Arbeit als Profession ist zurzeit mit identitätspolitischer Verortung befasst. Bereits der durchgesetzte Begriff der Sozialen Arbeit in Ablösung der „alten" Sozialarbeit und Sozialpädagogik war ein identitätspolitischer Schritt. Zusätzlich kommen Neuverortungen auf die Tagesordnung wie die Fragen um die „große" Lösung der generalisierten Sozialen Arbeit in Abgrenzung zu den neu entstehenden Studiengängen mit thematischer oder Feld-Fokussierung, Fragen nach der Multiprofessionalität im Feld, der Interdisziplinarität in der Forschung, ihre Beziehung zu Nachbardisziplinen, der methodologischen Verortung als eigenständige Disziplin und ihrem Aufbau als „Stolze Profession" (Schütze, 1992). Im Kontext dieser Neuverordnungen problematisieren Frauen- und GeschlechterforscherInnen, dass die Kategorie Gender an Bedeutung verliert (Bitzan, 2010). Angesichts von Gender-Mainstreaming und Gender-Budgeting wäre genau das Gegenteil erforderlich: Die systematische Thematisierung von Geschlecht in allen Feldern Sozialer Arbeit und die Etablierung eigener Gender-Strukturen in Profession und Disziplin.

Mit unserem Beitrag verorten wir die Kategorie Geschlecht für die Soziale Arbeit neu auf der Basis paradoxer Zweigeschlechtlichkeits(de)-konstruktionen. Wir fokussieren Theoriestränge der Genderdiskurse und entwickeln eine Systematik der curricularen Einbettung der Frauen- und Geschlechterforschung für die Soziale Arbeit. Dabei ist die Leitfrage: Wie lässt sich unter den Bedingungen institutionalisierter Geschlechtergleichheitsbestrebungen gleichzeitig der Diskurs um die Fluidität von Geschlecht vermitteln, und welche Konsequenzen ergeben sich hieraus für die Strukturierung des Studiums Sozialer Arbeit? Geschlecht als Standardthema steht in der Sozialen Arbeit heute nicht mehr zur Disposition und ist von verschiedenen KollegInnen aus der Sozialen Arbeit bereits für die Lehre aufgearbeitet worden (Czollek et al., 2009). Allerdings bleibt die Genderforschung nach wie vor in einem Dilemma verhaftet, das wir im Folgenden zum Ausgangspunkt nehmen, um den Sinn einer allgemeinen und generalisierten Genderforschung und Genderpraxis für die Soziale Arbeit zu begründen.

2. Gender-Diskurs: Die Dekonstruktionen des ‚WIR' der Frauen

Mit der Neuerfindung des Verhältnisses von ‚Männern' und ‚Frauen' durch die verschiedenen (De-)Konstruktionsdiskurse sind scheinbar fixe Grenzen von Identifizierungen und Identitäten aufgehoben geworden. Mit Judith Butlers Dekonstruktion der Identität ‚Frau' sind feministische Identitätspolitiken, die auf der Zugehörigkeit zu einem Geschlecht basieren, brüchig geworden. ‚Frauen' sind als soziale Kategorie mit klarer Abgrenzung zum anderen Geschlecht diskursiv nicht mehr haltbar (Butler, 1991) , Zweigeschlechtlichkeit wurde längst u.a. durch Hagemann-White (1988) als soziales Konstrukt bis hinein in die scheinbar eindeutige biologische Existenz von Zweigeschlechtlichkeit dekonstruiert. Nach dem ersten ‚Wir'-Gefühl in den Anfängen der Frauenbewegungen wurde fast zeitgleich der implizit und praktisch wirksame Ausschluss von „anderen" Frauen, hier vor allem zunächst der Schwarzen und lesbischen Frauen durch Autorinnen wie Adrienne Rich und Audre Lorde (Schultz, 1991) thematisiert und kritisiert. „Andere", „fremde" Frauen, die nicht weiß, nicht heterosexuell, sondern „ungleich" zur feministischen Normativierung leben, haben den Universalitätsanspruch eines heterosexuellen, weißen und „westlichen" „Wir" aufgebrochen. Als erstes Manifest gilt heute das des Combahee River Collectives, in dem sich schwarze Frauen von der weißen Frauenbewegung distanzieren (Combahee River Collective, 1982).

Fast gleichzeitig haben sich in den Postcolonial Studies kritische Stimmen zu Wort gemeldet, die die fortgesetzte koloniale Weltstrukturierung in das Zentrum gesellschaftlicher Analysen stellen. Dabei steht die Beziehung zu dem – um es mit Spivak zu formulieren – *„historisch zum Verstummen gebrachten Subjekt der subalternen Frau"* (Spivak, 2008, S. 75) im Zentrum. Daraus folgt für uns die Frage: Welche Rolle spielt Subalternität für die Soziale Arbeit? Wie sind die Herausforderungen weltweiter Diskurse um Unsichtbarmachung und Verstummung Subalterner in einer sich kritisch einmischenden Sozialen Arbeit umzusetzen in Studieninhalte?

‚Geschlecht' ist so von einer scheinbar fest umgrenzbaren Kategorie zu einer fluiden, hybriden, changierenden Kategorie mit offene Grenzen mutiert, die nur im Kontakt mit anderen zentralen Strukturkategorien zur Analyse moderner Gesellschaften ihr analytisches Gewicht behält. Dazu gehören: Klasse/Soziale Ungleichheit, Ethnizität/Race und Heteronormativität/sexuelle Orientierung. Um theoretische Fragen wie diese zu klären und für die Soziale Arbeit fruchtbar zu machen, bedarf es einerseits einer Spezialisierung in Gender-Forschung und Gender-Lehre, andererseits aber auch die Intersektion der Gender-Thematik in der Sozialen Arbeit mit anderen Strukturkategorien. Die Identifizierung mit Genderforschung und -lehre allerdings ist eine Voraussetzung, um hier analytisch und praktisch den Fragestellungen adäquat nachgehen zu können.

3. Geschlecht und Curriculum in der Sozialen Arbeit – Querschnittskompetenz oder Spezialisierung?

Curricular ist die Auseinandersetzung mit den Geschlechterperspektiven in der Sozialen Arbeit in vielen Studiengängen verankert, wie die Erhebung von Ehlert & Hasenjürgen (2005) feststellt. „Gender-Checklisten" für die Einführung von BA- und MA-Studiengänge werden vorgestellt (Gützkow, 2005) und damit als Top-Down-Verfahren in die Studiengänge transportiert. Auf der einen Seite werden Hochschulen durch Mainstreaming-, Budgeting-, Diversity-Verfahren „gegenderd", andererseits bleibt die Frage offen, wie Inhalte in den Studiengängen verankert werden sollen.

Neben den inhaltlichen Fragen zu spezifizierten Gendermodulen und/ oder Gender als Querschnittsthema in allen Bereichen verlangen institutionelle Zugzwänge die Etablierung eigenständiger Gender-Studies und Gendermodule. Die in allen Feldern ausgebaute Querschnittsthematisierung würde voraussetzen, dass alle KollegInnen die umfassenden Genderdiskurse kennen, um sie als selbstverständlichen wissenschaftlichen Bestandteil ihrer Module und Lehrgebiete mit anbieten zu können. Dies ist angesichts des Standes der Theorie und der verschiedenen Felder nicht möglich.

Allerdings sind in den praktischen Feldern der Sozialen Arbeit Geschlechterfragen allgegenwärtig und als Querschnittskompetenz von hoher methodischer Relevanz. Soziale Arbeit wird als „Gendered Profession" (Engelfried & Voigt-Kehlenbeck, 2010) betrachtet und bedarf dennoch eines weiteren „Engendering" in allen Feldern der Profession (Giebeler, 2006). Für die Lehre bedeutet das eine große Herausforderung: Da sind Theorieansätze zu vermitteln, die die Kategorie ‚Geschlecht' in Frage stellen und davon ausgehen, dass es ‚Männer' und ‚Frauen' eigentlich gar nicht gibt, sondern dass diese erst über die gesellschaftlich unhinterfragte Zweigeschlechtlichkeit erzeugt werden. Gleichzeitig werden eine Vielzahl empirischer Daten und Fakten zur Analyse vorgelegt, die die gesellschaftliche Wirklichkeit getrennt nach ‚Männern' und ‚Frauen' erfassen. Damit soll eine Geschlechtersensibilität entwickelt und bei der Betrachtung gesellschaftlicher Wirklichkeit analytisch genau geschlechtergetrennt analysiert werden: „Wie sieht die Situation für Frauen und Mädchen aus; wie für Männer und Jungen?" Es sollen gar geschlechtsspezifische Handlungskonzepte entwickelt werden, die beispielsweise in der Jugendarbeit nach Jungen- und Mädchenarbeit differenzieren oder in der Gewaltpräventionsarbeit systematisch für Männer und Frauen zugeschnitten sind.

Wie passt das zusammen? Wir thematisieren einerseits die soziale Wirklichkeit zweigeschlechtlicher Differenz und andererseits die Auflösung der Kategorie ‚Geschlecht‘. Wir beschäftigen uns einerseits mit Gesellschaften, in denen mehrere Geschlechter sozial und kulturell definiert sind, und fordern andererseits nicht nur in der Kinder- und Jugendarbeit eine systematische Differenzierung sozialer Wirklichkeit nach zwei Geschlechtern (Rose, 2007). Wir wissen einerseits, dass die XY-Kombinationen und hormonelle Varianz auf einem Kontinuum angesiedelt sind und thematisieren andererseits über Gender-Budgeting die Notwendigkeit einer zweigeschlechtlich konstruierten Kontrolle von Geld- und Ressourcenflüssen (Elson & Young, 2002).

4. Genderlehre für die Soziale Arbeit – ein inhaltlicher Zugang

Angesichts dieser Herausforderungen werden wir im Folgenden einen inhaltlich begründeten Beitrag für die Notwendigkeit einer systematischen Institutionalisierung von Genderthemen in der Sozialen Arbeit anbieten.

Es wird eine Systematik entwickelt, die es Studierenden ermöglicht, die Komplexität des Themas zu überblicken, Gleichzeitigkeiten zu verstehen und unterschiedliche sozialpolitische Handlungsoptionen und Haltungen einzuordnen.

Die zugrundeliegende Logik der oben beschriebenen Widersprüchlichkeiten besteht darin, dass die analytische Betrachtung der Geschlechterperspektiven in der Sozialen Arbeit auf zwei höchst unterschiedlichen elementaren Fragestellungen basiert:

- Da ist die Frage: Wie geht es Männern und Frauen? (Generalisierung des Themas spezifiziert für alle Felder der Sozialen Arbeit)
- Und da ist der Frage nachzugehen: Wie entstehen ‚Männer‘ und ‚Frauen‘? (Spezialisierung um theoretische Diskurse zu fundieren, methodologische Fragen aufzuwerfen und zu klären, interdisziplinäre und internationale, interkulturelle Zugänge zu finden)

Die erste Frage zielt darauf, zu erfassen, ob und wie sich Soziale Wirklichkeit für die zwei konstruierten Geschlechter in der Gesellschaft gleich oder unterschiedlich gestaltet, ist für die AkteurInnen und AdressatInnen von Sozialer Arbeit in allen Feldern Sozialer Arbeit relevant. Es gibt vorläufig kein Entrinnen aus der Dichotomie sozial verfasster Geschlechtlichkeit. Jede Datenerhebung arbeitet damit, jeder geschlechtsbezogene Ansatz der Sozialen Arbeit bezieht sich auf diese Dichotomie und jeder Versuch, es anders zu tun, landet vorläufig bei der Ignoranz geschlechtlicher Verfasstheit von Gesellschaft und öffnet damit potenziell die Türen für die Hierarchisierung und Dethematisierung des Geschlechterdiskurses.

Die zweite Frage befasst sich mit der Entstehung der zwei Geschlechter, den geschlechtsbezogenen Zuschreibungsprozessen, interessiert sich für mehrgeschlechtlich verfasste Gesellschaften, das biologische Kontinuum von ‚weiblich' und ‚männlich' und die Verflechtungen der Geschlechterkonstruktionen mit anderen Kategorien, vor allem Klasse/Soziale Ungleichheitsstrukturierung, Race/Ethnizität und Heteronormierung/Sexuelle Orientierung.

5. Gender-Kenntnisse in allen Feldern Sozialer Arbeit oder: Wie *geht* es ‚Männern' und ‚Frauen'?

Diese Frage zielt darauf ab, zu erfahren, wie sich die Soziale Wirklichkeit von Mädchen/Jungen und Frauen/Männern in den heutigen Gesellschaften darstellt. Dazu analysieren wir die umfangreiche zweigeschlechtlich erhobene Datenbasis aus amtlichen nationalen und internationalen Statistiken, repräsentativen Studien, einzelnen Forschungsprojekten und tagespolitischen Analysen wie z.B. Statistisches Bundesamt, 2006 und 2010; Eurostat, 2008; United Nations, 2010; Bundesministerium BMFSFJ, 2005 und 2009; Sachverständigenkommission 2011; Gender Statistic Website der United Nations, Internetplattform der OECD.

So bieten sich alle sozialpolitischen Themenfeldern wie beispielsweise Erwerbstätigkeit, unbezahlte Arbeit, Care, Bildung, Soziale Sicherung, Gesundheit, Kinder, Gewalt und Politikbeteiligung an, um zu analysieren, wie Geschlechterdifferenzen in Grafiken und Zahlentabellen ablesbar werden. Lehrexperimente, die erfolgreich durch die gezielte Analyse von Daten und Fakten ein Problembewusstsein bei Studierenden wecken, liegen vor (Barz, 2008). Für die sozialpädagogische Alltagspraxis sind die Analysen empirischer Daten für jegliche zielgruppenspezifische Arbeit von Bedeutung. Sie bieten die Grundlage für eine geschlechtersensible Praxis. So sind Soziale Wirklichkeiten für männliche Migranten anders strukturiert als für Migrantinnen, haben behinderte Männer andere Problemlagen als behinderte Frauen und Senioren andere Unterstützungsbedarfe als Seniorinnen. Erst auf dem Hintergrund differenzierter Daten und Fakten über geschlechtsspezifisch geprägte Lebenswelten sind sowohl sinnvolle Konzeptentwicklungen als auch adäquate methodische Herangehensweisen möglich (Barz, 2009; Ehlert, 2010; Giebeler, 2009; Hasenjürgen, 2009; Rose, 2003; Stövesand, 2007.

Bei der Betrachtung der Sozialen Wirklichkeit von Frauen und Männern zeigen sich in vielen Bereichen soziale Ungleichheiten zwischen den Geschlechtern. Zahlreiche Indikatoren verweisen auf eine strukturelle Benachteiligung von Mädchen und Frauen bezüglich Einkommen, beruflichem Status, politischer Partizipation, sozialer Sicherung und vielem mehr (BMFSFJ, 2009). International betrachtet sind es Frauen und Kinder, vor allem Mädchen, die in den meisten Ländern als kollektiv vulnerabel eingestuft werden und nach Kriterien wie Einkommen, unbezahlter Arbeitsleistung, Eigentum, Bildung und Gesundheit schlechtere Bedingungen haben (United Nations, 2010). Anhand von Daten und Fakten werden auch die strukturellen Benachteiligungen von Jungen und Männern sichtbar. In Deutschland verweisen Indikatoren wie Schulabschlüsse und Schulleistungen auf Problemlagen in der Jungensozialisation (BMFSFJ, 2005).

Der sozialen Wirklichkeit sind all die zahllosen wissenschaftlichen Diskurse und medialen Berichte über ‚Frauen' oder ‚Männer' zuzuordnen, wie beispielsweise Männergewalt gegen Frauen, häusliche Gewalt und sexuellen Missbrauch, Chancen von Frauen in Führungspositionen, politische Repräsentanz von Frauen auf nationaler und internationaler Ebene, Quotierung, Entgeltdiskriminierung, Feminisierung der Armut, Schulversagen von Jungen und vieles mehr. Gegen Gewalt und soziale Ungleichheit sind eine Fülle von Projekten und Institutionen entstanden. Dazu zählen unter anderem Frauenhäuser für geschlagene Frauen, Beratungsstellen bei sexuellem Missbrauch, Mädchenhäuser, Gleichstellungsstellen bei Kommunen, Behörden und Betrieben, Quotierungen bei Stellenbesetzungen und in politischen Parteien, Equal-Pay-Kampagnen u.v.m. Viele dieser Projekte sind durch engagierte Frauen entstanden, die diese sozialen Wirklichkeiten erkannt und zum Politikum gemacht haben. Die Gründungsbewegungen haben Projekte und Institutionen geschaffen, einschließlich den Frauenforschungsinstitutionen und den Professuren für Genderfragen, auch in der Sozialen Arbeit. So sind gerade aus dem Zusammenspiel von neuen theoretischen Erkenntnissen und praktischer politischer Umsetzung Institutionen Sozialer Arbeit geschaffen worden, in denen heute selbstverständlich Professionelle der Sozialen Arbeit tätig sind. Alle diese Themen und Felder bleiben häufig in der konstruierten Zweigeschlechtlichkeit verfangen. Immer wieder wird – trotz der bereits in den 80er Jahren beginnenden Differenzierungen innerhalb der weißen Frauenbewegung (Giebeler, 1992) ein kollektives ‚Wir' der Frauen angesprochen und damit systematisch die Erkenntnisse zum Kontinuum von Geschlechtlichkeit und der sozial/kulturellen Differenz zwischen Frauen tabuisiert. Pragmatisch-praktisch schließt sich jede Veränderung für ‚Frauen' aus, wenn die zweigeschlechtliche Kategorisierung unhinterfragt und als ‚normaler' Grundbestandteil menschlicher Existenz in die Neugestaltungen Sozialer Wirklichkeiten eingeht.

6. Diskurse zur Zweigeschlechtlichkeit oder: Wie *entstehen* ‚Männer' und ‚Frauen'?

Diese Frage zielt darauf ab, zu erfahren, wie ‚Frausein' und ‚Mannsein' entsteht, welche gesellschaftlichen Mechanismen wirksam sind, die Menschen einteilen in ‚Männer' und ‚Frauen' und damit unterschiedliche Erwartungen verbinden, die die sogenannten weiblichen und männlichen Verhaltensweisen herstellen (Hagemann-White, 1984). In der englischen Sprache existieren für das eine deutsche Wort ‚Geschlecht' die zwei Begriffe: ‚sex' und ‚gender'. Während ‚sex' die biologische Seite der Geschlechtlichkeit bezeichnet, wird ‚gender' – laut Oakley (1978) – für die sozial gelernte und gesellschaftlich geformte Geschlechtsrolle verwandt, die die Autorin als trennscharfes Kriterium verteidigt gegen die antiessenzialistischen Bestrebungen, selbst den „biologischen" Begriff zu fluidisieren. Die aktuellen deutschsprachigen wissenschaftlichen Diskurse über Geschlechterdifferenzen und Geschlechterrollen greifen diese Unterscheidung auf und verwenden konsequenterweise den Begriff ‚gender'. Damit geht das Verständnis der Gestaltbarkeit und gesellschaftlich geformten Ausprägungen des Mannseins und Frauseins einher (Gildemeister, 2010).

Im Hinblick auf die biologische Eindeutigkeit stellt die wissenschaftliche Auseinandersetzung mit Geschlecht die vorgegebene Zweigeschlechtlichkeit kritisch in Frage und kommt zu der These: Es gibt mehr als zwei Geschlechter, sei es durch die Dekonstruktion der Geschlechterdiskurse (Butler, 1991), die Thematisierungen der Konstruktionsprozesse des „Doing Gender" (Wetterer, 2010), die kulturellen Prozesse der Herstellung eines „Dritten Geschlechts" z.B. innerhalb der zapotekischen Gesellschaftsorganisation am Istmus von Tehuantepec (Bennholdt-Thomsen, 1994) oder der „Zehn Geschlechter" in den Anden Boliviens (Rösing, 1995).

Naturwissenschaftliche Studien zur Bestimmung von Männlichkeit und Weiblichkeit gehen ebenso wie anthropologische Forschungen von der Tatsache aus, dass es nicht zwei dichotome Geschlechter (entweder männlich oder weiblich) gibt, sondern ein Kontinuum zwischen zwei Polen. Zur Bestimmung der Geschlechtlichkeit einer Person sind medizinisch betrachtet genetische, anatomische und hormonelle Faktoren relevant, die in den unterschiedlichsten Kombinationen vorkommen. Intersexualität – die Uneindeutigkeit des Geschlechts – kann gonodale, hormonelle, genetische und anatomische Variationen als Ursachen haben (Voß, 2010; Werner-Rosen, 2006; Fröhling, 2003). Anatomische Uneindeutigkeiten – wie zum Beispiel ‚Bartwuchs' und ‚Haarwuchs an Beinen und Brust' werden von Frauen häufig als kosmetisches Problem behandelt und unsichtbar gemacht. Intersexualität ist eine der aktuell enttabuisierten Gender-Wirklichkeiten, in denen die zweigeschlechtliche Normativierung deutlich wird, deren Herstellung als Genitalverstümmelung verstanden werden kann (Zwischengeschlecht, 2010).

Diskussionen zur Zweigeschlechtlichkeit sind somit weit gefächert und nehmen einen großen Raum ein. Geschlecht, als Kontinuum begriffen, und ‚Mannsein' und ‚Frausein' als Produkt einer alltäglichen Inszenierung, diese beiden Aspekte werden in den sozialwissenschaftlichen Diskursen unter dem Begriff ‚doing gender' analysiert (Gildemeister, 2010; Wetterer, 2010). Hinzu kommen die umfangreichen international geführten Diskurse zur Queer-Theory, die Transsexualität und Intersexualität im Kontext poststrukturalistischer Denkansätze diskutieren (Ant, 2000; Fröhling, 2003; Polymorph, 2000). Ihnen gemeinsam ist die konsequente Analyse des Zwangscharakters einer gesellschaftlich konstruierten Zweigeschlechtlichkeit. Menschen, die nicht in eine dieser Kategorien ‚Mann' oder ‚Frau' passen, werden gesellschaftlich ausgegrenzt und in Subkulturen gedrängt. Noch immer gibt es zu wenige wissenschaftliche Studien zur sozialen Wirklichkeit Transsexueller und Intersexueller (Brauckmann, 2002; Schröter, 2002). Es entsteht gesellschaftlich ein zunehmendes Bewusstsein darüber, dass auch Kinder geboren werden, die nicht eindeutig einem Geschlecht zuzuordnen sind, und die mediale Aufmerksamkeit für Eltern wächst, die vor Entscheidungen stehen, medizinische Eingriffe bei ihren Neugeborenen vornehmen zu lassen, um sie eindeutig einem Geschlecht zuordnen zu können. Immer häufiger stellt sich im politischen Raum die Frage, ob die Gesellschaft offen genug ist, Kinder ohne geschlechtliche Zuordnung natürlich aufwachsen zu lassen (Rauchfleisch, 2006). Unterstützt durch die geschützte Kommunikation über das Internet, entstehen neue soziale Bewegungen und Selbsthilfegruppen. Sichtbarkeit und Vernetzung sind zentrale Aktivitäten dieser Personengruppe. Politisch aktive Drag Queens („Männer", die sich als Frau inszenieren) und Drag Kings („Frauen", die sich als Mann inszenieren), sind bewusste Provokationen gegen die vermeintlich biologisch festgelegte Zweigeschlechtlichkeit. Sie sind Vorbilder für das „gender-crossing" und das „Spiel mit dem Geschlecht"(Benedek & Binder, 1996). Die Szene gilt als randständig, sie ist weltweit verbreitet und als transnationale Bewegung in allen urbanen Zentren organisiert. Ziel vieler AkteurInnen in diesem Bereich ist es, bewusst an den Grenzen der Zweigeschlechtlichkeit zu experimentieren, zur Sichtbarkeit individueller Ausprägungen beizutragen und eine Vision der Vielfalt zu leben. Anhand dieser aktuellen Diskurse lässt sich inhaltlich begründen, wieso die Querschnittsthematik ‚Gender' zentrale Räume der Selbstverständigung und der wissenschaftlichen und professionellen Weiterentwicklung braucht, um auf allen Ebenen der Sozialen Arbeit sinnvolle professionelle Unterstützungen leisten zu können.

Soziale Arbeit als „Gendered Profession" braucht eigene Gender-Module, Gender-Veranstaltungen, Räume feministischer Reflexionen und professioneller Kreativität. Gleichzeitig sind alle FachkollegInnen gefragt, ihre

Themen mit dem Geschlechterblick perspektivisch zu erweitern, zu fokussieren und zu durchdringen. Dabei allerdings müssen sie auf die allgemeinen Diskurse zur Geschlechtlichkeit zurückgreifen, um kreativ und weiterführend die Thematik nicht-essenzialisierend in den Feldern der Sozialen Arbeit theoretisch-praktisch umzusetzen.

7. Ausblick

Was bedeutet die Analyse der Geschlechterverhältnisse der vergangenen 30 Jahre für die Soziale Arbeit, wie hat sie vor allem den neuen Diskurs zur Geschlechterkonstruktion aufgegriffen und sich in den Debatten um Generalisierung und Spezialisierung verortet?

Der überwiegende Anteil der Hochschulen in der Bundesrepublik hat eigenständige Gender-Forschung institutionalisiert, laut Bildungsserver elf Institute in Deutschland, und – in den letzten Jahren verstärkt in den MINT-Fächern – Schwerpunkte in den verschiedenen Wissenschaftsdisziplinen entwickelt. Lehrinhalte liegen für 47 Disziplinen/Fächer vor, verfasst von dem Studien-Netzwerk Frauenforschung NRW, auch für die Soziale Arbeit. Der Notwendigkeit einer allgemeinen wie disziplinären Verortung der Genderkompetenz ist damit Rechnung getragen – trotz aller Kritik und Schwierigkeiten, Gender-Studies als eigenständiges Fach zu etablieren. Für die andere Orientierung, nämlich Gender als Querschnittskompetenz einzuführen, hängt es an den Personen, ob die Thematisierung in dem gebührenden Umfang angeboten wird. Eine intensive, aufbauende Auseinandersetzung mit den komplexen Fragen der Genderkonstruktionen – innerhalb und als Bestandteil von hierarchisierenden Komponenten wie Race/Ethnizität, Klasse/soziale Ungleichheitsstrukturierung, Heteronormativität/sexuelle Orientierung – wird nur zu führen sein, wenn die Beteiligten über die zeitlichen Ressourcen verfügen, um den Anforderungen zu genügen, nämlich nicht nur die Diskurse und sozialen Bewegungen zum Genderunrecht zu verfolgen, sondern auch eine Umsetzung und gleichzeitige Thematisierung für die Praxis Sozialer Arbeit zu leisten. Der Spagat zwischen der Anforderung einerseits, die Fokussierung auf Zweigeschlechtlichkeit zur Kenntnis und als Ausgangspunkt für Gerechtigkeitsforderungen zu nehmen, und andererseits, die Konstruktion dieser Fokussierung kritisch zu hinterfragen, wird in der praktischen Arbeit für die Zukunft der Genderperspektive in der Sozialen Arbeit *die* Herausforderung sein. Dazu braucht die Soziale Arbeit eigenständige Gender-Institute, Lehrmodule, und Gender-Fachgruppen sowie integrierte Inhalte zur Fortführung des Projektes: „Engendering Global Social Work".

Literatur

Ant, Ch. (2000): Transsexualität und menschliche Identität. Herausforderung sexualethischer Konzeptionen. Studien der Moraltheologie, Abteilung Beihefte, Band 5. Münster/Hamburg/London: Lit. Verlag.

Barz, M. (2008): Durch Daten und Fakten zu einem neuen Genderbewusstsein. Ein Lehrexperiment. Schriftenreihe der Evangelischen Fachhochschule Reutlingen-Ludwigsburg. Stuttgart: Verlag der Evangelischen Gesellschaft.

Barz, M. (2009): Paradigmenwechsel in der Vermittlung geschlechtssensibler Analysekompetenzen. Beispiel eines Lehrexperiments im Studiengang Soziale Arbeit. In: Iwers-Stelljes, T. (Hrsg.): Prävention – Intervention – Konfliktlösung. Pädagogisch-psychologische Förderung und Evaluation. Wiesbaden: VS Verlag für Sozialwissenschaften, S. 153-168.

Benedek, S./Binder A. (1996): Von tanzenden Kleidern und sprechenden Leibern. Crossdressing als Auflösung der Geschlechterpolarität? Dortmund: Verlag Edition Ebersbach.

Bennholdt-Thomsen, V. (1994): Muxe's, das dritte Geschlecht. In: Diess. Juchitán – Stadt der Frauen. Reinbek: Rowohlt Verlag, S. 192-211.

Bitzan, M. (2011): Zum Bedeutungsverlust der Kategorie ‚Gender'. In: Thiersch, H./Treptow, R. (Hrsg.): Zur Identität der Sozialen Arbeit. Positionen und Differenzen in Theorie und Praxis. Lahnstein: Verlag neue praxis, S. 82-85.

Bundesministerium für Familie, Senioren, Frauen und Jugend (BMFSFJ) (2005): Gender Datenreport. Kommentierter Datenreport zur Gleichstellung von Frauen und Männern in der Bundesrepublik Deutschland.

Bundesministerium für Familie, Senioren, Frauen und Jugend (BMFSFJ)(2009): Atlas zur Gleichstellung von Frauen und Männern in Deutschland.

Butler, J. (1991): Das Unbehagen der Geschlechter. Frankfurt a. M.: Suhrkamp Verlag.

Brauckmann, J. (2002): Die Wirklichkeit transsexueller Männer. Mannwerden und heterosexuelle Partnerschaften von Frau-zu-Mann-Transsexuellen. Gießen: Psychosozial-Verlag.

Czollek, L.C./Perko, G./Weinbach, H.(2009): Lehrbuch Gender und Queer. Grundlagen, Methoden und Praxisfelder. Weinheim: Juventa Verlag.

Combahee River Collective (1982): A black feminist statement. In: Hull, G. T. u.a. (Hrsg.): All the Women are White, All the Blacks are Men. But some of us are Brave. Black Women's Studies. Old Westbury/New York: The Feminist Press, S. 13-22.

Ehlert, G./Hasenjürgen, B. (2005): Gender im Bolognaprozess Zur Diskussion über die Reformierung des Studiums der Sozialen Arbeit In: neue praxis, 35. Jg., H. 5, S. 458-475.

Ehlert, G. (2010): Profession, Geschlecht und Soziale Arbeit. In: Bereswill, M./Stecklina, G. (Hrsg.): Geschlechterperspektiven für Soziale Arbeit: Zum Spannungsverhältnis von Frauenbewegungen und Professionalisierungsprozessen, Weinheim/München: Juventa Verlag, S. 45-60.

Elson, D./Young, B. (2002): Geschlechtergerechtigkeit durch Gender Budgeting? Berlin: Heinrich Böll Stiftung.

Engelfried, C./Voigt-Kehlenbeck, C. (Hrsg.) (2010): Gendered Profession. Soziale Arbeit vor neuen Herausforderungen in der zweiten Moderne. Wiesbaden: VS Verlag für Sozialwissenschaften.

Eurostat (Hrsg.) (2008): Das Leben von Frauen und Männern in Europa. Ein statistisches Portrait. Luxemburg: Amt für Amtliche Veröffentlichungen der Europäischen Gemeinschaften.

Fröhling, U. (2003): Leben zwischen den Geschlechtern. Intersexualität – Erfahrungen in einem Tabubereich. Berlin: Ch. Links Verlag.

Gildemeister, R. (2010): Doing Gender: Soziale Praktiken der Geschlechterunterscheidung. In: Becker, R./Kortendiek, B. (Hrsg.): Handbuch Frauen- und Geschlechterforschung. Theorie, Methoden, Empirie. Wiesbaden: VS Verlag für Sozialwissenschaften, S. 137-145.

Giebeler, C. (1992): Zwischen Protest und Disziplin. Die feministische Paradoxie. Bielefeld: AJZ-Verlag.

Giebeler, C. (2006): "Engendering Social Work" – Conceptos teóricos y metodológicos feministas en su relación con el Trabajo Social. In: Garcia, F. A./Ostariz, J. G./Sarmiento, J. (Ed.): IV Congreso de Faculdades y Escuelas de Trabajo Social: Acciones e Investigaciones Sociales (ASI) Revista Semestral de la Universidad de Zaragoza/Escuela Universitaria de Estudios Sociales, Zaragoza: Artes Gráficas, S. 123-134.

Giebeler, C. (2009): „Doing-Gender" in der Elementarpädagogik. Eine Fallrekonstruktion zur Herstellung binärer Geschlechtlichkeit und pädagogische Konsequenzen für die Bildungsarbeit mit Kindern. In: Knauf, H. (Hrsg.): Frühe Kindheit gestalten. Neue Paradigmen für Bildung und Betreuung von 0- bis 6-jährigen. Stuttgart: Verlag Kohlhammer, S. 137-149.

Gützkow, F. (2005): Gender Mainstreaming in der Akkreditierung von Bachelor- und Maserstudiengängen. In: Brettschneider, F./Wildt, J. (Hrsg.): Handbuch Akkreditierung von Studiengängen. Eine Einführung für Hochschule, Politik und Berufspraxis. Bielefeld: Kleine Verlag, S. 244-256.

Hagemann-White, C. (1984): Sozialisation: Weiblich-männlich? Opladen: Verlag Leske + Budrich.

Hagemann-White, C. (1988): „Wir werden nicht zweigeschlechtlich geboren ...". In: Hagemann-White, C./Rerrich, M. (Hrsg.): FrauenMännerBilder. Männer und Männlichkeit in der feministischen Diskussion. Bielefeld: AJZ Verlag, S. 12-25.

Hasenjürgen, B. (2009): Kultur, Transkultur, demokratische Kultur. In: Genenger-Stricker, M./Hasenjürgen, B./Schmidt-Koddenberg, A. (Hrsg.): Transkulturelles und interreligiöses Lernhaus der Frauen. Ein Projekt macht Schule. Opladen: Verlag Barbara Budrich, S. 110-130.

Oakley (1978): Soziologie der Hausarbeit. Frankfurt: Verlag Roter Stern.

Polymorph (Hrsg.) (2000): (K)ein Geschlecht oder viele? Transgender in politischer Perspektive. Berlin: Querverlag.

Rauchfleisch, U. (2006): Transsexualität – Transidentität. Begutachtung, Begleitung, Therapie. Göttingen: Verlag Vandenhoeck & Ruprecht.

Rösing, I. (1995): Die zehn Geschlechter von Amarete. In: Heinemann, C./Kraus, G. (Hrsg.): „Geschlecht und Kultur". Nürnberg: Berichte und Materialien aus der sozialen und kulturellen Arbeit, Bd. 14. Institut für Soziale und Kulturelle Arbeit (IKSA), S. 45-68.

Rose, L. (2003):Gender Mainstreaming in der Kinder- und Jugendarbeit. Weinheim/Berlin/Basel: Beltz-Verlag.

Rose, L. (2007):Gender und Soziale Arbeit. Annäherungen jenseits des Mainstreams der Gender-Debatte. Baltmannsweiler: Schneider Verlag.
Sachverständigenkommission zur Erstellung des Ersten Gleichstellungsberichtes der Bundesregierung (Hrsg.) (2011): Neue Wege – Gleiche Chancen. Gleichstellung von Frauen und Männern im Lebensverlauf. Essen: Sachverständigenkommission zur Erstellung des Ersten Gleichstellungsberichtes der Bundesregierung.
Schütze, F. (1992): Sozialarbeit als „bescheidene" Profession. In: Dewe, B./Ferchhoff, W./Radtke, F.-O. (Hrsg.): Erziehen als Profession: zur Logik professionellen Handelns in pädagogischen Feldern. Opladen: Verlag Leske + Budrich.
Schröter, S. (2002): FeMale. Über Grenzverläufe zwischen den Geschlechtern. Frankfurt a. M.: Verlag Fischer Taschenbuch.
Schultz, D. (Hrsg.) (1991): Macht und Sinnlichkeit. Ausgewählte Texte von Audre Lorde und Adrienne Rich. 3. erw. Aufl. Berlin: Orlanda Frauenverlag.
Spivak, G. Ch. (2008):Can the subaltern speak? Postkolonialität und subaltern Artikulation. Wien: Verlag Turia und Kant.
Statistisches Bundesamt (Hrsg.) (2006): Im Blickpunkt. Frauen in Deutschland. Wiesbaden: Statistisches Bundesamt.
Statistisches Bundesamt (Hrsg.) (2010):Frauen und Männer in verschiedenen Lebensphasen. Wiesbaden: Statistisches Bundesamt.
Stövesand, S. (2007): Mit Sicherheit Sozialarbeit! Gemeinwesenarbeit als innovatives Konzept zum Abbau von Gewalt im Geschlechterverhältnis unter den Bedingungen neoliberaler Gouvernementalität. Hamburg: Lit. Verlag.
United Nations (Hrsg.) (2010): The World's Women 2010. Trends and Statistics. New York: United Nations, Department of Economic and Social Affairs.
Voß, H.-J. (2010): Making Sex Revisited: Dekonstruktion des Geschlechts aus biologisch-medizinischer Perspektive. Bielefeld: Transcript-Verlag.
Wetterer, A. (2010): Konstruktion von Geschlecht: Reproduktionsweisen der Zweigeschlechtlichkeit. In: Becker, R./Kortendiek, B. (2010): Handbuch Frauen- und Geschlechterforschung. Theorie, Methoden, Empirie. Wiesbaden: VS Verlag für Sozialwissenschaften, S. 126-136.

Internetquellen

Gender Statistic Website der United Nations 2011): www.unece.org/stats/gender/ Internetplattform der OECD (2011): www.wikigender.org
Leidinger, Ch. (2004): Glossar zur Geschlechterforschung. Freie Universität Berlin http://userpage.fuberlin.de/~glossar/de/view.cgi?title=Lesbischer%20Feminismus
Werner-Rosen, K. (2006): Was ist Intersexualität? In: Senatsverwaltung für Bildung, Jugend und Sport (Hrsg.): Männlich – Weiblich – Menschlich. Zusammenleben inBerlin.http://www.berlin.de/imperia/md/content/lb_ads/gglw/veroeffentlichungen/doku22_trans_und_intergeschlechtlichkeit.pdf?start&ts=1269267383&file=doku22_ trans_und_intergeschlechtlichkeit.pdf, S. 29-41.
Zwischengeschlecht (2011):http://blog.zwischengeschlecht.info
Studien Netzwerk Frauenforschung NRW (2007) http://ankom.his.de/aktuelles/upload/Gender_Bachelor_MA_Teil%20I%20Bestandsaufnahme.pdf

Die modulare Entwicklung von Mastercurricula in Sozialer Arbeit aus berufsethisch und sozialpolitisch motivierter institutioneller Perspektive

Veronika Hammer

1. Aktuelle Herausforderungen

Soziale Arbeit steht vor vielfältigen und grundlegenden Herausforderungen. Diese Herausforderungen haben institutionellen Charakter, weil sie die Soziale Arbeit in ihrem generationenübergreifenden Kern betreffen: in ihren fachlichen Bezügen zu ihrer Klientel, in ihrem erreichten Professionalisierungsniveau und in ihrem interdisziplinären Ansehen. Die Disziplin und Profession Soziale Arbeit ist geradezu herausgefordert, nach institutionell relevanten Antworten auf Fragen berufsethischer und sozialpolitischer Perspektiven zu suchen, nachdem Ökonomisierung und Marktorientierung in ihre originären Gebiete Einzug gehalten haben, oftmals weit mehr als fachlich erlaubt. Soziale Arbeit musste Federn lassen. Was das im Einzelnen heißt, wird im Schwarzbuch von Seithe (2010) trefflich beschrieben.

Soziale Arbeit kann sich gerade jetzt auf professionelle und disziplinäre Fundierungen und Errungenschaften berufen, die es erlauben, sich weiterhin ziemlich reflektiert und kritisch zu entwickeln. Daher liegt genau an dieser Stelle der Zugriff, wenn es darum geht, neue Curricula für Masterstudiengänge in Sozialer Arbeit zu entwerfen. Das in Abschnitt 2 vorgelegte Kerncurriculum dient als Anregung, als Skizze, als zwar durchaus veränderbare Vorlage, die jedoch in ihren Kernelementen verbindliche Ansprüche vorschlagen will. Mit dem entworfenen Ansatz können an den Fakultäten und Fachbereichen für Soziale Arbeit der (Fach-)Hochschulen in Deutschland Fachkräfte in Sozialer Arbeit so ausgebildet werden, dass sie hinreichend gestärkt in ihrer fachlichen Identität und mit einer berufsethisch und sozialpolitisch akzentuierten Perspektive daraus hervorgehen. Sie verstehen es – ausgehend davon und reflektiert genug, da wo es professionell und disziplinär notwendig ist – sozialwirtschaftliche Bezüge so herzustellen, dass ein lebenslagen- und lebensweltorientierter Beitrag für diejenigen Menschen geleistet wird, für die sie ein Klientenmandat übernommen haben.

Das soziale Feld formt sich zu einem der größten Dienstleistungsbereiche der Bundesrepublik. Wir können sogar davon ausgehen, dass die Bedeutung dieser Dienstleistungen in unserem wohlfahrtsstaatlichen Sozialleistungssystem weiterhin ansteigen wird, wenn das nationale und internationale Treiben ökonomisch ausgerichteter Interessen weitergeht und es dadurch auch weiterhin zu einer zunehmenden Spaltung zwischen Arm und Reich kommt. Wo und vor allen Dingen wie und womit wird sich Soziale Arbeit in diesem Feld positionieren, in dem sich die soziale Frage des 21. Jahrhunderts stellt? (Hammerschmidt & Sagebiel, 2011). Soziale Dienste zu schaffen, sie zu institutionalisieren und zu professionalisieren ist immer auch das Vermögen, sich mit der Klientel in Verbindung zu setzen und Bedarfe auszuloten. Dies wird hoffentlich entlang der originären, institutionell bekannten Handlungsfelder, Methoden und Theorien Sozialer Arbeit und ihrer berufsethisch, international konsensualen Grundprinzipien gemacht, s.a. ISFW, IASSW (namentliche Ausführung und Internetadressen im Anschluss an das Literaturverzeichnis). Soziale Arbeit tritt dabei in Korrespondenz mit den demokratischen, humanitären Werten, sozialstaatlichen Regelungen und sozialstrukturellen Beschaffenheiten in unserem national und international verflochtenen Gesellschafts- und Wirtschaftssystem. Diese Grundanliegen gehören daher unmittelbar zum Abstecken eines verbindlichen Mastercurriculums für Soziale Arbeit. Die Türen für sozialwirtschaftliche Bezüge werden erst dann geöffnet, wenn sich dies punktuell begründen lässt, beispielsweise wenn es um die Sicherstellung der effizienten Verausgabung von Finanzen geht, in Anerkennung der Grenzen der Rationalisierbarkeit Sozialer Arbeit. Auf diese Art und Weise könnte sowohl eine professionspolitisch vertiefende Standortbestimmung und Sicherung der fachlichen Identität in der Sozialen Arbeit als Curricula-Schwerpunkt erfolgen als auch eine von diesem Zentrum ausgehende, spezifisch auf die Erfordernisse der Sozialen Arbeit zugeschnittene, praxisorientierte Grundlagenorientierung in Sozialmanagement.

Dass sich dieser Weg zur kritisch-reflexiven Handlungskompetenz in der Studienausbildung von Fachkräften in der Sozialen Arbeit für übergeordnete Berufspositionen eignen würde, zeigen auch die Personalentwicklungen im Berufsfeld. Einschlägige Ergebnisse, die aus Auswertungen von mehreren Mikrozensus-Jahrgängen des Statistischen Bundesamtes resultieren (Hammer, 2009, S. 15ff.), deuten darauf hin, dass die Anzahl der erwerbstätigen SozialpädagogInnen und SozialarbeiterInnen in der Bundesrepublik Deutschland deutlich angewachsen ist: Im Zeitraum von 1996 bis 2009 hat sich die Zahl der Erwerbstätigen aus der Fachrichtung Soziale Arbeit/Sozialpädagogik mit Fachhochschul- und Hochschulabschluss im Bereich „Öffentliche Verwaltung" und im Bereich „Sozialwesen" verdoppelt. Dieser personelle Anstieg in den institutionellen Feldern Sozialer Arbeit ist unter Einbeziehung aller Fallstricke, die die amtliche Statistik, die Schwierigkeiten in der öffentlichen Finanzierung und die Zunahme der Teilzeitarbeit bieten (Maier & Spatschek, 2010, S. 429ff.; Züchner & Schilling, 2010, S. 56ff.), immerhin bemerkenswert. Diese Entwicklung bietet mit der langfristigen Übernahme von zunächst befristet eingestiegenen Fachkräften aus der Sozialen Arbeit – entweder mit Bachelor- oder Masterabschluss – realistische Chancen zu Aufstiegskarrieren in höhere Positionen. Dies gilt vor allem für diejenigen, die bereits einen Masterabschluss in der Tasche haben, da sie bereits professionell dafür qualifiziert sind und die Zulassungsvoraussetzungen für den höheren Dienst mitbringen. In den oberen Etagen sind Steuerungsaufgaben zu erledigen, und die Fachkräfte Sozialer Arbeit konkurrieren hier oftmals mit QuereinsteigerInnen aus anderen Professionen und Disziplinen. Diese Tatsache fordert geradezu dazu auf, dass auf der bereichsübergreifenden Ebene und auf Führungspositionen die fachlich-institutionellen Kompetenzen, die Soziale Arbeit in ihren originären Berufsfeldern zu bieten hat, deutlich zum Einsatz und zum Tragen kommen. Dort kann zugunsten einer Qualifizierung und Quantifizierung sozialer Dienstleistungen die Vereinnahmung der Sozialen Arbeit in die Marktpolitiken deutlich stärker reflektiert und fachlich begründet besser abgewendet bzw. verringert werden als auf den operativen Berufspositionen.

In der Orientierung an den institutionell gewachsenen Arbeits- und Handlungsfeldern, methodischen Verfahren, Konzepten und theoretischen sowie wissenschaftlichen Grundlegungen sind spezifische Produktionsbedingungen für die wirkungsorientierte Lösung der Problemlagen von Menschen entstanden. Diese und weitere institutionelle Kompetenzen bringen SozialarbeiterInnen auf Führungspositionen ein, wenn sie in ihrem Masterstudium adäquat darauf vorbereitet werden. Sämtliche Entwicklungen in der Sozialen Arbeit werden neben zahlreichen Fachartikeln, Büchern und anderen Formen von Veröffentlichungen in mehreren Auflagen bereits in lexikalischer Form bzw. in Standardwerken (z.B. Deutscher Verein für öffentliche und private Fürsorge, 2011; Otto & Thiersch, 2011; Thole, 2010) dargelegt, diskutiert und immer wieder aktualisiert. Soziale Arbeit hat also etwas zu bieten. Eine an den Lebenslagen und Lebenswelten der Subjekte orientierte Soziale Arbeit, die sich ressourcenorientiert auf die gesellschaftliche und sozialpolitische Verantwortung zur Abmilderung und Verhinderung sozialer Ungleichheit und Menschenrechtsverletzungen beruft, könnte deutlicher in das Zentrum der institutionell, d.h. professionell und disziplinär formulierten Aufgaben rücken.

2. Lehr-/Lernangebot im Masterstudiengang Soziale Arbeit

Ausgehend von diesen Herausforderungen, soll es nun um die Frage gehen, wie sich ein qualifiziertes Lehr-Lernangebot in einem Masterstudiengang Soziale Arbeit – oder in entsprechenden Vertiefungs- oder Schwerpunktbereichen – strukturieren und aufbauen lässt. Die folgenden curricularen Zugänge orientieren sich neben eigenen Recherchen zu Masterstudiengängen in Sozialer Arbeit an deutschen Hochschulen an dem von einer Arbeitsgruppe der DGSA erarbeiteten Vorschlag zu einem Kerncurriculum für Soziale Arbeit/Sozialarbeitswissenschaft für Bachelor-/Masterstudiengänge in Sozialer Arbeit (Engelke u.a., 2005), am Qualifikationsrahmen Soziale Arbeit (Bartosch u.a., 2006) und am Qualifikationsprofil Sozialmanagement/Sozialwirtschaft (Bassarak u.a., 2009), die beide vom Fachbereichstag Soziale Arbeit verabschiedet wurden.

2.1 Kerncurriculum

Die Modulbausteine A sichern die Fachlichkeit und die Professionalität der AbsolventInnen eines Masterstudiengangs Soziale Arbeit. Es handelt sich um Inhalte, die speziell aus der Sozialen Arbeit, der Sozialarbeitswissenschaft und punktuell aus den Bezugswissenschaften und aus interdisziplinären Bereichen kommen. Diese Studieninhalte sollen im Lehr-Lernprozess so angeboten und aufbereitet werden, dass sie einer Vertiefung in Sozialer Arbeit auf Masterniveau im Anschluss an ein grundständiges Studium der Sozialen Arbeit in einem Bachelorstudiengang dienen. In der Tabelle 1 wird eine Auswahl und eine Andeutung möglicher Module sowie eine Skizze entsprechender Inhalte in Stichpunkten vorgestellt:

Tabelle 1: Modulbausteine A: Stärkung fachlicher Identität und Institutionalität in der Sozialen Arbeit

Module	Inhalte
Aufgaben, Leistungen, Strategien	Nationales und internationales Selbstverständnis von Sozialer Arbeit und Sozialarbeitswissenschaft. Soziale Fragestellungen und Probleme. Punktuelle bezugswissenschaftliche und interdisziplinäre Ergänzungen.
Sozialstruktur, Social Policy	Milieuforschung. Analysen zu sozialer Ungleichheit. Sozialstaat. Sozialpolitiken. Social Policy. Gesellschaftspolitik.
Empirische Praxisforschung	Weiterdifferenzierung. Wissenschaftsbasiertes Vorgehen in der Sozialen Arbeit. Quantitative und qualitative Forschung. Wirkungsorientierte Evaluation von Maßnahmen Sozialer Arbeit.
Spezifische Kompetenzen	*Kompetenz „Entwickeln":* Maßnahmenentwicklung in der Sozialen Arbeit. Bedürfnis- Bedarfs-, Ressourcenorientierung. Empowerment. Social Entrepreneurship. *Kompetenz „Planen":* Bottom-Up. Beteiligungsverfahren. Steuerungsmix. Sozialraumplanung. *Kompetenz „Führen":* Führungsstile, Führungspraxis, Ethik und soziale Unternehmensverantwortung. Team-, Entscheidungstechniken. *Kompetenz „Verwalten":* Arbeiten mit Bilanzen, BWL; Public Management, Reichweiten grundlegender Steuerungsmöglichkeiten
Recht und Ethik in der Sozialen Arbeit	Institutionelle, professionelle Prinzipien (IFSW, IASSW). Ethik- und rechtsgebundene soziale Fachlichkeit.

Forschungsprogramme und -projekte	Recherchen nach Möglichkeiten zur Durchführung von Forschungsprojekten in der Sozialen Arbeit. Schreiben von Forschungsanträgen. Evaluationskriterien.
Kultur und Entwicklung in Organisationen Sozialer Arbeit	Maßnahmen- und Projektideen. Organisationsformen. Projektmanagement. Institutionelle Entwicklungsprozesse.

Die Modulbausteine B sichern Grundkenntnisse in Sozialmanagement für den Fall ab, dass diese Bezüge in den institutionellen Feldern der Sozialen Arbeit benötigt werden. Es handelt sich um fachliche Grundlegungen, die speziell aus dem Sozialmanagement kommen und die ausgehend von den Erfordernissen in der Profession und Disziplin Soziale Arbeit gelehrt werden können. In der Tabelle 2 sind eine Auswahl möglicher Module und eine Skizze entsprechender Inhalte in Stichpunkten dargelegt:

Tabelle 2: Modulbausteine B: Soziale Arbeit – Haushalten, Wirtschaften, Managen

Module	Inhalte
Sozialwirtschaft	Soziale Frage des 21. Jahrhunderts. System der Sozialen Sicherung. Finanzierungsmodelle. Dritter Sektor.
Personal und Organisation	Personalbedarf für eine wirkungsorientierte Soziale Arbeit: Organisationstheorien/-analyse, quantitatives und qualitatives Personalmanagement.
Outcomeorientierte Steuerung	Marketing, Controlling, Qualitätsmanagement in der Sozialen Arbeit.

Sicherlich gehören neben praktischen, theoretischen und empirischen Lehrveranstaltungen und Diskursen zahlreiche Kontakte zur Praxis dazu, die sich in Praxis- und Projektarbeiten, Exkursionen, Buchprojekten, Evaluationen, Praxisgesprächen, Tagungen, Kongressen und Infomärkten verstetigen. Der systematische Aufbau nach Studiensemestern kann in eine Basisstufe und zwei bis drei Vertiefungsstufen, z.B. in einem drei- oder viersemestrigen konsekutiven Masterstudiengang, gegliedert werden. Mit diesen und ähnlich Modulen ist es möglich, eine fachliche, methodische und akademische Spezialisierung und Kontextualisierung sowie den Erwerb elementarer akademischer, anwendungsbezogener und persönlicher Qualifikationen voranzubringen.

2.2 Weitere Basisannahmen

Das fachlich vertiefte, professionelle Profil künftiger MasterabsolventInnen impliziert eine Steuerungsweise, die sich zunächst an den in Abschnitt 1 beschriebenen Herausforderungen orientiert. Darüber hinaus gehören zu einer professionellen Steuerung in der Sozialen Arbeit Planungs-, Entwicklungs-,

Führungs- und Verwaltungskompetenzen. Dies wird in Form der Institutionellen Sozialarbeit in der Fachöffentlichkeit der Sozialen Arbeit und in den Bezugdisziplinen zunehmend beschrieben (Hammer, 2011, S. 450f.). Soziale Arbeit kann mittels dieser kritisch-reflexiven Herangehensweise als eine wissenschaftsbasierte, fachlich selbstständige Profession vertreten werden. Die Übernahme professionseigener Verantwortung für finanzielle und organisatorische Rahmenbedingungen im Hilfesystem zur Sicherung und Unterstützung der Bedürfnisse, Bedarfe und Ressourcen der Klientel gehört dazu. Institutionelle Sozialarbeit ist in ihrem Selbstverständnis strategisch sowohl an der Erfüllung eines gelingenden Lebens von Menschen als auch an der Weiterentwicklung einzelner Organisationsformen in interprofessionellen und -disziplinären Kontexten interessiert. Dabei ist das sozialarbeiterische Handeln werte- und ethikorientiert, da es sich auf einen international relevanten Berufskodex, verbunden mit den Prinzipien der sozialen Gerechtigkeit und der Menschenwürde bezieht. Diese Herangehensweise steht im günstigsten Fall im Zusammenhang mit einer Social Policy, die nach Erklärungen für problematische Sachverhalte sucht und im Kontext eines Capability Approach, womit der Frage des Verhältnisses zwischen individuellen Verwirklichungschancen und gesellschaftlicher Verantwortung nachgegangen wird.

3. Theoretische Erwägungen

Die Suche nach geeigneten, in sich konsistenten, informativen institutionentheoretischen Ansätzen wird im Folgenden entlang von einschlägigen sozialarbeitswissenschaftlichen, soziologischen und ökonomischen Theoriezugängen vorgenommen und in den Fokus derjenigen Anforderungen gestellt, die sich aus den institutionellen Aufgaben in der Sozialen Arbeit ergeben: z.B. Menschen unterstützen, soziale Probleme bearbeiten, Regeln und Gesetze hervorbringen, Prozesse des institutionellen Wandels fördern, die Institutionalisierung Sozialer Arbeit weiter gestalten, soziale Gerechtigkeit und Menschenwürde thematisieren, Trägertypen formen und institutionelle Dienste als professionelle Ressource erkennen. Diese und weitere Aufgaben stehen im Fokus der institutionellen Stärkung des Eigensinns des Sozialen unter einer berufsethischen Grundlegung, die sowohl individuelle als auch gesellschaftliche Bedingungen zusammenführt. Es geht darum, die Traditionen Sozialer Arbeit zu berücksichtigen, diese mit den aktuellen Gegebenheiten sinnvoll in Beziehung zu setzen und dabei stets den Boden der Sozialen Arbeit im Blick zu behalten.

Die *sozialarbeitswissenschaftliche Diskurslinie* um Lebensweltorientierung, Lebenslage und Lebensbewältigung (May, 2008, S. 41ff.) kann um den Capability-Approach bzw. Ansatz der Verwirklichungschancen erweitert werden (Vahsen, 2010, S. 364ff.; Ziegler et al., 2010; Hammer, 2010). Er bietet – ähnlich wie die anderen in dieser Reihe – einen für Soziale Arbeit institutionell grundlegenden Zugang. Er lässt sich reflektiert auf das der Sozialen Arbeit als Institution innewohnende Prinzip der „Sozialen Gerechtigkeit" und des menschlichen Anspruchs auf soziale Teilhabe ein. Aus den systemtheoretischen Zugängen eignet sich – unter Berücksichtigung der Perspektive der sozialen Teilhabe, der sozialen Gerechtigkeit und der Menschenwürde – der systemtheoretisch-ontologische Theorieansatz als Handlungswissenschaft von Staub-Bernasconi (2007a) in besonders qualifizierter Art und Weise. Er bringt aufschlussreiche systemische Perspektiven ein, die sich am Objekt- und Handlungsbereich der Sozialen Arbeit, d.h. an sozialen Problemen, bezogen auf Individuen wie auf die Strukturen sozialer (Teil-)Systeme, orientieren. Dazu dienen mehrere theoretische Niveaus, mittels derer eine Selbstvergewisserung der fachlichen Identität Sozialer Arbeit, ausgehend von den Bedürfnissen von Menschen und deren Verhältnis zu den gesellschaftlichen Gegebenheiten, erfolgen kann. Offenbart wird u.a. ein systemisches Paradigma, das nicht nur ein Doppel-, sondern ein Tripelmandat als professionseigenes, unabhängiges, drittes Mandat für selbstdefinierte Aufträge seitens der Profession Soziale Arbeit formuliert (Staub-Bernasconi, 2007b, S. 20ff.). Möglich wird damit eine institutionell sehr bedeutsame Unterscheidung zwischen legalen (gesetzeskonformen) und legitimen (werte- und ethikbegründeten, am Berufskodex orientierten) Forderungen, Verfahren und Gesetzgebungen sowie die Fundierung durch wissenschaftsbasierte, empirisch belastbare Herangehensweisen.

Im *soziologischen Institutionalismus* erlangt der strukturationstheoretische Zugang besondere Bedeutung. Mit ihm kann gezeigt werden, dass Praxistheorien (z.B. Giddens, 1984; Bourdieu, 1987) einen weiterführenden Ansatz im Institutionalismus darstellen, weil sie selbst den berechtigten Anspruch erheben, eine Auseinandersetzung mit sozialen Phänomenen zu liefern, die beides berücksichtigen: Individuum und Gesellschaft. Die Strukturationstheorie wird im organisationssoziologischen Institutionalismus seit einiger Zeit als Ansatz zur Analyse des institutionellen Wandels verhandelt (Schiller-Merkens, 2008). Dies liefert für die Institution Soziale Arbeit als Profession und Disziplin und für die mit den gesellschaftlichen Veränderungen einhergehenden Herausforderungen des institutionellen Wandels ertragreiche prozessorientierte Erkenntnisse. Ansonsten analysieren weitere Ansätze entweder die Bedeutung der Akteure im institutionellen Feld, sog. Neo-Institutionalismus, oder die Bedeutung bestehender institutioneller Verhältnisse in der Gesellschaft, sog. Old-Institutionalismus. Damit werden meist deutlich polarisierende individualistische oder holistische Ansätze vertreten.

Die neue *Institutionenökonomik* analysiert die Funktionen von Organisationen und fragt in aller Regel nach der Verbesserung der organisationalen Leistungsfähigkeit (s.a. Bödege-Wolf & Schellberg, 2010, S. 47ff.). Aus ökonomischer Sicht gibt es keine Soziale Arbeit, die berufsethisch, professionell oder fachlich motiviert ist. Im Vordergrund stehen Nutzen und Kosten der menschlichen Aktivitäten. Organisationen bestehen aus Verträgen, die von Individuen geschlossen werden. Vorteile dieses Ansatzes liegen darin, rationale Lösungen für organisationale Probleme zu finden. Für die Standortbestimmung Sozialer Arbeit im identitäts- und institutionenorientierten Diskurs um eine Modularisierung künftiger Studiengänge ist dieser Ansatz zumindest für die Seite der Vertiefung und Stärkung fachlicher Identität nicht geeignet. Wohl aber ist denkbar, dass auf der Seite des Haushaltens, Wirtschaftens und Managens dieser Ansatz der neuen Institutionenökonomik, ebenso wie weitere Ansätze (u.a. Wendt & Wöhrle, 2007, S.71ff.), eine Rolle spielen wird.

4. Das Berufsfeld – Beschaffenheit und Aufgaben

Die professionellen und disziplinären Bezüge liegen in den Berufsfeldern der Sozialen Arbeit. Die Bezüge können analytisch auf Mikro-, Meso- und Makroebene betrachtet werden, wobei sich Soziale Arbeit in ihrem professionellen und disziplinären Kern auf der Mesoebene befindet. Von da aus setzt sie sich mit den Menschen in Verbindung, steht für ihre Klientel zur Verfügung, stellt adressatinnen-orientierte Bezüge zur sog. Mikroebene her. Soziale Arbeit nimmt ebenso Kontakt u.a. mit Ministerien oder Parteien auf der sog. Makroebene auf, die sie als demokratisch legitimiert und daher veränderbar versteht. In Tabelle 3 werden diese drei Ebenen und die inhaltlichen Bezugsfelder aufgezeigt.

Tabelle 3: Professionelle Bezüge

Mikroebene			
Individuelle Lebensentwürfe und Dispositionen	Subjektive Einstellungen und Werte	Persönliche Rechtsauffassungen und -auslegungen	Bezugssysteme der Menschen, informelle und formelle Netze
Mesoebene			
Theorien, Methoden, Handlungsfelder Sozialer Arbeit	Ethische Grundprinzipien Sozialer Arbeit	Gesetzliche Regelungen Sozialer Arbeit	Institutionelle und verbandliche Strukturen Sozialer Arbeit
Makroebene			
Sozialstruktur	Demokratische, humanitäre Werte	Sozialstaatliche Regelungen	Gesellschafts-, Wirtschaftssystem

Mit der Institutionellen Sozialarbeit ist ein professioneller Zugang eröffnet, der von den Bedürfnissen, Bedarfen und Ressourcen der Klientel Sozialer Arbeit sowie von einer berufsethisch und sozialpolitisch motivierten Perspektive ausgeht. Das Formulieren von Handlungsanregungen, sozialen Fragen und Problemstellungen gehört unmittelbar dazu, ebenso wie das Ausarbeiten von Lösungsvorschlägen und Entscheidungsvorlagen. Sie setzt sich aufgrund der Möglichkeit, soziale Räume und Infrastrukturen gestalten zu können, mit den Akteuren auf der Mikro-, Meso- und Makroebene in Verbindung. Insofern besitzt die Institutionelle Sozialarbeit ein hohes Maß an fall- und feldspezifischen Bezügen, die sie durch wissenschaftliche Fundierungen empirisch zu belegen sucht. Sie steht in der Tradition einer Sozialarbeit (social work), die sozial initiativ wird sowie soziale Fragestellungen in administrativen und institutionellen Kontexten vor allem für diejenigen Bevölkerungsgruppen bearbeitet, die als „vulnerable groups" gelten: besonders schutzlose Individuen und Gruppen, Menschen in besonderen Lebenslagen. Ihr Dach ist die Soziale Arbeit als Fachwissenschaft, Profession, Disziplin und Heimat der zwei traditionellen Fachrichtungen Sozialarbeit und Sozialpädagogik. Die Institutionelle Sozialarbeit hat eher geringe pädagogische Anteile. Sie sucht die Nähe zur Sozialarbeitswissenschaft und dient dem Fortbestand und der Weiterentwicklung einer sozialen Kultur, die sich an der international konsensualen Definition Sozialer Arbeit als Leitidee orientiert (Staub-Bernasconi, 2010, S. 54f.):

> „The social work profession promotes social change, problem solving in human relationships and the empowerment and liberation of people to enhance well-being. Utilising theories of human behaviour and social systems, social work intervenes at the points where people interact with their environments. Principles of human rights and social justice are fundamental to social work" (vgl. Supplement, S. 5).

Die beruflichen Einsatzfelder der Fachkräfte Institutioneller Sozialarbeit liegen in den institutionellen Kontexten

- der Menschen und ihrer Interessengruppen, Bürgerinitiativen, Vereine, NGO's,
- der Verbände, Gesellschaften, Stiftungen, Beratungsstellen, Werkstätten,
- der Unternehmen, Institute, Gewerkschaften, Agenturen, Public-Private-Partnerships,
- der Öffentlichen Verwaltung mit ihren Ämtern, Fachressorts, Quartierbüros,
- der Organisationen der Spitzenverbände der freien Wohlfahrtspflege und der kommunalen Spitzenverbände,
- der Schulen und Hochschulen, Bildungseinrichtungen, Kinderbetreuungseinrichtungen, Wohnheime, Internate,
- der Kliniken, Krankenhäuser, Kurhäuser, therapeutischen Einrichtungen, Gesundheits- und Pflegedienste.

Die Professionellen Sozialer Arbeit agieren in einem Netz von Non-Profit- und Profit-Organisationen, indem sie Initiierungs- und Institutionalisierungsprozesse von Bedingungen, Maßnahmen und Aktivitäten in der Sozialen Arbeit und in anderen Bereichen als vom Menschen gemacht und dadurch veränderbar verstehen. Sie bringen ihre Expertise als Beitrag in einem sozialpolitischen, demokratischen Gestaltungsprozess ein und führen Misserfolge auf diejenigen Umstände zurück, die auch tatsächlich zu ihrer Entstehung beigetragen haben. Neben ihrer alltäglich stattfindenden Arbeit ergreifen sie in internen und öffentlichen Diskursen als fachliche Autoritäten die Gelegenheit, um auf einen produktiven, wirkungsorientierten Umgang mit den jeweiligen sozialen Frage- und Problemstellungen – auch in Form von Verwaltungs- und Politikberatung – hinzuweisen.

Literatur

Bartosch, U./Maile, A./Speth, C. u.a. (2006): Qualifikationsrahmen Soziale Arbeit (QR SArb) Version 4.0. Arbeitsgruppe QR SArb des FBTS. Unterstützt durch die HRK Hochschulrektorenkonferenz, Berlin.

Bassarak, H./Fröse, M. W./Schellberg, K. (2009): Qualifikationsprofil Sozialmanagement/Sozialwirtschaft (QP SMW), BAG SMW, München/Nürnberg/ Mainz.

Boedege-Wolf, J./Schellberg, K. (2010): Organisationen der Sozialwirtschaft. Baden-Baden: Nomos-Verlag.

Bourdieu, P. (1987): Die feinen Unterschiede. Frankfurt a. M.: Suhrkamp Verlag.

Deutscher Verein für öffentliche und private Fürsorge e.V. (Hrsg.) (2011): Fachlexikon der Sozialen Arbeit. Baden-Baden: Nomos-Verlag.

Engelke, E./Leideritz, M./Maier, K./Sorg, R./Staub-Bernasconi, S. (2005): Kerncurriculum Soziale Arbeit/Sozialarbeitswissenschaft für Bachelor- und Masterstudiengänge in Sozialer Arbeit, vorgelegt von der Deutschen Gesellschaft für Sozialarbeit (DGfS) am 28.01.2005.

Giddens, A. (1984): The Constitution of Society. Outline of the Theory of Structuration. Cambridge: Policy Press.

Hammer, V. (2009): Institutionelle Sozialarbeit – Entstehung und Begriffe. In: Tabatt-Hirschfeldt, A. (Hrsg.): Soziale Arbeit und ihre Träger. Eine Fachzeitschriftenanalyse. Oldenburg: Paulo Freire Verlag, S. 15-25.

Hammer, V. (2010): Lebenslagen und Verwirklichungschancen: „Linking Capital" und Institutionelle Sozialarbeit als räumliche Beiträge des Dazwischen. In: Hammer, V./Lutz, R./Mardorf, S./Rund, M. (Hrsg.): Gemeinsam leben – gemeinsam gestalten. Zugänge und Perspektiven Integrierter Sozialraumplanung. Frankfurt a. M./New York: Campus-Verlag, S. 95-140.

Hammer, V. (2011): Institutionelle Sozialarbeit. In: Deutscher Verein für öffentliche und private Fürsorge e. V. (Hrsg.): Fachlexikon der Sozialen Arbeit. Baden-Baden: Nomos-Verlag, S. 450-451.

Hammerschmidt, P./Sagebiel, J. (Hrsg.) (2011): Die Soziale Frage zu Beginn des 21. Jahrhunderts. Schriftenreihe Soziale Arbeit der Fakultät für angewandte Sozialwissenschaften der Hochschule München. Neu-Ulm: AG SPAK.

May, M. (2008): Aktuelle Theoriediskurse Sozialer Arbeit. Wiesbaden: VS Verlag für Sozialwissenschaften.
Maier, K./Spatschek, C. (2010): Erneute Expansion der Sozialen Arbeit nach dem Ende des Wohlfahrtsstaates? In: NDV Nachrichtendienst des Deutschen Vereins für öffentliche und private Fürsorge e.V., Heft 10, S. 428-433.
Otto, H.-U./Thiersch, H. (Hrsg.) (2011): Handbuch Soziale Arbeit: Grundlagen der Sozialarbeit/Sozialpädagogik. München: Reinhardt Verlag.
Schiller-Merkens, S. (2008): Institutioneller Wandel und Organisationen. Grundzüge einer strukturationstheoretischen Konzeption. Wiesbaden: VS Verlag für Sozialwissenschaften.
Seithe, M. (2010): Schwarzbuch Soziale Arbeit. Wiesbaden: VS Verlag für Sozialwissenschaften.
Staub-Bernasconi, S. (2007a): Soziale Arbeit als Handlungswissenschaft. Bern/Stuttgart/Wien: Haupt-Verlag.
Staub-Bernasconi, S. (2007b): Soziale Arbeit: Dienstleistung oder Menschenrechtsprofession? Zum Selbstverständnis Sozialer Arbeit in Deutschland mit einem Seitenblick auf die internationale Diskussionslandschaft. In: Lob-Hüdepohl, A./Lesch, W. (Hrsg.): Ethik Sozialer Arbeit – Ein Handbuch: Einführung in die Ethik der Sozialen Arbeit (UTB). Paderborn: Schöningh Verlag, S. 20-54.
Staub-Bernasconi, S. (2010): 15 Jahre Auseinandersetzung mit Theorien, Professionsverständnis und Wissenschaft Sozialer Arbeit. In: Gahleitner, S. B./Effinger, H./ Kraus, B./Miethe, I./Stövesand, S./Sagebiel, J. (Hrsg.) (2010): Disziplin und Profession Sozialer Arbeit. Entwicklungen und Perspektiven. Opladen/Farmington Hills: Verlag Barbara Budrich, S. 44-57.
Supplement of Journal of International Social Work (2007): International Definition of the Social Work Profession – Ethics in Social Work, Statements of Principles – Global Standards for the Education and Training of the Social Work Profession. London: Sage.
Thole, W. (Hrsg.) (2010): Grundriss Soziale Arbeit. Ein einführendes Handbuch. Wiesbaden: VS Verlag für Sozialwissenschaften.
Vahsen, F. (2010): Agency, Capability, Dialogische Soziale Arbeit und libertärer Paternalismus (Nudge). In: neue praxis, Heft 4, S. 359-379.
Wendt, W. R./Wöhrle, A. (2007): Sozialwirtschaft und Sozialmanagement in der Entwicklung ihrer Theorie. Augsburg: Ziel-Verlag.
Ziegler, H./Schrödter, M./Oelkers, N. (2010): Capabilities und Grundgüter als Fundament einer sozialpädagogischen Gerechtigkeitsperspektive. In: Thole, W. (Hrsg.): Grundriss Soziale Arbeit. Ein einführendes Handbuch. Wiesbaden: VS Verlag für Sozialwissenschaften, S. 297-310.
Züchner, I./Schilling, M. (2010): Nach dem sozialpädagogischen Jahrhundert – zur aktuellen Entwicklung des Arbeitsmarktes für soziale Berufe. In: neue praxis, Heft 1, S. 56-70.

Internetquellen

IFSW International Federation of Social Workers: www.ifsw.org
IASSW International Association of Schools of Social Work: www.iassw-aicts.org

Die HerausgeberInnen und AutorInnen

Die Herausgeberinnen und Herausgeber

Herbert Effinger, Prof. Dr. phil., studierte Sozialpädagogik in Hamburg (FH) und Bremen (Uni). Seit 1995 ist er Professor für Sozialarbeitswissenschaft/ Sozialpädagogik an der Evangelischen Hochschule in Dresden. Hier leitet er den Masterstudiengang Soziale Arbeit seit 2008 und war von 2008 bis 2011 Prorektor und Studiendekan. Seine Schwerpunkte in Lehre und Forschung liegen m Bereich Geschichte und Theorie Sozialer Arbeit, Jugendarbeit, Case Management und von Kommunikation und Beratung. Seit ein paar Jahren beschäftigt er sich außerdem mit dem Humor als Medium im Umgang mit Ambivalenzen und Widersprüchlichkeiten in Theorie und Praxis Sozialer Arbeit. Nebenberuflich ist er auch als Berater und Supervisor (DGSv) sowie als Trainer in der Weiterbildung zum Case Management (DGCC) tätig. Seit 1994 ist er Mitglied in der DGSA. Er gehört dem Vorstand seit 2005 an und ist seit 2009 ihr Vorsitzender. Als Mitglied des DBSH setzt er sich für die Belange der Profession ein.

Kontakt: herbert.effinger@ehs-dresden.de.

Silke Birgitta Gahleitner, Prof. Dr. phil., studierte Soziale Arbeit und promovierte in Klinischer Psychologie. Seit 2005 ist sie als Professorin für Klinische Psychologie und Sozialarbeit mit den Arbeits- und Forschungsschwerpunkten psychosoziale Diagnostik, Psychotherapie und Beratung, qualitative Forschungsmethoden und psychosoziale Traumatologie zunächst an der EFH Ludwigshafen, danach an der ASH Berlin tätig. Innerhalb der DGSA hat sie sich neben der Tätigkeit als stellvertretender Vorstandsvorsitzender vor allem in der Sektion ‚Klinische Sozialarbeit' engagiert und die Entwicklung der Klinischen Sozialarbeit zur Fachsozialarbeit mit vorangetrieben.

Kontakt: sb@gahleitner.net.

Björn Kraus, Prof. Dr. phil, studierte Soziale Arbeit (Dipl.-Soz.Päd., FH) und Bildungsmanagement (MA). Er ist zudem „Systemischer Therapeut und Berater (SG)" und „Systemischer Supervisor (SG)". Seit 2005 Professor für Wissenschaft Soziale Arbeit an der Ev. Hochschule Freiburg. Dort war er bis Anfang 2011 Dekan des Fachbereichs Soziale Arbeit, seitdem ist er Prorektor. In der DGSA ist er neben der Tätigkeit im Vorstand aktiv als Mitglied der Sektion Theorie und Wissenschaftsentwicklung, als Sprecher der Fachgruppe Systemische Ansätze in der Sozialen Arbeit und als Gründungsmitglied der Fachgruppe Promotion. Seine Schwerpunkte liegen im Bereich erkenntnistheoretischer Theorieentwicklung und deren Konkretion innerhalb systemischer Methodik und professioneller Handlungskompetenz.

Kontakt: bkraus@eh-freiburg.de.

Ingrid Miethe, Prof. Dr. phil. habil., studierte Erziehungswissenschaft, Soziologie und Politikwissenschaft an der Technischen Universität Berlin und promovierte in Politologie an der Freien Universität Berlin. Habilitation an der Universität Halle-Wittenberg. 2002-2010 Professorin an der Evangelischen Fachhochschule Darmstadt, seit 2010 Professorin für Allgemeine Erziehungswissenschaft an der Justus-Liebig-Universität Gießen, Forschungsschwerpunkt: Bildungsgeschichte im Zusammenhang von Herkunftsmilieu und Gesellschaftssystem im Ost-West Vergleich

Kontakt: Ingrid.Miethe@erziehung.uni-giessen.de

Sabine Stövesand, Prof. Dr. phil. Im Rahmen ihrer Promotion entwickelte sie einen neues, gemeinwesenbezogenes Konzept zur Prävention häuslicher Gewalt. Seit 2006 ist sie als Professorin für Soziale Arbeit an der Hochschule für angewandte Wissenschaften tätig, mit den Schwerpunkten Gemeinwesenarbeit, Sozialarbeitspolitik, Gender und Diversitiy, aktivierende Lehr-Lernformen. Sie ist eine der beiden SprecherInnen der Sektion ‚Gemeinwesenarbeit' und bereitet u.a. gemeinsam mit Kollegen aus der Schweiz und Österreich die Herausgabe eines umfassenden Handbuches zur Gemeinwesenarbeit vor.

Kontakt: sabine.stoevesand@haw-hamburg.de.

Die Autorinnen und Autoren

Ulrich Bartosch, Dr. phil., Dipl.-Pädagogik, 1994 Promotion mit einer Arbeit zur Theorie des Friedens von Carl Friedrich von Weizsäcker; seit 2000 Professur für Pädagogik an der katholischen Universität Eichstätt Ingolstadt. Gastdozent an der Leuphana-Universität Lüneburg. Hochschulpolitische Tätigkeit in diversen Gremien – u.a. Leitung der Arbeitsgruppe „Qualifikationsrahmen Soziale Arbeit" (QR SArb) des Fachbereichstages Soziale Arbeit (2005-2006), Mitglied im deutschen Bologna-Expertenteam des DAAD. Vorsitzender der Vereinigung Deutscher Wissenschaftler und Vorsitzender des Fachbereichstags Soziale Arbeit.

Kontakt: ulrich.bartosch@ku-eichstaett.de

Monika Barz, Prof. Dr. phil., Erststudium zur Grund- und Hauptschullehrerin, Studium zur Diplompädagogin an der Universität Tübingen. Promotion über Identifikationsmöglichkeiten lesbischer Frauen in den Kirchen. Langjährige sozialpädagogische Erfahrung in Erwachsenenbildung und kirchlicher Frauenbildungsarbeit (Loccum), kommunalpolitische Tätigkeit als Gemeinderätin und Mitbegründerin verschiedener Mädchen- und Frauenprojekte. Seit 1993 Professorin für den Bereich ‚Theorie und Praxis Sozialer Arbeit mit Mädchen und Frauen' an der Evangelischen Hochschule Ludwigsburg. Praxisforschung zu aktuellen Fragen der Frauen- und Geschlechterforschung. Zudem Organisationsberatung für Genderfragen im Management Sozialer Einrichtungen. Langjährige Vorstandstätigkeit im Landesvorstand des Paritätischen Wohlfahrtsverbandes (Paritätischer) und Vorstand und Aufsichtsrat der Volkshochschule Reutlingen.

Kontakt: m.barz@eh-ludwigsburg.de

Peter Buttner, Prof. Dr. ist seit 1997 Professor für Soziale Arbeit mit chronisch kranken und behinderten Menschen an der Hochschule München. Er ist ehemaliger Vorsitzender des Fachbereichstages Soziale Arbeit und Vorsitzender des Fachausschusses Soziale Berufe beim Deutschen Verein für öffentliche und private Fürsorge sowie Vorstandsmitglied der Akkreditierungsagentur AHPGS. Seine Arbeitsschwerpunkte sind Psychoedukation, Ausbildung in der Sozialen Arbeit und Hochschulfragen, soziale Diagnostik, Ethik.

Kontakt: buttner@lrz.fh-muenchen.de

Katy Dieckerhoff, Prof. Dr. phil., Professorin für sozialwissenschaftliche und pädagogische Grundlagen und Konzepte im Bereich der Kindheit an der Fachhochschule Koblenz, Promotion 2008 an der Universität Hildesheim, Arbeitsschwerpunkte: Bildung und Erziehung im frühen Kindesalter, Naturbildung in Tageseinrichtungen für Kinder, Neurowissenschaftliche Erkenntnisse in der Frühpädagogik.

Kontakt: dieckerhoff@fh-koblenz.de

Cornelia Giebeler, Prof. Dr., FH Bielefeld seit 1993, Forschungs- und Lehrgebiet: Sozial- und Erziehungswissenschaftliche Theorien und Methoden Studium u.a. der Architektur, Erziehungswissenschaft, Entwicklungssoziologie.

Gründung der Forschungs- und Entwicklungsperspektive „Global Social Work", Fellow in der ZiF-Forschungsgruppe „E Pluribus Unum?", Umsetzung und Studiengangsleitung BA Pädagogik der Kindheit, diverse Publikationen zur Sozialen Arbeit, den Amerikas, Gender, Kindheit, Interkulturalität, Mitherausgeberin der Reihe „Rekonstruktive Forschung in der Sozialen Arbeit".

Kontakt: cornelia.giebeler@fh-bielefeld.de

Daniel Gredig, Prof. Dr. phil., dipl. Sozialarbeiter. Studium der Sozialarbeit, Soziologie und Straf- und Familienrecht in Fribourg und Berlin (Lizentiat phil. I); Berufsdiplom des Kantons Fribourg; Promotion an der Universität Zürich mit einer professionstheoretisch geleiteten Geschichte der Professionalisierung am Beispiel der Tuberkulosefürsorge in Basel. 2000 Professor und Leiter der Abteilung Forschung und Entwicklung im Departement Soziale Arbeit der FH Aargau Nordwestschweiz; 2006 Leiter des Instituts Integration und Partizipation der Hochschule für Soziale Arbeit der FH Nordwestschweiz (Olten/Basel). Seit 2010 Leiter des Master-Studiums in Sozialer Arbeit mit Schwerpunkt Soziale Innovation an der Hochschule für Soziale Arbeit der FH Nordwestschweiz.

Kontakt: daniel.gredig@fhnw.ch

Veronika Hammer, Prof. Dr., Diplom-Soziologin (Univ.) und Diplom-Sozialpädagogin (FH); Tätig als Sozialpädagogin in Orientierungskursen, in sozialräumlichen Entwicklungs-, Beratungs- und Planungsvorhaben sowie in der Evaluation von beruflichen Integrations- und Weiterbildungsmaßnahmen. Als Soziologin hat sie in wissenschaftlichen Forschungsprojekten zur Erforschung der Lebenslagen und Kompetenzen von Zielgruppen Sozialer Arbeit (z.B. Alleinerziehende, Langzeitarbeitslose) gearbeitet. Professorin für Sozialarbeitswissenschaft, Gesellschaftswissenschaftliche Grundlagen und Empirische Sozialforschung an der Fakultät Soziale Arbeit und Gesundheit, Hochschule für angewandte Wissenschaften Coburg und dort Leiterin des konsekutiven Masterstudiengangs Soziale Arbeit.

Kontakt: veronika.hammer@hs-coburg.de

Fabian Kessl, Prof. Dr., Studium der Erziehungswissenschaft und politischen Wissenschaft an der Universität Heidelberg, seit 2008 Professor für Theorie und Methoden der Sozialen Arbeit an der Fakultät für Bildungswissenschaften, Institut für Soziale Arbeit und Sozialpolitik der Universität Duisburg-Essen. Mitglied des Vorstands der DGfE-Kommission „Sozialpädagogik", Geschäftsführer des Online-Only Journals „Social Work & Society" (www.socwork.net).

Kontakt: fabian.kessl@uni-due.de

Wolfgang Krieger, Prof. Dr. phil. Studium der Erziehungswissenschaft, Soziologie, Psychologie, Germanistik und Philosophie in Mannheim, Gießen und Landau/Pfalz und promovierte in Erziehungswissenschaften an der Universität Koblenz/Landau. Er lehrt im Fachbereich Sozial- und Gesundheitswesen an der Fachhochschule Ludwigshafen am Rhein (Lehrbereiche Allg. Erziehungswissenschaft, Forschungsmethoden, Ästhetische Bildung, Systemische Soziale Arbeit, Pädagogische Psychologie und Jugendhilfe). Er ist Gründungsmitglied der Deutschen Gesellschaft für Systemische Soziale Arbeit (DSSA) und des Arbeitskreises Systemische Soziale Arbeit in der DGSA.

Kontakt: wolfgang.krieger@fh-lu.de

Elke Kruse, Prof. Dr. phil., Dipl.-Päd, Dipl.-Soz.Päd, seit 2005 Professorin für Soziale Arbeit mit Schwerpunkt Theorie und Geschichte Sozialer Arbeit an der Alice Salomon Hochschule Berlin, Studiengangsleiterin für den BA ‚Soziale Arbeit' und den MA ‚Praxisforschung in Sozialer Arbeit und Pädagogik', 2003 Promotion an der Universität Siegen über die Geschichte der Ausbildung für Soziale Arbeit, Arbeits- und Forschungsschwerpunkte: Das Studium der Sozialen Arbeit und Studienreform mit Bachelor und Master, Internationale Dimension der Sozialen Arbeit in Geschichte und Gegenwart, Entwicklung von Studienkonzeptionen für Soziale Arbeit und Bildung und Erziehung im Kindesalter, Anrechnung beruflicher Kompetenzen auf das Studium, Hochschuldidaktik und -politik.

Kontakt: elke.kruse@ash-berlin.eu

Michael Leinenbach, Bäckerlehre, anschließend Studium an der Kath. Hochschule für Soziale Arbeit, Dipl.-Sozialarbeiter/Sozialpädagoge. Berufliche Zusatzqualifikationen u. a. in den Bereichen „Systemische Beratung und Therapie" sowie „Seminarleitung für politische und berufliche Bildungsangebote in der Erwachsenenbildung". Seit 1991 beamtet bei der Kreisstadt Saarlouis, derzeit Abteilungsleiter für „Familie und Soziales", Gutachter in Akkreditierungsverfahren und im Berufsregister (BSA), Lehrbeauftragten- bzw. Dozententätigkeiten. Ehrenamtliches Engagement u. a. als Bundesvorsitzender des Deutschen Berufsverbands für Soziale Arbeit (DBSH).

Kontakt: Leinenbach@dbsh.de

Edi Martin, dipl.-Sozialarbeiter, Studium 1975–1978 an der Schule für Soziale Arbeit Zürich. Master Sozialmanagement, Wirtschaftsuniversität Wien (ISMOS). Seit 2000 Dozent an der Zürcher Hochschule für Angewandte Wissenschaften, Departement Soziale Arbeit. Schwerpunkte der Lehrtätigkeit: Soziale Arbeit in und mit größeren Systemen/Soziale Arbeit in Organisationen und Gemeinwesen, partizipative Projektplanung, Allg. Handlungstheorie, Strategie und Marketing in der Sozialen Arbeit, Methodenanalyse, wissenschaftliches Arbeiten. Gründungs- und Vorstandsmitglied der Schweizerischen Gesellschaft für Soziale Arbeit (SGSA). Mitglied der Sektion Gemeinwesenarbeit der DGSA und SGSA.

Kontakt: eduard.martin@zhaw.ch

Ulrich Mergner, Prof. Dr. disc. pol., Studium der Sozialwissenschaften in Heidelberg und Göttingen 1968 bis 1973. Promotion 1983. Langjährige Forschungstätigkeit im Bereich der Arbeits-, Betriebs-, Medizin- und Lebenslaufsoziologie an verschiedenen Instituten. 1996 Berufung auf eine Professur für Soziologie an die FH Köln. 2001 Wahl zum Dekan des Fb Sozialarbeit, seit 2002 Dekan der neugegründeten Fakultät für Angewandte Sozialwissenschaften – Arbeitsschwerpunkte: Lehre und Forschung in Soziologie sowie Wissenschaft der Sozialen Arbeit (Professionalisierung, Arbeits- und Beschäftigungsbedingungen der Sozialen Arbeit), hochschulpolitische Tätigkeit in diversen Gremien.

Kontakt: ulrich.mergner@fh-koeln.de

Albert Mühlum, Prof. Dr. phil., Diplom Sozialwissenschaftler, ehem. Professor bei der SRH Hochschule Heidelberg. Langjährig Mitglied des Vorstands der DGSA und Sprecher der Sektion Klinische Soziale Arbeit der DGSA. Herausgeber der 12-bändigen UTB Reihe „Soziale Arbeit im Gesundheitswesen“ (mit H.G. Homfeldt); Mitherausgeber der Schriftenreihe Gesundheit Pflege Soziale Arbeit (Hans Jacobs Verlag).

Kontakt: a.muehlum@t-online.de

Peter Pantuček, Prof. Dr. phil., Sozialarbeiter, Sozialwissenschafter und Supervisor. Promotion als Dr. phil. an der Universität Wien, Institut für Soziologie, mit Dissertation „Soziale Diagnostik“. Forscht und lehrt zu sozialer Diagnostik und zur Methodik der Sozialen Arbeit. An der FH St. Pölten leitet er das Department Soziale Arbeit und einen generalistisch orientierten Masterstudiengang.

Kontakt: peter@pantucek.com

Armin Schneider, Prof. Dr. phil., studierte Sozialarbeit an der Fachhochschule Koblenz und Erziehungswissenschaften, Psychologie und Katholische Theologie an der Johann Wolfgang Goethe Universität in Frankfurt am Main. Er lehrt an der Fachhochschule Koblenz Empirische Sozialforschung und Sozialmanagement und hat einen Lehrauftrag an der Hogeschool Zuyd in Maastricht. Seine Arbeitsschwerpunkte sind Forschung in der Sozialen Arbeit, Evaluation, Organisationsethik, Management und Leadership in sozialen Organisationen.

Kontakt: schneider@fh-koblenz.de

Stefan Schnurr, Prof. Dr. phil. Studium der Erziehungswissenschaft an der Universität Bielefeld (Dipl. Päd.); 1996 Promotion mit einer Arbeit über ‚Sozialpädagogen im Nationalsozialismus: Eine Fallstudie zur sozialpädagogischen Bewegung im Übergang zum NS-Staat'; 2001-2004 Vertretung einer Professur für Sozialpädagogik an der Universität Rostock; 2004 Professor am Institut für Forschung und Soziale Innovation im Departement Soziale Arbeit der FH Aargau Nordwestschweiz. Seit 2006 Leiter des Instituts Kinder- und Jugendhilfe der Hochschule für Soziale Arbeit FH Nordwestschweiz (Olten/ Basel); 2009 Ernennung zum Honorarprofessor an der School of Health and Social Studies University of Warwick (UK).

Kontakt: stefan.schnurr@fhnw.ch

Silvia Staub-Bernasconi, Prof. Dr. habil., studierte Soziale Arbeit in Zürich und den USA, sowie Soziologie, Sozialpsychologie, Pädagogik und Sozialethik an der Universität Zürich, Tätigkeit an der Hochschule für Soziale Arbeit Zürich (1967-1997) und der Technischen Universität Berlin (1997-2003). Mitglied des Academic Board und Lehrbeauftragte des INDOSOW – International Doctoral Studies in Social Work, Trägerin des Katherine Kendall Awards 2010.

Kontakt: staubernasco@bluewin.ch

Wolf Rainer Wendt, Prof. Dr. Dipl.-Psych., hat Philosophie, Psychologie, Soziologie und Kunstgeschichte studiert. Von 1978 bis 2004 war er Professor und Leiter des Studienbereichs Sozialwesen der Berufsakademie (jetzt Duale Hochschule BW) Stuttgart. 2004 berief ihn die Universität Tübingen als Honorarprofessor. Er ist Mitbegründeter der DGSA, war von 1993 bis 2009 deren Vorsitzende und vertritt deren Fachgruppe Sozialwirtschaft als Sprecher. Er ist Vorsitzender der Deutschen Gesellschaft für Care und Case Management (DGCC).

Kontakt: prof.dr.wendt@googlemail.com